# AO ENCONTRO DA SOMBRA

O potencial oculto do lado escuro da natureza humana

Connie Zweig e Jeremiah Abrams (Orgs.)

# AO ENCONTRO DA SOMBRA

## O potencial oculto do lado escuro da natureza humana

*Tradução*
MERLE SCOSS

**EDITORA CULTRIX**
**São Paulo**

Título original: *Meeting the Shadow – The Hidden Power of the Dark Side of Human Nature.*



1ª edição, 1994.

9ª reimpressão, 2012.

Originalmente publicado nos Estados Unidos da América por Jeremy P. Tarcher, Inc.



---

Direitos de tradução para o Brasil
adquiridos com exclusividade pela
EDITORA PENSAMENTO-CULTRIX LTDA.
Rua Dr. Mário Vicente, 368 – 04270-000 – São Paulo, SP
Fone: (11) 2066-9000 – Fax: (11) 2066-9008
E-mail: atendimento@editoracultrix.com.br
http://www.editoracultrix.com.br
que se reserva a propriedade literária desta tradução.
Foi feito o depósito legal.

---

O mal do nosso tempo é termos perdido a consciência do mal.

*Krishnamurti*

Algo que ocultávamos nos enfraquecia, até percebermos que esse algo éramos nós mesmos.

*Robert Frost*

Ah, se fosse assim tão simples! Se houvesse pessoas más em um lugar, insidiosamente cometendo más ações, e se nos bastasse separá-las do resto de nós e destruí-las. Mas a linha que divide o bem do mal atravessa o coração de todo ser humano. E quem se disporia a destruir uma parte do seu próprio coração?

*Alexander Solzhenitsyn*

Aquilo que não fazemos aflorar à consciência aparece em nossas vidas como destino.

*C. G. Jung*

# Sumário

## PARTE 3
Os embates da sombra:
A dança da inveja, da raiva e da falsidade



## PARTE 4
O corpo reprimido:
Doença, saúde e sexualidade



## PARTE 5
A sombra da realização:
O lado escuro do trabalho e do progresso

## PARTE 6
## A sombra no caminho: O lado escuro da religião e da espiritualidade



## PARTE 7
## Diabos, demônios e bodes expiatórios: Uma psicologia do mal

PARTE 8
A criação do inimigo:
Nós e eles no corpo político



PARTE 9
O "trabalho com a sombra":
Trazendo luz à escuridão
através da terapia, dos mitos e dos sonhos

## PARTE 10
## Assumindo nosso lado escuro através da introvisão, da arte e do ritual

# Agradecimentos

Nossos mais profundos agradecimentos aos poetas e artistas a quem seguimos em nossa exploração do lado escuro da alma, especialmente àqueles cujos pensamentos sobre a sombra tiveram um efeito tão profundo sobre este trabalho e, como resultado, sobre nossas vidas: C. G. Jung, John A. Sanford, Adolf Guggenbühl-Craig, Marie-Louise von Franz e Robert Bly.

Pelo dedicado apoio e pela criativa assistência, agradecemos a Jeremy Tarcher, Barbara Shindell, Hank Stine, Daniel Malvin, Paul Murphy, Susan Shankin, Susan Deixler, Lisa Chadwick, Steve Wolf, Joel Covitz, Tom Rautenberg, Bob Stein, Suzanne Wagner, Linda Novack, Michael e Kathryn Jaliman, Peter Leavitt, Deena Metzger, Marsha de la O e o círculo literário feminino, Bill e Vivienne Howe, Bruce Burman, Andrew Schultz e aos funcionários das bibliotecas do Instituto C. G. Jung de Los Angeles e de San Francisco.

A Jane, Marian, Susan e April, "irmãs na sombra" de Connie; gratidão eterna à sabedoria dos nossos pais; aos pacientes filhos de Jeremiah, Raybean e Pito.

*UMA NOTA SOBRE A LINGUAGEM*

Reconhecemos que nosso idioma cria, assim como reflete, atitudes que estão impregnadas na nossa cultura. Por isso nos desculpamos pelo uso arcaico da palavra *homem* que, quando lida hoje, pode soar desagradável e antiquada. Nos trechos aqui reproduzidos, *homem* designa o ser humano em geral, a pessoa hipotética de quem se fala. Ainda não foi encontrada, infelizmente, uma palavra melhor. Esperamos que ela não tarde a surgir.

Connie Zweig e Jeremiah Abrams, organizadores

# Prólogo

## CONNIE ZWEIG

Na meia-idade, defrontei-me com meus demônios. Muitas coisas que eu considerava bênçãos tornaram-se maldições. A larga estrada estreitou-se, a luz escureceu. E nas trevas a santa em mim, tão bem cuidada e tratada, encontrou a pecadora.

Meu fascínio pela Luz, meu vivo otimismo em relação aos resultados, minha fé implícita em relação aos outros, meu compromisso com a meditação e com um caminho de iluminação — tudo isso deixou de ser uma graça salvadora e tornou-se uma sutil maldição, um entranhado hábito de pensar e sentir que parecia trazer-me face a face com o seu oposto, com o sofrimento de ideais fracassados, com o tormento da minha ingenuidade, com o lado escuro de Deus. Naquela época, tive este sonho com a minha sombra:

*Estou numa praia com meu namorado de infância. As pessoas estão nadando no mar. Um grande tubarão negro surge. Todos sentem medo. Uma criança desaparece. As pessoas entram em pânico. Meu namorado quer seguir o tubarão, uma criatura mítica. Ele não compreende o perigo humano.*

*De algum modo, faço contato com o tubarão — e descubro que é de plástico. Enfio o dedo e o furo — ele murcha. Meu namorado se enfurece, como se eu tivesse matado Deus. Ele dá mais valor ao peixe que à vida humana. Caminhando pela praia, ele me deixa. Vagueio, entro no bosque, onde um cobertor azul está à espera.*

Analisando esse sonho, percebi que eu nunca havia levado a sério a sombra. Eu acreditava, com certa arrogância espiritual, que uma vida interior profunda e comprometida me protegeria contra o sofrimento humano, que eu poderia de algum modo esvaziar o poder da sombra com minhas práticas e crenças metafísicas. Eu assumia, na verdade, que podia governar a sombra — assim como governava meus sentimentos ou a minha dieta — através da disciplina do autocontrole.

Mas o lado escuro aparece sob muitos disfarces. Meu confronto com ele, na meia-idade, foi chocante e devastador, uma terrível desilusão. Antigas e íntimas amizades pareciam se debilitar e romper, privadas da vitalidade e da elasticidade. Meus pontos fortes começaram a se fazer sentir como fraquezas, obstruindo o crescimento em vez de promovê-lo. Ao mesmo tempo, insuspeitadas aptidões adormecidas despertaram e vieram à superfície, destruindo a auto-imagem com a qual eu havia me acostumado.

Meu ânimo vigoroso e meu temperamento equilibrado deram lugar a uma profunda queda no vale do desespero. Aos quarenta anos, caí em depressão e vivi naquilo que

Hermann Hesse chamou de "inferno de lama". E a depressão alternava-se com uma fúria desconhecida que se desencadeava dentro de mim, deixando-me vazia e envergonhada, como se tivesse sido temporariamente possuída por algum arcaico deus da ira.

Minha busca por significado, que antes me havia levado a um questionamento intensivo, à psicoterapia e à prática da meditação, ressurgiu mais forte do que nunca. Minha auto-suficiência emocional e minha capacidade cuidadosamente cultivada de viver sem depender dos homens deram lugar a uma dolorosa vulnerabilidade. Súbito, eu era uma *daquelas* mulheres obcecadas com os relacionamentos íntimos.

Minha vida parecia destroçada. Tudo aquilo que eu havia "conhecido" como uma realidade bravia, desmanchava-se agora como um tigre de papel ao vento. Eu me sentia como se estivesse me transformando naquilo que eu não era. Tudo o que eu trabalhara para desenvolver e lutara para criar se desfazia. O fio da minha vida era puxado; a história se desenredava. E aqueles que eu desprezara e desdenhara nasciam em mim — como uma outra vida — mas, ainda assim, a minha vida, a sua imagem no espelho, o seu gêmeo invisível.

E então compreendi por que algumas pessoas enlouquecem, por que algumas pessoas vivem tórridos casos amorosos apesar de um forte laço matrimonial, por que algumas pessoas em boa situação financeira começam a roubar ou a entesourar dinheiro ou a esbanjá-lo. E entendi por que Goethe disse que jamais ouvira falar de um crime que ele próprio não fosse capaz de cometer. Eu era capaz de tudo.

Lembrei de uma história que lera em algum lugar, na qual um juiz olha dentro dos olhos do assassino e reconhece o impulso homicida na sua própria alma. No instante seguinte, ele volta a si mesmo, volta a ser um juiz e condena o assassino à morte.

Meu eu escuro e homicida também tinha se revelado, mesmo que por um breve instante. Mas em vez de condená-lo à morte, banindo-o novamente aos domínios invisíveis, tentei vagarosamente redirecionar minha jornada para poder enfrentá-lo face a face. Depois de um período de grande desespero, estou começando a perceber um sentido mais abrangente do meu eu, uma expansão da minha natureza e uma conexão mais profunda com a humanidade.

Minha mãe comentou, há uns vinte anos, no auge da minha arrogância espiritual, que eu conseguia amar a humanidade mas não conseguia amar o ser humano enquanto indivíduo. Com a gradual aceitação dos impulsos mais escuros dentro de mim, sinto que uma compaixão mais genuína cresce em minha alma. Ser apenas uma pessoa comum, cheia de anseios e contradições — isso já foi um anátema para mim. Hoje, é uma experiência extraordinária.

Busquei uma maneira simbólica de deixar nascer a minha sombra, para que a minha vida exterior não se desfizesse e para que eu não precisasse pôr de lado esse modo de vida criativo que tanto amo. Durante a preparação deste livro, viajei para Bali, onde a batalha entre o bem e o mal é o tema de todos os teatros de lanterna mágica e representações de dança. Existe uma cerimônia de iniciação que o balinês faz aos dezessete anos, na qual seus dentes são limados e nivelados para que os demônios da raiva, da inveja, do orgulho e da cobiça sejam exorcizados. Depois dessa cerimônia, o iniciado sente-se purificado, batizado.

Ah, a nossa cultura não nos oferece essas cerimônias de iniciação! Descobri que, para mim, dar forma a este livro era uma maneira de mapear a descida e levar uma luz às trevas.

# Introdução: o lado da sombra na vida cotidiana

CONNIE ZWEIG e JEREMIAH ABRAMS

Como pode haver tanto mal no mundo?
Conhecendo a humanidade, me admiro é que não haja mais.

Woody Allen, *Hannah e suas irmãs*

Em 1886, mais de uma década antes de Freud sondar as profundezas da escuridão humana, Robert Louis Stevenson teve um sonho altamente revelador: um homem, perseguido por um crime, engolia um certo pó e passava por uma drástica mudança de caráter, tão drástica que ele se tornava irreconhecível. O amável e laborioso cientista Dr. Jekyll transformava-se no violento e implacável Mr. Hyde, cuja maldade ia assumindo proporções cada vez maiores à medida que o sonho se desenrolava.

Stevenson desenvolveu o sonho no seu famoso romance *The Strange Case of Dr. Jekyll and Mr. Hyde* [O estranho caso de Dr. Jekyll e Mr. Hyde]. Seu tema integrou-se de tal modo na cultura popular que pensamos nele quando ouvimos alguém dizer, "Eu não era eu mesmo", ou "Ele parecia possuído por um demônio", ou "Ela virou uma megera". Como diz o analista junguiano John Sanford, quando uma história como essa nos toca tão a fundo e nos soa tão verdadeira, é porque ela contém uma qualidade arquetípica — ela fala a um ponto em nós que é universal.

Cada um de nós contém um Dr. Jekyll e um Mr. Hyde: uma *persona* agradável para o uso cotidiano e um eu oculto e noturnal que permanece amordaçado a maior parte do tempo. Emoções e comportamentos negativos — raiva, inveja, vergonha, falsidade, ressentimento, lascívia, cobiça, tendências suicidas e homicidas — ficam escondidos logo abaixo da superfície, mascarados pelo nosso eu mais apropriado às conveniências. Em seu conjunto, são conhecidos na psicologia como a *sombra pessoal,* que continua a ser um território indomado e inexplorado para a maioria de nós.

## A apresentação da sombra

A sombra pessoal desenvolve-se naturalmente em todas as crianças. À medida que nos identificamos com as características ideais de personalidade (tais como polidez e generosidade) que são encorajadas pelo nosso ambiente, vamos formando aquilo que W. Brugh Joy chama o "eu das decisões de Ano Novo". Ao mesmo tempo, vamos enterrando na sombra aquelas qualidades que não são adequadas à nossa auto-imagem, como a rudeza e o egoísmo. O ego e a sombra, portanto, desenvolvem-se aos pares, criando-se mutuamente a partir da mesma experiência de vida.

Carl Jung viu em si mesmo a inseparabilidade do ego e da sombra, num sonho que descreve em sua autobiografia *Memories, Dreams, Reflections* [Memórias, Sonhos, Reflexões]:

> *Era noite, em algum lugar desconhecido, e eu avançava com muita dificuldade contra uma forte tempestade. Havia um denso nevoeiro. Eu segurava e protegia com as mãos uma pequena luz que ameaçava extinguir-se a qualquer momento. Eu sentia que precisava mantê-la acesa, pois tudo dependia disso.*
>
> *De súbito, tive a sensação de que estava sendo seguido. Olhei para trás e percebi uma gigantesca forma escura seguindo meus passos. Mas no mesmo instante tive consciência, apesar do meu terror, de que eu precisava atravessar a noite e o vento com a minha pequena luz, sem levar em conta perigo algum.*
>
> *Ao acordar, percebi de imediato que havia sonhado com a minha própria sombra, projetada no nevoeiro pela pequena luz que eu carregava. Entendi que essa pequena luz era a minha consciência, a única luz que possuo. Embora infinitamente pequena e frágil em comparação com os poderes das trevas, ela ainda é uma luz, a minha única luz.*

Muitas forças estão em jogo na formação da nossa sombra e, em última análise, determinam o que pode e o que não pode ser expresso. Pais, irmãos, professores, clérigos e amigos criam um ambiente complexo no qual aprendemos aquilo que representa comportamento gentil, conveniente e moral, e aquilo que é mesquinho, vergonhoso e pecaminoso.

A sombra age como um sistema imunológico psíquico, definindo o que é eu e o que é não-eu. Pessoas diferentes, em diferentes famílias e culturas, consideram de modos diversos aquilo que pertence ao ego e aquilo que pertence à sombra. Por exemplo, alguns permitem a expressão da raiva ou da agressividade; a maioria, não. Alguns permitem a sexualidade, a vulnerabilidade ou as emoções fortes; muitos, não. Alguns permitem a ambição financeira, a expressão artística ou o desenvolvimento intelectual; outros, não.

Todos os sentimentos e capacidades que são rejeitados pelo ego e exilados na sombra contribuem para o poder oculto do lado escuro da natureza humana. No entanto, nem todos eles são aquilo que se considera traços negativos. De acordo com a analista junguiana Liliane Frey-Rohn, esse escuro tesouro inclui a nossa porção infantil, nossos apegos emocionais e sintomas neuróticos bem como nossos talentos e dons não-desenvolvidos. A sombra, diz ela, "mantém contato com as profundezas perdidas da alma, com a vida e a vitalidade — o superior, o universalmente humano, sim, mesmo o criativo podem ser percebidos ali".

## A rejeição da sombra

Não podemos olhar diretamente para esse domínio oculto. A sombra é, por natureza, difícil de ser apreendida. Ela é perigosa, desordenada e eternamente oculta, como se a luz da consciência pudesse roubar-lhe a vida.

O analista junguiano James Hillman, autor de diversas obras, diz: "O inconsciente não pode ser consciente; a Lua tem seu lado escuro, o Sol se põe e não pode iluminar o mundo todo ao mesmo tempo, e mesmo Deus tem duas mãos. A atenção e o foco exigem que algumas coisas fiquem fora do campo visual, permaneçam no escuro. Não se pode olhar em duas direções ao mesmo tempo."

Por essa razão, em geral vemos a sombra indiretamente, nos traços e ações desagradáveis das outras pessoas, *lá fora*, onde é mais seguro observá-la. Quando reagimos de modo intenso a uma qualidade qualquer (preguiça, estupidez, sensualidade, espiritualidade, etc.) de uma pessoa ou grupo, e nos enchemos de grande aversão ou admiração — essa reação talvez seja a nossa sombra se revelando. Nós nos *projetamos* ao atribuir essa qualidade à outra pessoa, num esforço inconsciente de bani-la de nós mesmos, de evitar vê-la dentro de nós.

A analista junguiana Marie-Louise von Franz sugere que essa projeção é como disparar uma flecha mágica. Se o destinatário tem um "ponto fraco" onde receber a projeção, então ela se mantém. Se projetamos nossa raiva sobre um companheiro insatisfeito, ou nosso poder de sedução sobre um atraente estranho, ou nossos atributos espirituais sobre um guru, então atingimos o alvo e a projeção se mantém. Daí em diante, emissor e receptor estarão unidos numa misteriosa aliança, como apaixonar-se ou encontrar o herói (ou vilão) perfeito.

A sombra pessoal contém, portanto, todos os tipos de potencialidades não-desenvolvidas e não-expressas. Ela é aquela parte do inconsciente que complementa o ego e representa as características que a personalidade consciente recusa-se a admitir e, portanto, negligencia, esquece e enterra... até redescobri-las em confrontos desagradáveis com os outros.

## O encontro com a sombra

Embora não possamos fitá-la diretamente, a sombra surge na vida diária. Por exemplo, nós a encontramos em tiradas humorísticas (tais como piadas sujas ou brincadeiras tolas) que expressam nossas emoções ocultas, inferiores ou temidas. Analisando de perto aquilo que achamos engraçado (como alguém escorregando numa casca de banana ou se referindo a uma parte "proibida" do corpo), descobrimos que nossa sombra está ativa. John Sanford diz que é possível que as pessoas destituídas de senso de humor tenham uma sombra muito reprimida. Em geral, é a sombra que ri das piadas.

A psicanalista inglesa Molly Tuby sugere seis outras maneiras pelas quais, mesmo sem saber, encontramos a nossa sombra no dia-a-dia:

- Nos nossos sentimentos exagerados em relação aos outros ("Eu simplesmente não acredito que ele tenha feito isso!", "Não consigo entender como ela é capaz de usar uma roupa dessas!")
- No *feedback* negativo que recebemos daqueles que nos servem de espelhos ("Já é a terceira vez que você chega tarde sem me avisar.")
- Nas interações em que continuamente exercemos o mesmo efeito perturbador sobre diversas pessoas diferentes ("Eu e o Sam achamos que você não está sendo honesto com a gente.")
- Nos nossos atos impulsivos e não-intencionais ("Puxa, desculpe, eu não quis dizer isso!")

- Nas situações em que somos humilhados ("Estou tão envergonhada com o jeito que ele me trata.")
- Na nossa raiva exagerada em relação aos erros alheios ("Ela simplesmente não consegue fazer seu trabalho em tempo!", "Cara, mas ele perdeu totalmente o controle do peso!")

Em momentos como esses, quando somos dominados por fortes sentimentos de vergonha ou de raiva, ou quando descobrimos que nosso comportamento é inaceitável, é a sombra que está irrompendo de um modo inesperado. E em geral ela retrocede com igual velocidade; pois encontrar a sombra pode ser uma experiência assustadora e chocante para a nossa auto-imagem.

Por essa razão, podemos mudar rapidamente para a negação, deixando de prestar atenção a fantasias homicidas, a pensamentos suicidas ou a embaraçosos sentimentos de inveja, que revelariam um pouco da nossa própria escuridão. O falecido psiquiatra R. D. Laing descreve de modo poético o reflexo de negação da nossa mente:

*O alcance do que pensamos e fazemos*
*é limitado pelo que deixamos de notar.*
*E por deixarmos de notar que deixamos de notar*
*pouco podemos fazer para mudar,*
*até que notemos*
*como o deixar de notar*
*forma nossos pensamentos e ações.*

Se a negação permanecer, então, como diz Laing, talvez nem sequer notemos que deixamos de notar. Por exemplo, é comum encontrarmos a sombra na meia-idade, quando nossas mais profundas necessidades e valores tendem a mudar de direção, talvez até fazendo um giro de 180 graus. Isso exige a quebra de velhos hábitos e o cultivo de talentos adormecidos. Se não pararmos para ouvir atentamente o chamado e continuarmos a nos mover na mesma direção anterior, permaneceremos inconscientes daquilo que a meia-idade tem a nos ensinar.

A depressão também pode representar uma confrontação paralisante com o lado escuro, um equivalente moderno da "noite escura da alma" do místico. Nossa exigência interior para que desçamos ao mundo subterrâneo pode ser suplantada por considerações de ordem externa (como a necessidade de trabalhar por longas horas), pela interferência dos outros ou por drogas antidepressivas que amortecem a nossa sensação de desespero. Nesse caso, deixamos de apreender o propósito da nossa melancolia.

Encontrar a sombra pede uma desaceleração do ritmo da vida, pede que ouçamos as indicações do nosso corpo e nos concedamos tempo para estar a sós, a fim de podermos digerir as mensagens misteriosas do mundo oculto.

## A sombra coletiva

Hoje em dia, defrontamo-nos com o lado escuro da natureza humana toda vez que abrimos um jornal ou ouvimos o noticiário. Os efeitos mais repulsivos da sombra tornam-se visíveis na esmagadora mensagem diária dos meios de comunicação, transmitida em massa para toda a nossa moderna aldeia global eletrônica. O mundo tornou-se um palco para a *sombra coletiva.*

A sombra coletiva — a maldade humana — nos encara de praticamente todas as partes: ela salta das manchetes dos jornais; vagueia pelas nossas ruas e, sem lar, dorme no vão das portas; entoca-se nas chamativas *sex-shops* das nossas cidades; desvia o dinheiro do sistema de financiamento habitacional; corrompe os políticos famintos de poder e perverte o sistema judiciário; conduz exércitos invasores através de densas florestas e áridos desertos; vende armamentos a líderes ensandecidos e repassa os lucros a insurgentes reacionários; por canos ocultos, despeja a poluição em nossos rios e oceanos; com invisíveis pesticidas, envenena o nosso alimento.

Essas observações não constituem algum novo fundamentalismo a martelar uma versão bíblica da realidade. Nossa época fez, de todos nós, testemunhas forçadas. O mundo todo observa. Não há como evitar o assustador espectro de sombras satânicas mostrado por políticos coniventes, os colarinhos-brancos criminosos e terroristas fanáticos. Nosso anseio interior por integração — agora tornado manifesto na máquina de comunicação global — força-nos a enfrentar a conflitante hipocrisia que hoje está em toda parte.

Enquanto a maioria das pessoas e grupos vive o lado socialmente aceitável da vida, outras parecem viver as porções socialmente rejeitadas pela vida. Quando essas últimas tornam-se objeto de projeções grupais negativas, a sombra coletiva toma a forma de racismo, de busca de "bode expiatório" ou de criação do "inimigo". Para os americanos anticomunistas, a U.R.S.S. era o Império do Mal. Para os muçulmanos, os Estados Unidos são o Grande Satã. Para os nazistas, os judeus são vermes bolcheviques. Para o monge asceta cristão, as bruxas têm parte com o diabo. Para os sul-africanos defensores do *apartheid* e os americanos da Ku Klux Klan, os negros são subumanos e não merecem ter os direitos e privilégios dos brancos.

O poder hipnótico e a natureza contagiosa dessas fortes emoções ficam evidentes na extensão e universalidade das perseguições raciais, das guerras religiosas e das táticas de busca de bodes expiatórios. E é assim que seres humanos tentam desumanizar outros, num esforço para assegurar que *eles* são superiores — e que matar o inimigo não significa matar seres humanos iguais a eles.

Ao longo da história, a sombra tem surgido (através da imaginação humana) como um monstro, um dragão, um Frankenstein, uma baleia branca, um extraterrestre ou um homem tão vil que não podemos nos espelhar nele — ele está tão distante de nós quanto uma górgona. Revelar o lado escuro da natureza humana tem sido, então, um dos propósitos básicos da arte e da literatura. Como disse Nietzsche: "Temos arte para que a realidade não nos mate."

Usando as artes e a mídia (aí incluída a propaganda política) para criar imagens tão más ou demoníacas quanto a sombra, tentamos ganhar poder sobre ela, quebrar seu feitiço. Isso pode ajudar a explicar por que ficamos tão excitados com as violentas arengas de arautos da guerra e de fanáticos religiosos. Simultaneamente repelidos e atraídos pela violência e pelo caos do nosso mundo, transformamos na nossa mente *esses outros* em receptáculos do mal, em inimigos da civilização.

A projeção também pode ajudar a explicar a imensa popularidade dos filmes e romances de terror. Através de uma representação simbólica do lado da sombra, nossos impulsos para o mal podem ser encorajados, ou talvez aliviados, na segurança do livro ou da tela.

As crianças, tipicamente, começam a aprender os assuntos da sombra ao ouvir contos de fada que mostram a guerra entre as forças do bem e do mal, fadas-madrinhas e terríveis demônios. As crianças, como os adultos, também sofrem simbolicamente as provações de seus heróis e heroínas e, assim, aprendem os padrões universais do destino humano.

Na batalha da censura que hoje se desenrola no campo da mídia e da música, aqueles que pretendem estrangular a voz da sombra talvez não compreendam sua urgente necessidade de ser ouvida. Num esforço para proteger os jovens, os censores reescrevem Chapeuzinho Vermelho e fazem com que ela não seja mais devorada pelo lobo; mas, desse modo, acabam deixando os jovens despreparados para enfrentar o mal com que irão se defrontar.

Como a sociedade, cada família também constrói seus próprios tabus, suas áreas proibidas. A *sombra familiar* contém tudo o que é rejeitado pela percepção consciente de uma família, aqueles sentimentos e ações que são considerados demasiado ameaçadores à sua auto-imagem. Numa honrada e conservadora família cristã, a ameaça talvez seja embriagar-se ou desposar alguém de outra religião; numa família liberal e atéia, talvez seja a opção pelos relacionamentos homossexuais. Na nossa sociedade, espancamento da esposa e abuso dos filhos costumavam ficar ocultos na sombra familiar, mas hoje emergem, em proporções epidêmicas, à luz do dia.

O lado escuro não é nenhuma conquista evolucionária recente, resultado de civilização e educação. Ele tem suas raízes numa *sombra biológica,* que se baseia em nossas próprias células. Nossos ancestrais animalescos, afinal de contas, sobreviveram graças às presas e às garras. A besta em nós está viva, muito viva — só que a maior parte do tempo encarcerada.

Muitos antropólogos e sociobiólogos acreditam que a maldade humana seja resultado do controle da nossa agressividade animal, da nossa opção pela cultura em detrimento da natureza e da perda de contato com a nossa selvageria primitiva. O médico e antropólogo Melvin Konner conta, em *The Tangled Wing,* que foi a um zoológico, viu uma placa que dizia "O Animal Mais Perigoso da Terra" e se descobriu olhando para um espelho.

## Conhece-te a ti mesmo

Em tempos remotos, o ser humano reconhecia as diversas dimensões da sombra: a pessoal, a coletiva, a familiar e a biológica. No dintel do templo de Apolo em Delfos — erigido na encosta do Monte Parnaso pelos gregos do período clássico e hoje destruído — os sacerdotes gravaram na pedra duas famosas inscrições, dois preceitos que ainda guardam imensa significação para nós nos dias de hoje. O primeiro deles, "Conhece-te a ti mesmo", tem ampla aplicação neste livro. Conheça tudo sobre você mesmo, aconselhavam os sacerdotes do deus da luz. Poderíamos dizer: Conheça especialmente o lado escuro de você mesmo.

Somos descendentes diretos da mente grega. Nossa sombra continua a ser o grande fardo do autoconhecimento, o elemento destrutivo que não quer ser conhecido. Os gregos entenderam muito bem esse problema e sua religião os compensava pelo lado de baixo da vida. Era na mesma encosta da montanha acima de Delfos que os gregos celebravam, todos os anos, as suas famosas bacanais, as orgias que glorificavam a poderosa e criativa presença do deus da natureza, Dioniso, nos seres humanos.

Hoje, Dioniso foi aviltado e apenas subsiste nas nossas imagens de Satã, o Diabo de cascos fendidos, personificação do mal. Não mais um deus a ser reverenciado e digno de receber o nosso tributo, ele foi banido para o mundo dos anjos caídos.

Marie-Louise von Franz reconhece a relação entre o diabo e a sombra pessoal quando diz, "Na verdade, o princípio da individuação está relacionado com o elemento diabólico na medida em que este último representa a separação do divino dentro da totalidade da natureza. Os aspectos diabólicos são os elementos destrutivos — os afetos, o impulso autônomo de poder e coisas semelhantes. Eles rompem a unidade da personalidade".

## Nada em excesso

A outra inscrição em Delfos talvez seja mais representativa da época em que vivemos. "Nada em excesso", proclama o deus grego do alto de seu santuário terrestre hoje desmoronado. E. R. Dodds, estudioso dos clássicos, sugere uma interpretação para essa epígrafe. Só uma pessoa que conhece os excessos, diz ele, poderia viver segundo essa máxima. Só aqueles que conhecem a sua capacidade para a lascívia, a cobiça, a raiva, a glutonaria e todos os excessos — aqueles que compreenderam e aceitaram o seu próprio potencial para extremos inadequados — podem optar por controlar e humanizar suas ações.

Vivemos numa época de excessos críticos: gente demais, crime demais, exploração demais, poluição demais, armas nucleares demais. Esses são excessos que podemos reconhecer e condenar, mesmo que nos sintamos impotentes para fazer algo a respeito.

E, afinal, existe algo que *possamos* fazer a respeito? Para muitas pessoas, as qualidades inaceitáveis do excesso vão diretamente para a sombra inconsciente ou se expressam em comportamentos indistintos. Para alguns, esses extremos tomam a forma de sintomas: sentimentos e ações intensamente negativos, sofrimento neurótico, doenças psicossomáticas, depressão e abuso das próprias forças.

Os cenários podem parecer-se a estes: quando sentimos um desejo excessivo, nós o lançamos na sombra e depois o passamos ao ato sem nenhuma preocupação pelos outros; quando sentimos fome excessiva, nós a lançamos na sombra e depois nos empanturramos, nos embebedamos e evacuamos, tratando o nosso corpo como lixo; quando sentimos um anseio excessivo pelo lado mais elevado da vida, nós o lançamos na sombra e depois o buscamos através de gratificações instantâneas ou de atividades hedonísticas, como abuso de drogas ou de álcool. A lista continua. Na nossa sociedade, vemos o crescimento dos excessos da sombra por todos os lados:

- Num impulso descontrolado para conhecer e dominar a natureza (que se expressa na imoralidade da ciência e na união desregrada entre os negócios e a tecnologia).
- Numa pretensiosa compulsão de ajudar e curar os outros (que se expressa na distorção e na co-dependência do papel dos profissionais da área de saúde e na cobiça de médicos e companhias farmacêuticas).

- No ritmo acelerado e desumanizado do mercado de trabalho (que se expressa na apatia de uma força de trabalho alienada, na obsolescência não-planejada, causada pela automação, e na arrogância do sucesso).
- Na maximização do crescimento e expansão dos negócios (que se expressa nas aquisições fraudulentas de controle acionário, no enriquecimento ilícito, no uso privilegiado de informações confidenciais e no colapso do sistema de financiamento habitacional).
- Num hedonismo materialista (que se expressa no consumo exacerbado, na propaganda enganosa, no desperdício e na poluição devastadora).
- No desejo de controlar a nossa vida íntima, que é incontrolável por sua própria natureza (que se expressa no narcisismo generalizado, na exploração pessoal, na manipulação dos outros e no abuso de mulheres e crianças).
- E no nosso incessante medo da morte (que se expressa na obsessão com a saúde e a forma física, dietas, medicamentos e longevidade a qualquer preço).

Esses aspectos da sombra atingem toda a nossa sociedade. No entanto, algumas soluções que foram experimentadas para curar o nosso excesso coletivo podem ser ainda mais perigosas que o problema. Basta considerar, por exemplo, o fascismo e o autoritarismo — horrores que surgiram das tentativas reacionárias de deter a desordem social e a decadência e permissividade generalizadas na Europa. Em tempos mais recentes e como reação a idéias progressistas, o fervor do fundamentalismo religioso e político voltou a despertar nos Estados Unidos e na Europa, encorajando, nas palavras do poeta William B. Yeats, que a "anarquia seja lançada sobre o mundo".

Jung atenuou a questão ao afirmar que: "Ingenuamente, esquecemos que por debaixo do nosso mundo racional jaz um outro enterrado. Não sei o que a humanidade ainda terá de sofrer até que ouse reconhecê-lo."

## Se não agora, quando?

A história registra, desde tempos imemoriais, os tormentos causados pela maldade humana. Nações inteiras deixaram-se levar a histerias de massa de proporções devastadoras. Hoje, com o término aparente da Guerra Fria, existem algumas esperançosas exceções. Pela primeira vez, nações inteiras pararam para refletir e tentaram a direção oposta. Consideremos este relato de jornal, que fala por si mesmo (conforme citado por Jerome S. Bernstein em seu livro *Power and Politics* [O Poder e a Política]): "O governo soviético anuncia a suspensão temporária de todas as provas de História no país." O jornal *Philadelphia Inquirer* de 11 de junho de 1988 informava:

> A União Soviética, declarando que os manuais de História ensinaram a gerações de crianças soviéticas mentiras que envenenaram suas "mentes e almas", anunciou ontem o cancelamento dos exames finais de História para mais de 53 milhões de estudantes.
>
> Ao anunciar o cancelamento, o jornal oficial *Isvestia* informou que a extraordinária decisão visava pôr um término à transmissão de mentiras de uma geração para outra, processo esse que consolidou o sistema político e econômico stalinista que a atual liderança pretende encerrar.
>
> "A culpa daqueles que iludiram uma geração após outra... é imensurável", declara o jornal num comentário de primeira página. "Hoje estamos colhendo os frutos amar-

gos da nossa própria lassidão moral. Estamos pagando por termos sucumbido ao conformismo e, assim, dado nossa aprovação silenciosa a tudo aquilo que hoje nos enche de vergonha e que não sabemos explicar honestamente aos nossos filhos."

Essa surpreendente confissão de toda uma nação poderia marcar o fim de uma era. De acordo com Sam Keen, autor de *Faces of the Enemy* [As Faces do Inimigo], "As únicas nações a salvo são aquelas que se vacinam sistematicamente, através de uma imprensa livre e da voz de uma minoria profética, contra a intoxicação de destinos divinos e purificações paranóicas".

Hoje o mundo move-se em duas direções aparentemente opostas: alguns fogem dos regimes fanáticos e totalitários; outros enterram-se neles até o pescoço. Talvez nos sintamos impotentes diante de forças tão poderosas. Ou, se chegamos a pensar no assunto, o que sentimos é certamente a consciência culpada diante da nossa cumplicidade involuntária nas dificuldades coletivas. Esse perturbador estado de coisas foi acuradamente expresso por Jung na metade do século: "A voz interior traz à consciência tudo aquilo de que padece o todo — seja a nação à qual pertencemos ou a humanidade da qual fazemos parte. Mas ela apresenta esse mal em uma forma individual, de modo que, no início, poderíamos supor que todo esse mal é apenas um traço do caráter individual."

Para proteger-nos da maldade humana que essas forças inconscientes de massa podem representar, dispomos de uma única arma: maior conscientização individual. Se deixamos de aprender ou se deixamos de agir com base naquilo que aprendemos com o drama do comportamento humano, perdemos nosso poder, enquanto indivíduos, de alterar a nós mesmos e, assim, salvar o nosso mundo. Sim, o mal estará sempre conosco. Mas as conseqüências do mal irrefreado não precisam ser toleradas.

"Uma grande mudança na nossa atitude psicológica está iminente", disse Jung em 1959. "O único perigo verdadeiro que existe é o próprio homem. Ele é o grande perigo e estamos, infelizmente, inconscientes dele. Nós somos a origem de todo o mal vindouro."

O personagem Pogo, do cartunista Walt Kelly, apresentou a questão de maneira bastante simples: "Encontramos o inimigo, e ele somos nós." Hoje podemos dar um renovado significado psicológico à idéia de poder individual. Os limites para a ação de confrontar a sombra estão — como sempre estiveram — no indivíduo.

## A aceitação da sombra

O objetivo de encontrar a sombra é desenvolver um relacionamento progressivo com ela e expandir o nosso senso do eu alcançando o equilíbrio entre a unilateralidade das nossas atitudes conscientes e as nossas profundezas inconscientes.

O romancista Tom Robbins diz: "O propósito de encontrar a sombra é estar no lugar certo da maneira certa." Quando mantemos um relacionamento adequado com ele, o inconsciente não é um monstro demoníaco; diz-nos Jung: "Ele só se torna perigoso quando a atenção consciente que lhe dedicamos é desesperadoramente errada."

Um relacionamento correto com a sombra nos oferece um presente valioso: leva-nos ao reencontro de nossas potencialidades enterradas. Através do *trabalho com a sombra* (expressão que cunhamos para nos referir ao esforço continuado no sentido de desenvolver um relacionamento criativo com a sombra), podemos:

- chegar a uma auto-aceitação mais genuína, baseada num conhecimento mais completo de quem realmente somos;
- desativar as emoções negativas que irrompem inesperadamente na nossa vida cotidiana;
- nos sentir mais livres da culpa e da vergonha associadas aos nossos sentimentos e atos negativos;
- reconhecer as projeções que matizam as opiniões que formamos sobre os outros;
- curar nossos relacionamentos através de um auto-exame mais honesto e de uma comunicação direta;
- e usar a nossa imaginação criativa (através de sonhos, desenhos, escrita e rituais) para aceitar o nosso eu reprimido.

Talvez... talvez também possamos, desse modo, evitar acrescentar nossa sombra pessoal à densidade da sombra coletiva.

A analista junguiana e astróloga britânica Liz Greene mostra a natureza paradoxal da sombra enquanto receptáculo de escuridão e facho de luz. "O lado sofredor e aleijado da nossa personalidade é aquela sombra escura e imutável, mas também é o redentor que poderá transformar nossa vida e alterar nossos valores. O redentor tem condições de encontrar o tesouro oculto, conquistar a princesa e derrotar o dragão... pois ele está, de algum modo, marcado — ele é anormal. A sombra é, ao mesmo tempo, aquela coisa horrível que precisa de redenção e o sofrido salvador que pode redimi-la."

# Parte 1

# O que é a sombra?

Todo homem tem uma sombra e, quanto menos ela se incorporar à sua vida consciente, mais escura e densa ela será. De todo modo, ela forma uma trava inconsciente que frustra nossas melhores intenções.

*C. G. Jung*

E aqui existe um mistério, e eu não o compreendo: Sem esse toque de algo alheio e — até mesmo — selvagem, sem as terríveis energias do lado avesso da saúde, da sanidade e do juízo, nada funciona, nada pode funcionar. Pois afirmo que a bondade — aquilo que nós, em nosso eu diurno e comum, chamamos bondade: o comum, o decente — nada é sem os poderes ocultos que se despejam continuamente do lado da sombra.

*Doris Lessing*

A sombra do homem, penso eu, é a sua vaidade.

*Friedrich Nietzsche*

Essa sombra, eu a reconheço como coisa minha.

*William Shakespeare*

# Introdução

Tudo o que tem substância lança uma sombra. O ego está para a sombra como a luz está para as trevas. Essa é a qualidade que nos torna humanos. Por mais que o queiramos negar, somos imperfeitos. E talvez seja naquilo que não aceitamos em nós mesmos — a nossa agressividade e vergonha, a nossa culpa e a nossa dor — que descobrimos a nossa humanidade.

A sombra é conhecida por muitos nomes: o eu reprimido, o *self* inferior, o gêmeo (ou irmão) escuro das escrituras e mitos, o duplo, o eu rejeitado, o *alter ego*, o *id*. Quando nos vemos face a face com o nosso lado mais escuro, usamos metáforas para descrever esse encontro com a sombra: confronto com os nossos demônios, luta contra o diabo, descida aos infernos, noite escura da alma, crise da meia-idade.

Todos nós possuímos uma sombra. Ou é a nossa sombra que nos possui? Carl Jung transformou essa questão em um enigma quando perguntou: "Como encontras o leão que te devorou?" Pois a sombra é, por definição, inconsciente; nem sempre é possível saber se estamos ou não sob o domínio de alguma porção compulsiva dos conteúdos da nossa sombra.

Jung disse que todos nós compreendemos intuitivamente o significado das expressões *sombra, personalidade inferior* ou *alter ego*. "E se ele acaso esqueceu", brincou Jung, referindo-se ao homem médio, "sua memória pode ser facilmente refrescada por um sermão de domingo, por sua esposa ou pelo coletor de impostos."

Para podermos ser capazes de encontrar a sombra na nossa vida cotidiana — dando-lhe acesso e, assim, rompendo seu domínio compulsivo sobre nós — precisamos, antes de mais nada, alcançar uma compreensão abrangente do fenômeno. O conceito de sombra deriva das descobertas feitas por Sigmund Freud e Carl Jung. Guardando o devido respeito ao seu antigo mestre, Jung reconheceu que o trabalho revolucionário de Freud foi a análise mais detalhada e profunda da cisão que existe entre o lado da luz e o lado da sombra na psique humana. De acordo com Liliane Frey-Rohn, antiga aluna e colega de Jung, "Já em 1912, enquanto ainda sob a influência das teorias de Freud, Jung usava a expressão 'o lado da sombra na psique humana' para caracterizar 'desejos não reconhecidos' e 'porções reprimidas da personalidade' ".

Em 1917, em seu ensaio *On the Psychology of the Unconscious* [Sobre a Psicologia do Inconsciente], Jung fala da sombra pessoal como *o outro* em nós, a personalidade inconsciente do nosso mesmo sexo, o inferior repreensível, o outro que nos embaraça ou envergonha: "Por sombra, quero dizer o lado 'negativo' da personalidade, a soma de todas aquelas qualidades desagradáveis que preferimos ocultar, junto com as funções insuficientemente desenvolvidas e o conteúdo do inconsciente pessoal."

A sombra é negativa apenas a partir do ponto de vista da consciência; ela não é — como insistia Freud — totalmente imoral e incompatível com a nossa personalidade consciente. Pelo contrário, ela contém em potencial valores da mais elevada moralidade. Isso é particularmente verdadeiro, diz Frey-Rohn, quando existe um lado oculto na sombra que a sociedade considera como positivo, ainda que a própria pessoa o veja como inferior.

A sombra aproxima-se mais daquilo que Freud entendia como "o conteúdo reprimido". Mas, em contraste com a visão de Freud, a sombra de Jung é uma personalidade inferior que tem seus próprios conteúdos, tais como pensamento autônomo, idéias, imagens e julgamentos de valor, que são semelhantes aos da personalidade consciente superior.

Em 1945, Jung referia-se à sombra como simplesmente aquela coisa que uma pessoa não queria ser. "Uma pessoa não se torna iluminada ao imaginar formas luminosas", afirmou, "mas sim ao tornar consciente a escuridão. Esse último procedimento, no entanto, é desagradável e, portanto, impopular."

Hoje em dia, entendemos por sombra aquela parte da psique inconsciente que está mais próxima da consciência, mesmo que não seja completamente aceita por ela. Por ser contrária à atitude consciente que escolhemos, não permitimos que a sombra encontre expressão na nossa vida; assim ela se organiza em uma personalidade relativamente autônoma no inconsciente, onde fica protegida e oculta. Esse processo compensa a identificação unilateral que fazemos com aquilo que é aceitável à nossa mente consciente.

Para Jung e seus seguidores, a psicoterapia oferece um ritual de renovação pelo qual a personalidade da sombra pode ser percebida e assimilada, reduzindo assim seus potenciais inibidores ou destrutivos e liberando a energia vital positiva que estava aprisionada. Jung continuou a ocupar-se com os problemas correlatos de destrutividade pessoal e mal coletivo durante toda a sua longa e ilustre carreira. Suas investigações mostraram que lidar com a sombra e o mal é, em última análise, um "segredo individual", igual àquele de experimentar Deus, e uma experiência tão poderosa que pode transformar a pessoa como um todo.

Jung buscava respostas para as inquietantes questões que nos perturbam a todos, diz o estudioso junguiano Andrew Samuels, e o trabalho de sua vida oferece "uma explicação convincente, não apenas das antipatias pessoais mas também dos cruéis preconceitos e perseguições dos nossos tempos". Jung via o seu próprio destino como o de um explorador, um homem a criar novos caminhos para conceituar antiqüíssimos problemas — problemas psicológicos bem como problemas filosóficos, espirituais e religiosos. Ele disse que queria dirigir-se àquelas pessoas que buscam um significado em suas vidas, mas para quem os tradicionais veículos da fé e da religião não funcionam mais. Na publicação de 1937, *Psychology and Religion* [Psicologia e Religião], Jung diz: "Provavelmente tudo o que nos resta hoje é a abordagem psicológica. É por isso que tomo essas formas-pensamento que se tornaram historicamente cristalizadas, tento derretê-las e vertê-las dentro dos moldes da experiência imediata."

Robert A. Johnson, conhecido autor e conferencista cujos escritos incluem-se na terceira geração de idéias junguianas, diz que a contribuição duradoura de Jung foi o desenvolvimento de uma visão magnífica da capacidade humana para a consciência.

"Ele postulou um modelo do inconsciente tão monumental que o Ocidente ainda não foi plenamente capaz de apreender todas as suas implicações."

Talvez a maior realização de Jung tenha sido a de revelar o inconsciente como a fonte criativa de tudo aquilo que finalmente chegamos a ser enquanto indivíduos. Na verdade, nossa mente e personalidade conscientes se desenvolvem e amadurecem a *partir da* matéria-prima do inconsciente, em interação com as experiências da vida.

Juntamente com o *self* (o "eu", o "si-mesmo", o centro psicológico do ser humano) e a *anima* e o *animus* (as imagens ideais internalizadas do sexo oposto, a imagem da alma em cada pessoa), Jung classificou a *sombra* como um dos principais arquétipos do inconsciente pessoal. Os arquétipos são estruturas inatas e herdadas no inconsciente — "impressões digitais" psicológicas — que contêm características formadas de antemão, qualidades pessoais e traços compartilhados com todos os outros seres humanos. Eles são forças psíquicas vivas dentro da psique humana. De acordo com o *Critical Dictionary of Jungian Analysis,* "Os deuses são metáforas de comportamentos arquetípicos e os mitos são representações arquetípicas". O decurso da análise junguiana envolve uma percepção crescente dessa dimensão arquetípica da vida de uma pessoa.

Para apresentar e definir a sombra pessoal na Parte 1, escolhemos diversos exemplos admiráveis de escritores junguianos, pois foi nas formulações junguianas que o conceito tornou-se conhecido e útil como uma ferramenta para o crescimento pessoal e a cura terapêutica. Nesta seção, os escritores apresentam as questões essenciais que nos tornam possível perceber a sombra na vida cotidiana. Nas seções subseqüentes deste livro, através de ensaios escolhidos dentre uma ampla gama de idéias, o conceito de sombra é ampliado de sua manifestação pessoal para suas manifestações coletivas: preconceito, guerra, crueldade.

Abrindo esta seção, o poeta Robert Bly usa um tom muito pessoal para contar a história da sombra, num trecho selecionado de *A Little Book on the Human Shadow* [Um Pequeno Livro sobre a Sombra Humana]. À medida que vamos crescendo, diz Bly, o eu reprimido transforma-se num saco amortecedor — a "comprida sacola que arrastamos atrás de nós" — que contém as nossas porções inaceitáveis. Bly também estabelece uma ligação entre a nossa *sacola* pessoal e outros tipos de *sacolas:* as sombras coletivas.

A seguir, o analista junguiano Edward C. Whitmont mostra-nos a visão do terapeuta sobre a sombra conforme ela aparece nos sonhos e experiências de vida do paciente. Esse excerto de *The Symbolic Quest* [A Busca Simbólica] dá uma excelente definição do nosso tema.

"O que a sombra sabe", Capítulo 3, é uma entrevista feita em 1989 por D. Patrick Miller com John A. Sanford, analista de San Diego e ministro episcopal, originalmente publicada na revista *The Sun.* Ao longo de sua carreira, Sanford ocupou-se com as difíceis questões do mal humano. Sua análise psicológica da famosa história de Robert Louis Stevenson, "Dr. Jekyll e Mr. Hyde", aparece no Capítulo 5 desta seção.

"A sombra na história e na literatura" é um excerto de *Archetypes: A Natural History of the Self* [Os Arquétipos: Uma História Natural do *Self]*, do psicólogo britânico Anthony Stevens. Inserido entre as duas colaborações de Sanford, esse artigo descreve a sombra conforme ela aparece nas obras da imaginação.

O Capítulo 6, "A percepção da sombra nos sonhos", é um ensaio da famosa psicanalista e estudiosa dos sonhos Marie-Louise von Franz, uma das mais próximas colaboradoras de Jung. Foi extraído de *Man and His Symbols* [O Homem e seus

Símbolos], um livro popular que a dra. von Franz ajudou a escrever e editar junto com Jung e três outros discípulos fiéis no começo da década de 60. Esse livro de referência foi a última obra de C. G. Jung, uma compilação de idéias e imagens endereçada ao leigo em geral.

Encerramos esta seção com as construtivas observações do texto do terapeuta William A. Miller, "O encontro da sombra na vida cotidiana", extraído de seu livro *Your Golden Shadow* [A sua Sombra Dourada]. Miller leva-nos ao fenômeno da sombra através do exame das nossas projeções, lapsos verbais e tiradas humorísticas, e mostra-nos como descobrir a sombra nos acontecimentos comuns da vida.

Certa vez, exasperado com alguns discípulos que faziam citações literais de seus conceitos fora do contexto, Jung disse: "A sombra é simplesmente todo o inconsciente!" Embora não falasse a sério, sua observação só seria verdadeira se uma pessoa não tivesse a mínima percepção do inconsciente na vida cotidiana. Pois, tão logo começamos a desenvolver a percepção de porções da personalidade inconsciente, a sombra assume uma forma pessoal identificável, e isso inicia o processo de *trabalho com a sombra*. Esse procedimento acabará por levar-nos a uma profunda percepção de quem realmente somos. De acordo com o analista Erich Neumann: "O *self* fica escondido na sombra; ela é a guardiã dos portais, a guardiã da entrada. O caminho para o *self* é através dela; por trás do aspecto escuro que ela representa está o aspecto da totalidade, e é só fazendo amizade com a sombra que ganhamos a amizade do *self*."

# 1. A comprida sacola que arrastamos atrás de nós

ROBERT BLY

Diz uma antiga tradição gnóstica que não inventamos as coisas, apenas as relembramos. Dentre os europeus que conheço, aqueles que melhor relembram o lado escuro são Robert Louis Stevenson, Joseph Conrad e Carl Jung. Vou retomar algumas de suas idéias e acrescentar uns poucos pensamentos meus.

Falemos primeiro sobre a sombra pessoal. Com um ou dois anos de idade, temos uma "personalidade de 360 graus". A energia se irradia de todas as partes do nosso corpo e de todas as partes da nossa psique. Uma criança correndo é um globo vivo de energia. Quando crianças, somos uma bola de energia; mas um dia percebemos que nossos pais não apreciam certas partes dessa bola. Eles dizem: "Você não consegue ficar quieto?" ou "Não é bonito tentar matar seu irmãozinho". Atrás de nós temos uma sacola invisível e, para conservar o amor de nossos pais, nela colocamos a parte de nós que nossos pais não apreciam. Quando começamos a ir à escola, nossa sacola já é bastante grande. E aí nossos professores nos dizem: "O bom menino não fica bravo com coisinhas à-toa", e nós guardamos nossa raiva na sacola. Quando eu e meu irmão tínhamos doze anos em Madison, Minnesota, éramos conhecidos como "os bons meninos Bly". Nossas sacolas já tinham um quilômetro de comprimento!

Depois fazemos o colegial e passamos por outro bom processo de guardar coisas na sacola. Agora quem nos pressiona não são os malvados adultos e, sim, o nosso próprio grupo etário. A paranóia dos jovens em relação aos adultos talvez esteja deslocada. Eu mentia automaticamente, durante todo o colegial, para me tornar mais parecido com os jogadores de basquete. Qualquer parte de mim que fosse mais "lenta" ia para a sacola. Meus filhos passam agora por esse processo, que eu já tinha observado nas minhas filhas, mais velhas que eles. Minha mulher e eu olhávamos, consternados, quantas coisas elas colocavam na sacola, mas não havia nada que pudéssemos fazer. Minhas filhas pareciam tomar suas decisões com base na moda e nos ideais coletivos de beleza, e sofriam tanta pressão das amiguinhas quanto dos rapazes.

Por isso sustento que o jovem de 20 anos conserva uma simples fatia daquele globo de energia. Imagine um homem que ficou com uma fina fatia — o restante do globo está na sacola — e que ele conhece uma mulher; digamos que ambos têm 24 anos de idade. Ela conservou uma fina e elegante fatia. Eles se unem numa cerimônia e essa união de duas fatias chama-se casamento. Mesmo unidos, os dois não formam uma pessoa! É exatamente por isso que o casamento, quando as sacolas são grandes, acarreta solidão durante a lua-de-mel. Claro que todos nós mentimos a esse respeito. "Como foi sua lua-de-mel?" "Fantástica, e a sua?"

Cada cultura enche a sacola com conteúdos diferentes. Na cultura cristã, a sexualidade geralmente vai para a sacola. E, com ela, muito da espontaneidade. Por outro lado, Marie-Louise von Franz nos alerta para não sentimentalizarmos as culturas primitivas assumindo que elas não tinham nenhuma sacola. Ela diz que, na verdade, essas culturas tinham sacolas diferentes das nossas e, às vezes, até maiores. Talvez colocassem nelas a individualidade ou a inventividade. Aquilo que os antropólogos conhecem como "participação mística" ou "a misteriosa mente comunal" pode parecer muito bonito, mas talvez signifique apenas que todos os membros da tribo conhecem exatamente a mesma coisa e nenhum deles conhece nada além disso. É possível que as sacolas de todos os seres humanos sejam mais ou menos do mesmo tamanho.

Passamos nossa vida até os 20 anos decidindo quais as partes de nós mesmos que poremos na sacola e passamos o resto da vida tentando retirá-las de lá. Algumas vezes parece impossível recuperá-las como se a sacola estivesse lacrada. Vamos supor que a sacola está lacrada — o que acontece?... Uma grande novela do século XIX ofereceu uma idéia a respeito. Certa noite, Robert Louis Stevenson acordou e contou para a mulher um trecho do sonho que acabara de ter. Ela o convenceu a escrevê-lo, ele o fez e o sonho tornou-se o "Dr. Jekyll e Mr. Hyde". O lado agradável da personalidade torna-se, na nossa cultura idealista, cada vez mais agradável. O homem ocidental talvez seja, por exemplo, um médico liberal que só pensa em fazer o bem. Em termos morais e éticos, ele é maravilhoso. Mas a substância na sua sacola assume personalidade própria; ela não pode ser ignorada. A história conta que a substância trancada na sacola aparece, certo dia, *em uma outra parte* da cidade. Ela está cheia de raiva e, quando finalmente é vista, tem a forma e os movimentos de um gorila.

O que essa história conta é que quando colocamos uma parte de nós na sacola, essa parte regride. Retrocede ao barbarismo. Imagine um rapaz que lacra a sacola aos 20 e espera uns quinze ou vinte anos para reabri-la. O que ele irá encontrar? É triste, mas toda a sexualidade, selvageria, impulsividade, raiva e liberdade que ele colocou na sacola regrediram; não apenas seu temperamento se tornou primitivo como elas agora são hostis à pessoa que abre a sacola. O homem ou a mulher que abrem a sacola aos 45 anos sentem medo. Eles dão uma olhada e vêem a sombra de um gorila se esgueirando contra a parede; ora, qualquer pessoa que veja uma coisa dessas fica aterrorizada!

Pode-se dizer que, na nossa cultura, a maioria dos homens coloca o seu lado feminino (a mulher interior) na sacola. Quando ele quer, lá pelos 35 ou 40 anos, entrar novamente em contato com o seu lado feminino, a mulher interior talvez lhe seja bastante hostil. Nesse meio tempo, ele está enfrentando a hostilidade das mulheres no mundo exterior. A regra parece ser: o lado de fora é um espelho do lado de dentro. É assim que as coisas são neste nosso mundo. E a mulher que queria ser aceita pela sua feminilidade e para isso guardou seu lado masculino (o homem interior) na sacola, talvez descubra, vinte anos mais tarde, que ele lhe é hostil. Talvez ele também seja insensível e brutal em suas críticas. Essa mulher estará em apuros. Viver com um homem hostil dará a ela alguém a quem censurar e aliviará a pressão, mas não resolverá o problema da sacola fechada. Nesse meio tempo, ela está propensa a uma dupla rejeição: a do homem interior e a do homem exterior. Existe muita dor nisso tudo.

Cada parte da nossa personalidade que não amamos tornar-se-á hostil a nós. Ela também pode distanciar-se de nós e iniciar uma revolta contra nós. Muitos dos problemas sofridos pelos reis de Shakespeare desenvolveram-se a partir daí. Hotspur, lá "no País de Gales", rebela-se contra o rei. A poesia de Shakespeare é maravilhosamente sensível ao perigo dessas revoltas interiores. O rei, no centro, sempre está em perigo.

Quando visitei Bali há alguns anos, percebi que essa antiga cultura hindu utiliza a mitologia para trazer à luz do dia os elementos da sombra. Os templos encenam, quase todos os dias, representações do *Ramayana.* Algumas peças aterrorizantes são encenadas como parte do cotidiano da vida religiosa. Diante da maioria das casas balinesas existe uma figura esculpida em pedra: hostil, feroz, agressiva e com grandes dentes aguçados. Sua intenção não é fazer o bem. Visitei um fabricante de máscaras e vi seu filho, de 9 ou 10 anos, sentado diante da casa a esculpir, com seu cinzel, uma figura hostil e raivosa. O objetivo desse povo não é dissipar as energias agressivas — tal como nós fazemos com o nosso futebol ou os espanhóis com as suas touradas. Seu ideal é fazer essas energias emergirem na arte. Os balineses talvez sejam violentos e brutais na guerra mas, na vida cotidiana, parecem ser bem menos violentos que nós. O que isso significa? As pessoas do Sul dos Estados Unidos colocam no jardim anõezinhos negros de ferro forjado, como ajuda; nós, no Norte, fazemos o mesmo com pacíficos veadinhos. Gostamos de rosas no papel de parede, Renoir sobre o sofá e John Denver no aparelho de som. Então a agressividade escapa da sacola e ataca a todos.

Abandonemos o contraste entre as culturas balinesa e americana e sigamos em frente. Quero falar sobre a ligação entre as energias da sombra e o projetor de cinema. Vamos supor que miniaturizamos algumas partes de nós mesmos, as enrolamos como um filme e colocamos dentro de uma lata, onde elas ficarão no escuro. Então uma noite — sempre à noite — as formas reaparecem, imensas, e não conseguimos desviar nossos olhos delas. Estamos dirigindo à noite, fora da cidade, e vemos um homem e uma mulher numa enorme tela de cinema ao ar livre; paramos o carro e observamos. Algumas formas que foram enroladas dentro da lata (duplamente invisíveis, por estarem só parcialmente "reveladas" e por terem sido mantidas na escuridão) existem, durante o dia, apenas como pálidas imagens numa fina tira de celulóide cinzento. Quando uma certa luz se acende por trás de nós, formas fantasmagóricas aparecem na parede à nossa frente. Elas acendem cigarros; ameaçam os outros com revólveres. Nossa psique, portanto, é uma máquina natural de projeção; podemos recuperar as imagens que guardamos enroladas na lata e projetá-las para os outros ou sobre os outros.

O marido pode rever sua raiva, enrolada na lata por vinte anos, no rosto da mulher. A mulher que sempre vê um herói no rosto do marido, certa noite, vê ali um tirano. A Nora de *A Doll's House* [Casa de Bonecas] via essas duas imagens alternadamente.

Um dia desses encontrei meus velhos diários e peguei, ao acaso, o de 1956. Naquele ano eu estava tentando escrever um poema sobre a natureza dos publicitários. Lembrei-me como a lenda de Midas era um fator importante para a minha inspiração. Tudo o que Midas tocava se transformava em ouro. No meu poema, eu dizia que todas as coisas vivas nas quais o publicitário tocava se transformavam em dinheiro e que era por isso que os publicitários tinham a alma tão faminta. Eu escrevi pensando nos publicitários que conhecia e me diverti atacando-os às escondidas. Mas, conforme fui relendo esses velhos escritos, senti um choque ao ver o filme que eu estava projetando. Entre a época em que escrevi tudo aquilo e o agora, eu tinha descoberto como comer sem ingerir alimento: a comida que os amigos me ofereciam se transformava em metal antes de chegar na minha boca. A imagem ficou clara? Ninguém pode comer nem beber metal. E por isso Midas era importante para mim. Mas o filme que mostrava o meu Midas interior estava enrolado na lata. Os publicitários, perversos e tolos, apareciam à noite sobre uma tela imensa e me fascinavam. Logo depois desse poema, escrevi um livro chamado *Poems for the Ascension of J. P. Morgan* [Poemas para a Ascensão de J. P. Morgan]; meus poemas sobre o mundo das finanças alternavam-se com anúncios discutíveis reproduzidos de jornais e revistas. A seu modo, é um livro vivo. Ninguém quis publicá-lo, mas tudo bem. De toda maneira, eram só projeções. Vou ler um poema que escrevi nessa época. Chama-se "Inquietação".

*Estranha inquietação paira sobre a nação.*
*É a última contradança, o bramir das ondas do mar de Morgan,*
*A divisão do espólio. Uma lassidão*
*penetra os diamantes do corpo.*
*Na escola, uma explosão; uma criança semimorta;*
*quando a batalha finda, terras e mares arruinados,*
*duas formas emergem em nós, e se vão.*

*Mas o babuíno assobia nas praias da morte —*
*subindo, caindo, jogando cocos e calhaus,*
*bamboleia na árvore*
*cujos ramos contêm a vastidão do frio,*
*planetas em órbita e um sol negro,*
*o zumbido dos insetos e os vermes escravizados*
*na prisão da casca.*
*Carlos Magno, aportamos às tuas ilhas!*

*Voltamos às árvores cobertas de neve*
*e à profunda escuridão enterrada na neve, através*
*da qual viajaste toda a noite*
*com as mãos a congelar; agora cai a escuridão*
*na qual dormimos e despertamos — uma sombra onde*
*o ladrão estremece, o insano devora a neve,*
*negra laje sepulta no sonho o banqueiro*
*e o negociante cai de joelhos no calabouço do sono*

Há cinco anos, comecei a suspeitar desse poema. Por que dei destaque especial aos banqueiros e aos negociantes? Se tivesse que substituir "banqueiro", o que eu diria? "Um estrategista, alguém que planeja muito bem"... ora, eu planejo muito bem. E "negociante"? "Um homem impiedoso, de rosto duro"... olhei-me ao espelho. Reescrevi esse trecho do poema, que agora está assim:

*... uma sombra onde*
*o ladrão estremece, o insano devora a neve,*
*negra laje sepulta no sonho o estrategista*
*e o impiedoso cai de joelhos no calabouço do sono.*

Agora, quando vou a uma festa, sinto-me diferente do que costumava me sentir ao conhecer um homem de negócios. Pergunto a um homem, "O que você faz?" e ele responde, "Negocio com ações". E ele tem ar de quem pede desculpas. Digo para mim mesmo, "Veja só: algo de mim que estava no fundo de mim está exatamente ao meu lado". Sinto até uma estranha vontade de abraçar o homem de negócios. Não todos eles, é claro!

Mas a projeção também é uma coisa maravilhosa. Marie-Louise von Franz observou num de seus escritos: "Por que assumimos que a projeção é sempre uma coisa ruim? 'Você está projetando' tornou-se uma acusação entre os junguianos. Às vezes a projeção é útil, é a coisa certa." Sua observação é sábia. Eu sabia que estava me matando de inanição, mas esse conhecimento não conseguia sair diretamente da sacola para a minha mente consciente. Ele precisava antes passar pelo mundo. "Como são perversos os publicitários", eu dizia para mim mesmo. Marie-Louise von Franz nos faz lembrar que, se não projetarmos, nunca conseguiremos estabelecer uma conexão com o mundo. As mulheres reclamam que o homem pega seu lado feminino ideal e o projeta sobre elas. Mas se não fizesse isso, como poderia ele sair da casa da mãe ou do apartamento de solteiro? A questão não é tanto o fato de projetarmos, mas sim por quanto tempo mantemos a projeção sobre o outro. Projeção sem contato pessoal é perigoso. Milhares, milhões de homens americanos projetaram seu feminino interior sobre Marilyn Monroe. Se um milhão de homens deixou suas projeções sobre ela, o mais provável era que Marilyn morresse. Ela morreu. Projeção sem contato pessoal pode causar danos à pessoa que a recebe.

Seja dito também que Marilyn Monroe precisava dessas projeções como parte de sua ânsia de poder, e que sua perturbação certamente retrocedia a problemas na infância. Mas o processo de projetar e recolher a projeção — feito com tanta delicadeza, face a face, na cultura tribal — foge de controle quando entra em cena a comunicação de massa. Na economia da psique, a morte de Marilyn era inevitável e até mesmo certa. Nenhum ser humano pode receber tantas projeções — isto é, tanto conteúdo inconsciente — e sobreviver. Por isso é da maior importância que cada pessoa traga de volta suas próprias projeções.

Mas por que abrir mão ou colocar na sacola tanto de nós mesmos? Por que o fazemos ainda tão jovens? E se colocamos de lado tantas das nossas raivas, espontaneidades, fomes, entusiasmos, nossas porções rudes e feias, como podemos viver? O que nos mantêm vivos? Alice Miller analisou esse ponto no seu livro *Prisoners of Childhood* [Prisioneiros da Infância], publicado em brochura com o título *The Drama of the Gifted Child* [O Drama da Criança Bem-Dotada].

O drama é este. Chegamos como bebês "trilhando nuvens de glória" e vindos das mais distantes amplidões do universo, trazendo conosco apetites bem preservados da nossa herança de mamíferos, espontaneidades maravilhosamente preservadas dos nossos 150 mil anos de vida nas árvores, raivas bem preservadas dos nossos 5 mil anos de vida tribal — em suma, irradiando nossos 360 graus — e oferecendo esse dom aos nossos pais. Eles não o queriam. Queriam uma linda menininha ou um lindo garotinho. Esse é o primeiro ato do drama. Não quer dizer que nossos pais fossem perversos; é que eles precisavam de nós para alguma coisa. Minha mãe, imigrante de segunda geração, precisava de meu irmão e de mim para dar um toque de classe à família. Fazemos o mesmo aos nossos filhos; é parte da vida neste planeta. Nossos pais rejeitaram aquilo que éramos antes de podermos falar e, assim, a dor da rejeição está provavelmente guardada em algum local pré-verbal dentro de nós.

Quando li o livro de Alice Miller, fiquei deprimido por três semanas. Com tantas coisas perdidas, o que podemos fazer? Podemos construir uma personalidade que seja mais aceitável aos nossos pais. Alice Miller concorda que traímos a nós mesmos mas diz, "Não se culpe por isso. Não há nada mais que você pudesse ter feito". Nos tempos antigos, é provável que as crianças que se opunham aos pais fossem condenadas à morte. Fizemos, enquanto crianças, a única coisa sensata diante das circunstâncias. A atitude adequada, diz Alice Miller, é o luto.

Falemos agora dos outros tipos de sacolas. Quando colocamos muita coisa na nossa sacola particular, o resultado é nos sobrar pouca energia. Quanto maior a sacola, menor a energia. Algumas pessoas têm, por natureza, mais energia que outras; mas todos nós temos mais energia do que nos é possível usar. Para onde ela foi? Se colocamos nossa sexualidade na sacola enquanto somos crianças, é lógico que perdemos bastante energia. Quando coloca o seu lado masculino na sacola ou o enrola como um filme e guarda na lata, uma mulher perde energia. Assim, podemos imaginar que a nossa sacola pessoal contém energia que agora não está à nossa disposição. Se um homem diz que não é criativo, quer dizer que ele guardou sua criatividade na sacola. O que ele quer dizer com "Eu não sou criativo"? Não seria "Deixe para o especialista"? Ora, é exatamente isso que ele está dizendo! O que ele quer é um poeta de aluguel, um mercenário caído dos céus. Ele deveria, isso sim, estar escrevendo os seus próprios poemas.

Já falamos da nossa sacola pessoal, mas parece que cada cidade ou comunidade também possui a sua sacola. Vivi muitos anos nos arredores de uma cidadezinha agrícola de Minnesota. Esperava-se que cada habitante daquela cidade tivesse os mesmos objetos na sacola; ora, qualquer aldeia grega teria objetos diferentes na sacola! É como se a cidade, por uma decisão psíquica coletiva, colocasse certas energias na sacola e tentasse impedir que alguém as tirasse de lá. Nesse assunto, as cidades interferem com nossos processos particulares e é por isso que é mais perigoso viver nas cidades do que junto à natureza. Por outro lado, certos ódios ferozes que sentimos numa cidade pequena às vezes nos ajudam a ver para onde foram as nossas projeções. A comunidade junguiana, como a cidade, tem a sua sacola; ela geralmente recomenda aos junguianos que mantenham a vulgaridade e o amor ao dinheiro na sacola. Mas a comunidade freudiana geralmente exige que os freudianos mantenham sua vida religiosa na sacola.

Existe também uma sacola nacional, e a nossa é bem comprida. A Rússia e a China têm defeitos dignos de nota; mas se um cidadão americano tiver curiosidade de saber o que existe na nossa sacola nacional neste instante, basta ouvir com atenção algum funcionário do Departamento de Estado criticando a Rússia. Como dizia Ronald Reagan, nós somos nobres; as outras nações têm impérios. As outras nações suportam lideranças estagnadas, tratam as minorias com brutalidade, fazem lavagem cerebral em seus jovens e rompem tratados. Um russo poderá descobrir a respeito da sacola russa lendo algum artigo do *Pravda* sobre os Estados Unidos. Estamos lidando com uma rede de sombras, um padrão de sombras projetado por ambos os lados e todos se encontrando em algum ponto no ar. Não estou dizendo nada de novo com esta metáfora, mas quero tornar bem clara a distinção entre a sombra pessoal, a sombra da cidade e a sombra nacional.

Usei três metáforas aqui: a sacola, a lata de filme e a projeção. Já que a lata (ou sacola) está fechada e suas imagens permanecem na escuridão, só podemos ver o seu conteúdo quando o lançamos — com a maior inocência, como costumamos dizer — lá fora no mundo. E então as aranhas se tornam más, as serpentes astuciosas e os bodes libidinosos; os homens tornam-se lineares, as mulheres passam a ser fracas, os russos deixam de ter princípios e todos os chineses se parecem. Apesar de tudo, é precisamente através desse "mar de lama" dispendioso, prejudicial, ruinoso e confuso que acabaremos por entrar em contato com a lama sob nossos pés.

# 2. A evolução da sombra

## EDWARD C. WHITMONT

O termo *sombra* refere-se àquela parte da personalidade que foi reprimida em benefício do ego ideal. Uma vez que todas as coisas inconscientes são projetadas, encontramos a sombra na projeção — na nossa visão do "outro". Assim como as figuras oníricas ou fantasias, a sombra representa o inconsciente pessoal. Ela é como que um composto das couraças pessoais dos nossos complexos e, portanto, o portal de acesso a todas as experiências transpessoais mais profundas.

Falando em termos práticos, é comum que a sombra apareça como uma personalidade inferior. No entanto, pode haver também uma sombra positiva, que surge quando tendemos a nos identificar com as nossas qualidades negativas e a reprimir nossas qualidades positivas.

Este é um exemplo clássico de uma situação que nos é familiar. Uma paciente de meia-idade queixava-se incessante e amargamente da sogra. Sua descrição do problema, de modo geral, parece correta e adequada, pois as declarações do seu marido eram quase idênticas. A mãe é vista por ambos como dominadora ao extremo, como alguém incapaz de admitir as opiniões alheias, como alguém que pede conselhos e logo os despreza, como alguém que se diz em posição de desvantagem, abusada e martirizada; o resultado é que o relacionamento com ela torna-se impossível. Nossa paciente (a nora) sente que a sogra se interpõe entre ela e o marido; o filho precisa constantemente servir à mãe, e a esposa, em conseqüência, sente-se eclipsada. Sua situação conjugal parece estar num impasse insolúvel. Ela tem o seguinte sonho:

> *Estou num corredor escuro. Tento alcançar meu marido, mas o caminho está barrado pela minha sogra. O mais assustador, no entanto, é que a minha sogra não me vê embora um holofote brilhe intensamente sobre mim. É como se, para ela, eu não existisse.*

Lembremo-nos que um sonho sempre sugere uma situação inconsciente. Ele é complementar e revela aquilo que não está suficientemente dentro do campo da nossa percepção. Um sonho não irá reformular uma situação que o sonhador já percebe de modo adequado e correto. Quando existem dúvidas na mente consciente, um sonho pode ajudar a resolvê-las pela reiteração, mas, quando o sonho repete algo de que nos sentimos absolutamente convencidos, trata-se de um desafio que nos está sendo feito pelo inconsciente; nossas projeções se erguem contra nós. À primeira vista, o sonho da nossa paciente parece confirmar a sua queixa consciente. Mas o que ele diz quando buscamos uma projeção inconsciente? Ele diz, com toda a clareza, à sonhadora, "O holofote está sobre *você*, não sobre a sua sogra". Ele mostra as qualidades inconscientes que ela projeta sobre a sogra e que se interpõem entre ela própria e o marido. *Nela*, a sogra impede-a de alcançar o marido. O que se interpõe no seu caminho é a *sua própria* tendência de sempre estar com a razão, *a sua própria* tendência de criar obstáculos e menosprezar as coisas e a *sua própria* tendência de ser a grande mártir. O holofote está sobre ela, mas a sogra não a vê; ela está tão dominada e identificada com as qualidades imputadas à sogra que é incapaz de ver a si mesma como realmente é, de ver a sua própria e verdadeira individualidade. Em conseqüência, é como se a sua individualidade deixasse de existir. Já que não consegue ver realmente a si mesma, ela tampouco consegue, na vida real, ver a sogra como um ser humano e, portanto, não consegue lidar de modo adequado com as táticas de obstrução que utiliza. Esse é um círculo vicioso perfeito, que inevitavelmente ocorre quando ficamos aprisionados a uma projeção de sombra (ou a uma projeção de *animus* ou de *anima*). Uma projeção sempre embaça a nossa visão da outra pessoa. Mesmo quando acontece de as qualidades projetadas serem qualidades reais da outra pessoa — como ocorre neste caso —, a reação afetiva que marca a projeção sugere que o complexo afetivo em *nós* embaça a nossa visão e interfere com a nossa capacidade de ver com objetividade e estabelecer relações de um modo humano.

Imaginemos um motorista que, sem perceber, usa óculos com lentes vermelhas. Ele teria dificuldades para distinguir entre as luzes vermelha, amarela e verde dos semáforos e correria perigo constante de sofrer um acidente. De nada lhe adiantaria que algumas, ou mesmo que todas as luzes que ele percebe como vermelhas fossem realmente vermelhas. O perigo, para ele, está na sua incapacidade de diferenciar e separar o que a sua "projeção vermelha" lhe impõe. Quando ocorre uma projeção de sombra, não somos capazes de diferenciar entre a realidade da outra pessoa e nossos próprios complexos. Não conseguimos distinguir entre fato e fantasia. Não conseguimos ver onde começamos e onde o outro termina. Não conseguimos ver o outro; nem a nós mesmos.

Peça para um amigo lhe descrever o tipo de personalidade que ele acha mais desprezível, mais insuportável, mais odiosa e de convívio mais impossível; ele descreverá as suas próprias características reprimidas — uma autodescrição que é absolutamente inconsciente e que, portanto, sempre o tortura quando ele recebe seu efeito de uma *outra* pessoa. Essas mesmas qualidades são tão inaceitáveis para ele precisamente porque elas representam o seu próprio lado reprimido; só achamos impossível aceitar nos outros aquilo que não conseguimos aceitar em nós mesmos. Qualidades negativas que não nos incomodam de modo tão intenso ou que achamos relativamente fácil perdoar — se é que precisamos perdoá-las — em geral não pertencem à nossa sombra.

A sombra é a experiência arquetípica do "outro", aquele que, por ser-nos estranho, é sempre suspeito. A sombra é o impulso arquetípico de buscar o bode expiatório, de buscar alguém para censurar e atacar a fim de nos vingarmos e nos justificarmos;

ela é a experiência arquetípica do *inimigo*, a experiência da culpabilidade que sempre recai sobre o outro, pois estamos sob a ilusão de que conhecemos a nós mesmos e já trabalhamos adequadamente nossos próprios problemas. Em outras palavras, na medida em que é preciso que eu seja bom e justo, *ele, ela* ou *eles* tornam-se os receptáculos de todo o mal que deixo de reconhecer dentro de mim mesmo.

As razões para isso residem na natureza mesma do próprio ego; o desenvolvimento do ego ocorre como resultado do encontro entre o Eu — enquanto tendência potencial da personalidade — e a realidade externa, ou seja, entre a individualidade potencial interior e a coletividade exterior. No primeiro nível de experiência entre o certo e o errado, que é a base para a auto-aceitação, os inícios de consciência são assumidos e projetados sobre a coletividade exterior. A criança aceita a si mesma em termos de adequação. A harmonia com o Eu (e, portanto, com a consciência) parece depender de início da aceitação externa — ou seja, dos valores coletivos e da *persona*, bem como daqueles elementos da individualidade que estão demasiado em desacordo com os valores aceitos da *persona* para poderem ser conscientemente incorporados à imagem que o ego faz de si mesmo. Eles se tornam, assim, sujeitos à repressão. Mas não desaparecem; continuam a atuar como um *alter ego* invisível que parece estar fora do indivíduo — em outras palavras, atuam como a sombra. O desenvolvimento do ego baseia-se na repressão do "errado" ou do "mau" e na promoção do "bom". Nosso ego não consegue fortalecer-se a menos que primeiro aprendamos os tabus coletivos, aceitemos os valores do superego e da *persona* e nos identifiquemos com os padrões morais coletivos.

É da maior importância notar que as qualidades que foram reprimidas por serem incompatíveis com os ideais da *persona* e com os valores culturais gerais talvez sejam fundamentais para a estrutura básica da personalidade; mas, por terem sido reprimidas, permanecerão primitivas e, portanto, negativas. Infelizmente, a repressão não elimina as qualidades ou impulsos, nem os impede de agir. Ela apenas os remove da consciência do ego; eles continuam a existir como complexos. Ao serem removidos da nossa visão, escapam da nossa supervisão e podem, assim, continuar a existir de modo irrefreado e destrutivo. Portanto, a sombra consiste em complexos e qualidades pessoais baseados em impulsos e padrões de comportamento que são uma inquestionável parte "escura" da estrutura da personalidade. Na maioria dos casos, essas qualidades são facilmente observáveis pelas outras pessoas. Só nós mesmos não conseguimos vê-las. As qualidades da sombra formam, em geral, um agudo contraste com os ideais do ego e os esforços da vontade. O altruísta sensível talvez abrigue um brutal egoísta dentro de si; a sombra do bravo guerreiro talvez seja um lamuriante covarde; a doce namorada talvez hospede uma amarga megera.

A existência da sombra (ou a necessidade dela) é uma realidade arquetípica do gênero humano, pois o processo de formação do ego — o conflito entre coletividade e individualidade — é um padrão humano geral. A sombra é projetada de duas maneiras: individualmente, na forma da pessoa a quem atribuímos todo o mal; e coletivamente, na sua forma mais geral, como o Inimigo, a personificação do mal. Suas representações mitológicas são o diabo, o arquiinimigo, o tentador, o demônio, o duplo ou o elemento escuro/mau no par de irmãos/irmãs.

A sombra é um componente do desenvolvimento do ego. Ela é um produto da cisão que ocorre quando estabelecemos o centro da nossa percepção. Ela é aquilo que, ao medirmos o conjunto, percebemos que faltava. Ela coincide de modo aproximado com aquilo que foi considerado (primeiro por Freud e, agora, por quase todos nós) como *o* inconsciente: ou seja, os elementos reprimidos da consciência. Nas representações inconscientes espontâneas, a sombra geralmente é personificada por uma figura do mesmo sexo da pessoa que a sonha.

O reconhecimento da sombra pode acarretar efeitos marcantes sobre a personalidade consciente. A própria noção de que o mal que vemos na outra pessoa talvez esteja em nós mesmos, pode provocar choques de intensidade variada dependendo da força das nossas convicções éticas e morais. É preciso ânimo para não fugir ou ser esmagado pela visão da própria sombra; é preciso coragem para assumir a responsabilidade pelo próprio eu inferior. Quando esse choque parece quase impossível de ser suportado, o inconsciente geralmente exerce sua função compensatória e vem em nossa ajuda com uma visão construtiva da situação; como neste sonho:

*Alguém queria me matar com uma maçã. Então, vi que um dos meus vizinhos, de quem jamais gostei, havia conseguido transformar um terreno rochoso e árido, que eu considerava inútil, num bonito jardim.*

Esse sonho mostra o problema da sombra sob dois ângulos: primeiro, em termos arquetípicos e depois em termos individuais. O paciente associava à maçã a famosa maçã do primeiro capítulo do Gênesis — o presente do diabo. A pessoa desconhecida que tentava matá-lo com o presente do diabo (ou da serpente) representa uma forma arquetípica da sombra, a realidade humana geral de que *todos nós* precisamos lidar com o problema da sombra. O vizinho real, de quem ele não gostava, representa a sombra pessoal. Na verdade, o sonho diz: "Você receia que a sombra — aquilo em você que oferece a maçã, a discriminação entre o bem e o mal e, portanto, a consciência da tentação do mal dentro de você — o mate." Pois, por ter comido a maçã, o homem conheceria a morte (Gênesis 3:19); mas a maçã também implica que "... sereis como deuses, conhecendo o bem e o mal" (Gênesis 3:5). O sonho, portanto, sugere que esse problema pessoal que tanto chocou o seu sonhador é um problema geral, fundamental, humano — logo, arquetípico. A confrontação com o próprio mal pode ser uma experiência mortificante e destrutiva; mas, como a morte, ela aponta para além do significado pessoal da existência. É importante que o sonhador perceba isso.

A segunda parte do sonho diz: "Foi o seu próprio lado da sombra — aquilo em você que você acha inaceitável, ou seja, aquelas qualidades que você associa ao vizinho de quem não gosta — que transformou um terreno árido e inútil num paraíso." A sombra, quando percebida, é uma fonte de renovação; o impulso novo e produtivo jamais nasce dos valores estabelecidos do ego. Quando chegamos a um impasse, a uma fase estéril em nossa vida — apesar de um desenvolvimento adequado do ego — devemos buscar o nosso lado escuro e até então inaceitável, que está à disposição do nosso lado consciente. No *Fausto*, Goethe faz o diabo responder assim quando lhe perguntam, "Quem sois, então?":

*Parte daquele Poder que pensa*
*fazer o Mal e acaba fazendo o Bem.*

(O inverso também é verdadeiro: quanto mais queremos fazer o bem, mais acabamos criando o mal — quando, por exemplo, nos tornamos "fazedores do bem" profissionais, subestimando o mal ou deixando de perceber nossas intenções egoístas.)

Isso nos leva ao fato básico de que a sombra é a porta para a nossa individualidade. Na medida em que nos oferece um primeiro vislumbre da parte inconsciente da nossa personalidade, a sombra representa o primeiro estágio em direção ao encontro do Eu. Não existe, na verdade, nenhum acesso ao inconsciente e à nossa própria realidade *senão* através da sombra. Só quando percebemos aquela parte de nós mesmos que até então não vimos ou preferimos não ver, podemos avançar para questionar e encontrar as fontes das quais ela se alimenta e as bases sobre as quais repousa. Logo, nenhum progresso nem crescimento são possíveis até que a sombra seja adequadamente confrontada — e confrontá-la significa mais do que apenas conhecê-la. Só depois de termos ficado realmente chocados ao ver como somos de verdade, em vez de nos ver como queremos ser ou pretendemos ser, é que podemos dar o primeiro passo rumo à realidade individual.

Quando a pessoa é incapaz de integrar seu potencial positivo e se desvaloriza em excesso, ou quando ela é idêntica — por falta de força moral, por exemplo — ao seu próprio lado negativo, então o potencial positivo torna-se a característica da sombra. Nesse caso, a sombra é uma sombra positiva; ela é, então, o mais luminoso dos "dois irmãos". Nesse caso, os sonhos também tentarão trazer à consciência aquilo que foi indevidamente subestimado: as qualidades positivas. Isso, no entanto, ocorre com menos freqüência do que a imagem exageradamente boa e brilhante de nós mesmos. Formamos essa imagem brilhante porque *queremos* estar dentro de padrões coletivamente aceitáveis.

Existem diversas maneiras possíveis de reagir à sombra. Recusamo-nos a enfrentá-la. Ou, uma vez conscientes de que ela é parte de nós, tentamos eliminá-la e removê-la de imediato. Ou nos recusamos a assumir a responsabilidade por ela e deixamos que ela aja a seu modo. Ou talvez optemos por "sofrê-la" de uma maneira construtiva, vendo-a como a parte da nossa personalidade que poderá nos levar a uma saudável humildade e humanidade, e até mesmo a novas descobertas e a horizontes mais amplos.

Quando nos recusamos a enfrentar a sombra, ou quando tentamos combatê-la com a força da nossa vontade, exclamando: "Para trás, Satanás!", estamos tão-somente relegando essa energia para o inconsciente e dali ela exercerá seu poder de uma forma negativa, compulsiva, projetada. Então, nossas projeções transformam o mundo à nossa volta num ambiente que nos mostra a nossa própria face, mesmo que não a reconheçamos como nossa. Tornamo-nos cada vez mais isolados; em vez de uma relação real com o mundo à nossa volta, existe apenas uma relação ilusória, pois nos relacionamos, não com o mundo como ele é, mas sim com o "mundo mau e perverso" que a projeção da nossa sombra nos mostra. O resultado é um estado de ser inflado e auto-erótico, seccionado da realidade, que geralmente toma as conhecidas formas de "Ah, se pelo menos tal coisa fosse assim", ou "Ah, quando tal coisa acontecer" ou "Ah, se as pessoas me entendessem (ou apreciassem) direito".

Devido às nossas projeções, vemos esse impasse como ódio do ambiente por nós; com isso, criamos um círculo vicioso que se prolonga *ad infinitum, ad nauseam.* Essas projeções darão uma tal forma às nossas atitudes em relação aos outros que por fim faremos surgir, literalmente, aquilo que projetamos. Imaginamo-nos tão perseguidos pelo ódio que o ódio acaba nascendo nos outros em resposta aos nossos cáusticos mecanismos de defesa. O outro vê a nossa defensiva como hostilidade gratuita; isso desperta os seus mecanismos de defesa e ele projeta a sua sombra sobre nós; reagimos com a nossa defensiva, causando assim ainda mais ódio.

Para proteger o seu próprio controle e soberania, o ego instintivamente oferece grande resistência ao confronto com a sombra; quando capta um vislumbre da sombra, a reação mais comum do ego é tentar eliminá-la. Mobilizamos a nossa vontade e decidimos, "Não quero mais ser assim!" E então vem o destruidor choque final, quando descobrimos que isso é impossível, pelo menos em parte, por mais que tentemos. Pois a sombra representa padrões de sentimento e de comportamento autônomos e energeticamente carregados. A energia desses padrões não pode ser simplesmente detida por um ato da vontade. Torna-se necessária uma recanalização ou transformação. No entanto, essa tarefa exige a percepção e a aceitação da sombra como algo que não pode ser simplesmente eliminado.

De algum modo, quase todos nós sentimos que qualquer qualidade, uma vez reconhecida, precisará necessariamente ser passada ao ato; pois, mais doloroso do que enfrentar a sombra, é resistir aos nossos impulsos emocionais, suportar a pressão de um desejo, sofrer a frustração ou a dor de um desejo insatisfeito. Logo, para evitar ter de resistir aos nossos impulsos emocionais quando os reconhecemos, preferimos simplesmente não vê-los e nos convencer de que eles não estão ali. A repressão parece menos dolorosa que a disciplina. Mas ela é, infelizmente, mais perigosa, pois nos faz agir sem a consciência dos nossos motivos, ou seja, de modo irresponsável. Mesmo que não sejamos responsáveis pelo modo como *somos* e sentimos, precisamos assumir a responsabilidade pelo modo como *agimos*. Portanto, precisamos aprender a nos disciplinar. E a disciplina está na capacidade de, quando necessário, agir de modo contrário aos nossos sentimentos. Essa é uma prerrogativa — bem como uma necessidade — eminentemente humana.

A repressão, por outro lado, simplesmente desvia os olhos. Quando persistente, a repressão sempre leva a estados psicopatológicos; mas ela é, também, indispensável à formação inicial do ego. Isso significa que todos nós portamos os germes da psicopatologia dentro de nós. Nesse sentido, uma psicopatologia em potencial é uma parte integrante da nossa estrutura humana.

A sombra precisa ter, de algum modo, em algum momento, em algum lugar, o seu lugar de expressão legítima. Ao confrontá-la, temos a escolha de quando, de como e de onde podemos permitir dar expressão às suas tendências dentro de um contexto construtivo. E quando não é possível refrear a expressão do seu lado negativo, podemos amortecer seu efeito através de um esforço consciente para acrescentar um elemento atenuante ou, ao menos, um pedido de desculpas. E quando não podemos (ou não devemos) nos abster de ferir, podemos pelo menos tentar fazê-lo com gentileza e estar prontos para arcar com as conseqüências. Se desviamos virtuosamente os olhos, não temos essa possibilidade; e então é provável que a sombra, deixada a si mesma, nos atropele de uma maneira destrutiva e perigosa. Então, algo "acontece" conosco e é geralmente quando nos causa as maiores inconveniências; já que não sabemos o que está acontecendo, nada podemos fazer para atenuar seu efeito, e jogamos toda a culpa sobre o nosso semelhante.

Existem também, é claro, implicações sociais e coletivas do problema da sombra. Elas são espantosas, pois nelas estão as raízes do preconceito e da discriminação social, racial e nacional. Toda minoria, todo grupo dissidente, carrega a projeção da sombra da maioria — quer se trate de negros, de brancos, de cristãos, de judeus, de italianos, de irlandeses, de chineses ou de franceses. Além disso, já que a sombra é o arquétipo do inimigo, é provável que sua projeção nos envolva nas mais sangrentas guerras precisamente nas épocas de maior complacência a respeito da paz e da nossa própria retidão. O inimigo e o conflito com o inimigo são fatores arquetípicos, projeções da nossa cisão interior e não podem ser legislados ou simplesmente eliminados pela vontade. Só é possível lidar com eles — se é que é possível de todo — confrontando a nossa sombra e curando a nossa cisão individual. As épocas mais perigosas, tanto coletiva quanto individualmente, são aquelas em que presumimos ter eliminado a sombra.

A sombra não pode ser eliminada. Ela é a nossa irmã escura, sempre presente. Quando deixamos de ver onde ela está, é provável que os problemas estejam a caminho. Pois é certo que ela estará atrás de nós. Portanto, a pergunta adequada não seria: "Tenho um problema de sombra, tenho um lado negativo?" e sim: "Onde exatamente está a minha sombra agora?" Quando não podemos vê-la, é hora de tomar cuidado! E seria útil lembrar a declaração de Jung de que nenhum complexo é patológico *per se*. Ele só se torna patológico quando supomos que não o temos; pois então é ele que nos tem.

# 3. O que a sombra sabe: uma entrevista com John A. Sanford

D. PATRICK MILLER

*THE SUN:*
Jung disse certa vez: "Prefiro ser íntegro a ser bom." Essa afirmação certamente confunde ou perturba muita gente. Por que a maioria das pessoas não consegue reconhecer a relação que existe entre a maldade e o excesso de "bondade"?

*SANFORD:*
Na verdade, é esse o problema do ego e da sombra, um problema que fica bem claro na tradição cristã. Na Bíblia, as diferenças entre o bem e o mal estão traçadas com muita nitidez: existe Deus, que é bom, e existe o Diabo, que é mau. Deus quer que o ser humano seja bom e Deus castiga o mal. De acordo com o Novo Testamento, se uma pessoa se entrega ao mal e pratica más ações, sua alma se corrompe e é destruída; ou seja, instala-se um processo psicológico negativo. Assim, diante do cristão está sempre o objetivo ou o modelo de "ser bom", e isso é algo que tem valor.

No entanto, a tradição cristã original reconhecia que o homem traz, dentro de si, o seu oposto. São Paulo disse: "Não faço o bem que quero, mas o mal que não quero" (Romanos 7:19). Estas são palavras de um profundo psicólogo; ele sabia que tinha uma sombra e acreditava que só Deus poderia salvá-lo dessa condição. Porém, o fato de *conhecer* sua condição mantinha a sua integridade.

Mais tarde, essa perspectiva profunda perdeu-se e as pessoas se sentiam obrigadas a se identificar com o bem ou, pelo menos, a fingir que eram boas. Quando faz isso, você depressa perde contato com a sombra. E em algum ponto do percurso — isso fica evidente na Idade Média — a Igreja cometeu um grave erro: além das ações, também as *fantasias* passaram a ser más. Você era mau simplesmente por entreter fantasias sobre o mal; adultério era pecado, mas pensar em adultério também era pecado. Ambos precisavam ser confessados e perdoados.

E com isso as pessoas começaram a negar e a reprimir suas fantasias, e a sombra foi empurrada ainda mais para o fundo. A divisão ampliou-se.

*THE SUN:*
Esse processo ocorreu em paralelo com a perda do elemento feminino?

*SANFORD:*
Sim, eu diria que sim. Na realidade feminina, os contrastes não são tão marcados. O elemento masculino vê as coisas à brilhante luz do dia: isto é isto e aquilo é aquilo. O elemento feminino equivale a ver as coisas à luz da lua: elas ficam difusas, não são tão distintas umas das outras. Toda essa questão da sombra é muito sutil e complexa; não é tão simples quanto parece ser a do bem e do mal.

O elemento feminino teria atenuado essa completa cisão entre a sombra e o ego. No início, a Igreja liderava uma espécie de movimento feminino, mas depois tornou-se bastante patriarcal. O ego e a sombra se apartaram cada vez mais, preparando o palco para fenômenos do tipo Jekyll e Hyde. Se você estudar a história do cristianismo, vai ver esse desenvolvimento com toda a clareza. Pessoas que professavam fazer o bem, por exemplo, estavam liderando a Inquisição.

Os cristãos não detêm a posse exclusiva da sombra, é claro. Todo mundo faz coisas terríveis. Mas na tradição cristã, essa cisão é absoluta. Uma coisa boa que surgiu disso tudo foi a volta das psicologias de profundidade. Embora a Igreja tentasse banir as fantasias, é evidente que ela tinha consciência da vida interior e sempre deu valor à introspecção.

*THE SUN:*
Eu cresci nas vizinhanças dos fundamentalistas religiosos e sempre notei uma espécie de tensão neles — como se eles tentassem impedir que certas coisas entrassem em suas mentes e muito menos de se expressar abertamente. Parece que é preciso uma quantidade imensa de energia para manter a cisão interior.

*SANFORD:*
Certo. E o resultado não é uma pessoa realmente boa. Os esforços para alcançar a bondade pura resultam numa pose ou numa auto-ilusão sobre a bondade. Isso desenvolve uma *persona* — uma máscara de bondade vestida sobre o ego. O Dr. Jekyll tinha uma *persona* imensa e acreditava nela por completo, mas nunca chegou a ser um homem realmente bom. A conexão entre Jekyll e Hyde era o anseio secreto de Jekyll em *tornar-se* Hyde — mas Jekyll se recusava a despir a máscara que tinha vestido para a sociedade e para si mesmo. Quando descobriu a droga que podia transformá-lo na sua sombra, Jekyll pensou ter encontrado a resposta ideal. Mas então foi dominado pelo seu próprio anseio de ser Hyde.

Aqui é importante compreender a diferença crucial entre a sombra e o mal genuíno. Como disse Fritz Kunkel certa vez, o segredo é que o *ego* — não a sombra — *é o diabo*. Kunkel acreditava que o mal existe além do ego — um mal arquetípico — mas, para a maioria das pessoas, o ego é que é o verdadeiro problema.

A definição junguiana da sombra foi muito bem colocada por Edward C. Whitmont, analista de Nova York, ao dizer que a sombra é "tudo aquilo que foi reprimido durante o desenvolvimento da personalidade, por não se adequar ao *ideal do ego*". Se você teve uma educação cristã, com o ideal do ego de ser benevolente, moralmente reto, gentil e generoso, então certamente você precisou reprimir todas as suas qualidades que fossem a antítese desse ideal: raiva, egoísmo, loucas fantasias sexuais e assim por diante. Todas essas qualidades que você seccionou formariam a personalidade secundária chamada "sombra". E se essa personalidade secundária se isolasse bastante, você passaria a ser aquilo que chamamos "personalidade múltipla".

Em todos os casos de personalidade múltipla, sempre podemos identificar claramente a sombra. Ela nem sempre é má — só é diferente do ego. Jung estava certo quando disse que noventa por cento da sombra é ouro puro. Tudo o que foi reprimido (seja lá o que for) contém uma quantidade tremenda de energia, com um grande potencial positivo. Por isso a sombra, não importa quão perturbadora ela possa ser, não é intrinsecamente má. O ego, com sua recusa de introvisão e com sua recusa de aceitar o todo da personalidade, contribui muito mais para o mal do que a própria sombra.

*THE SUN:*
O que o senhor está dizendo é que a sombra tem má fama porque o ego projeta sua própria maldade sobre ela.

*SANFORD:*
Exatamente. Se você consultar aquele manual de psicologia a que damos o nome de Novo Testamento, vai encontrar essa frase: o diabo é "o pai de todas as mentiras". Agora, a sombra nunca mente; é o ego que mente a respeito de seus motivos reais. É por isso que o sucesso de qualquer psicoterapia e qualquer conversão religiosa genuína exigem absoluta honestidade sobre nós mesmos.

*THE SUN:*
A analista junguiana Marie-Louise von Franz escreveu: "A sombra arrasta o homem ao imediatismo das situações do tipo aqui e agora, e assim cria a biografia real do ser humano, que está sempre inclinado a assumir que é apenas aquilo que pensa ser. A biografia criada pela sombra é que importa." Essa afirmação me faz pensar na tendência da nossa sociedade de se desiludir com os nossos políticos — porque a biografia que eles exibem durante a campanha nunca é "a biografia que importa".

*SANFORD:*
A biografia que o político quer nos passar — e que geralmente é criada pelo pessoal de relações públicas — é a *persona*, a máscara. Ela esconde a verdadeira realidade do político. Mas eu acho que é possível conviver razoavelmente bem com essa realidade. A longo prazo, admitir a sombra é bem menos pernicioso do que negá-la. O

que arruinou o candidato Gary Hart, por exemplo, não foi ele ter casos mas, sim, ter continuado a mentir sobre seus casos depois que a verdade veio à tona. Pessoalmente, isso só me fez pensar que ele não era lá muito brilhante.

Está claro que vivemos numa época em que as eleições são vencidas ou perdidas pela força da *persona*. Ronald Reagan é o exemplo *par excellence*, porque sabemos que ele nunca fez ou disse coisa alguma que não fosse representação. Sinto-me muito mais à vontade com o presidente George Bush, independentemente de aprovar ou não o que ele diz, porque pelo menos tenho a sensação de que é ele que está ali — é o homem de verdade que está falando.

Talvez as pessoas estivessem um pouco mais em contato com os políticos — o político pessoa de verdade — nos velhos tempos das campanhas ao vivo, com caravanas percorrendo o país. A maneira como a mídia eletrônica amplifica *a persona* mostra um lado monstruoso da nossa tecnologia... é uma coisa muito perigosa.

*THE SUN:*
A sombra, certamente, parece estar muito presente na nossa atual mídia de entretenimento — desde as histórias de Stephen King e Clive Barker até os filmes de terror e o satanismo declarado de algumas bandas *heavy-metal*. Eu me pergunto se tudo isso não quer dizer que estamos caminhando para o reconhecimento — e integração — da sombra ou se estamos apenas indo esgoto abaixo, como parecem pensar alguns críticos sociais e censores.

*SANFORD:*
A questão é: em que momento cruzamos a linha divisória da sombra — que é um elemento difícil, mas ainda assim humano — e ingressamos no campo do realmente demoníaco. Isso nos leva à questão do mal *arquetípico*: existiria um diabo que está além do ego humano? Por falar nisso, os cristãos não foram os únicos que se preocuparam com o diabo. Os antigos persas acreditavam numa força divina que produzia o mal.

O holocausto na Alemanha nazista e os expurgos de Stalin não foram resultados da sombra humana individual. Ali, acho que estamos vendo na psique coletiva uma força maligna, que é realmente sinistra e que precisamos recear. Muitas pessoas negam que esse mal existe, afirmando que todos os assassinos são vítimas de uma infância infeliz e de maus-tratos pelos pais. Mas eu sinto que existe ali uma força maligna arquetípica.

Alguns daqueles que censuram as letras do *rock* e coisas semelhantes talvez estejam parcialmente certos a respeito do mal que elas contêm. Sou franco em confessar que às vezes bato os olhos nesse tipo de coisa e sinto uma forte repugnância. Algumas delas me parecem sinistras. Mas não podemos, de modo algum, afirmar que as pessoas que moralizam sobre o mal arquetípico estão livres dele. Na verdade, moralizar sobre o mal é uma boa maneira de sucumbir ao mal. Essa é uma questão sutil. Se você ataca o mal para se defender de um mergulho em si mesmo, você está cometendo o mesmo erro do Dr. Jekyll.

*THE SUN:*
Mas como podemos ver a diferença entre uma coisa que parece sinistra e uma coisa que *é* sinistra?

*SANFORD:*
Essa é uma boa pergunta, e nem sempre fácil de responder. Depende muito da psicologia da pessoa envolvida. Quanto mais rígido for seu referencial psicológico, maior o número de coisas que lhe parecerão sinistras. Tudo o que posso dizer é que, quando o nível arquetípico do mal finalmente encontra expressão, todo mundo fica chocado. Mas nem sempre em tempo, é claro. O mundo demorou bastante para reconhecer o mal da Alemanha nazista.

O que nos ajuda a ver a diferença é aquilo que Jung chamou de "função sentimento" — nossos meios interiores de avaliar o valor das coisas. A função sentimento nos diz o que é desejável e o que não é desejável, mas não se trata de um julgamento feito pelo ego. O ego determina o que é bom ou mau a partir do ponto de vista de suas próprias preocupações: o ego considera bom tudo aquilo que apóia o seu sistema egocêntrico de defesa; e considera mau o que está em antítese com esse sistema. Por exemplo, os puritanos contaminaram os índios americanos com doenças que os dizimaram; viram isso como uma coisa boa e fizeram sermões dizendo que Deus lhes abria o caminho para colonizar aquelas terras. É claro que o índio, morrendo de varíola, tinha uma opinião bem diferente sobre o bem e o mal dessa situação.

A função sentimento está livre de contaminação egocêntrica. Ela é uma pura avaliação emocional, mas nem sempre lhe damos ouvido. Quando o povo americano, finalmente, opôs-se à Guerra do Vietnã, foi porque a função sentimento acabou por emergir: um número cada vez maior de pessoas chegou ao julgamento *emocional* de que aquela era uma guerra errada e terrível, mesmo que supostamente servisse aos nossos objetivos políticos. E é claro que essas pessoas estavam certas. O julgamento de valor da função sentimento é um determinante confiável do bem e do mal numa situação — desde que a função sentimento tenha as informações corretas. Se ela não tem todas as informações ou se vê apenas uma parte do problema, então é possível que chegue a uma conclusão errada.

*THE SUN:*
Na sua experiência e observação, qual é o processo de integração da sombra?

*SANFORD:*
A primeira vez que uma pessoa vê a sombra com clareza, ela fica mais ou menos horrorizada. Alguns dos nossos sistemas egocêntricos de defesa necessariamente se rompem ou se diluem. O resultado pode ser uma depressão temporária ou um enevoamento da consciência. Jung comparou o processo de integração — que ele chamou de *individuação* — ao processo da alquimia. Um dos estágios da alquimia é a *melanose*, quando tudo enegrece dentro do vaso que contém os elementos alquímicos. Mas esse estágio de enegrecimento é absolutamente essencial. Jung disse que ele representa o primeiro contato com o inconsciente, que é sempre o contato com a sombra. O ego encara isso como uma espécie de derrota.

*THE SUN:*
É possível ficar aprisionado nesse estágio? Podemos estar fadados a ter um encontro após outro com a sombra, sem que ocorra a integração?

*SANFORD:*
Acho que não, porque uma visão genuína da sombra também põe em ação aquilo que Jung chamou de *Self*, o centro criativo. E então as coisas começam a mover-se, para que a depressão não se torne permanente. Depois disso, mil e uma mudanças podem ocorrer; é diferente, para cada pessoa. Aquilo que Kunkel chamou o "centro real" da personalidade começa a emergir e, gradualmente, o ego é reorientado para uma relação mais íntima com esse centro real. Então é bem menos provável que a pessoa se associe ao mal genuíno, porque a integração da sombra sempre coincide com a dissolução da falsa *persona*. A pessoa torna-se muito mais realista a respeito de si mesma; ver a verdade sobre a nossa própria natureza sempre tem efeitos muito salutares. A honestidade é a grande defesa contra o mal genuíno. Parar de mentir para nós mesmos a respeito de nós mesmos, essa é a maior proteção que podemos ter contra o mal.

*THE SUN:*
Se o ego não é o "centro real" de nós mesmos, então ele é o centro do quê?

*SANFORD:*
O que distingue a psicologia junguiana de praticamente todas as outras psicologias é a idéia de que existem dois centros da personalidade. O ego é o centro da consciência; o *Self* é o centro da personalidade como um todo que inclui a consciência, o inconsciente *e* o ego. O *Self* é, ao mesmo tempo, o todo e o centro. O ego é um pequeno círculo, completo em si mesmo, formado a partir do centro mas contido no todo. Assim, o ego poderia ser mais bem descrito como o centro menor da personalidade; o *Self*, como o centro maior.

Podemos ver melhor esse relacionamento nos nossos sonhos. Na nossa vida em estado de vigília, o ego é como o Sol — ele ilumina tudo, mas também impede que vejamos as estrelas. O que não percebemos é que os conteúdos da consciência do ego não são coisas criadas por nós; eles nos são dados, eles vêm de algum outro lugar. Somos constantemente influenciados pelo inconsciente, mas em geral não percebemos isso. O ego prefere acreditar que cria todos os seus próprios pensamentos. Nos nossos sonhos tudo muda com o aparecimento do ego onírico. Quando nos lembramos do sonho, automaticamente nos identificamos com o ego onírico; referimo-nos a ele como "eu", dizendo "eu encontrei um urso e aí nós lutamos e depois apareceu a dançarina" e assim por diante. Mas a diferença é que, durante o sonho, o ego onírico conhece coisas que o ego desperto não conhece. Por exemplo, você lembra que sonhou que corria muito depressa e não lembra por quê. Mas, no sonho, você sabia.

O importante é que o ego onírico nunca é mais significativo do que qualquer outra figura do sonho. Talvez até o encontremos vencido ou enevoado. Quando o Sol se põe, as estrelas aparecem — e então você descobre que é apenas uma das estrelas de um céu todo estrelado. Essa é a paisagem da alma, invisível na nossa vida em estado de vigília.

*THE SUN:*
O que eu percebo é que me sinto mais ou menos à vontade com a *idéia* da sombra na vida em estado de vigília. Porém, a idéia da sombra nos sonhos é muito mais do

que uma simples idéia — ela é completamente real e muito poderosa. Às vezes eu me torno a sombra, como se *ela* se integrasse *a mim*.

*SANFORD:*
No sonho, a sombra é um sistema energético que é, pelo menos, tão poderoso quanto você mesmo. Na arena psíquica do sonho, todos os elementos da psique são menos distintos uns dos outros e o ego onírico pode observá-los ou transformar-se neles ou qualquer coisa intermediária.

A sombra tem sempre um aspecto do próprio eu, as qualidades da sombra poderiam tornar-se parte da estrutura do ego. Até se pode dizer que a sombra é como o irmão ou a irmã do ego e não necessariamente uma figura sinistra. E é importante lembrar que a sombra sempre tem uma razão para tudo o que faz, uma razão que está relacionada com as qualidades que foram excluídas do ego. É bastante incomum que nos tornemos a sombra num sonho; o mais provável é que o ego onírico observe a sombra mudando de forma durante o sonho.

*THE SUN:*
Acho que é mais seguro transformar-se na sombra num sonho do que em estado de vigília.

*SANFORD:*
Bom, então encontramos mais uma vez as sutilezas da sombra. Minhas idéias nesse assunto seguem mais as de Kunkel que as de Jung. A idéia é que o ego está, originalmente, muito próximo do centro do Eu. À medida que vai se afastando, ele desenvolve uma postura *egocêntrica*, que geralmente é exacerbada por influências desfavoráveis na infância. A natureza dessas influências irá determinar a natureza das defesas egocêntricas da pessoa e, logo, a natureza da sombra.

Digamos que uma pessoa vê a si mesma como fraca e inoperante diante do seu ambiente, porém encontra um outro caminho para seguir pela vida: torna-se uma espécie de "parasita". Ela não desenvolve a sua força; ela depende de outros que são fortes mas precisa habilitar-se a ganhar esse apoio. Assim ela assume uma postura de necessitada e de merecedora de apoio. Essa é a sua postura egocêntrica diante da vida; ela é o tipo de pessoa que sempre vai precisar da sua ajuda e que será capaz de citar uma infinidade de razões pelas quais você deve ajudá-la. Se você não a ajudar, então você será uma pessoa má.

Uma característica dessa pessoa é que ela é muito chata. Os outros deixam de ajudá-la quando ela os aborrece demais e, então, ela se sente ameaçada e ansiosa. Agora, o que ela reprimiu para manter sua postura egocêntrica parasitária foram as qualidades da coragem e da honestidade — qualidades altamente desejáveis. Mas a personalidade parasitária vê essas qualidades como más e se apavora diante delas. E, na verdade, as qualidades reprimidas *podem* tornar-se perigosas.

Tomemos o exemplo do adolescente que tem a defesa egocêntrica da tartaruga: tudo o que ele quer é ser deixado em paz. Ele torna-se o alvo de um bando de "durões" cuja propensão egocêntrica é atormentá-lo, exatamente porque ele é um solitário. O bando o persegue e importuna até o dia em que sua couraça egocêntrica de "recolher-se na casca" explode e *bum!...* a sombra pula para fora. Talvez ele apenas se envolva numa pancadaria e então, mesmo que apanhe um pouco, saiu-se bem — e provavelmente mais integrado. Por outro lado, se ele pegar o revólver do pai e atirar nos seus atormentadores, então uma coisa terrível aconteceu. Quando a energia é reprimida por um tempo por demais longo e em excessiva profundidade, algo de conseqüências lamentáveis pode ocorrer.

*THE SUN:*
O senhor acha que esse rapaz estava "pedindo" para ser atormentado?

*SANFORD:*
Sem dúvida. Ao nível inconsciente, ele estava enviando uma mensagem sobre aquilo de que precisava para se integrar. Falando sobre esse tipo de situação, Kunkel costumava dizer que os "arcanjos" são enviados para completar o plano divino.

*THE SUN:*
Mas os arcanjos não vão necessariamente cuidar de nós.

*SANFORD:*
Certo. Eles só armam o cenário. Tudo o que sabemos é que quando os arcanjos se envolvem, as coisas nunca mais serão as mesmas. Ninguém pode predizer o que vai acontecer em seguida. A liberação da sombra não deve ser encarada com leviandade. Por isso seria muito melhor se aquele rapaz descobrisse sua hostilidade numa terapia ou em alguma outra situação sob controle, onde sua sombra pudesse emergir gradualmente.

Kunkel fez uma observação misteriosa: "Na batalha decisiva, Deus está sempre do lado da sombra, não do lado do ego." Com todas as suas dificuldades, a sombra está mais próxima da fonte da criação.

Agora, um assunto bem diferente é o ego que não está num estado egocêntrico. Esse ego tem um relacionamento saudável tanto com a sombra quanto com o Eu. Na verdade, o ego não é diminuído no processo de integração; as suas fronteiras é que se tornam menos rígidas. Existe uma enorme diferença entre um ego forte e um ego egocêntrico; esse último é sempre fraco. A individuação, a obtenção do nosso potencial real, não pode ocorrer sem um ego forte.

*THE SUN:*
Isso quer dizer que é impossível ser apenas o "Eu"?

*SANFORD:*
Certo. O ego é o veículo necessário para a expressão do *Self*, mas você precisa querer pôr o ego na linha. É como Moisés confrontando-se com a voz de Deus na sarça ardente e depois descendo para conduzir o povo de Israel para fora do Egito. Essa é a ação do ego forte.

# 4. A sombra na história e na literatura

ANTHONY STEVENS

O medo de "cair" na iniqüidade tem se expressado ao longo da história do cristianismo como o terror de ser "possuído" pelos poderes das trevas. As histórias de possessão sempre provocaram fascínio e horror; o *Conde Drácula* de Bram Stoker é apenas um exemplo recente do gênero. Histórias de vampiros e lobisomens provavelmente sempre estiveram conosco.

Talvez o mais famoso exemplo de possessão nos seja mostrado pela lenda de Fausto, que, cansado de sua virtuosa existência acadêmica, faz um pacto com o diabo. Fausto passava, evidentemente, por uma crise da meia-idade. Sua busca obsessiva por conhecimento levara-o a um desenvolvimento distorcido e intelectualizado da personalidade, com uma expressiva porção das potencialidades do Eu não-vividas e "trancadas" no inconsciente. Como em geral acontece nesses casos, a energia psíquica reprimida exige atenção. Infelizmente, Fausto não se entrega a uma paciente auto-análise, dialogando com as formas que emergem do inconsciente a fim de assimilar a Sombra; pelo contrário, ele se deixa "cair nela" e ser possuído por ela.

O problema é que Fausto acredita que a solução para o seu problema está em "ingerir mais doses do mesmo remédio", insistindo com determinação no velho padrão neurótico (ou seja, precisa adquirir ainda mais *conhecimento*). Assim como o Dr. Jekyll, outro solteirão intelectual com um problema semelhante, Fausto se interessa pela numinosidade da Sombra quando ela se "personifica" e, sacrificando o seu ego, deixa-se enfeitiçar por ela. Como resultado, ela passa a dominar esses dois homens e o fim da história é aquilo que todos receamos: Fausto torna-se um bêbado, um libertino, enquanto Jekyll transforma-se no monstruoso Mr. Hyde.

Nossa fascinação por Fausto e Mefistófeles, por Jekyll e Hyde deriva da natureza arquetípica do problema que eles cristalizam. Num sentido, tanto Fausto como o Dr. Jekyll são heróis, pois ousam fazer aquilo que a maioria de nós evita: preferimos nos comportar como Dorian Gray, vestindo uma face (*Persona*) inocente para o mundo e mantendo ocultas nossas qualidades más, na esperança de que ninguém as descubra. Entretemos pensamentos de "perder" a Sombra, renunciar à nossa dualidade moral, expiar o pecado de Adão e, novamente reconciliados com Deus, reingressar no Jardim do Éden. Inventamos a Utopia, o El Dorado ou Shangri-lá, onde o mal é desconhecido. Buscamos consolo nas fantasias marxistas ou rousseaunianas de que o mal não está na nossa natureza e, sim, na sociedade "corrompida" que nos mantém agrilhoados; bastaria mudar a natureza da sociedade para que o mal desaparecesse para sempre deste mundo.

As histórias de Jekyll e de Fausto, assim como a história bíblica da queda de Adão, são fábulas acauteladoras que nos fazem pôr os pés no chão e nos trazem de volta à eterna realidade do nosso próprio mal. As três histórias são variações do mesmo tema arquetípico: um homem, entediado com sua vida, decide ignorar as proibições do superego para poder liberar a Sombra, encontrar a *Anima*, "conhecê-la" e *viver*. Todos os três vão longe demais: eles cometem *hybris* (o pecado da arrogância) e *nêmesis* (a justiça) é o resultado inexorável. "O preço do pecado é a morte."

A ansiedade que percorre todas essas histórias não é tanto o medo de ser apanhado como o medo de que o lado mau fuja de controle. Os enredos das histórias de ficção-científica visam criar o mesmo mal-estar; é o caso do "*Frankenstein*" de Mary Shelley, protótipo de todas elas. Freud compreendeu que essa é uma ansiedade universal do ser humano, conforme podemos ver em seu relato do fenômeno em *Civilization and Its Discontents* [A Civilização e seus Descontentamentos]. Devido à época e às circunstâncias em que viveu (a Viena burguesa de fins do século XIX), Freud acreditava que o mal reprimido receado por homens e mulheres era inteiramente de natureza sexual. Sua investigação sistemática desse aspecto da Sombra, combinada com o declínio do poder do superego judeu-cristão, fez muito para purgar a nossa cultura de seus demônios eróticos; isso permitiu que muitos componentes da Sombra, até então reprimidos, fossem integrados à personalidade total de homens e mulheres, sem forçá-los a sofrer a culpa decorrente do processo, que certamente teria afligido gerações anteriores. Temos aí um exemplo impressionante, em escala coletiva, do valor terapêutico atribuído por Jung ao processo analítico de reconhecimento e integração dos componentes da Sombra.

No entanto, um aspecto da Sombra que ainda está por ser exorcizado — tão poderoso quanto o desejo sexual mas de conseqüências muito mais desastrosas — é o desejo de poder e destruição. Que Freud tenha ignorado esse componente por tanto tempo, apesar de ter testemunhado a Primeira Guerra Mundial e a subseqüente ascensão do fascismo, é surpreendente, para dizer o mínimo. Podemos suspeitar que tivesse algo que ver com a sua determinação de fazer de sua teoria da sexualidade as bases da psicanálise. ("Meu caro Jung, prometa-me nunca abandonar a teoria da sexualidade. Ela é, em essência, o que importa! Olhe, devemos transformá-la num dogma, numa fortaleza inexpugnável.") Anthony Storr fez a interessante sugestão de que essa atitude também se devesse ao ressentimento de Freud diante da deserção de Alfred Adler, que havia abandonado o movimento psicanalítico exatamente por acreditar que o desejo de poder desempenhava um papel muito mais importante na psicoterapia humana do que o desejo sexual.

A tarefa de confrontar os elementos brutais e destrutivos da Sombra tornou-se, no século XX, o destino inescapável da nossa espécie: se falharmos, não teremos esperança de sobreviver. Com boa razão tornou-se essa a nossa "ansiedade universal". Esse é o problema da Sombra dos nossos tempos. "Talvez ainda estejamos em tempo de deter o apocalipse", declara Konrad Lorenz. "Mas a nossa situação é precária."

Neste exato momento da história da humanidade, a evolução trouxe-nos ao ponto crítico. Se o nosso destino não for aniquilar a nós mesmos e à maioria das outras espécies sobre a face da Terra, então a ontogenia deve triunfar sobre a filogenia. Existe um urgente imperativo *biológico* para trazer a Sombra à consciência. A carga moral dessa imensa tarefa será maior do que qualquer geração anterior poderia jamais ter concebido: o destino do planeta e de todo o nosso sistema solar (pois hoje sabemos que não somos os únicos seres sensíveis nele) está em nossas mãos. Único dentre os grandes psicólogos dos nossos tempos, Jung ofereceu um modelo conceitual que talvez ajude a tornar possível esse triunfo ontológico. No conceito da Sombra ele sintetizou o trabalho de Adler e de Freud e, na sua demonstração das propensões de realização do Eu, ele os transcendeu. Apenas, se chegarmos conscientemente a um acordo com a nossa *natureza* — e, em particular, com a natureza da Sombra — é que podemos ter a esperança de evitar a catástrofe total.

## 5. Dr. Jekyll e Mr. Hyde

JOHN A. SANFORD

Podemos começar comparando a descrição de Henry Jekyll com a de Edward Hyde. Lemos que Jekyll era um "homem de cinqüenta anos, grande, bem constituído, de rosto barbeado, com um toque furtivo talvez, mas com todas as características de capacidade e gentileza". Assim, não há razão para supormos que Jekyll não possuísse muitas boas qualidades. Mas a sugestão do "toque furtivo" trai o fato de que, oculta sob a bondade de Henry Jekyll, existia uma pessoa de caráter mais duvidoso. Depois, Jekyll dá maiores detalhes de si mesmo: "prezo o respeito dos homens sábios e bons dentre os meus semelhantes". Isso nos informa que, junto com suas reservas naturais de bondade e gentileza, Henry Jekyll sentia o desejo de ser aprovado pelos seus semelhantes e por isso assumia uma determinada postura diante da sociedade, ou seja, adotava uma *persona* agradável que lhe granjeava a aprovação e o respeito dos outros.

Jekyll percebia, no entanto, um outro lado da sua personalidade que estava em desacordo com essa *persona*: "um certo temperamento frívolo e impaciente". Isso o levava a buscar certos prazeres da vida que ele achava difícil reconciliar com seu "desejo imperioso" de manter a dignidade. Jekyll percebia que adotava um "semblante muito mais grave do que o usual diante das pessoas". Em outras palavras, o semblante grave adotado por Jekyll em público era uma máscara para esconder um outro lado da sua personalidade que ele não queria que ninguém visse e considerava com "mórbida vergonha". Como conseqüência, Jekyll escreveu, "escondi meus prazeres" e "já estou comprometido com uma profunda duplicidade de vida".

Jekyll mostrou ter visão psicológica. Ele tinha consciência da dualidade da sua própria natureza e declarou que "o homem não é uma unidade: na verdade, o homem é duplo". Até arriscou lançar a hipótese de que o homem é constituído por todo um sortimento de semideuses, que sua personalidade não é uma unidade, mas uma aldeia com todos os seus habitantes; um enfoque que as modernas psicologias de profundidade corroboram. Ele via essa dualidade como "completa" e "primitiva", ou seja, arquetípica e, portanto, presente desde o início como um aspecto fundamental da estrutura psicológica básica do ser humano. Armado com essa visão psicológica de si mesmo, Jekyll poderia ter alcançado o auge do desenvolvimento consciente. Mas, como veremos, falhou por causa de um erro psicológico fundamental.

Edward Hyde é descrito como jovem, cheio de energia diabólica, baixo e um tanto deformado. Ele é o *Jagannath*, o "não-humano", a pessoa cuja simples presença evoca o ódio nos outros. Demonstra uma frieza desdenhosa e sombria e é incapaz de sentimentos humanos; assim, não é espicaçado pela consciência e é incapaz de sentir culpa. A juventude de Hyde sugere que, enquanto personalidade da sombra de Jekyll, ele contém energia não utilizada. A Sombra, como vimos, inclui a vida não vivida: tocar a personalidade da Sombra significa receber uma infusão de energia nova, ou seja, a energia da juventude. A baixa estatura e a aparência deformada de Hyde indicam que, enquanto personalidade da sombra, Hyde pouco compartilhou da vida exterior de Jekyll. Tendo vivido a maior parte do tempo na escuridão do inconsciente, ele tem a aparência deformada, como a árvore forçada a crescer entre as rochas e sob a sombra de outras árvores. A falta de consciência de Hyde, descrita por Jekyll como uma "solução para os laços do compromisso", também é característica da personalidade da sombra. É como se a Sombra deixasse os sentimentos morais e os compromissos para a personalidade do ego, enquanto ela própria tenta viver os impulsos interiores e proibidos, totalmente isenta dos efeitos atenuantes de qualquer sentimento de certo ou errado.

Mas talvez a coisa mais importante que nos é dita sobre Edward Hyde seja o comentário de Jekyll na primeira vez que a droga o transformou em Hyde: "Percebi que eu era... mais perverso, dez vezes mais perverso, escravizado à minha maldade original..." De início, Jekyll vira em si mesmo apenas um certo "temperamento frívolo", um lado que buscava os prazeres e que poderia ter levado a alguns erros e nada mais; porém, uma vez transformado em Hyde, ele percebe que é muito mais perverso do que jamais pensara. Dessa descrição, parece que a personalidade da sombra começa com o nosso lado escuro pessoal mas, em algum ponto, faz contato com um nível mais profundo e mais arquetípico do mal; esse nível é tão forte que a única coisa que Jekyll podia dizer de Hyde era que ele, e só ele entre os homens, era puro mal. Nas mãos desse mal arquetípico, a busca de prazeres a que Jekyll queria entregar-se logo levou a uma atividade verdadeiramente satânica — como é exemplificado no infernal assassinato do Dr. Carew, cometido pelo puro prazer do mal e da destruição. Podemos ver essa mesma qualidade satânica emergindo naquelas situações em que uma pessoa mata outra a sangue-frio, seja na guerra ou na criminalidade, sem nenhum remorso evidente. Trata-se de um mal arquetípico que nos choca e também nos fascina, atraindo a nossa horrorizada atenção para as manchetes dos jornais.

C. G. Jung escreveu certa vez que nos tornamos aquilo que fazemos. Isso nos ajuda a compreender ainda mais a razão para a destruição de Jekyll. Uma vez que decide *ser* Hyde, mesmo que por pouco tempo, ele tende a *tornar-se* Hyde. A decisão deliberada de *fazer* o mal, faz com que nos tornemos maus. É por essa razão que viver os impulsos mais escuros da Sombra não é uma solução para o problema da sombra, pois, se o tentamos, podemos facilmente ser possuídos ou absorvidos pelo mal. Isso confirma a natureza arquetípica do mal, pois uma das qualidades dos arquétipos é que eles podem tomar posse do ego — algo como ser devorado pelo arquétipo ou tornar-se idêntico a ele.

O próprio Jekyll percebe esse perigo quando começa a se transformar involuntariamente em Hyde, Foi um choque terrível para ele. Ele esperava ser capaz de passar de Jekyll a Hyde, e de Hyde a Jekyll, de acordo com a sua vontade; mas agora descobre que Hyde está assumindo o comando. Sua confiança anterior, que o levou a dizer: "no instante em que eu quiser, livro-me de Mr. Hyde", evapora-se. Essa atitude mostra uma negligência em relação ao mal que predispôs Jekyll a ser possuído por ele. Ela reaparece na cena em que Jekyll senta no parque e reflete que, afinal de contas, "sou como meus vizinhos", e compara-se favoravelmente com outros homens, destacando sua vontade ativa em contraste com o "preguiçoso descuido" dos outros. O desprezo descuidado de Jekyll pelas forças do mal, junto com seu desejo de escapar à tensão de sua natureza dualista, abrem o caminho para a sua destruição última.

Nesse ponto da história, Jekyll toma a resolução de nunca mais se envolver com a porção Hyde da sua personalidade, e até declara a Utterson, "Juro por Deus, juro por Deus que nunca mais porei os olhos nele. Juro pela minha honra que acabei com ele neste mundo. Tudo está acabado". E Jekyll realmente tenta dar fim a Hyde. Retoma suas antigas ocupações, dedica-se mais do que nunca às boas ações e também, pela primeira vez, devota-se à religião.

Devemos admitir que a devoção religiosa de Jekyll significa que ele passou por alguma cerimônia religiosa formal, talvez ligando-se a alguma Igreja. Sabemos, é claro, que a religiosidade de Jekyll não é sincera. Ele nada sabe de Deus; apenas espera encontrar na religião formal, e em suas próprias pretensões religiosas, uma defesa contra Hyde. Sem dúvida, muitos de nós, hoje, usamos a religião dessa maneira; especialmente aquelas crenças religiosas que condenam os pecados humanos, ameaçam o pecador com castigos e encorajam as boas ações como sinal de salvação. Esse tipo de religião tende a atrair as pessoas que, consciente ou inconscientemente, lutam por manter suas sombras sob controle.

Mas a tentativa não funciona para o Dr. Jekyll. Mr. Hyde ficou mais forte dentro dele. Hyde, enquanto personalidade da sombra, continua a existir no inconsciente e agora, mais do que nunca, luta para libertar-se, ou seja, luta para possuir a personalidade de Jekyll a fim de viver do jeito que deseja. O lado escuro foi fortalecido demais; fracassa a tentativa de mantê-lo sob controle e conservá-lo trancado no porão da psique, pois Hyde agora é mais forte que Jekyll. E com isso Robert Louis Stevenson está nos dizendo que, se viver a Sombra não é a resposta, tampouco o é sua repressão; pois ambos os processos deixam a personalidade dividida em dois.

Existe ainda a falta de sinceridade e a pretensão religiosa de Jekyll. Tanto a religiosidade quanto o desejo de se desvencilhar de Hyde originam-se do instinto de autopreservação, não de seus sentimentos morais. Não é por motivos espirituais que Jekyll quer deter Hyde, mas por temer a sua destruição. Sob a superfície, continua a existir seu anseio não reconhecido pelo mal: isso fica evidente quando ele, mesmo depois de tomar a importante resolução de desvencilhar-se de Hyde, não destrói as roupas de Hyde nem desocupa seu apartamento no Soho. Poderíamos dizer que, nessa altura, o único meio de Jekyll evitar ser dominado pelo mal seria ter a alma plena de um espírito mais forte que o espírito do mal; mas, ao permitir a sua própria transformação em Hyde, Jekyll esvaziou sua alma e o mal pôde tomar posse dele.

O erro fundamental de Henry Jekyll foi o seu desejo de escapar à tensão dos opostos dentro de si. Como vimos, ele era dotado de uma certa consciência psicológica, maior que a da maioria das pessoas, pois percebia a dualidade de sua natureza; estava consciente de que havia um outro dentro de si, cujos desejos eram contrários ao seu anseio de ser aprovado pela sociedade. Se tivesse ampliado essa consciência e sustentado a tensão dos opostos dentro de si, isso o teria levado ao desenvolvimento da sua personalidade; na linguagem que estamos usando, ele teria passado pelo processo de individuação. Mas, em vez disso, Jekyll optou por tentar escapar a essa tensão através da droga transformadora, para assim poder ser tanto Jekyll quanto Hyde e desfrutar dos prazeres e benefícios de viver, sem culpa ou tensão, os dois lados de sua personalidade. É bom notar que, enquanto Jekyll, ele não se sentia responsável por Hyde. "Afinal de contas, a culpa era de Hyde e só de Hyde", declarou certa vez.

Isso nos dá uma pista em relação ao modo como o problema da Sombra *pode* ser enfrentado. O erro de Jekyll talvez nos mostre o caminho para uma conclusão bem-sucedida do nosso embate com a Sombra: o sucesso pode estar em sustentar essa tensão que Jekyll recusou. Tanto a repressão do conhecimento da Sombra quanto a identificação com a Sombra são tentativas de escapar à tensão interna dos opostos, tentativas de "desatar os nós" que unem, dentro de nós, o lado claro e o lado escuro. O motivo, claro, é escapar à dor do problema; mas, se escapar à dor leva ao desastre psicológico, sustentar a dor talvez possibilite o encontro da totalidade.

Sustentar uma tal tensão dos opostos é como uma crucificação. Devemos estar suspensos entre os opostos, um estado doloroso e difícil de ser sustentado. Mas, nesse estado de suspensão, a graça de Deus é capaz de operar dentro de nós. O problema da nossa dualidade jamais poderá ser resolvido no nível do ego; é um problema que não admite solução racional. Mas quando existe a consciência do problema, o Eu, a *Imago Dei* dentro de nós tem condições de agir e produzir uma síntese irracional da personalidade.

Ou, em outras palavras: se sustentarmos conscientemente o fardo dos opostos na nossa natureza, os processos de cura secretos e irracionais que ocorrem no nosso inconsciente poderão agir em nosso benefício e trabalhar visando a síntese da personalidade. Esse processo irracional de cura, que encontra seu caminho através de obstáculos aparentemente intransponíveis, possui uma definida qualidade feminina. Quem afirma que os opostos — como o ego e a Sombra — jamais podem unir-se é a mente masculina, racional e lógica. No entanto, o espírito feminino é capaz de encontrar uma síntese onde a lógica diz que nenhuma síntese pode ser encontrada. Por essa razão, é interessante notar que na história de Stevenson as figuras femininas são poucas, têm aparição esporádica e, quando surgem, são vistas sob uma ótica negativa. Nenhum dos principais personagens do livro é mulher. Jekyll, Enfield, Utterson, Poole, o especialista em grafologia Mr. Guest, o Dr. Lanyon — homens, todos eles. As figuras femininas apenas são mencionadas. Existe a mulher que cuidava do apartamento de Hyde, uma mulher "de má catadura", fria e rabugenta. Há uma breve menção à moça aterrorizada, descrita como "soluçando histericamente", que Utterson encontra quando vai à casa de Jekyll naquela última noite. Também há, é claro, a garotinha que foi pisoteada e as mulheres, "selvagens como harpias", que cercaram Hyde. E o próprio Hyde, no laboratório naquela última noite, é descrito como "chorando como uma mulher ou uma alma penada". A única alusão vagamente positiva a uma mulher ou ao feminino é a moça que testemunha o assassinato do Dr. Carew; mas, mesmo dela, diz-se que desmaiou à vista daquela cena.

Em suma, o feminino faz má figura na história de Stevenson. A mulher é ou fria e rabugenta, ou fraca e incapaz, ou então uma vítima, o que sugere que o espírito feminino tornou-se inoperante e foi incapaz de ajudar naquela situação. Traduzido na linguagem da psicologia, podemos dizer que, quando a consciência psicológica é recusada — como Jekyll a recusou — a nossa parte feminina, a nossa própria alma, enfraquece, esmorece e se desespera; uma tragédia, pois é a nossa própria energia feminina que pode nos ajudar a encontrar uma saída para esse problema que, de outro modo, é insolúvel.

Cabe aqui um comentário sobre Mr. Utterson. O perfil de Utterson comprova a habilidade de Stevenson como ficcionista pois, embora a maior parte da narrativa nos seja contada através de seus olhos e experiências, ele próprio jamais se intromete. Seu caráter é habilmente traçado. Gostamos de Utterson, podemos até imaginá-lo e seguir seus pensamentos, sentimentos e reações; ainda assim, o holofote da história incide sempre, através dele, sobre o mistério central de Jekyll e Hyde de modo que Utterson jamais sobe ao centro do palco. Talvez por isso nossa tendência é encarar Utterson como um simples acessório literário, uma figura necessária para que a história seja contada, mas não como um personagem que tem algo a nos ensinar sobre o mistério do bem e do mal.

Na verdade Utterson é mais importante do que parece, pois ele é a figura humana cuja sensibilidade é despertada pelo mal e em cuja consciência finalmente emerge toda a história do bem e do mal, do ego e da Sombra. Ele representa o ser humano que tem uma função sentimento suficientemente forte para se horrorizar diante do mal e ser capaz de resistir ao seu domínio. É exatamente essa função sentimento — que permite ao ser humano reagir com horror às profundezas do mal — que era fraca em Jekyll e totalmente inexistente em Hyde.

Também é necessário que o mal venha a ser finalmente conhecido por alguém. Os atos de Jekyll e Hyde eram um segredo, mas os segredos têm um jeito próprio de tentar emergir. Todo segredo é impulsionado por ocultas forças interiores em direção à consciência humana e, por isso, as más ações acabam por alcançar a percepção da humanidade em geral ou de alguém em particular. Notemos, por exemplo, que no começo da história a mente de Utterson é torturada por algo que ele desconhece e que lhe causa insônia. Este é um sinal seguro de que o inconsciente está perturbando Utterson e tentando encontrar uma maneira de fazê-lo perceber a terrível e escura vida secreta de Jekyll e Hyde. É desse modo que, na história, a consciência de Utterson torna-se o receptáculo para o conhecimento do mal e, portanto, ele representa o que há de melhor e mais humano no ego; uma espécie de redentor cuja consciência, despertando para os acontecimentos, e cujo sentimento de horror oferecem uma salvaguarda humana contra o domínio dos poderes das trevas sobre a vida humana.

E o Dr. Lanyon? Também ele chega a ver a natureza do mal, mas da maneira errada. Lanyon não tentou compreender o mistério de Jekyll e Hyde da mesma maneira que Utterson, e quando toda a extensão do mal lhe caiu em cima, foi demais para ele. Lanyon viu o mal depressa demais e em excessiva profundidade, sem o preparo nem o apoio humano necessários. E esse é o outro lado da tomada de consciência do mal. Precisamos tomar consciência dele, mas olhá-lo em demasiada profundidade e ingenuamente pode nos causar um choque do qual não conseguiremos nos recuperar.

A droga demoníaca que Jekyll fabricou para conseguir sua transformação em Hyde também merece um comentário, em especial neste momento da história que vivemos, cercados de drogas capazes de alterar a nossa mente. Notei que muitas vezes o álcool parece transformar de Jekyll para Hyde a personalidade de algumas pessoas. Elas são de uma maneira até tomarem alguns goles e, então, surge o lado feio da personalidade. Em certos casos, é possível que na base do impulso pela bebida esteja a luta da Sombra para se afirmar, assim como Hyde esperava ansiosamente que Jekyll tomasse a droga para poder emergir e viver sua vida escura.

Podemos notar que, embora a parte má da personalidade de Jekyll o destruísse, ela acabou por destruir também a si mesma. Tão logo Jekyll é totalmente possuído por Hyde, Hyde se suicida. É um desfecho instrutivo, pois nos diz que o mal acaba superando a si mesmo e provocando sua própria destruição. É evidente que o mal não pode viver por si mesmo; ele só pode existir quando existe algo bom de que ele possa se alimentar.

## 6. A percepção da sombra nos sonhos

### MARIE-LOUISE VON FRANZ

A sombra não constitui o todo da personalidade inconsciente. Ela representa qualidades e atributos desconhecidos ou pouco conhecidos do ego — aspectos que, na sua maioria, pertencem à esfera pessoal e que poderiam, do mesmo modo, ser conscientes. Em alguns aspectos, a sombra também é constituída de fatores coletivos que se originam de uma fonte exterior à vida pessoal do indivíduo.

Quando uma pessoa faz uma tentativa de ver a sua sombra, ela torna-se consciente (e, com freqüência, envergonhada) daquelas qualidades e impulsos que nega em si mesma, embora veja claramente nos outros — coisas como egotismo, preguiça mental e desmazelo; fantasias, intrigas e tramas irreais; desatenção e covardia; imoderado amor ao dinheiro e às posses — em suma, todos os pecadilhos a respeito dos quais já tenha dito a si mesma: "Não importa, ninguém vai notar e, de qualquer modo, todo mundo faz."

Se sentimos uma raiva avassaladora crescendo dentro de nós quando um amigo nos repreende por um erro, podemos estar razoavelmente certos de que ali encontraremos uma parte da nossa sombra da qual não estamos conscientes. É natural que fiquemos aborrecidos quando os outros, que não são "melhores" que nós, nos criticam pelos erros da nossa sombra. Mas o que podemos dizer quando são os nossos próprios sonhos — um juiz interior, dentro do nosso próprio ser — que nos repreendem? É nesse momento que o ego é apanhado e o resultado, em geral, é um silêncio cheio de embaraço. Depois disso começa a dor e o extenso trabalho de auto-educação — um trabalho, pode-se dizer, que é o equivalente psicológico aos trabalhos de Hércules. Uma das tarefas desse desafortunado herói, lembramos, foi limpar num único dia os estábulos de Augias, onde centenas de cabeças de gado haviam defecado durante muitas décadas — tarefa tão enorme que o comum dos mortais seria tomado de desânimo só de pensar nela.

A sombra não é feita apenas de omissões. Ela se mostra, com bastante freqüência, em nossos atos impulsivos ou impensados. Antes que tenhamos tempo de pensar, a observação desastrosa foi feita, a trama foi urdida, a decisão errada foi tomada, e nos defrontamos com resultados que jamais havíamos pretendido ou desejado conscientemente. Além disso, a sombra está muito mais exposta a contaminações coletivas que a personalidade consciente. Quando um homem está sozinho, por exemplo, ele se sente relativamente à vontade; mas, tão logo "os outros" façam coisas escuras e primitivas, ele começa a temer que o julguem um tolo se não fizer o mesmo. E assim ele cede a impulsos que, na verdade, não lhe pertencem. É especialmente em contatos com pessoas do nosso mesmo sexo que tropeçamos na nossa sombra e na delas. Embora possamos ver a sombra numa pessoa do sexo oposto, em geral ela nos perturba menos e nós a perdoamos com mais facilidade.

Nos sonhos e mitos, portanto, a sombra aparece como uma pessoa do mesmo sexo do sonhador. O sonho que narro a seguir talvez sirva como exemplo. O sonhador era um homem de 48 anos que tentava viver para e por si mesmo, trabalhando duro e se disciplinando, reprimindo o prazer e a espontaneidade muito mais do que convinha à sua verdadeira natureza.

> Eu possuía e morava num casarão na cidade e ainda não conhecia todos os seus inúmeros cômodos. Comecei a andar pela casa e descobri, principalmente na adega, muitas salas que eu nunca tinha visto, e até saídas que levavam para outras adegas ou para ruas subterrâneas. Fiquei preocupado quando descobri que muitas dessas saídas não estavam trancadas e algumas nem tinham fechadura. Além disso, havia alguns operários trabalhando na vizinhança que poderiam ter entrado...
>
> Quando voltei ao andar térreo, passei por um quintal onde novamente descobri diversas saídas para a rua ou para outras casas. Quando tentei investigá-las mais de perto, um homem se aproximou rindo alto e gritando que éramos velhos colegas da escola primária. Lembrei dele e, enquanto ele me contava a sua vida, caminhei ao seu lado para a saída e passeei com ele pelas ruas.
>
> Havia um estranho claro-escuro no ar enquanto caminhávamos por uma enorme rua circular e chegávamos a um gramado verde onde três cavalos repentinamente passaram galopando por nós. Eram animais belos e fortes, selvagens mas bem-treinados, e não havia cavaleiro na sela. (Teriam eles fugido ao serviço militar?)

O labirinto de estranhas passagens, câmaras e saídas destrancadas na adega faz lembrar a antiga representação egípcia do mundo subterrâneo que, com suas possibilidades ignoradas, é um símbolo famoso do inconsciente. Mostra, também, como a pessoa está "aberta" a outras influências no lado inconsciente da sombra, e como elementos misteriosos e estranhos podem irromper. A adega, pode-se dizer, é a base da psique do sonhador. No quintal da estranha construção (que representa o objetivo psíquico ainda não percebido da personalidade do sonhador), um antigo colega de escola aparece de súbito. Essa pessoa obviamente personifica um outro aspecto do próprio sonhador — um aspecto que fez parte de sua infância mas que ele esqueceu e perdeu. Acontece com freqüência que as qualidades da infância de uma pessoa (por exemplo, a alegria, a irascibilidade ou talvez a confiança) desapareçam de repente, e a pessoa não sabe onde ou como as perdeu. Esta é uma característica perdida do sonhador que agora retorna (do quintal) e tenta refazer a amizade. Essa figura provavelmente representa a capacidade negligenciada do sonhador de gozar a vida e o lado extrovertido de sua sombra.

Mas logo entendemos por que o sonhador se sente "inquieto" um pouco antes de encontrar o velho amigo, aparentemente inofensivo. Quando passeia com ele pelas ruas, os cavalos galopam à solta. O sonhador pensa que eles talvez tenham escapado ao serviço militar (o que equivale a dizer, escapado à disciplina consciente que até então caracterizou sua vida). O fato de os cavalos não terem cavaleiro mostra que os impulsos instintivos podem escapar do controle consciente. No velho amigo e nos cavalos, reaparece toda a energia positiva que faltava antes e que era tão necessária ao sonhador.

Esse é um problema que surge, com freqüência, quando encontramos o nosso "outro lado". A sombra geralmente contém valores que são necessários à consciência mas que existem sob uma forma que torna difícil integrá-los à nossa vida. As passagens e o casarão desse sonho também mostram que o sonhador ainda não conhece suas próprias dimensões psíquicas e ainda não é capaz de ocupá-las.

A sombra nesse sonho é típica de um introvertido (um homem que tende a retirar-se demasiado da vida exterior). No caso de um extrovertido, que está mais voltado para os objetos exteriores e para a vida exterior, a sombra pareceria bem diferente.

Um rapaz de temperamento bastante vivo estava sempre iniciando novos e bem-sucedidos empreendimentos mas, ao mesmo tempo, seus sonhos insistiam em que ele deveria terminar uma certa obra de criação pessoal que começara. Este é um dos sonhos:

> Um homem está deitado num sofá e puxou a manta sobre o próprio rosto. É um francês, um fora-da-lei capaz de aceitar qualquer encargo criminoso. Desço as escadas acompanhado por um policial e sei que uma conspiração foi armada contra mim: o francês vai me matar como se fosse por acidente. (É assim que a coisa pareceria, vista de fora.) Ele realmente se esgueira por trás de mim quando nos aproximamos da saída, mas eu estou de guarda. Um homem alto e gordo (bastante rico e influente) subitamente apóia-se à parede ao meu lado, sentindo-se mal. De imediato, aproveito a oportunidade para matar o policial, apunhalando-o no coração, "Só senti um pouco de umidade" — é o meu comentário. Agora estou salvo porque o francês não vai mais me atacar já que o mandante do crime está morto. (Provavelmente, o policial e o homem gordo são a mesma pessoa, e o segundo de algum modo substituiu o primeiro.)

O marginal representa o outro lado do sonhador — sua introversão — que chegou a um estado de completa privação. Ele está deitado num sofá (quer dizer, ele é passivo) e puxa a manta sobre o rosto porque quer ser deixado em paz. Por outro lado, o policial e o próspero homem gordo (que secretamente são a mesma pessoa) personificam os bem-sucedidos empreendimentos e responsabilidades do sonhador. O mal-estar súbito do homem gordo está ligado ao fato de que o sonhador realmente adoecera várias vezes, quando permitira que sua energia dinâmica explodisse fortemente em sua vida exterior. Mas esse homem bem-sucedido não tem sangue nas veias — só uma espécie de umidade — o que significa que essas ambiciosas atividades externas do sonhador não contêm nenhuma vida genuína, nenhuma paixão; são apenas mecanismos sem sangue. Por isso não seria uma perda real se o homem gordo fosse morto. No fim do sonho, o francês está satisfeito; ele representa, obviamente, a figura de uma sombra positiva que só se tornara negativa e perigosa porque a atitude consciente do sonhador não estava de acordo com ela.

Esse sonho nos mostra que a sombra pode constituir-se de muitos elementos diferentes — por exemplo, ambição inconsciente (o homem gordo bem-sucedido) e introversão (o francês). Além disso, o sonhador associava aos franceses a capacidade de lidar bem com os casos de amor. Portanto, as duas figuras da sombra também representam dois impulsos bem-conhecidos: poder e sexo. O impulso pelo poder aparece momentaneamente sob uma forma dupla: o policial e o homem bem-sucedido. O policial (um funcionário público) personifica a adaptação coletiva, enquanto que o homem bem-sucedido denota a ambição; mas é claro que ambos servem ao impulso pelo poder. Quando o sonhador consegue deter essa perigosa força interior, o francês deixa subitamente de ser hostil. Em outras palavras, o aspecto igualmente perigoso do impulso pelo sexo também foi dominado.

É evidente que o problema da sombra desempenha um papel importante em todos os conflitos políticos. Se o homem que teve esse sonho não fosse sensível ao problema da sombra, ele poderia facilmente identificar o marginal francês com os "perigosos comunistas" e o policial/homem próspero com os "vorazes capitalistas" deste mundo. Desse modo, ele evitaria ver que possuía dentro de si esses elementos belicosos. Quando observamos as nossas próprias tendências inconscientes nos outros, isso é chamado uma "projeção". A agitação política, em todos os países, está repleta dessas projeções, tanto quanto a boataria do tipo "fundo-de-quintal" de pessoas ou de pequenos grupos. Todos os tipos de projeção obscurecem a visão que temos dos nossos semelhantes, destruindo sua objetividade e, assim, frustrando qualquer possibilidade de um relacionamento humano genuíno.

Existe ainda uma outra desvantagem em projetarmos nossa sombra. Quando a identificamos com os "perigosos comunistas" ou os "vorazes capitalistas", por exemplo, uma parte da nossa personalidade fica nesse lado. O resultado é que muitas vezes (embora de modo involuntário) fazemos, às escondidas de nós mesmos, coisas que ajudam aquele outro lado — ou seja, inadvertidamente, ajudamos o nosso inimigo. Se, pelo contrário, percebemos a projeção e somos capazes de discutir o assunto sem medo nem hostilidade, lidando de modo sensato com a outra pessoa, então existe uma chance de compreensão mútua — ou, pelo menos, uma trégua.

Se a sombra se torna nosso amigo ou nosso inimigo depende muito de nós mesmos. Como mostram os sonhos do casarão inexplorado e do marginal francês, a sombra nem sempre é um oponente. Na verdade, ela é exatamente como qualquer ser humano com o qual precisamos nos relacionar, às vezes cedendo, às vezes resistindo, às vezes amando — o que quer que a situação exija. A sombra só se torna hostil quando é ignorada ou malcompreendida.

# 7. O encontro da sombra na vida cotidiana

WILLIAM A. MILLER

Existem pelo menos cinco caminhos eficazes para a "viagem interior" a fim de observarmos a composição da nossa sombra: (1) pedir que os outros nos digam como nos vêem; (2) descobrir o conteúdo das nossas projeções; (3) examinar nossos "lapsos" verbais e de comportamento e investigar o que realmente acontece quando somos vistos de modo diferente do que pretendíamos; (4) analisar nosso senso de humor e nossas identificações; e (5) estudar nossos sonhos, devaneios e fantasias.

## A opinião dos outros

Podemos começar olhando o nosso reflexo *além do espelho*. Ao olhar no espelho, vemos apenas o reflexo de nós mesmos do modo como preferimos nos ver. Ao olhar além do espelho, vemos a nós mesmos do modo *como somos vistos*. Se esse exercício lhe parecer impossível, comece com alguma outra pessoa.

Pense em alguém que você sabe que vive em algum grau de auto-ilusão. Isso não é difícil porque todos nós estamos bem familiarizados com as dimensões da sombra dos outros e sempre nos espanta que eles sejam tão ignorantes de algo que é tão evidente.

Mesmo que eu possa *querer* negá-lo, sou obrigado a concordar (em teoria, pelo menos) que esse assunto é uma rua de mão dupla. Ou seja, se eu posso ver claramente a sua sombra, que você não vê, segue-se que você também pode ver claramente a minha sombra, que eu não vejo. Se me agrada dizer-lhe o que eu vejo (de modo gentil, é claro), então, provavelmente, agrada-lhe dizer-me o que você vê (de modo gentil, é claro).

Um dos métodos mais eficazes para observarmos a nossa sombra pessoal é pedir aos outros que nos digam como nos vêem. A maioria das pessoas, infelizmente, treme só de pensar nisso. Preferimos continuar a achar que os outros nos vêem exatamente do modo como vemos a nós mesmos.

As pessoas em melhor posição para nos ajudar a ver os elementos da nossa sombra são aquelas que nos conhecem bem. Pode ser o marido, a esposa, uma outra pessoa significativa, um amigo íntimo, um colega ou companheiro de trabalho. Paradoxalmente, as pessoas que mais poderiam nos ser úteis são aquelas às quais talvez damos menos atenção. Aquelas a quem acusamos de subjetividade declarada, projeção ou simples invencionice. Seria menos ameaçador ouvir a opinião de um estranho; mas os estranhos não estão em posição de nos oferecer percepções tão autênticas como as das pessoas que nos conhecem bem. Essa é uma outra indicação da dificuldade dessa viagem.

Vamos supor que eu peça a sua opinião e você me diz que me viu como "submisso" nas várias situações em que estivemos envolvidos. Talvez eu ache válida a sua observação, mesmo que me seja difícil ouvi-la. No fundo, o que eu quero é dizer: "De que raios você está falando? Submisso é a *última* coisa que eu quero ser." Mas seguro a língua.

Essa reação me oferece uma pista bastante substancial de que provavelmente acabei de encontrar um traço ou característica verdadeiros da minha sombra. Pois toda vez que nos declaramos "a favor" ou "contra" e defendemos nossa posição com intransigência, talvez estejamos exatamente no território da nossa sombra pessoal, e faríamos bem em investigar.

Ouvi a sua identificação do traço da minha sombra, e mesmo que eu ache extremamente difícil acreditar que pareço ser submisso, eu a aceito como a sua percepção. Vou então a um amigo íntimo, explico o que estou fazendo e lhe digo que um outro amigo me vê como uma pessoa submissa. Peço-lhe para ser honesto e me dizer se é assim que ele me vê. Posso me satisfazer com essa segunda opinião ou querer repetir o processo. Em todo caso, se sou sincero na minha jornada para dentro de mim mesmo, vou querer saber o máximo possível, de um modo ou de outro. Quando duas ou mais pessoas, independentemente, dizem que vêem em mim um certo traço da sombra, eu faria bem em acreditar nelas e explorar o assunto com mais profundidade.

## Nossa projeções

Um segundo caminho para chegar à sombra pessoal é examinar nossas projeções. A projeção é um mecanismo inconsciente que usamos sempre que é ativado um traço ou característica da nossa personalidade que não está relacionado com a consciência. Como resultado da projeção inconsciente, observamos esse traço pessoal nas outras pessoas e reagimos a ele. Vemos nos outros algo que é parte de nós, mas que deixamos de ver em nós.

Fazemos projeções negativas e projeções positivas. Na maior parte do tempo, o que vemos nos outros são as dimensões indesejáveis de nós mesmos. Portanto, para encontrar os elementos da sombra, precisamos examinar quais os traços, características e atitudes que nos desagradam nos outros e a intensidade com que nos desagradam.

O método mais simples consiste em listar todas as qualidades que não apreciamos nos outros; por exemplo, vaidade, irritabilidade, egoísmo, maus modos, ambição, etc. Quando a lista estiver completa (e é provável que ela seja bem longa), destacamos as características que não só nos desagradam nos outros mas que também odiamos, detestamos e desprezamos. Essa segunda lista será uma imagem razoavelmente exata da nossa sombra pessoal. Talvez ela seja difícil de acreditar e mais difícil ainda de aceitar.

Por exemplo, se listei a arrogância como um dos traços que simplesmente não posso suportar nos outros e se critico com veemência uma pessoa pela sua arrogância no trato com os outros, eu faria bem em examinar o meu próprio comportamento para ver se eu também não estarei praticando a arrogância.

É claro que nem todas as nossas críticas sobre os outros são projeções de traços indesejáveis da nossa própria sombra; mas sempre que a nossa reação ao outro envolve emoção excessiva ou reação exagerada, podemos estar certos de que algo inconsciente foi estimulado e está sendo ativado. Como já dissemos, as pessoas sobre as quais projetamos devem ter um "gancho" no qual a projeção possa se fixar. Se Jim às vezes é arrogante, por exemplo, tenho uma certa "razão" em não apreciar o seu comportamento. Mas, na verdadeira projeção da sombra, minhas críticas ao Jim excederiam em muito a sua demonstração de arrogância.

As situações de conflito levantam muitas questões e fazem surgir fortes emoções; por isso oferecem um palco excepcional para possíveis projeções da sombra. Na experiência do conflito, talvez sejamos capazes de aprender muito sobre as características da nossa sombra. Aquilo que condenamos no "inimigo" talvez nada mais seja que a projeção da sombra da nossa própria escuridão.

Também projetamos as qualidades positivas da nossa sombra sobre os outros. Vemos nos outros aqueles traços positivos que possuímos mas que, por qualquer razão, não deixamos que penetrem na nossa consciência e que não conseguimos discernir.

Por exemplo, percebemos qualidades positivas numa pessoa sem que haja nenhuma evidência empírica em seu apoio. Isso acontece muito nos envolvimentos românticos e, às vezes, na avaliação pessoal. Os enamorados, presas do desejo um pelo outro, projetam mutuamente seus próprios atributos positivos inconscientes. O traço projetado talvez exista de alguma forma no outro; caso contrário, a projeção não se manteria. Mas é freqüente que esse traço não exista no grau que o outro acredita ou vê. Por exemplo, Susan, que tem uma dimensão muito gentil e generosa na sua sombra, projeta-a sobre Sam e louva-o pela sua grande gentileza, em especial para com ela própria. Os amigos tentam ajudar Susan a ver que, embora Sam não pareça ser egoísta e ávido, suas demonstrações de gentileza e generosidade não passam de "tiros de pólvora seca". Mas Susan se recusa a ouvi-los.

Quando somos "fisgados" por uma qualidade positiva de outra pessoa, projetamos sobre ela todos os tipos possíveis de qualidades positivas. Isso às vezes acontece em entrevistas de avaliação de pessoal e é conhecido como "efeito halo". O entrevistado que assim "fisgou" o entrevistador será, aos seus olhos, incapaz de erro. O entrevistador que "aureolou" o entrevistado com qualidades pessoais positivas não perceberá as fortes evidências em contrário.

Esses exemplos demonstram situações indesejáveis mas, de todo modo, comprovam o poder da projeção positiva. Portanto, faríamos bem em perceber a presença das dimensões positivas potenciais na nossa sombra, bem como das negativas. Nossa tendência é enumerar as qualidades que admiramos e admirá-las profundamente nos outros. Por isso quando nos ouvimos dizer: "Ah, mas eu nunca conseguiria ser tão bom assim", faríamos bem em investigar esses traços, pois eles são, sem dúvida, uma parte da nossa Sombra Dourada.

## Nossos "lapsos"

Um terceiro caminho para chegar à sombra pessoal é examinar nossos lapsos verbais, lapsos de comportamento e comportamentos equivocados. Os lapsos verbais são aqueles erros de linguagem não-intencionais que nos causam um sem-fim de embaraços. Quando dizemos que, entre outras coisas, a sombra é tudo aquilo que *gostaríamos* de ser mas não ousamos, preparamos o palco para o aparecimento da sombra através desses fenômenos. "Essa é a última coisa que eu pretendia dizer" ou "Não acredito que eu tenha dito uma coisa dessas" e "desculpas" semelhantes demonstram que, enquanto a consciência propõe, a sombra geralmente dispõe.

Por exemplo: Ann foi ensinada a sempre dar a mais caridosa interpretação a tudo o que os outros fazem. Sua amiga Chris decidiu tornar-se manequim aos 60 anos de idade e matriculou-se numa escola de modelos. Ann queria elogiá-la, embora, no íntimo, achasse a idéia ridícula. Sua sombra lhe disse *como* aquilo era ridículo quando Ann, querendo congratular-se com Chris pela sua decisão, disse-lhe: "Tenho a certeza de que você vai ser um *fantástico* pingüim." É claro que Ann queria dizer "manequim", mas como não tinha percebido exatamente o quanto criticava a decisão de Chris, ela (ou a sua sombra) disse "pingüim". E isso era o que Ann realmente pensava da situação.

Lapsos de comportamento talvez sejam ainda mais reveladores. Parece às vezes não haver explicação alguma para o comportamento "aberrante" de uma pessoa. Alguém diz: "Não sei o que deu nele. Nunca vi esse homem agir desse jeito." O comportamento parece totalmente estranho ao que se percebe da natureza e do temperamento geral da pessoa, e todos (incluindo ela própria) ficam aturdidos com a experiência.

Um outro tipo de "lapso" ocorre quando a pessoa é vista de modo diferente ao que pretendia. Por exemplo, a conferencista pretendia mostrar-se extremamente simpática à sua platéia; depois da palestra, dizem-lhe que ela "foi sarcástica do começo ao fim". Uma mulher modesta e tímida ofende-se com os "avanços" dos homens numa festa; ela não percebeu que estava lançando olhares convidativos a todos eles. Um homem é convidado a fazer um breve discurso homenageando um colega num jantar; fica totalmente confuso quando a esposa depois lhe diz que suas observações humorísticas "chegaram a ser ofensivas".

Em situações como essas (que certamente são experiências comuns a todos nós), é-nos dada a oportunidade de fazer a viagem interior para descobrir mais sobre nós mesmos e nos beneficiar das descobertas. Podemos optar por fazê-lo ou não. De nada nos servirá rir desses "lapsos", assumir uma atitude defensiva, racionalizá-los ou varrê-los para debaixo do tapete. Enfrentá-los corajosamente nos permitirá discernir a escuridão na nossa sombra e também nos enriquecerá com uma compreensão mais profunda de nós mesmos; essa, por sua vez, irá vetar os "lapsos" embaraçosos, inconvenientes ou mesmo perniciosos.

## Nosso senso de humor e nossas identificações

Um quarto caminho na busca da sombra pessoal é o exame do nosso senso de humor e da nossa reação ao humorismo em geral. Sabemos que o humorismo pode ser muito mais do que aparenta; na verdade, é muito freqüente que os gracejos sejam manifestações das verdades da sombra. As pessoas que negam e reprimem com veemência a sombra em geral são destituídas de senso de humor e acham poucas coisas engraçadas.

Consideremos, por exemplo, aquela velha história dos três padres de uma cidadezinha que faziam "reuniões de trabalho" semanais. Quanto mais se encontravam, mais crescia sua intimidade e mais confiavam uns nos outros. Um belo dia decidiram que haviam atingido o nível de confiança mútua que lhes permitia confessar seus mais graves pecados e compartilhar a culpa. "Confesso que roubo dinheiro dos donativos", disse o primeiro. "Isso é mau", disse o segundo, que então confessou: "Meu pecado mais grave é que estou tendo um caso com uma senhora da cidade vizinha." O terceiro padre, ouvindo a baixeza dos outros dois, declarou: "Ah, queridos irmãos, preciso lhes confessar que meu pecado mais terrível é a tagarelice. Mal posso esperar pelo fim desta reunião!"

Muitos de nós riem com o final dessa história porque é engraçado; isso é o que dizemos. Porém, mais do que isso, essa história "fisga" o elemento tagarela da nossa sombra e adoramos nos identificar com a satisfação que o terceiro padre sentirá ao divulgar os pecados dos dois colegas. É claro que *sabemos* que é errado, e certamente *nós* não o faríamos; mas lembremos que, entre outras coisas, a sombra é tudo aquilo que não ousamos ser mas *gostaríamos* de ser. Achar essa história engraçada nos permite, realmente, perceber a nós mesmos com um pouco mais de clareza. Por outro lado, a pessoa que nega e reprime a sombra não vai achar graça nenhuma na história; pelo contrário, vai emitir uma opinião severa sobre o acontecido. Vai chegar à conclusão de que não tem graça nenhuma; é uma vergonha, é um sinal dos tempos devassos que vivemos; os três padres merecem castigo, etc., etc.

*Sabemos* que é de extremo mau gosto rir da dor ou da desgraça alheia; ainda assim, achamos tremendamente engraçados os tombos da pessoa que está começando a aprender a patinar no gelo. Há muitas décadas, uma das cenas que mais divertia os freqüentadores de cinema era a clássica queda resultante do escorregão numa casca de banana. Rimos dos infortúnios do palhaço. O humor dessas situações desperta o nosso riso conforme o sadismo reprimido em nós encontra expressão. Examinar aquilo que achamos engraçado e jocoso ajuda-nos a alcançar um maior autoconhecimento.

Podemos observar a magnitude e a intensidade da sombra nos eventos esportivos, em especial nos esportes em que há contato físico. Um comportamento que provavelmente acarretaria multa ou prisão em qualquer outro cenário, torna-se aqui apropriado, encorajado e até mesmo aplaudido. Sugestões que se aproximam do assassinato são feitas por pessoas normalmente pacíficas. Certa vez, quando eu assistia a um campeonato de luta-livre para fazer uma pesquisa sociológica, vi um grupo de senhoras idosas. Fiquei tão fascinado com o comportamento delas que esqueci de fazer minha pesquisa. Eram senhoras "normais" até os lutadores subirem ao ringue e a luta começar. Aí elas se punham de pé, agitavam os punhos e gritavam: "Mata esse desgraçado!", "Quebra o braço dele!" Essa expressão indireta da agressividade da sombra era a ordem do dia.

## Nossos sonhos, devaneios e fantasias

Um último caminho para chegar à sombra é o estudo dos nossos sonhos, devaneios e fantasias. Embora alguns pretendam negar, todos nós sonhamos, construímos castelos no ar e fantasiamos. Se começarmos a prestar atenção a essas experiências, podemos aprender muito sobre a nossa sombra e seus conteúdos.

Quando a sombra aparece nos nossos sonhos, ela surge como uma figura do mesmo sexo que nós. No sonho, reagimos a ela com medo, antipatia ou aversão, ou do modo como reagimos a alguém que nos é inferior — um ser "menor". No sonho geralmente queremos evitá-la, muitas vezes sentindo que ela nos persegue, seja isso verdade ou não. A sombra também pode aparecer sob uma forma indistinguível, que intuitivamente tememos e da qual queremos escapar.

Já que a figura é a nossa própria sombra ou alguma parte representativa da nossa sombra, precisamos enfrentá-la e descobrir o que ela é e qual a sua mensagem. Precisamos observar suas ações, atitudes e palavras (se houver). Já que personifica dimensões de nós mesmos que poderiam ser conscientes, ela é um recurso útil para conhecermos a nós mesmos. A tendência usual no sonho, porém, é evitar a sombra, exatamente como muitos de nós fazem na vida consciente.

Podemos negar que nos entregamos a divagações e fantasias, mas a verdade é que passamos mais tempo nisso do que estamos dispostos a admitir. É insuportável — se não impossível — manter a mente consciente concentrada durante todo o seu tempo de vigília. Portanto, em que pensamos quando não há nada em que pensar? Para onde escapa a nossa mente? Quais as imagens e fantasias que invadem o nosso pensamento? As divagações e fantasias podem ser tão contrárias à *persona* que vestimos que talvez nos assustem. Não temos a menor intenção de admitir para os outros qual a feição que elas têm e muitos de nós nem sequer as admitem para si mesmos.

Mas, ao negar a sua existência, perdemos uma outra oportunidade de conhecer a nós mesmos. Pois descobrimos, nas nossas divagações e fantasias, os pensamentos, planos, sonhos e esquemas que somos incapazes de aceitar num nível consciente. São com freqüência fantasias de violência, sexo, poder e riqueza. Fantasias com o ouro e devaneios de enriquecimento, onde nos vemos como aquele que alcança o impossível. A sombra está pronta para compartilhar seu ouro conosco, se a nossa vontade for encontrá-la e refletir sobre ela.

Podemos concluir que entrar na nossa própria sombra é um processo muito pessoal e constituirá, para cada pessoa, uma experiência diferente. Cada um de nós deve seguir o seu próprio método para entrar na sombra e conhecê-la. Embora seja impossível estabelecer um caminho genérico para essa jornada interior através da sombra, esperamos que nossas recomendações possam ser proveitosas.

## O OUTRO

*Por que clamas aos deuses, às estrelas,*
*às espumas de ocultos oceanos*
*ou às sementes de jardins longínquos,*
*se o que te fere é a tua própria vida,*
*se o que crava as garras nas tuas entranhas*
*é o nascer de cada novo dia*
*e a noite que cai,*
*retorcida e assassinada?*
*Se o que sentes é a dor em outro alguém,*
*que não conheces mas que está sempre*
*presente*
*e é vítima, inimigo, amor,*
*e tudo aquilo de que*
*precisas para alcançar a totalidade?*
*Não te entregues ao poder das trevas*
*nem esvazies de um só trago a taça do prazer.*
*Olha à tua volta: existe outro alguém,*
*sempre um outro alguém.*
*O que ele respira é a tua asfixia,*
*o que ele come é a tua fome.*
*Morto, levará consigo a metade mais pura*
*da tua própria morte.*

Rosario Castellanos

Parte 2

# A formação da sombra: construindo o eu reprimido na família

Sombra: chama-me de irmão,
para que eu não tema
aquilo que busco.

*Anônimo*

Vergonha, culpa, orgulho, medo, ódio, inveja, carência e avidez são subprodutos inevitáveis da construção do ego. Eles estimulam a polaridade entre o sentimento de inferioridade e a vontade de poder. Eles são os aspectos da sombra da primeira emancipação do ego.

*Edward C. Whitmont*

Passamos nossa vida, até os 20 anos, decidindo quais as partes de nós mesmos que poremos na "sacola", e passamos o resto da vida tentando retirá-las de lá.

*Robert Bly*

# Introdução

Cada um de nós tem uma herança psicológica que não é menos real que nossa herança biológica. Essa herança inclui um legado de sombra que nos é transmitido e que absorvemos no caldo psíquico do nosso ambiente familiar. Ali estamos expostos aos valores, temperamentos, hábitos e comportamentos dos nossos pais e irmãos. Com freqüência, os problemas que nossos pais não conseguiram resolver em suas próprias vidas vêm alojar-se em nós sob a forma de disfunções nos padrões de socialização.

"O lar é o nosso ponto de partida", disse T. S. Eliot. E a família é o palco onde encenamos a nossa individualidade e o nosso destino. A família é o nosso centro de gravidade emocional, o local onde começamos a ganhar identidade e a desenvolver o caráter sob a influência das diferentes personalidades que nos cercam.

Dentro da atmosfera psicológica criada por pais, irmãos, guardiães e outras importantes fontes de amor e aprovação, cada criança inicia o processo necessário de desenvolvimento do ego. A adaptação do homem à sociedade exige a criação de um ego — de um "eu" — para agir como princípio organizador da nossa consciência em expansão. O desenvolvimento do ego depende da repressão daquilo que é "errado" ou "mau" em nós, bem como da nossa identificação com aquilo que é visto e encorajado como "bom". Isso dá à personalidade em crescimento a vantagem estratégica de eliminar a ansiedade e oferecer um referencial positivo. O processo de crescimento do ego continua por toda a primeira metade da vida, sendo modificado por influências e experiências externas à medida que saímos para o mundo.

Existe uma relação direta entre a formação do ego e da sombra: o "eu reprimido" é um subproduto natural do processo de construção do ego que acabará se tornando o espelho do ego. Reprimimos aquilo que não se encaixa na visão que fazemos de nós mesmos e, desse modo, vamos criando a sombra. Devido à natureza necessariamente unilateral do desenvolvimento do ego, nossas qualidades negligenciadas, reprimidas e inaceitáveis acumulam-se na psique inconsciente e se organizam como uma personalidade inferior — a sombra pessoal.

No entanto, aquilo que é reprimido não desaparece. Continua a viver dentro de nós — fora da vista e fora da mente mas, ainda assim, real; um *alter ego* inconsciente que se esconde logo abaixo do limiar da percepção. É freqüente que ele irrompa do modo mais inesperado, em circunstâncias emocionais extremas. "Foi o diabo que me fez fazer isso!", é um eufemismo dos adultos para explicar o comportamento do nosso *alter ego*.

O antagonismo entre o ego e a sombra remonta a tempos passados e é um tema recorrente da mitologia: o relacionamento entre os irmãos ou os gêmeos opostos (um bom e o outro mau), representações simbólicas do ego/*alter ego* no desenvolvimento psicológico. Juntos, esses irmãos opostos formam um todo. E, do mesmo modo, quando o ego assimila o eu reprimido, caminhamos rumo à totalidade.

Nas crianças mais jovens, a regulação do limiar da percepção consciente é frouxa e ambígua. Nos *playgrounds,* podemos observar o processo de formação da sombra nas crianças e seu encorajamento pelos adultos. Ficamos espantados com a mesquinharia e a crueldade que vêm à tona quando as crianças brincam. Nossa ansiedade para interferir é, em geral, uma reação espontânea. Pois é natural e instintivo não querermos que a criança se machuque. Mas também queremos que a criança reprima os sentimentos e ações que nós reprimimos, para que ela possa se adequar ao nosso ideal adulto de brinquedo apropriado. E, além disso, projetamos ou atribuímos à criança "malcomportada" aquilo que anteriormente reprimimos em nós mesmos. Quando a criança capta a mensagem, ela deixa de se identificar com esses impulsos para satisfazer às expectativas do adulto.

A sombra dos outros estimula, assim, um contínuo esforço moral na formação do ego e da sombra de uma criança. Quando pequenos, aprendemos a encobrir aquilo que está acontecendo abaixo da percepção do ego, para parecermos bons e aceitáveis às pessoas que nos são importantes. A projeção — a transposição involuntária de tendências inconscientes inaceitáveis sobre objetos ou pessoas do mundo exterior — ajuda o ego frágil a obter um retorno positivo. De acordo com a analista junguiana Jolande Jacobi, "Ninguém gosta de admitir sua própria escuridão. As pessoas que acreditam que seu ego representa a totalidade de sua psique, as pessoas que não conhecem nem querem conhecer todas as outras qualidades que pertencem ao ego, costumam projetar as 'partes' desconhecidas da sua 'alma' sobre o mundo à sua volta".

É claro que o oposto também ocorre. Quando a criança sente que jamais corresponderá às expectativas dos outros, ela pode apresentar um comportamento inaceitável e tornar-se um bode expiatório para a projeção da sombra dos outros. A "ovelha negra" de uma família é aquele que se tornou receptáculo e portador da sombra daquela família. De acordo com a psicanalista Sylvia Brinton Perera em *The Scapegoat Complex,** geralmente o adulto identificado como bode expiatório é, por natureza, bastante sensível às correntes inconscientes e emocionais. Ele foi a criança que tomou sobre si a sombra familiar.

O analista junguiano britânico A. I. Allensby narra uma história de sombra familiar, que lhe foi contada por Jung (essa história foi extraída do livro de John Conger, *Jung and Reich: The Body as Shadow* [Jung e Reich: O Corpo como Sombra]:

> (Jung) contou-me ter conhecido certa vez um quacre famoso que não admitia jamais ter feito algo errado em sua vida. "E sabe o que aconteceu aos filhos desse homem?", perguntou-me Jung, "o filho virou ladrão e a filha, prostituta. Como o pai não assumia sua própria sombra, seu quinhão na imperfeição da natureza humana, os filhos foram obrigados a viver o lado escuro que o pai ignorava."

Além dos padrões de relacionamento pais-filhos, outros eventos acrescentam complexidade ao processo de formação da sombra. À medida que o ego da criança vai ganhando percepção, parte dele forma uma máscara — ou *persona* —, a face

* *O Complexo de Bode Expiatório*, Editora Cultrix, São Paulo, 1991.

que exibimos ao mundo, a imagem daquilo que pensamos ser e que os outros pensam que somos. A *persona* satisfaz as exigências do relacionamento com o nosso ambiente e cultura, conciliando o ideal do nosso ego com as expectativas e os valores do mundo onde crescemos. Sob a superfície, a sombra vai estocando o material reprimido. Todo o processo de desenvolvimento do ego e da *persona* é uma resposta natural ao ambiente e é influenciado pela comunicação com a nossa família, com nossos amigos, com nossos professores e conselheiros. A influência dessas pessoas manifesta-se através da aprovação, da desaprovação, da aceitação e da vergonha.

Considerando esse cenário da nossa vida em família, podemos ver como o *alter ego* se desenvolve. A sombra dos outros membros da família exerce forte influência sobre a formação do eu reprimido da criança, especialmente quando os elementos escuros não são reconhecidos dentro do grupo familiar ou quando os membros da família conspiram para esconder a sombra de um deles, alguém poderoso, ou fraco, ou muito querido.

Os ensaios na Parte 2 mostram o contexto para a formação da sombra, discutindo vários aspectos desse processo nos primeiros anos da nossa vida. No Capítulo 8, extraído de *Getting the Love You Want* [A Obtenção do Amor que Desejas], Harville Hendrix, terapeuta de casais e conhecido escritor, mostra como a repressão produz o eu reprimido ao fragmentar a coerência do nosso senso de identidade.

Quando a dinâmica familiar é extremamente negativa, abusiva ou anormal, a culpa e a vergonha transformam-se no problemático âmago da sombra que nos é legada. Robert M. Stein, analista junguiano de Los Angeles, discute o tema da rejeição e traição paternas e seus efeitos duradouros e contaminadores sobre a psique da criança, no Capítulo 9, extraído de seu livro *Incest and Human Love* [Incesto e Amor Humano].

Os pais são os primeiros mestres de uma criança, e a escritora Kim Chernin sugere, em "O lado do avesso do relacionamento mãe-filha", que suas lições nem sempre são doces. A inveja, a raiva e a culpa da mãe criam uma situação paradoxal para a moça que hoje atinge a maioridade, diz Chernin, autora de diversas obras sobre as "desordens alimentares" entre as mulheres. Quando esses sentimentos deixam de ser reconhecidos como componentes da sombra, podem trazer conseqüências trágicas e destruidoras para a filha.

Ser pai/mãe é uma responsabilidade difícil e até mesmo perigosa. O ensaio de John A. Sanford, "Os pais e a sombra dos filhos", traz luz à tarefa de ajudar os filhos a desenvolver uma sombra que não os debilite com interferências no seu crescimento psicológico natural e saudável. Esse ensaio é um excerto do livro *Evil: The Shadow Side of Reality* [O Mal: O Lado Escuro da Realidade].

A formação da sombra é inevitável e universal. Ela faz de nós aquilo que somos; ela nos leva ao *trabalho com a sombra,* que faz de nós aquilo que podemos ser.

## 8. Criando o falso eu

HARVILLE HENDRIX

Em suas tentativas de reprimir certos pensamentos, sentimentos e comportamentos, os pais usam várias técnicas. Às vezes, emitem ordens claras: "Não me diga que você está pensando assim!", "Menino crescido não chora", "Não bote a mão aí nessa parte do seu corpo!", "Nunca mais quero ouvir você dizendo isso!" e "Não é assim que a gente age aqui na nossa família!" Ou se não (como faz a mãe quando vai com o filho à loja) ralham, ameaçam e espancam. Muitas vezes, os pais moldam a criança através de um processo mais sutil de invalidação — simplesmente optam por não ver ou não recompensar certas coisas. Por exemplo, se os pais dão pouco valor ao desenvolvimento intelectual, presenteiam os filhos com brinquedos e equipamentos esportivos, não com livros nem com *kits* de ciência. Se os pais acreditam que as meninas devem ser gentis e femininas e os meninos fortes e afirmativos, eles só recompensarão seus filhos por comportamentos adequados ao sexo de cada um. Por exemplo, se o garotinho entra na sala rebocando um brinquedo pesado, eles dizem: "Olha que garotão forte que você é"; mas, se é a menina que entra com aquele mesmo brinquedo, eles previnem: "Cuidado para não estragar seu lindo vestidinho."

No entanto, a influência mais profunda que os pais exercem sobre os filhos é através do exemplo. A criança observa instintivamente as escolhas que os pais fazem, as liberdades e prazeres que eles se concedem, os talentos que desenvolvem, as habilidades que ignoram e as regras que seguem. Isso tudo tem um efeito profundo sobre ela: "É assim que se vive. E assim que se vence na vida." Quer a criança aceite o modelo dos pais quer se rebele contra ele, essa socialização inicial também desempenha um papel significativo na escolha dos companheiros.

A reação de uma criança aos ditames da sociedade passa por diversos estágios previsíveis. É típico que a primeira resposta seja esconder dos pais comportamentos proibidos. A criança tem pensamentos de raiva, mas não os verbaliza. Ela explora seu corpo na privacidade do seu quarto. Atormenta os irmãozinhos menores quando os pais estão fora. E, finalmente, chega à conclusão de que alguns pensamentos e sentimentos são tão inaceitáveis que deveriam ser eliminados; assim, ela constrói um pai/mãe imaginário dentro da sua cabeça, para policiar seus próprios pensamentos e atividades — essa é a parte da mente que os psicólogos chamam "superego". A partir desse momento, sempre que tem um pensamento proibido ou se permite um comportamento "inaceitável", a criança experimenta um golpe de ansiedade administrado por ela mesma. Esse golpe é tão desagradável que ela faz adormecer algumas dessas partes proibidas de si mesma — em termos freudianos, ela as reprime. O preço último de sua obediência é a perda da totalidade.

Para preencher o vazio, a criança cria um "falso eu", uma estrutura de caráter que serve ao duplo propósito de camuflar as partes do seu ser que ela reprimiu e protegê-la contra novos sofrimentos. Por exemplo, o menino criado por uma mãe inacessível e sexualmente repressora pode tornar-se um "durão". Ele diz a si mesmo: "Não ligo se minha mãe não é muito afetuosa. Não preciso dessa bobagem sentimental. Posso me virar sozinho. E, outra coisa... eu acho que sexo é sujo!" E ele acaba por aplicar esse padrão de resposta a todas as situações. Não importa quem tente se aproximar dele, ele levanta a mesma barricada. Mais tarde, depois de superar a relutância em se envolver com relacionamentos amorosos, é provável que ele venha a criticar sua companheira pelo desejo de intimidade e saudável sexualidade que ela demonstra: "Por que você quer tanto contato? Por que você é tão obcecada com sexo? Isso não é normal!"

Um menino diferente talvez reagisse de modo oposto a esse tipo de criação; ele iria exagerar seus problemas, na esperança de que alguém viesse em seu socorro: "Coitadinho de mim. Estou ferido. Estou profundamente ferido. Preciso de alguém que tome conta de mim." Já um terceiro menino talvez se tornasse avarento, lutando para se apoderar de cada naco de amor, comida ou bens materiais que cruzassem seu caminho, com medo de nunca ter o bastante. Mas qualquer que seja a natureza do falso eu, seu propósito é o mesmo: minimizar a dor de perder uma parte da totalidade divina da criança original.

Em algum ponto na vida de uma criança, no entanto, essa engenhosa forma de autoproteção torna-se a causa de novos ferimentos, à medida que ela é criticada por possuir esses traços negativos. Os outros a condenam por ser inacessível ou carente ou egoísta ou gorda ou sovina. Os que a atacam não vêem a ferida que ela tenta proteger nem avaliam a sábia natureza de sua defesa; tudo o que vêem é o lado neurótico de sua personalidade. Ela é julgada inferior, ela não é íntegra.

E agora a criança está presa na sua própria armadilha. Ela precisa agarrar-se a seus traços adaptativos de caráter porque eles servem a um propósito útil, mas ela não quer ser rejeitada. O que pode ela fazer? A solução é negar ou atacar os que a criticam. "Não sou fria e distante", diz ela em defesa própria, "sou, isso sim, forte e independente." Ou, "Não sou fraca e carente; sou sensível". Ou, "Não sou ávida e egoísta; sou previdente e prudente". Em outras palavras: "Não é de *mim* que você está falando. Você só está me vendo sob uma luz negativa."

Num certo sentido, ela está certa. Seus traços negativos não são parte da sua natureza original. Foram forjados na dor e tornaram-se parte de uma identidade que foi assumida, um "pseudônimo" que a ajuda em suas manobras num mundo complexo e às vezes hostil. Isso não quer dizer, no entanto, que ela não tem esses traços negativos; existem inúmeras testemunhas que poderão comprovar que ela os possui. Mas, para manter uma auto-imagem positiva e ampliar suas chances de sobrevivência, ela precisa negá-los. Esses traços negativos tornam-se aquilo que chamamos "o eu reprimido", as partes do falso eu que são demasiado dolorosas para serem reconhecidas.

Vamos fazer uma pausa e classificar essa proliferação de partes do eu. Até agora, fomos capazes de seccionar nossa totalidade original, aquela parte amorosa e unificada com a qual nascemos, em três entidades separadas:

1. O "eu perdido" — as partes do nosso ser que fomos obrigados a reprimir devido às exigências da sociedade;
2. O "falso eu" — a fachada que erigimos para preencher o vazio criado por essa repressão e pela falta de desenvolvimento adequado;
3. O "eu reprimido" — as partes negativas do nosso falso eu que são desaprovadas e que, portanto, negamos.

De toda essa complexa colagem, em geral só percebemos as partes do nosso ser original que ainda estão intactas bem como certos aspectos do falso eu. Juntos, esses elementos formam a nossa "personalidade", o modo como nos descrevemos para os outros. O eu perdido está quase que totalmente fora da nossa percepção; rompemos praticamente todas as ligações com as partes reprimidas do nosso ser. O eu reprimido (as partes negativas do falso eu), paira logo abaixo do limiar da nossa percepção e está sempre ameaçando emergir. Para mantê-lo oculto, precisamos negá-lo com todas as nossas forças ou então projetá-lo sobre os outros: "Eu *não* sou egoísta", afirmamos com a maior convicção. Ou: "O quê? Eu, preguiçoso? *Você é que é* preguiçoso!"

# 9. Rejeição e traição

ROBERT M. STEIN

Analisemos mais de perto os mecanismos que são postos em movimento quando uma pessoa foi profundamente ferida por experiências de traição e desilusão na infância. A criança se sente rejeitada e traída quando a transição da totalidade do estado arquetípico original para o relacionamento pessoal mais humano está ausente ou é inadequada. Isso ocorre, por exemplo, quando a mãe continua a se identificar com o papel arquetípico da Mãe protetora e nutridora mesmo que outros sentimentos e emoções, talvez opostos, estejam surgindo no seu relacionamento com os filhos. Estes precisam experimentar um quadro mais abrangente da verdadeira personalidade da mãe para poderem, eles também, começar a experimentar mais a sua própria individualidade.

Quando a mãe se identifica com o arquétipo positivo da mãe, a mãe negativa afluirá fortemente ao seu inconsciente. O filho, em vez de vivenciar uma transição da Mãe arquetípica para a mãe mais humana e dotada de muitos matizes de sentimentos e emoções, vê-se aprisionado entre duas forças arquetípicas opostas. Essa descoberta destrói, de modo abrupto, seu senso de totalidade e produz um rompimento na sua personalidade; o que ele experimenta é a rejeição e a traição. Ele se ressente por ser desalojado dos limites da situação arquetípica mãe-filho positiva, mas, ao mesmo tempo, seu impulso para a individuação instiga-o a prosseguir. Suas escolhas são limitadas: ou permanece uma criança ou evoca a ira da repressora e exigente mãe negativa *absoluta*. Não existe escolha intermediária. Ele se defronta, portanto, com uma força escura que destrói todo e qualquer senso de gratificação ou realização, mesmo que prossiga rumo ao objetivo de formar e expressar sua própria individualidade. E assim é que ele é traído.

Na mesma medida em que a mãe positiva aceita e ama a natureza da criança com todas as suas fraquezas e inadequações, a mãe negativa a rejeita e exige que suas insuficiências sejam superadas. Isso, no entanto, ocorre num nível coletivo, de modo que equivale a uma rejeição de tudo aquilo que é único e individual na criança; ou de todos os fatores que não correspondam à imagem que a mãe possa ter de como seu filho deveria ser. A conseqüência de semelhante experiência é que a criança precisa esconder ou reprimir a sua singularidade, e essas qualidades incorporam-se à sombra. Já que a sombra sempre contém muitas coisas que são realmente inaceitáveis, repulsivas e prejudiciais para os outros e à sociedade, essa contaminação de individualidade e sombra pode ser desastrosa. Pois a pessoa então experimenta a aceitação da alma e da sombra como idênticas. Isso faz com que lhe seja extremamente difícil estabelecer ou manter contato íntimo com qualquer pessoa. Sempre que alguém começa a se aproximar dela, ela invariavelmente fará algo para que esse alguém a rejeite. Precisamos tentar compreender melhor esse fenômeno, de vez que ele é tão comum.

Por que a pessoa que sofreu o profundo ferimento arquetípico da traição parece estar sempre a provocar rejeição? É como se houvesse algo, dentro dela, a pedir rejeição. Essa pessoa em geral expressa exatamente esse ponto de vista a respeito de si mesma. Durante algum tempo, acreditei que isso se devia inteiramente ao medo de uma proximidade que iria expor o velho ferimento a novas injúrias. Fazia sentido; mas depois percebi que, embora o ferimento ficasse exposto num contato íntimo, o que o havia causado em primeiro lugar era a experiência infantil da traição e da rejeição. Portanto, quando uma pessoa rejeita e provoca a rejeição, a situação original de ferimento está se repetindo. E é óbvio que ela não evita o sofrimento através desses mecanismos inconscientes. Busquemos outras explicações.

Compreenderemos melhor os fatos vendo-os como conseqüência da incapacidade da pessoa de distinguir entre a sombra e a alma. Isso evoca profundos sentimentos de vergonha, de culpa e medo sempre que ela entra em comunhão com outra alma. Ou seja, existem elementos infantis e regressivos na sombra que deveriam ter sido assimilados e integrados à personalidade como um todo; mas isso não aconteceu devido à experiência de severa rejeição pelo arquétipo parental negativo internalizado. Sempre que existe essa contaminação entre a alma e a sombra, a pessoa continua a se sentir rejeitada mesmo que encontre aceitação e amor profundos. Ela exige que a outra pessoa a redima da culpa que sente a respeito dos aspectos verdadeiramente *inaceitáveis* e *destrutivos* da sua sombra, os quais ela não diferenciou da totalidade do seu ser. Alguns elementos da sombra — tais como exigências infantis e necessidades de dependência, sexualidade infantil ou indiferenciada, avidez, brutalidade, etc. —, embora façam parte da condição humana, precisam ser contidos ou irão ferir os outros. A aceitação dessas qualidades no outro acompanha o amor e o respeito de uma pessoa pela alma da outra, mas não quer dizer que ela esteja disposta a ser sacrificada pela sombra. Mas é isso, precisamente, o que é buscado pelas pessoas que provocam a rejeição, ou seja, que lhes seja permitido dar plena expressão à sua sombra e que sejam amadas pelo castigo que ela lhes inflige — elas acham que só assim elas podem sentir aceitação e amor verdadeiros. Isso lança uma luz um tanto diferente sobre o problema e sugere a necessidade de aproximação, não o medo de estar próximo. Em outras palavras, existe uma necessidade profunda de se livrar da culpa e dos elementos amedrontadores da sombra; e é por isso que a sombra é continuamente trazida para aqueles relacionamentos que oferecem a possibilidade de contato humano íntimo.

## 10. O lado do avesso do relacionamento mãe-filha

KIM CHERNIN

Chegamos ao lado do avesso do vínculo mãe-filha, ao seu indisfarçável sabor amargo. Invejar a nossa própria filha, querer aquilo que ela tem, sentir que tudo foi conseguido às nossas custas — que terrível e cruel ironia invejá-la exatamente pelas oportunidades que tanto ansiamos por lhe proporcionar!

Na minha qualidade de mãe, cheguei a um entendimento desse problema das mulheres através da introspecção. E, assim, tomei o cuidado de observar algo ainda mais difícil de ser admitido do que a crise secreta da vida da mãe. Pois o tipo de relacionamento mãe-filha que mais aparece no meu consultório é aquele no qual a mãe sente uma inveja aguda e exasperante diante das oportunidades abertas à filha; um ressentimento pela relativa facilidade com que a filha parecia capaz de ingressar no novo mundo de oportunidades que se abria à sua frente até que o seu "problema alimentar" se desenvolvesse e a imobilizasse.

A inveja da mãe pela filha amada: para uma mãe, poucas emoções serão mais difíceis de ser analisadas do que essa. É natural desejarmos o melhor para nossas filhas, tudo o que nos foi negado, e para isso nos sacrificamos instintivamente. Como, então, podemos lidar com essa exasperação que sentimos ao ouvi-las falar sobre "a nova mulher"? O que podemos fazer com esse rancor, às vezes inegável, que se avulta dentro de nós quando as ouvimos tagarelar sobre o futuro, planejando ter três filhos e viajar pelo mundo todo e se tornar uma pintora e ainda ganhar uma fortuna no mercado de ações? E será preciso que abafemos um riso amargo, um suspiro de quem sabe das coisas, meneando a cabeça como quem diz, claro, já ouvi tudo isso antes? A inveja da mãe.

É típico que a mãe das mulheres que me procuraram tenha tido possibilidades de escolha em sua vida. Ela recebeu educação, muitas vezes educação superior, e freqüentemente começou uma carreira. Optou por renunciar a essa como parte do auto-sacrifício que parece acompanhar a maternidade, mas nunca foi capaz de aceitar plenamente esse sacrifício. Ela sentia inveja da filha, sentia ressentimento.

Essa raiva por sacrificar-se pelos filhos também é evidente nas mulheres que tentam conciliar carreira ou vocação com a maternidade. Nesse caso, é claro, o problema são as escolhas diárias e repetidas que despertam a incerteza, a angústia e a irritação. Deixar os filhos assistirem televisão para que ela possa desenhar ou pintar. Servir-lhes espinafre congelado para não precisar lavar os pratos e, assim, dispor daqueles dez minutos livres para contemplação e meditação. Deixar os filhos no jardim de infância por uma ou duas horas a mais, para que ela possa assistir a uma aula. Às vezes a mãe decide de um modo, às vezes de outro. Afinal, mal ela começa a meditar e é preciso sair correndo, já atrasada, para pegar os filhos na escola.

Como filhas, sempre soubemos do ressentimento da nossa mãe por mais heroicamente que a mulher mais velha tentasse disfarçar sua ansiedade. Ainda assim, pelo bem da mãe, a filha não queria tomar conhecimento. Via a mãe sempre tentando, sempre fracassando; ouvia-a insistir que o maior bem da mulher é sacrificar-se pela família. E na frase seguinte ouvia-a negar que aquilo que fazia era um sacrifício. Ela a via passar um dia inteiro assando pão de centeio fermentado do tipo que a avó costumava fazer. Sentia a ansiedade com que a mulher mais velha olhava em volta da mesa e observava o rosto dos filhos, tentando justificar, através de suas reações, toda a energia que havia despendido naquele dia. Via as tigelas sujas de fermento e farinha acumulando-se na pia da cozinha, como se a mãe não conseguisse se convencer a ir lavá-las e guardá-las. Era a filha mais velha que as lavava e guardava, a mesma mulher que alguns anos mais tarde começaria, ela própria, a "morrer de inanição". Pois ela sabia que a batalha travada com o pão, acumulando-se sobre tudo o mais, havia irritado a sua mãe.

Ela observava a mãe no supermercado ir e vir entre a seção de congelados e a de verduras frescas. Ela a via pegar um pacote de espinafre congelado e sorrir com uma expressão tensa enquanto dizia à filha, ainda uma criança, que de vez em quando não faz mal, tudo bem jantar um prato congelado só por essa vez, não é? A filha a observava virar-se de súbito e correr à seção de congelados e pôr de volta o espinafre como se fosse um objeto imundo. Ela a seguia ao balcão de verduras, via a mãe pegar espinafre fresco e parecer subitamente cansada e mal-humorada, e dar uma olhada no relógio e pôr o espinafre no carrinho e então colocá-lo de volta no balcão. Ela marchava atrás da mãe até a seção de congelados, onde novamente a mãe pegava o pacote de espinafre congelado e se voltava, diz a filha, com o "aspecto de uma fera acuada". E assim continuava, de um lado para outro, ambas tentando rir da coisa toda, tentando fingir que era um jogo aquela jornada angustiosa da obrigação maternal à livre escolha; uma jornada na qual a mulher mais velha expressava sua incerteza e seu ressentimento em relação ao seu papel. A filha lembra como a mãe, finalmente, levou para casa o espinafre fresco, que murchou na geladeira sem jamais ter ido ao fogão. Ela lembra que sentia a raiva da mãe através do modo como os alimentos eram comprados, guardados e preparados.

Adulta, a filha interpreta. Ela diz que a mãe não conseguia mais aceitar as limitações de sua vida. Reconhece que a mãe se ressentia amargamente da maternidade, freqüentemente a sabotava, sentia inveja da filha por ser capaz de fazer outras escolhas, muitas vezes competia com a filha e, sempre era derrotada pela sua própria ambivalência. E por sentir uma vergonha tão profunda desses sentimentos, a mulher mais velha geralmente não sabia que os sentia, embora a filha os pressentisse.

A filha, criada nesse tipo de atmosfera de mistificação e ambivalência, inevitavelmente terá problemas quando partir para viver a sua própria vida. Ela enfrentará uma terrível divisão interior quando tentar assegurar a si mesma que a mãe foi feliz com os sacrifícios que fez em seu benefício e, ao mesmo tempo, afirmar a si mesma que aquilo não foi nenhum sacrifício. Em desespero, a filha tenta eliminar a própria raiva e a sensação de "inanição" emocional, assegurando a si mesma que não há motivo algum para se sentir "faminta". E nesse meio tempo ela não ousa formular certas perguntas sobre a mãe; essa irritação com a mãe por ter traído o potencial feminino de desenvolvimento; essa sensação de infinita ansiedade que existe entre mães e filhas; todos esses sentimentos que ela não ousa admitir fazem com que lhe seja impossível separar-se da mulher mais velha, seguir sua própria vida e deixá-la para trás. Ela pára e hesita ante suas próprias possibilidades de desenvolvimento, enquanto tenta freneticamente desenredar o nó complexo que amarra suas energias e ambições.

Transcender a mãe não é uma simples questão de fazer com nossa própria vida aquilo que a mãe não fez. É, antes, uma questão de fazer aquilo que a própria mãe talvez tivesse desejado fazer e não fez por escolha pessoal. Se foram as necessidades econômicas ou a crença no destino inevitável da mulher que deram forma à vida da mãe, a instituição da maternidade lhe teria sido de imensa ajuda para superar seu descontentamento e infelicidade. Mas, se a mãe tinha alternativas e mesmo assim optou por sacrificar-se em prol da filha; se ela continuou a se sentir ambivalente em relação a essa escolha, ainda ansiando por uma vida que não teve; se ela se convenceu, depois que os filhos nasceram, de que não poderia ter outras formas de satisfação e realização pessoais, mesmo que já tenha começado a duvidar da verdade de tudo isso; se sua vida continuou a fermentar com sentimentos não admitidos de inveja, ressentimento e mudos anseios — então sua vida traria para a filha o problema de transcender a mãe, e esse problema está, acredito, no âmago do "problema alimentar". A filha enfrenta a questão de transcender a mãe quando a mulher mais velha deixa de ser capaz de aceitar a sua opressão como inevitável, ou se apaga como pessoa e passa a viver através da vida da filha. Pois então a filha, se busca o seu próprio desenvolvimento, defronta-se com duas possibilidades intoleráveis. De súbito, ao alcançar a maioridade e entrar no mundo, ela corre o risco de despertar a inveja e o ressentimento da mulher mais velha. E, pior ainda, mais doloroso e perturbador, ela agora está na posição de lembrar à mãe o seu próprio fracasso e privação.

A quem cabe a culpa? À mãe ferida que um dia foi filha? À filha enraivecida, que talvez se torne um dia, mãe ela mesma, o alvo da reprovação de sua própria filha?

Precisamos superar essa tendência de culpar as mães. E ao mesmo tempo precisamos tomar consciência da nossa raiva e frustração, a sensação de abandono que todas nós sentimos um dia, filhas de mulheres em crise como nós mesmas. E, depois do choque de admitirmos a raiva que sentimos pela mãe, precisamos aprender a inserir essa raiva num contexto social, tirando a mãe pessoal de dentro de casa e posicionando-a no exato momento histórico em que ela deu à luz uma criança.

A maioria das mulheres consegue manter em segredo o seu colapso e a sua crise desde que permaneçam no lar e persistam na batalha, cada vez mais fútil, de sacrificar-se ao casamento e à maternidade. Mas a crise oculta irrompe e se torna evidente tão logo uma mulher sai para aproveitar as oportunidades sociais que nossa época põe à sua disposição. Assim uma mulher de qualquer idade torna-se uma mãe moderna, uma mulher em séria crise (mesmo que oculta), quando não consegue apagar-se, sacrificar-se e viver através da vida dos filhos. Mas a mesma mulher, de qualquer idade, transforma-se numa filha com uma "desordem alimentar" no momento em que sai em busca do seu próprio desenvolvimento e precisa fazer uma pausa para refletir sobre a vida da sua mãe.

Uma "desordem alimentar" só poderá ser resolvida dentro desse contexto cultural mais amplo, que nos permite extravasar a raiva pelo modo terrível como ela nos criou, mas agora incluindo nessa raiva as mães enquanto filhas com direito ao seu próprio desespero. Então teremos liberado uma raiva que acusa, não as mães, mas um sistema social que nunca deixou de oprimir as mulheres. E, finalmente, seremos capazes de libertar do emaranhado nó de autodestruição e obsessão o conhecimento radical e salutar de que uma "desordem alimentar" é um ato profundamente político.

Estou descrevendo gerações de mulheres que sofrem culpa: mulheres que não conseguem ser mães de suas filhas porque seus mais legítimos sonhos e ambições não foram reconhecidos; mães que sabem ter fracassado e não conseguem perdoar a si mesmas pelo seu fracasso; filhas que se censuram por precisar de mais do que a mãe era capaz de oferecer, que viram e experimentaram toda a extensão da crise da mulher mais velha e que não conseguem sentir raiva pela mãe porque sabem o quanto ela precisa que elas a perdoem.

E o que é feito de toda essa culpa que as filhas sentem? Como ela se expressa? Onde ela irrompe de uma forma disfarçada e sintomática?

Sabemos a resposta. Já encontramos a resposta para essas perguntas; sabemos como as filhas da nossa época se voltam contra si mesmas. Vimos o modo como elas se quebram no momento em que deveriam prosperar e se desenvolver; observamos o modo como elas se torturam com a "fome" e fazem de seu corpo o inimigo, como atacam sua carne feminina. Esses fúteis ataques ao corpo feminino, através dos quais tentamos nos libertar das limitações do papel feminino, escondem uma amarga batalha contra a mãe. Os traços característicos de uma "desordem alimentar" falam-nos da culpa que sentimos e da raiva oculta que não conseguimos expressar. Pois o que uma mulher irá atacar quando não consegue expressar diretamente sua raiva pela mãe? Não é bastante provável que ela, voltando essa raiva contra si mesma, a direcione contra o corpo feminino que compartilha com a mãe? Num assustador ato de substituição simbólica, a filha dispara a raiva que sente pela mãe contra o seu próprio corpo, um corpo tão semelhante àquele que a alimentou e através do qual ela aprendeu a conhecer a mãe nos primeiros momentos de sua existência.

Mas o nosso problema, aqui, não é o corpo feminino. O nosso problema é a culpa e a angústia derivadas desse ataque simbólico contra a mãe, que entravam o desenvolvimento da filha. Na esperança de dominar a raiva, a ansiedade e a sensação de perda ao se separar da mãe, a mulher que hoje atinge a maioridade — ao dirigir esses sentimentos contra a sua própria carne feminina — envolve-se num ato intensificado de autodestruição no momento mesmo em que busca desenvolver um novo sentido de identidade. Esse é o trágico paradoxo que a nova mulher precisa resolver.

# 11. Os pais e a sombra dos filhos

JOHN A. SANFORD

É certo que a figura da Sombra sempre há de existir na nossa personalidade. Para chegar a desenvolver uma personalidade consciente, precisamos nos identificar com alguma coisa, e isso implica a inevitável exclusão do seu oposto. É importante que, no processo de crescimento, as crianças se identifiquem com os atributos psicológicos apropriados e não com a Sombra; pois, se houver demasiada identificação com a Sombra, o ego terá um "pé torto", um defeito fatal. A individuação e a totalidade só são possíveis quando a personalidade consciente tem uma certa atitude moral. Se as pessoas se identificam abertamente com o seu lado traiçoeiro, desonesto ou violento, e não têm sentimentos de culpa nem olham para dentro de si mesmas, a totalidade não consegue emergir.

Ajudar os filhos a se desenvolver corretamente a esse respeito, no entanto, não é nada simples. A pregação moralista por parte dos pais, da igreja, da sociedade, etc., geralmente é ineficaz ou até mesmo perigosa. De muito maior importância é o tipo de vida que os pais realmente levam e o grau de honestidade psicológica que possuem. A pregação moralista por parte de pais hipócritas é mais do que inútil. De importância ainda mais fundamental ao desenvolvimento da Sombra e à eventual resolução do problema da Sombra é a "ligação" que deve ocorrer entre pais e filhos. Desde cedo na vida, uma criança precisa ser ligada pelo amor à mãe e/ou ao pai, ou a um substituto adequado do pai ou da mãe. Desse modo, estão lançadas as bases da vida moral; pois, em última análise, a vida moral resume-se no relacionamento de uma pessoa com outras pessoas e na capacidade de sentimentos humanos. Em algumas crianças essa ligação nunca ocorre; nesse caso, as necessárias defesas emocionais contra o lado mais escuro da Sombra não existem ou são frágeis. Isso pode levar ao desenvolvimento de personalidades criminosas ou sociopáticas, ou seja, à identificação do ego com a Sombra.

Mas, ao mesmo tempo em que encorajam os filhos a se identificar com suas características mais positivas, estimulando-os a ser honestos, a ter certo respeito pelos outros e assim por diante, os pais não devem afastar em demasia os filhos do seu lado escuro. Pois a Sombra nunca é mais perigosa do que quando a personalidade consciente perde contato com ela. Consideremos o caso da raiva. É claro que não se deve permitir que os filhos cedam a impulsos de raiva que sejam destrutivos para os outros. Ao mesmo tempo, será uma perda para os filhos se forem totalmente privados de contato com a raiva; pois a raiva, como já vimos, muitas vezes é uma reação saudável. Se o pai/mãe diz: "Você é um menino mau porque está com raiva da sua irmã", existe o perigo de que a criança sensível possa reprimir sua raiva para ganhar a aprovação dos pais. Isso resulta numa cisão na personalidade e numa sombra autônoma e, portanto, perigosa; para não mencionar a perda de contato com a energia vital que essa raiva propicia. Isso é especialmente nocivo se os pais se *permitem* sentir raiva, mas não permitem que os filhos a sintam. "Eu posso ficar furioso, mas você não", é, com freqüência, a atitude realmente expressa pelos pais. Assim, é estreito o caminho que o pai/mãe pode trilhar. Quando a criança fica furiosa com seu irmão, talvez uma atitude do gênero, "Eu entendo que você esteja furioso com seu irmão, mas você não pode jogar uma pedra nele", possa encorajar a criança a desenvolver a repressão necessária sobre seus instintos e afetos mais violentos, sem se afastar do seu lado escuro.

Como é inevitável que tenhamos uma personalidade ligada à sombra, dizemos que a Sombra é um arquétipo. Dizer que uma coisa é um arquétipo equivale a afirmar que ela é um bloco de construção essencial da personalidade. Ou, usando a palavra na sua forma adjetiva, dizer que algo é "arquetípico" significa que ele é "típico" de todos os seres humanos. Assim, é típico de todos os seres humanos que, ao desenvolverem uma personalidade consciente, desenvolvam também a companheira escura dessa personalidade, a Sombra. Por ser um arquétipo, a Sombra é freqüentemente representada nos mitos, nos contos de fadas e na literatura em geral. Um exemplo dessa última é a novela de Robert Louis Stevenson, *Dr. Jekyll e Mr. Hyde.*

Também é importante que os pais não castiguem os filhos com a rejeição. Talvez o melhor castigo que os pais podem dar aos filhos seja o castigo imediato que, uma vez aplicado, está terminado. O pior castigo é, com certeza, a recusa de afeição e aprovação para controlar o comportamento da criança. Quando isso acontece, a criança capta a mensagem de que é má e, além disso, responsável pelo mau humor do pai ou da mãe; isso leva a sentimentos de culpa e de auto-rejeição. E então, para estar à altura dos pais, a criança tenta desesperadamente adaptar-se às formas de comportamento que agradem aos pais, o que resultará numa cisão ainda maior da Sombra.

Se pretendem ter sucesso ao lidar com a sombra dos filhos, os pais precisam aceitar e estar em contato com sua própria Sombra. Os pais que têm dificuldade em aceitar seus próprios sentimentos negativos e suas reações menos nobres, acharão difícil aceitar de modo criativo o lado escuro dos filhos. Mas quero enfatizar que "aceitação" não significa "permissividade". De nada serve à criança ter pais que permitem todo tipo de comportamento. Existem formas de comportamento que não são aceitáveis na sociedade humana; a criança precisa aprender isso; a criança precisa organizar sua própria capacidade interior de controlar essas formas de comportamento. Uma atmosfera permissiva faz com que se embote a capacidade de a criança desenvolver seu próprio sistema de monitoração do comportamento. O desenvolvimento do ego, então, será demasiado fraco para permitir que a criança, quando adulta, possa lidar com a Sombra.

Estar disposto a lidar criativamente com o problema da Sombra exige dos pais uma dose incomum de sutileza, de consciência, de paciência e de sabedoria. Não se pode exagerar na permissividade; não se pode exagerar na austeridade. A chave está em que os pais precisam ter consciência do problema da sua própria Sombra e da sua capacidade de aceitar a si mesmos, ao mesmo tempo em que desenvolvem o vigor do seu próprio ego para poderem lidar com seus afetos. A vida familiar em geral — e ser pai ou mãe, em particular — é um cadinho no qual o problema da sombra pode ser enfrentado e trabalhado, pois é certo que a vida familiar inclui uma constelação de sentimentos negativos. Por exemplo, em algum momento um pai/mãe terá, inevitavelmente, sentimentos negativos em relação a um filho — quando a criança se porta mal, quando incomoda, quando interfere com a vida independente dos pais, quando exige demasiado sacrifício de dinheiro, de tempo ou de energia. Sob as coerções da vida em família, é certo que as pessoas experimentarão divisões dentro de si mesmas. O amor por um filho pode ser superado, ao menos momentaneamente, pelo ódio; o desejo sincero de fazer o melhor pelo filho pode ser superado por fortes sentimentos de raiva ou de rejeição. E, desse modo, vemos o quanto somos divididos, e essa autoconfrontação vai gerar a nossa consciência psicológica. Aí está um dos grandes méritos da personalidade da sombra: o nosso confronto com a Sombra é essencial para o desenvolvimento da nossa consciência.

*Só aquele cuja lira luminosa*
*ecoou nas sombras*
*poderá um dia restaurar*
*seu infinito louvor.*

*Só aquele que comeu*
*papoulas com os mortos*
*nunca voltará a perder*
*aquela suave harmonia.*

*Mesmo que a imagem*
*nas águas se enevoe:*
Conhece e aquieta-te.

*No Mundo Duplo*
*todas as vozes ganham*
*eterna suavidade.*

Rainer Maria Rilke
*The Sonnets to Orpheus*

# Parte 3

# Os embates da sombra: A dança da inveja, da raiva e da falsidade

Onde o amor impera, não há vontade de poder; e onde o poder predomina, o amor está ausente. Um é a sombra do outro.

*C. G. Jung*

Em geral, nossa sombra é evidente para os outros mas desconhecida para nós mesmos. E ainda maior é a nossa ignorância do componente masculino ou feminino dentro de nós... Por isso Jung deu o nome de "obra de aprendiz" da totalidade à integração da sombra e de "obra prima" à integração entre *anima* e *animus*.

*John A. Sanford*

O ódio tem muito em comum com o amor, principalmente com aquele aspecto autotranscendente do amor, a fixação sobre os outros, a dependência deles e, na verdade, a entrega de uma parte da própria identidade a eles... Aquele que odeia anseia pelo objeto do seu ódio.

*Václav Havel*

# Introdução

Os laços profundos que sentimos pelos irmãos e amigos íntimos do nosso sexo guardam um mistério tão profundo quanto os laços que sentimos por amantes imaginários do sexo oposto. Irmã e irmã, irmão e irmão, vemo-nos refletidos num espelho que revela tanto uma profunda identidade quanto uma profunda diferença. Quer ligados pelo sangue ou pelo espírito, podemos ver um no outro a sombra e o eu.

Em muitas famílias, duas irmãs parecerão se desenvolver como opostos, como os dois pólos de um ímã. Em *The Pregnant Virgin* [A Virgem Grávida], a analista junguiana Marion Woodman chama-as "irmãs no sonho". Como as irmãs mitológicas Eva e Lilith, Psiquê e Orual, Inanna e Ereshkigal, cada uma contém o contraponto dos dons da outra: uma é atraída pelo mundo da matéria, da natureza e do alimento; a outra é atraída pelo mundo do espírito, da cultura e da mente. Eternamente separadas, eternamente unidas, na vida essas duplas geralmente são desfeitas pelo ciúme intenso, por inveja, competição e equívocos.

O tema dos irmãos ou de outros pares masculinos que são superficialmente opostos, mas ainda assim complementarmente unidos, também ressurge com freqüência: Caim e Abel, Jesus e Judas, Otelo e Iago, Próspero e Calibã. Em cada dupla, a dança entre o ego e a sombra se alterna para que, quando um surge, o outro retroceda. Se num momento crucial um homem vê o outro como sombra/inimigo, esse irmão poderá morrer pelas mãos do seu gêmeo. Mas, naquele mesmo momento, uma parte do eu do assassino também morre.

A chave para a cura desses relacionamentos turbulentos é o "trabalho com a sombra". Quando uma mulher que é bem diferente de sua irmã pergunta a si mesma numa situação difícil, "O que minha irmã faria?", ela está invocando suas habilidades não desenvolvidas e invisíveis, que são visíveis na outra. Quando um homem é capaz de valorizar e integrar um traço de outro homem que não lhe seja familiar — selvageria, serenidade ou sensualidade — ele, também, amplia o seu senso de eu ao incluir uma parte do outro.

Também nos nossos relacionamentos com o sexo oposto muitas vezes nos perturbamos quando encontramos nossos opostos. Nós nos apaixonamos por pessoas tão diferentes de nós quanto possível — passivo/agressivo, introvertido/extrovertido, religioso/ateu, comunicativo/reservado. É como se fôssemos atraídos pelos outros porque eles têm aquilo de que precisamos. Eles podem viver as qualidades e aptidões que permanecem latentes em nós: uma mulher tímida permite que o marido fale por ela; um homem não-criativo permite que, por associação, a criatividade da esposa lhe dê prazer.

Talvez este adágio seja verdadeiro: Se não o desenvolvermos, casaremos com ele. Se não integrarmos a nossa raiva, a nossa rigidez, a capacidade de raciocínio ou profundidade emocional, seremos atraídos para pessoas que poderão nos compensar essas fraquezas e inferioridades, e nos arriscaremos a nunca desenvolvê-las por nós mesmos.

Esse casamento de opostos também acontece freqüentemente na nossa sociedade por uma razão cultural: o ideal declarado do ego masculino (ser racional, dominador, insensível e orientado para objetivos) é o lado da sombra do ideal declarado do ego feminino (ser emocional, submissa, agradável e orientada para processos). Como resultado, a sombra e a pessoa amada podem compartilhar dessas mesmas qualidades.

A astróloga e analista junguiana Liz Greene explica: "Aquele homem altamente espiritualizado, refinado e ético pode ter uma sombra bastante primitiva e talvez também uma tendência a se apaixonar por mulheres muito primitivas." No entanto, Greene mostra que, quando encontra essas qualidades nas figuras da sombra do seu próprio sexo, ele as odeia. Como resultado, diz Greene: "Temos aquela curiosa dicotomia de idealizar e detestar a mesma coisa."

Embora os estereótipos masculino-feminino pareçam estar rapidamente entrando em colapso à medida que ganhamos mais opções sociais e econômicas, o inconsciente ainda precisa alcançar o mundo exterior. O crescimento desequilibrado, em homens e mulheres, ainda nos leva a completar a nós mesmos através da projeção e do casamento com o nosso oposto.

Isso também explica por que, nos estágios posteriores de um relacionamento, reagimos com amargura quando nossas projeções são abaladas e descobrimos, na pessoa amada, o nosso eu reprimido — e tentamos nos defender contra os nossos próprios impulsos proibidos, expressos pela outra pessoa. A raiva, a inveja e a falsidade são, com freqüência, o resultado. Sem um trabalho com a sombra, essa angústia talvez leve a uma dolorosa separação; com esse trabalho, nosso sofrimento talvez traga como recompensa a autopercepção mais profunda. James Baldwin expressou-o de maneira poética, quando disse:

*Só me é possível ver nos outros*
*o que posso ver dentro de mim.*

Qualquer argumento pode ser levado a extremos, é claro, e terminar numa simplificação exagerada. Algumas pessoas afirmam que tudo é projeção e que, portanto, basta-nos trabalhar com a sombra no nosso mundo interior e assumir a responsabilidade por nossos próprios sentimentos negativos. Mas o que sugerimos aqui é que existem ocasiões nas quais nossa raiva é legítima, nas quais nossos sentimentos negativos têm razão de ser. O estupro, o assassinato e o genocídio justificam nossa raiva e justificam, também, a ação social que é liberada pela nossa raiva. Nos nossos relacionamentos pessoais, o propósito do trabalho com a sombra não é invalidar os pensamentos e sentimentos negativos que inevitavelmente emergem; é, antes, lançar luz sobre as coisas que projetamos, que ajudamos a criar e, portanto, a curar, e as coisas que existem (independentemente de nós) na outra pessoa e que podem estimular em nós uma reação negativa válida.

Esta seção explora os embates da sombra nos relacionamentos adultos. No Capítulo 12, extraído de *Psyche's Sisters* [A Psique das Irmãs], Christine Downing, professora de religião e escritora da linha junguiana, explora os arquétipos do irmão e da irmã, tipicamente negligenciados pela psicologia, que se limita às questões ligadas a pais e filhos e ao amor romântico.

O Capítulo 13 foi extraído de *The Survival Papers* [Estudos de Sobrevivência], um livro sobre a meia-idade, de Daryl Sharp, analista junguiano de Toronto e editor da *Inner City Books*. Ele descreve o encontro com um amigo/irmão, que o expõe às qualidades da sua própria sombra. Depois de muitos anos, os amigos comuns percebem que eles haviam trocado de lugar, cada um tornando-se mais semelhante àquilo que o outro era antes.

Com uma reimpressão do *best-seller* de Maggie Scarf, *Intimate Partners* [Parceiros Íntimos], fazemos a transição para os relacionamentos com o sexo oposto. Scarf descreve marido e mulher presos na armadilha da identificação projetiva, cada qual carregando os aspectos reprimidos do eu do outro. Ela explora a tensão criada pela atração inicial por esses traços novos e não-familiares e a subseqüente aversão a eles, que causa a crise em muitos casamentos.

Michael Ventura, colunista de Los Angeles, num trecho de *Shadow Dancing in the U.S.A.* [A Dança da Sombra nos Estados Unidos] narra o encontro com seus próprios "horrores", que emergem do armário durante seu casamento. Com seu estilo bem-humorado, Ventura expõe um assunto bastante sério: na segurança do casamento, nossos demônios podem levantar suas horrendas cabeças.

Qualquer relacionamento íntimo pode servir como excelente veículo para o trabalho com a sombra, no qual o fogo do amor pode se alastrar pelos lugares imobilizados, iluminar os desvãos escuros e nos apresentar a nós mesmos.

## 12. Irmãs e irmãos lançando sombras

CHRISTINE DOWNING

Para uma mulher, irmã é a outra pessoa mais semelhante a ela mesma dentre todas as criaturas do mundo. Ela é do nosso mesmo sexo e geração, carrega a mesma herança biológica e social. Temos os mesmos pais; crescemos na mesma família e fomos expostas aos mesmos valores, premissas e padrões de interação.

O relacionamento fraternal é um dos mais duradouros de todos os laços humanos, começando com o nascimento e só terminando com a morte de um dos irmãos. Embora nossa cultura pareça nos permitir a liberdade de esquecer os laços fraternos e nos afastar dos nossos irmãos/irmãs, tendemos a nos reaproximar deles nos momentos de celebração (casamentos e nascimentos) bem como nas épocas de crise (divórcios e falecimentos). E nesses momentos descobrimos, com surpresa, a rapidez com que ressurgem os padrões de interação da infância e a intensidade dos ressentimentos e valores da infância.

Ainda assim, essa outra pessoa tão semelhante a mim mesma é, indiscutivelmente, *outra*. Mais que qualquer outra pessoa, ela serve como a pessoa em comparação com a qual eu defino a mim mesma. (Algumas pesquisas sugerem que as crianças percebem a distinta diversidade entre irmãos/irmãs bem antes de se separarem por completo da mãe.) Semelhança e diferença, intimidade e diversidade — nenhuma dessas coisas pode ser superada. Aquele paradoxo, aquela tensão, existem no próprio âmago do relacionamento.

Irmãos/irmãs do mesmo sexo parecem ser um para o outro, paradoxalmente, tanto o eu ideal quanto o que Jung chama "a sombra". Eles estão envolvidos num processo mútuo, único e recíproco de autodefinição. Embora a filha conceba a mãe tanto quanto a mãe concebe a filha, o relacionamento mãe-filha não é tão simétrico quanto o relacionamento irmã-irmã. É claro que mesmo entre irmãs existe alguma assimetria, alguma hierarquia; a ordem de nascimento e a idade relativa fazem certa diferença. Mas, ao contrário da esmagadora e quase sagrada diferença que separa a mãe e o bebê, as diferenças entre irmãs são sutis e relativas, numa escala profana. As diferenças entre irmãs podem ser negociadas, trabalhadas e redefinidas por elas próprias. De modo geral, o trabalho de autodefinição mútua parece prosseguir através de uma polarização que semiconscientemente exagera as diferenças percebidas e reparte os atributos entre as irmãs ("Eu sou a inteligente, ela é a bonita"). Também é freqüente que as irmãs pareçam repartir os pais entre elas ("Eu sou a garotinha do papai, você a da mamãe"). Eu sou quem ela não é. Ela é o que eu mais gostaria de ser mas acho que nunca serei, e *também* o que mais me orgulho de *não* ser mas tenho medo de vir a ser.

A irmã é diferente — diferente até mesmo da nossa amiga mais íntima (embora essa amiga possa muitas vezes servir como irmã-substituta) — pois "ser irmã" é um relacionamento atribuído, não escolhido. Estamos ligadas à nossa irmã de um modo como nunca estaremos a uma amiga. John Bowlby diz que a coisa mais importante sobre os irmãos é a sua *familiaridade* — os irmãos podem facilmente tornar-se uma figura de apego, a quem nos voltamos quando cansados, famintos, doentes, alarmados ou inseguros. Os irmãos também servem como companheiros de brincadeiras, mas seu papel é diferente: buscamos um companheiro de brincadeiras quando estamos de bom humor e confiantes e o que queremos é, exatamente, brincar. O relacionamento com os irmãos é permanente, dura a vida toda e é quase impossível desatar os laços por completo. (Podemos nos divorciar mais conclusivamente de um parceiro do que de um irmão/irmã.) E, como essa permanência ajuda a fazer dele o relacionamento no qual podemos expressar hostilidade e agressão com mais segurança — com mais segurança até que no relacionamento com nossos pais, pois nunca somos tão dependentes dos irmãos quanto somos dependentes do pai e da mãe na infância (na imaginação, somos sempre) — o laço entre irmãos/irmãs do mesmo sexo talvez seja o mais tenso, o mais volátil e ambivalente que jamais conheceremos.

Descobri que o anseio por um relacionamento com a irmã é sentido até mesmo por mulheres que não têm irmãs biológicas e, também, que todas nós buscamos por "ela" em muitas substitutas ao longo da nossa vida.

A Irmã e o Irmão são aquilo que Jung chamaria arquétipos, tão presentes na nossa vida psíquica (independentemente da experiência literal) quanto a Mãe e o Pai. Como todos os arquétipos, a Irmã continuamente reaparece sob forma projetada ou "de transferência" e tem um aspecto interior. O exame do significado de "ser irmã" em nossas vidas exige atenção aos três modos de ser: o modo da irmã literal, o modo da irmã substituta e o modo da irmã interior (o arquétipo).

Eu sou quem ela não é. A irmã interior — o meu eu ideal e a minha sombra numa única e estranha irmã — aparece de modo tão significativo no processo de individuação que ela existe quer exista a irmã literal ou não. Ainda assim, como todos os arquétipos, ela exige que a tornem real e particularizada, exige que a tragam para o mundo exterior das imagens diferenciadas. Quando não existe uma irmã real, parecem sempre existir irmãs imaginárias ou irmãs substitutas. Mesmo quando existe uma irmã real, é freqüente que existam figuras imaginárias ou substitutas, como se a irmã real não fosse adequada o bastante para carregar plenamente o arquétipo; por isso o arquétipo precisaria ser imaginado, personificado. A Irmã aparece com o rosto específico de uma amiga, uma figura onírica, uma personagem de livro ou uma heroína mitológica.

Comprovei que a Irmã é realmente uma daquelas fantasias primais que Freud viu como ativas na nossa vida psíquica, independentemente de experiência histórica, pela freqüência com que mulheres sem irmãs compareciam aos meus cursos sobre irmãs; essas mulheres sabiam que, também elas, precisavam trabalhar o significado desse relacionamento em suas vidas. A primeira vez que isso aconteceu, perguntei a mim mesma: "Que tenho a dizer a essa mulheres? O que eu sei sobre a mulher que nunca teve uma irmã biológica?" E então lembrei: "Sei bastante, tenho muito a dizer, com certeza." Pois tenho uma mãe que era filha única, e uma filha que só tem irmãos homens. Minha mãe contou-me como esperava ansiosa que eu crescesse para que ela pudesse, finalmente, ter uma irmã; e eu sei que, como sutil contraponto ao laço mãe-filha que me une à minha filha, existe também um laço irmã-irmã.

E também percebo como a idéia que minha mãe faz de "ser irmã" é matizada pelo fato de ela não ter tido uma irmã quando criança. Ela idealiza esse relacionamento; ela vê como laços irmã-irmã a nossa intimidade, mas não a nossa rivalidade; e como poderia minha mãe perceber o valor dos tensos momentos de interação entre minha irmã e eu quando éramos jovens? Por mais de cinqüenta anos, os encontros entre minha mãe e sua cunhada foram contaminados por uma inveja mutuamente obsessiva e, no entanto, jamais ocorreu à minha mãe que elas mantinham um relacionamento irmã-irmã. Em minha filha, a ausência de uma irmã biológica mostra-se de modo diferente: como ela cresceu entre irmãos homens, os homens têm pouco mistério para ela; ela se volta para as mulheres como amigas amorosas — e como irmãs.

Dar o nome de arquétipo à Irmã ajuda a expressar a minha sensação de que existe uma dimensão transpessoal, extra-racional e *religiosa* no "ser irmã"; uma dimensão que dota todas as figuras reais sobre as quais "transferimos" o arquétipo, de uma aura numinosamente demoníaca ou divina. Contudo, não quero dizer que existe alguma essência universal e a-histórica no fato de "ser irmã". O gatilho que aciona um arquétipo é sempre a experiência particular; o grau em que essas experiências são compartilhadas, em que recorrem e evocam respostas semelhantes deve sempre ser explorado, não apenas assumido. Também fiquei profundamente impressionada pela observação de Freud de que, embora tenhamos transformado o amor pais-filhos em algo sagrado, mantivemos o caráter profano do amor fraterno. Eu própria vivenciei o arquétipo da Irmã como algo menos esmagadoramente numinoso que o arquétipo da Mãe. A santidade da Irmã é, de algum modo, proporcional àquilo que caracteriza a minha própria alma: ela é mulher, não deusa. Meu encontro com a mortal Psiquê ocorre numa dimensão diferente do meu encontro com Perséfone, a deusa com quem iniciei minha busca por Ela.

A sombra é relevante ao nosso interesse nos irmãos/irmãs porque Jung diz que nos mitos, na literatura e nos nossos sonhos, a sombra é geralmente representada como um "irmão". Jung sentia um fascínio especial pelo que chamava "o tema dos dois irmãos hostis"; um tema que, para ele, simbolizava todas as antíteses e, de modo especial, as duas abordagens opostas no trato com a influência poderosa do inconsciente: negação ou aceitação, realismo ou misticismo. O estudo desse tema sempre remetia Jung aos dois irmãos do conto de E. T. A. Hoffmann, *The Devil's Elixir* [O Elixir do Diabo]. A interpretação que Jung oferece desse conto mostra que a negação e o medo que o protagonista sente do seu malicioso e sinistro irmão levam à rigidez e à estreiteza de mente, a uma inflexibilidade violenta, à unidimensionalidade do "homem sem sombra".[1]

Jung acredita que, em geral, a primeira tarefa para o varão de meia-idade é aprender a religar-se com a figura desse irmão. A aparente impossibilidade estimula a regressão à infância mas, como os meios que então funcionavam não estão mais disponíveis, a regressão ultrapassa a primeira infância e penetra o legado da vida ancestral. Despertam, então, as imagens mitológicas e os arquétipos e revela-se um mundo espiritual interior, de cuja existência nem sequer suspeitávamos. O confronto com a sombra arquetípica é como uma experiência primordial do não-ego, o combate contra um oponente interior que lança um desafio que nos inicia no trabalho de chegar a um acordo com o inconsciente.

No entanto, as mais profundas reflexões de Jung sobre o significado interior de "ser irmão" se inspiraram, não nos irmãos antagônicos, e sim nos Dióscuros gregos: os gêmeos Castor e Pólux, um mortal e o outro imortal, tão devotados um ao outro que nem na morte querem separar-se. Em seu ensaio sobre o arquétipo do renascimento, Jung escreve:

> Somos aquele par de Dióscuros, um dos quais é mortal e o outro imortal, e que, embora sempre juntos, jamais serão um só... Talvez preferíssemos ser sempre "eu" e nada mais. Mas nos defrontamos com aquele amigo ou inimigo interior, e se ele é nosso amigo ou inimigo, depende de nós mesmos.

Nas representações mitológicas da amizade entre dois homens, Jung vê um reflexo exterior do relacionamento com esse amigo interior da alma, em quem a natureza gostaria de nos transformar — aquela outra pessoa que somos e em quem, contudo, jamais nos transformamos por completo; aquela personalidade maior e mais ampla que amadurece dentro de nós, o Eu.[2]

Quando refletimos sobre essa figura interior do nosso mesmo sexo — que pode ser positiva ou negativa, que é ou sombra ou Eu — torna-se evidente que a concepção de Jung sobre o irmão interior tem muito em comum com a figura que Otto Rank chama o "Duplo". Tanto no seu trabalho inicial, *The Myth of the Birth of the Hero* [O Mito do Nascimento do Herói], quanto no seu posterior e abrangente estudo sobre o incesto na mitologia e na literatura, Rank explorou a importância do irmão hostil enquanto tema mitológico e literário recorrente. Em geral, os irmãos são gêmeos e quase sempre um precisa morrer para salvar a vida do outro. Em seus escritos subseqüentes, Rank inclui esses irmãos no tema mais genérico do Duplo. O irmão agora é basicamente visto como uma figura interior, um *alter ego*. O Duplo pode representar o eu mortal ou o eu imortal; pode ser temido como imagem da nossa mortalidade ou louvado como símbolo da nossa imperecibilidade. O Duplo é a Morte ou a Alma Imortal. Ele inspira medo e amor, desperta o "eterno conflito" entre a nossa "necessidade de semelhança e desejo de diferença". O Duplo atende à necessidade de um espelho, de uma sombra, de um reflexo. Ele parece assumir uma vida independente, mas está tão intimamente ligado à energia vital do herói que a desgraça lhe advém quando ele tenta soltar-se por completo do herói.

Rank lembra-nos que o homem primitivo "considera a sombra o seu duplo misterioso, um ser espiritual que, no entanto, é real" e que o nome grego para esse duplo em forma de sombra — esse aspecto do eu que sobrevive à morte e que está ativo nos sonhos depois que o ego consciente se retira — era *psyche*. É por isso que Rank considera que o relacionamento com um irmão interior do mesmo sexo, um duplo, significa o relacionamento com o nosso próprio eu inconsciente, com a nossa psique, com a morte e a imortalidade. No seu sentido mais profundo, ele expressa o nosso desejo de deixar o ego morrer para nos unirmos ao eu transcendente. Ele simboliza o nosso anseio de rendição a algo maior que o ego.

A imagem do amor fraterno representa o nosso impulso de ir "além da psicologia". A primeira fase da vida psíquica se faz por meio da diferenciação, manifestando-se muitas vezes como hostilidade; mas a segunda fase é alcançada através da rendição e do amor. Mas Rank alerta para o perigo de tomar isso literalmente, externamente. Nenhum ser humano, cônjuge ou irmão, pode carregar o fardo de desempenhar o papel de *alter ego* para outro. "Esse estender a mão para algo maior... tem origem na necessidade individual de se expandir para além dos domínios do eu... para algum tipo de 'além'... ao qual ele possa se submeter." Mas nada existe na realidade que "possa carregar o peso da sua expansão". É extremamente difícil "perceber que existe uma diferença entre nossas necessidades espirituais e nossas necessidades puramente humanas, e que a satisfação ou a realização de cada uma delas deve ser encontrada em esferas diferentes". A falsa personalização da necessidade de ser amado precipita, inevitavelmente, o desespero e a sensação de irremediável inferioridade. Rank espera ajudar-nos a reconhecer que a imagem do duplo, complementar e totalizador, é um símbolo que nenhum outro ser humano pode encarnar por nós; precisamos entendê-lo religiosamente; vê-lo como uma personificação da nossa necessidade dual de diferenciação e semelhança, de individualidade e conexão, de vida natural e imortalidade. As reflexões de Rank sobre o tema dos irmãos levam-no "além da psicologia".[3]

Às vezes, a concepção de Jung sobre a sombra é igualmente profunda. Outras vezes, ele escreve como se partisse da perspectiva do ego, e vê a sombra como uma figura negativa, como uma personificação apenas dos aspectos desvalorizados e negados da nossa história pessoal; aspectos esses que precisaríamos reintegrar antes de estarmos prontos para o verdadeiro trabalho de individuação, que se faz através do embate com os arquétipos do sexo oposto. O último estágio da jornada em direção à totalidade psicológica, como Jung a descreve, mais uma vez envolve um arquétipo que aparece como uma figura do mesmo sexo, o Eu. O modelo, quando apresentado na sua forma linear, separa radicalmente os embates com as duas figuras interiores do mesmo sexo, a sombra e o Eu — uma pertence ao começo da jornada, o outro ao seu término. Assim, os laços interiores entre a sombra e o Eu são obscurecidos. A numinosidade e a ambivalência inerentes à figura do mesmo sexo são as que poderíamos esperar se simplesmente falássemos dela como nosso irmão interior.

# 13. Meu irmão e eu

DARYL SHARP

Sozinho naquela noite, minha mente retornou ao tempo que passei com Arnold em Zurique. Viver com ele ensinou-me quase tanto sobre tipologia quanto ler Jung.

Arnold era um intuitivo delirante. Fui buscá-lo na estação quando ele chegou. Eu já o esperava há três trens. Fiel ao seu tipo, sua carta não era precisa. Fiel ao meu, eu era.

— Aluguei um chalé fora da cidade — informei-o a respeito enquanto apanhava a sua mala. O fecho estava quebrado e as correias já tinham desaparecido. Uma rodinha faltava. — São doze minutos e meio de trem e ele nunca atrasa. O chalé tem venezianas verdes e papel de parede de bolinhas. A proprietária é um amor, podemos mobiliar a casa do jeito que quisermos.

— Perfeito! — disse Arnold, segurando um jornal sobre a cabeça. Chovia. Ele não tinha chapéu e esquecera de trazer a capa de chuva. E calçava chinelo, santo Deus! Não conseguimos achar seu baú, pois ele o despachara para Lucerna.

— Lucerna, Zurique... tudo é Suíça para mim — filosofou.

Foi bastante divertido no começo. Nessa época não nos conhecíamos direito. Eu não sabia o que me esperava. Nunca estivera tão próximo de alguém tão... bem, tão *diferente*.

O tempo nada significava para Arnold. Ele perdia o trem, esquecia compromissos. Estava sempre atrasado para as aulas e quando, finalmente, encontrava a sala certa, não tinha lápis nem papel. Um dia tinha rios de dinheiro, no outro não tinha nada, pois não controlava as despesas. Não distinguia o leste do oeste e se perdia sempre que saía de casa. E às vezes dentro de casa.

— Você está precisando de um cão-guia — gracejei.

— Não enquanto você estiver por perto — retrucou sorrindo.

Ele esquecia o forno ligado à noite. Nunca apagava as luzes. As panelas ferviam e derramavam e o assado virava carvão enquanto ele, sentado na varanda, admirava o céu. A cozinha impregnou-se para sempre do cheiro de torrada queimada. Ele perdia as chaves, a carteira, as anotações de aulas, o passaporte. Nunca tinha uma camisa limpa. Com uma surrada jaqueta de couro, jeans de fundo frouxo e meias desparelhadas, mais parecia um vagabundo.

Seu quarto vivia na maior desordem, como se um furacão tivesse passado por ali.

— Eu fico louco só de olhar para você — cantarolava eu, ajeitando a gravata diante do espelho.

Eu gostava de me vestir com elegância; isso fazia com que me sentisse bem. Sabia o lugar exato de cada coisa. Minha escrivaninha era bem organizada e meu quarto sempre arrumado. Eu apagava as luzes quando saía de casa e tinha um excelente senso de direção. Não perdia coisa alguma e era sempre pontual. Sabia cozinhar e costurar. Sabia exatamente quanto dinheiro tinha no bolso. Nada me escapava, eu me lembrava de todos os detalhes.

— Você não vive na realidade — comentei, enquanto Arnold se aventurava a fritar um ovo. Uma verdadeira epopéia. Primeiro não achava a frigideira, depois colocou-a sobre um bico de gás apagado.

— Não na realidade que *você* conhece — respondeu, um pouco magoado. — Diabo! — praguejou. Tinha se queimado de novo.

Lutei para gostar do Arnold. Eu queria gostar dele. Sua natureza expansiva e sua exuberância inatas eram encantadoras. Eu admirava seu ar de descuidada confiança. Ele era a alma de qualquer festa. Adaptava-se facilmente às novas situações. Era muito mais aventureiro do que eu. Em qualquer lugar que ia, fazia amigos. E os trazia para dentro de casa.

Ele era dotado de uma misteriosa percepção. Sempre que me via atolado na rotina, tinha alguma novidade a sugerir. Sua mente era fértil; fervilhava de novos planos e idéias. Seus palpites em geral estavam certos. Era como se ele tivesse um sexto sentido, enquanto eu me restringia aos cinco costumeiros. Minha visão era mundana — onde eu via uma "coisa" ou uma "pessoa", Arnold via a alma dela.

Mas constantemente surgiam problemas entre nós. Quando ele manifestava a intenção de fazer alguma coisa, eu o tomava ao pé da letra. Eu acreditava que ele queria dizer aquilo que tinha dito, que ele queria fazer aquilo que anunciara. Isso era especialmente perturbador quando ele deixava de aparecer na hora e lugar marcados. Acontecia com bastante freqüência.

— Olhe aqui — eu reclamava —, eu estava contando que você vinha. Até comprei os ingressos. Onde é que você estava?

— Tive que parar no caminho — respondia, na defensiva —, uma outra coisa que apareceu e eu não consegui resistir.

— Você é instável, não dá para confiar em você. Você é superficial. Vive nas nuvens. E nem tem uma opinião formada!

Mas não era assim que Arnold via as coisas.

— Eu só exploro as possibilidades — explicava quando eu pela décima vez o acusava de ser irresponsável ou de, pelo menos, me enganar. — Elas não são reais até serem expressas e, quando eu as expresso, elas ganham forma. Mas isso não quer dizer que preciso me prender a elas. Alguma outra coisa melhor pode me acontecer. Eu não fico amarrado às coisas que digo. Não é minha culpa se você toma tudo tão ao pé da letra.

E prosseguia:

— As intuições são como passarinhos voando em círculos na minha cabeça. Elas vêm e vão. Talvez eu as acompanhe, talvez não; eu nunca sei, mas preciso de tempo para verificar o vôo delas.

Um dia, quando levantei, encontrei mais uma panela vazia chiando em cima do bico de gás aceso. Arnold se arrastava para fora da cama, procurando os óculos.

— Você viu o meu barbeador? — perguntou.

— Vá para o inferno! — gritei, furioso, agarrando um pegador de panela. — Qualquer dia desses você ainda vai botar fogo na casa. Nós dois vamos virar cinza.

E quando vierem recolher as cinzas numa urna para mandar para os nossos parentes, vão dizer "Pobrezinhos! Dois rapazes com tanto futuro! Pena que um deles fosse um paspalhão!"

Arnold entrou na cozinha no instante em que eu jogava a panela queimada porta afora.

— Ah, é? — disse ele. — Foi você que fez um jantar para a Cynthia ontem à noite. Eu nem estava em casa.

Era verdade. Fiquei rubro de vergonha. Minha redoma se estilhaçou. A realidade que eu conhecia se expandiu.

— Desculpe — murmurei, humilde —, eu tinha esquecido.

Arnold bateu palmas e se pôs a dançar pela cozinha.

— Bem-vindo à raça humana! — cantava ele. E, como sempre, desafinado.

Só então percebi que Arnold era a minha sombra. Foi uma revelação. Isso não deveria ter sido uma surpresa porque já havíamos definido que nossos complexos eram radicalmente diferentes, mas foi. E me atingiu como um raio. Eu disse isso ao Arnold.

— Não se incomode — respondeu. — Você também é a minha sombra. É por isso que você me faz subir pelas paredes.

Abraçamo-nos. Acho que esse incidente salvou o nosso relacionamento.

Tudo isso aconteceu há muito tempo. Nesses anos que se passaram, tornei-me mais parecido com o Arnold. E ele, mais parecido comigo. Ele já distingue a esquerda da direita e até aprendeu a fazer crochê. Sua atenção aos detalhes geralmente é mais aguçada que a minha. Ele mora sozinho e tem um jardim maravilhoso. Conhece o nome de todas as flores, em latim.

Enquanto isso, saio para jantar e às vezes vagueio pelos bares até o nascer do dia. Extravio papéis valiosos. Esqueço nomes e números de telefone. Perco-me numa cidade estranha. Exploro possibilidades enquanto as coisas se empilham à minha volta. Se não tivesse uma faxineira, eu logo seria soterrado pelo lixo.

Esses desenvolvimentos são as conseqüências inesperadas do fato de você chegar a conhecer a sua sombra e incorporá-la à sua vida. Uma vez que esse processo se põe em movimento, torna-se difícil detê-lo. Você não pode voltar a ser aquilo que era, mas o que perde de um lado ganha do outro. Você perde um pouco daquilo que foi, mas acrescenta uma dimensão que não existia antes. Onde você pendia para um lado, agora você encontra o equilíbrio. Aprende a apreciar aqueles que funcionam de modo diferente e desenvolve uma nova atitude em relação a si mesmo.

Vejo Arnold de tempos em tempos. Ainda somos "irmãos na sombra", mas agora as posições foram trocadas.

Conto-lhe minha aventura mais recente. Ele sacode a cabeça.

— Você, hein?, 'seu' grande vadio! — brinca, socando o meu ombro.

Arnold descreve calmas noites ao pé da lareira, com uns poucos amigos íntimos, e diz que nunca mais quer voltar a viajar. Justo ele! Quando eu o conheci, não havia o que o fizesse ficar em casa.

— Você, hein?, 'seu' grande chato monótono! — brinco, socando o seu ombro.

# 14. O encontro do oposto no parceiro conjugal

MAGGIE SCARF

Um fato da realidade conjugal, bem conhecido pelos especialistas nessa área, é que as qualidades citadas pelos parceiros como as que primeiro os atraíram um para o outro coincidem com *aquelas que são identificadas como as fontes de conflito* no decorrer do relacionamento. As qualidades "atraentes" recebem, com o tempo, novos rótulos; tornam-se as coisas más e difíceis do parceiro, os aspectos de sua personalidade e comportamento que são vistos como problemáticos e negativos.

Por exemplo, o homem que se sentiu atraído pelo calor, empatia e fácil sociabilidade da esposa poderá, em algum momento futuro, redefinir esses mesmos atributos como "estridência", "intromissão" e uma maneira "superficial" de se relacionar com os outros. A mulher que inicialmente valorizava o marido pela sua confiabilidade, previsibilidade e pelo senso de segurança que ele lhe oferecia, poderá, ao longo do caminho, condenar essas mesmas qualidades como tediosas, enfadonhas e redutoras. E é assim que os admiráveis e maravilhosos traços do parceiro tornam-se as coisas feias e terríveis que a pessoa gostaria de ter percebido antes! Embora essas qualidades sejam sempre *idênticas*, em algum momento do relacionamento elas ganham nomes diferentes.

As coisas mais atraentes no parceiro também são, em geral, as que têm maior carga de sentimentos ambivalentes. É por isso que minhas conversas com casais sempre começam do mesmo modo que iniciei a minha entrevista com os Brett, sentados lado a lado à minha frente. — Digam-me — perguntei ao jovem casal —, qual foi a primeira coisa que os atraiu no outro? — Meu olhar passou de Laura, atenta e observadora, para o rosto ligeiramente cansado de seu marido Tom. — O que é que você acha que a fez especial para ele... e você, especial para ela?

Por mais mundana que me parecesse a pergunta, ela provocou no casal a costumeira reação de surpresa e até mesmo de susto. Laura respirou fundo, pegou uma mecha de seus longos cabelos louro-escuro e lançou-a sobre o ombro. Tom parecia estar a ponto de saltar mas, em vez disso, afundou-se ainda mais no macio sofá marrom. Viraram-se um para o outro, com um sorriso; Laura enrubesceu e, então, os dois caíram na risada.

O que ficou claro é que os Brett viam a si mesmos como tipos humanos muito diferentes — como pólos opostos, em muitos sentidos.

Quase no fim da nossa primeira conversa, por exemplo, eu lhes perguntei: — Se alguém que vocês dois conhecem... digamos, um amigo ou uma pessoa da família... estivesse descrevendo o relacionamento de vocês para alguém de fora, o que vocês acham que ele diria?

— Improvável — respondeu Tom de imediato, com um sorriso.

— Improvável? — Por quê? — perguntei. — Ah, sei lá — ele encolheu os ombros —, ler jornal ou ir à igreja, cinismo ou fé em Deus... Eu sou muito lógico e reservado, e a Laura é exatamente o oposto.

Ele hesitou e olhou para Laura, que assentia com a cabeça e mantinha uma expressão ao mesmo tempo compungida e alegre. — Você é calmo e passivo — admitiu ela —, e eu estou sempre acesa, pronta para o que der e vier. — Ele concordou e me disse: — Nós somos diferentes em tudo o que se possa imaginar...

Na verdade, como muitos casais que parecem viver em casamento de opostos, eles estavam lidando com o mais penetrante de todos os problemas conjugais: distinguir quais os sentimentos, desejos, pensamentos, etc., que estão dentro de um e quais os que estão dentro do parceiro.

Esse dilema está relacionado com a demarcação das fronteiras pessoais. A principal causa de angústia nos relacionamentos íntimos e responsáveis é, na verdade, uma confusão básica entre saber exatamente o que está acontecendo na nossa própria cabeça e o que está acontecendo na cabeça do parceiro.

Muitos casais, como os Brett, parecem ser pólos opostos — duas pessoas *totalmente diferentes*. São como marionetes num espetáculo: cada um deles desempenha um papel bem diferente do outro na parte do palco que está aberta ao olhar do observador objetivo; mas, fora da vista, os cordões das marionetes se emaranham. Eles estão profundamente enredados e emocionalmente interligados, abaixo do nível da percepção consciente de cada um. Pois cada um deles incorpora, carrega e expressa *pelo outro* os aspectos reprimidos do eu (o ser interior) do outro.

Examinando o relacionamento dos Brett, o que parecia estar ocorrendo era uma divisão emocional do trabalho. Era como se aquele casal tivesse tomado certos desejos humanos, atitudes, emoções, modos de se relacionar e se comportar — uma vasta gama de sentimentos e reações que poderiam ser partes integradas do repertório de *uma pessoa* — e os repartisse à moda do "eu fico com isto e você fica com aquilo".

Como a maioria dos casais, eles fizeram essa "partilha" por meio de um acordo inconsciente, não-verbalizado mas muito eficaz. No seu relacionamento, Laura ficava com o otimismo e Tom com o pessimismo; ela acreditava em tudo, ele era o cético; ela queria abertura emocional, ele queria guardar-se para si mesmo; ela se aproximava e ele se afastava — o homem fugindo da intimidade. Juntos, formavam um organismo adaptativo plenamente integrado; só que Laura tinha que cuidar de toda a inspiração e Tom, de toda a expiração.

No entanto, se Laura, no palco, parecia querer total intimidade, honestidade, integridade e unidade, fora do palco ela e Tom tinham realmente um acordo. Sempre que ela tentava aproximar-se dele, o cordão da autonomia de Tom era ativado e ele era impelido — de um modo quase reflexo — a se afastar de imediato. Ela dependia dele para preservar o espaço necessário entre ambos.

Pois Laura, como qualquer outra pessoa, precisava de alguma autonomia própria — algum território pessoal no qual ela pudesse ser uma pessoa por direito próprio, buscar seus próprios desejos e objetivos individuais. Mas para Laura, satisfazer suas próprias necessidades independentes era percebido como algo errado e perigoso — algo que uma mulher adulta sadia não faz. Para ela, o papel certo, como mulher, era concentrar-se em permanecer *próxima*, no relacionamento; ela não conseguia reconhecer suas necessidades autônomas como algo que existia dentro dela, algo que ela realmente queria. Ela só tinha consciência das necessidades do eu (o eu separado e independente) na medida em que essas necessidades existiam *no* parceiro e eram expressadas *pelo* parceiro.

Do mesmo modo, o desejo natural de Tom de se aproximar intimamente de outra pessoa era uma necessidade que ele via, *não* dentro de si mesmo, mas como algo que basicamente existia *em Laura*. A necessidade de estar próximo de sua parceira, no contexto de um relacionamento confiante e mutuamente revelador, era vista como necessidade *dela*. Tom nunca sentia isso como um desejo ou uma necessidade que se originava dentro do seu próprio ser. Ele era, a seus próprios olhos, auto-suficiente, ou seja, ele bastava a si mesmo.

Mas, ao mesmo tempo em que Laura dependia de Tom para se afastar quando ela se aproximava, Tom dependia de Laura para tentar a aproximação a fim de se sentir necessário e desejado — íntimo.

Em lugar de expressar diretamente qualquer desejo ou necessidade de intimidade (ou mesmo conscientizar-se desses desejos e sentimentos e assumir a responsabilidade por eles), Tom precisava dissociá-los de sua consciência. Esses pensamentos e desejos o faziam sentir-se demasiado exposto, demasiado vulnerável! Quando queria proximidade, ele precisava sentir esse desejo como se viesse da esposa; ele precisava assegurar-se, sem qualquer reconhecimento consciente do que estava fazendo, de que o "cordão" da intimidade de Laura era puxado. Uma maneira de fazê-lo, talvez, seria adotar um ar sentimental e abstraído para que ela ficasse a se perguntar se ele não estaria pensando em Karen. E então Laura iria persegui-lo ansiosamente... em busca do intercâmbio íntimo que ele próprio desejava.

O que acontecia no relacionamento desse casal é extremamente comum nos casamentos em geral. O conflito que os dois parceiros estavam enfrentando — um conflito entre querer satisfazer suas próprias necessidades individuais e querer satisfazer as necessidades do relacionamento — foi dividido igualmente entre eles. Em vez de serem capazes de admitir que *ambos* queriam intimidade e que *ambos* queriam buscar seus próprios objetivos independentes — ou seja, *que o conflito autonomia/intimidade era um conflito que existia dentro da cabeça de cada um* — os Brett, inconscientemente, fizeram esse acordo secreto.

Laura nunca precisaria assumir conscientemente sua necessidade de um espaço pessoal; Tom nunca precisaria admitir para si mesmo seu próprio desejo de ser emocionalmente aberto, confiante e íntimo. Ela carregava, pelos dois, a necessidade de intimidade (necessidade do relacionamento). Ele carregava, pelos dois, a necessidade de autonomia (a necessidade que cada pessoa tem de perseguir seus objetivos individuais). Laura, portanto, sempre parecia querer estar um pouco mais perto e Tom sempre parecia querer estar mais distante e desimpedido.

O resultado foi que, em vez de um conflito interior (algo que existia dentro do mundo subjetivo de cada um), o dilema desse casal tornou-se um conflito *interpessoal* — um conflito que teria de ser constantemente travado entre eles.

Essa *transição de um problema intrapsíquico* (ou seja, um problema dentro da mente de um indivíduo) *para um conflito interpessoal* (ou seja, uma dificuldade que duas pessoas enfrentam) ocorre por meio da identificação projetiva.

Esse termo refere-se a um mecanismo mental muito penetrante, traiçoeiro e geralmente destrutivo, que envolve a projeção dos aspectos negados e reprimidos da experiência interior de uma pessoa sobre o seu parceiro íntimo e, a seguir, a percepção desses sentimentos dissociados como *existentes no parceiro*. Não apenas os pensamentos e sentimentos indesejáveis são vistos como estando dentro do parceiro, como também o parceiro é encorajado, por meio de "deixas" e provocações, a comportar-se como se eles lá *estivessem*! E então a pessoa identifica-se indiretamente com a expressão, pelo parceiro, das emoções, pensamentos e sentimentos reprimidos.

Um dos melhores e mais claros exemplos do modo como a identificação projetiva opera é mostrado pelo homem totalmente não-agressivo e que jamais se enraivece. Esse homem, que é singularmente destituído de raiva, só pode perceber os sentimentos de raiva à medida que eles existem numa outra pessoa — na esposa, é mais provável. Quando algo perturbador *acontece a* esse homem que jamais se enraivece, e ele *experimenta* emoções de raiva, ele não terá um contato consciente com elas. *Ele não vai saber que está com raiva, mas vai ficar muito feliz se detonar uma explosão de hostilidade e raiva na esposa.*

A esposa, que talvez não estivesse sentindo raiva alguma antes da interação, de repente descobre que está dominada pela raiva; na verdade, sua raiva, que parecia dever-se a qualquer outro motivo, é a raiva que está sendo vivida pelo marido. Num certo sentido, com isso ela está "protegendo" o marido contra certos aspectos do seu ser interior que ele não consegue assumir e admitir conscientemente.

O marido que jamais se enraivece pode então se identificar com a expressão, pela esposa, da raiva que ele reprimiu sem jamais precisar assumir responsabilidade pessoal por essa raiva — nem mesmo em termos de se conscientizar do fato de que, para começar, quem estava com raiva era ele! E é muito freqüente que os sentimentos de raiva, reprimidos com tanta firmeza dentro do eu, sejam criticados no parceiro com a mesma severidade. Numa situação de identificação projetiva, o marido que jamais se enraivece geralmente se horroriza diante do temperamento violento e das expressões e comportamentos impulsivos e descontrolados da mulher!

Do mesmo modo, a pessoa que jamais se entristece talvez só veja suas próprias depressões à medida que elas se expressam no parceiro (que, nessas circunstâncias, é visto como a pessoa que carrega a tristeza e o desespero por ambos).

De modo geral, as projeções tendem a ser *intercâmbios* — um "comércio" de partes reprimidas do eu, que os dois membros do casal concordam em fazer. E, então, cada um deles vê no outro as coisas que não consegue perceber em si mesmo... e luta, incessantemente, para mudá-las.

## 15. A dança da sombra no palco do casamento

MICHAEL VENTURA

Jan e eu passamos direto da paquera para o casamento. Decidimos casar dez dias depois de nos termos conhecido. Isso nos poupou a tarefa de ficar não-conhecendo um ao outro, que em geral consiste naquela coisa triste que é um experimentando o seu "eu" no outro, testando de modo compulsivo e/ou intencional a capacidade de compromisso. Isso é necessário numa fase da vida mas, como muitos da nossa idade, já o tínhamos feito muitas vezes antes. Decidimos que dessa vez era sem teste. Iríamos dançar conforme a música.

Casar conforme a música.

Casamos um com o outro ou casamos com o impulso? *Boa pergunta.* Uma pergunta que só pode ser respondida quando já é tarde demais. Melhor ainda. Pois o amor nada será se não houver fé. Nada.

Quando Brendan nasceu, quase nove anos antes de Jan e eu nos conhecermos, ela mandara imprimir nos cartões o refrão do velho *blues*:

*Baby I learned to love you*
*Honey 'fore I called*
*Baby 'fore I called your name**

O amor geralmente acontece do jeito que diz essa velha canção. Como se amar fosse "dizer o seu nome". E, com certeza, "ser amado" é sentir que o nosso nome é dito com uma inflexão que nunca ouvimos antes.

E o nosso convite de casamento dizia assim:

*Come on over*
*We ain't fakin'*
*Whole lotta shakin' goin' on***

É esquisito, hoje, pensar como foi vaga a nossa premonição de usar esse verso de Jerry Lee Lewis — embora uma única vez tenhamos "chegado às vias de fato" (reveladora essa velha expressão, não é?, com esse estranho formalismo), e foi Jan quem começou, quebrou meus óculos, e então eu dei nela, uma vez só, e ela bateu contra a parede, nós dois nos sentindo tão sujos e feios e errados. Quantos avôs e avós, amargos e há muito idos, estavam na sala naquela hora, cacarejando de satisfação diante da nossa vergonha? Os dela, irlandeses; os meus, sicilianos. Duas tradições que não nos ensinaram a perdoar. Aprender a perdoar é romper com um passado imperdoável.

Pense na palavra: "perdoar"... "doar"... "dar". O perdão é um dom tão grande que o conceito de "dar" está contido na palavra "perdoar". A tradição cristã tentou tornar o perdão humilde e passivo: ofereça a outra face. Mas "dar" é um verbo ativo, que revela a verdadeira natureza do perdão: perdoar envolve o ato de tomar algo de si mesmo e dá-lo ao outro, para que de agora em diante lhe pertença. Não tem nada de passivo. É um intercâmbio. Um intercâmbio de fé: acreditar que aquilo que foi feito pode ser desfeito ou transcendido. Quando duas pessoas precisam fazer esse intercâmbio uma com a outra, esse pode ser um dos atos mais íntimos de suas vidas.

O perdão é uma promessa de *trabalhar* para desfazer, para transcender. O casamento muito cedo oferece aos envolvidos a oportunidade de perdoar. Houve muitas cadeiras quebradas, muitos pratos quebrados — até uma máquina de escrever quebrada, minha velha e amada Olympia manual portátil que estava comigo desde os

---

* Baby, aprendi a te amar... antes de dizer... antes de dizer o teu nome.

** Chega pra cá, não tamos brincando, tem muita coisa pra sacudir.

tempos do colégio e que eu mesmo arrebentei — testemunhando quão desesperado pode ser o desespero conjunto de todos os Michaels, Jans e Brendans. *Whole* lotta *shakin' goin' on*: *tem* muita *coisa para sacudir*... e, às vezes, quando você está tentando romper as crostas endurecidas dentro de si mesmo e dentro de cada um dos outros, alguns pratos e máquinas de escrever e móveis podem participar do processo.

O aspecto mais odioso dos "diga a si mesmo que está tudo bem" e "eu estou OK, você está OK" é a incapacidade deles de admitir que às vezes você precisa gritar, bater portas, quebrar móveis, avançar o farol vermelho e perder o controle só para poder *começar* a achar as palavras que descrevem essa coisa que está comendo você por dentro. Às vezes, a meditação e o diálogo simplesmente não conseguem removê-la. Às vezes ela precisa mesmo é de uma boa "cortada" — ou, pelo menos, a *whole lotta shakin'*, uma boa "sacudida geral". Quem tem medo de quebrar, por dentro ou por fora, está no casamento errado. Pôr tudo para fora. Escancarar as janelas. Depois da tempestade, vamos ver o que restou.

E *isso* é "o lenitivo que o casamento oferece" — ouvi essa expressão em diversos contextos mas, exceto nesse sentido, sou incapaz de compreendê-la. Descobrir o que é inquebrável em meio a tudo o que foi quebrado. Descobrir que a união pode ser tão irredutível quanto a solidão. Descobrir que os dois precisam compartilhar, não só o que *não* conhecem um do outro, mas também o que *não* conhecem de si mesmos.

Compartilhar o que conhecemos é, em comparação, um exercício insignificante.

Terei eu dito que havia apenas uma multidão de Jans, Brendans e Michaels acampados na caverna iluminada pela fogueira que tem a aparência de um velho e barato duplex com caixilhos de madeira ao sul do Boulevard Santa Mônica em Los Angeles? A vida nem sequer é assim tão simples! O que dizer do populacho enfurecido a quem, por polidez, denominamos "o passado"? Não há nada de abstrato com "o passado". Aquilo que marcou você ainda está marcando você. Existe um lugar em nós onde as feridas nunca cicatrizam e onde os amores nunca terminam. Ninguém sabe muito sobre esse lugar exceto que ele existe, alimentando nossos sonhos e fortalecendo e/ou assombrando os nossos dias. No casamento, ele existe com mais força que de hábito.

Ensangüentada, açoitada, semimorta, nua e torturada, minha mãe pende de um gancho no meu armário... pois pende de um gancho dentro de mim. Às vezes preciso tirá-la para fora e executamos a dança da dilaceração, arrancando nacos um do outro e, cheios de felicidade, espalhamos salpicos por todo lado — por cima de Jan, várias das muitas Jans, e vários dos muitos Brendans, e fujam para as montanhas, meus queridos, porque estou no meu horror.

Um dos meus muitos, meus insistentes horrores.

Cada um de nós, todos nós, estamos cheios de horror. Se você se casa para tentar espantar os seus, só vai se sair bem se fizer seu horror casar com o horror do outro, os dois horrores de vocês dois se casarão, você sangrará e chamará isso de amor.

Meu armário está cheio de ganchos, cheio de horrores, e eu *também* os amo, amo os meus horrores e sei que eles me amam, e por minha causa lá ficarão pendurados para sempre, porque eles também são bons para mim, eles também estão do meu lado, eles me deram muito para serem meus horrores, eles me fizeram forte para sobreviver. Existe muita coisa no nosso novo léxico "iluminado" que sugere que podemos nos mudar para uma casa que não tenha esse tipo de armário. Você se muda para uma casa dessas e pensa que está tudo bem até que começa a ouvir um grito distante e a sentir um cheiro estranho e aos poucos percebe que o armário está ali; tudo bem, mas ele foi emparedado e quando precisa desesperadamente abri-lo você encontra tijolos em vez da porta.

Na nossa caverna na encosta da montanha, neste apartamento, existe um armário onde os meus ganchos pendem ao lado dos de Jan e dos de Brendan — é espantoso quantos ganchos um menino de apenas onze anos consegue acumular —, que também estão ali por boas e dolorosas razões deles mesmos.

Para que o casamento *seja* um casamento, esses encontros não acontecem por compulsão ou por acidente; eles acontecem por intenção. Não quero dizer que todos os encontros com todos os vários eus e fantasmas sejam planejados (isso não é possível, embora às vezes possam ser evocados conscientemente); o que quero dizer é que esse nível de atividade é reconhecido como parte da busca, parte da responsabilidade que cada pessoa tem por si mesma e pelo outro.

E essa é a grande diferença entre as expectativas de um casamento e as de um relacionamento. Minha experiência de um relacionamento é duas pessoas compulsivamente trocando cadeiradas ao som de uma seleção musical dos arquétipos interiores uma da outra. Meu gângster durão tem um caso com a tua gata de inferninho. Sou o teu menor abandonado, és a minha mãe amorosa. Sou o pai que perdeste, és a minha filha amada. Sou o teu adorador, és a minha deusa. Sou o teu deus, és a minha sacerdotisa. Sou o teu paciente, és a minha analista. Sou a tua intensidade, és o meu solo. Esses são alguns dos padrões mais extravagantes. *Animus* e *anima* no sobe-e-desce da gangorra.

Esses padrões mantêm-se razoavelmente bem enquanto os pares arquetípicos se sustentam. Mas uma noite o garotinho dentro dele procura a mamãe dentro dela e em vez disso encontra uma analista de língua afiada que disseca suas entranhas. A menina dentro dela procura o papai dentro dele mas encontra um adorador pagão que quer fazer amor com uma deusa, e isso faz dela uma menina fingindo que é uma deusa para agradar o papai que não passa de um idólatra libidinoso mas... nesse jogo, menina não entra. A mulher se sente atraída pelo machão mas ele, secretamente, procura pela mãe — quando o eu sexual do homem está a serviço de um garotinho interior, não é de surpreender que ele não consiga ou que termine muito depressa. Ou então ele não está realmente *ali*, para ele é uma masturbação. Para esse homem com sua psique de garotinho, a mulher real é apenas uma substituta. E a mulher que está com ele na cama — uma extensão da sua masturbação — fica se perguntando (mesmo que a ação seja boa) por que não consegue sentir que está dormindo *com* alguém. E por que ele se afasta tão depressa quando acaba.

Por outro lado, o professor transa com a excitação do aluno, o analista transa com o abandono do paciente e o casal se vê, na cama, como deus e deusa a iluminar os céus — mas a psique é uma entidade múltipla e mutável, e nenhum desses pares compatíveis se mantém estável por muito tempo. Os desencontros arquetípicos logo começam e então é um desastre de confrontações que podem levar anos sem chegar a parte alguma (*valeria a pena* levar anos para chegar a algum lugar). As pessoas se cansam e desistem. E então o ciclo recomeça com outra pessoa.

Minha experiência de um casamento é que tudo isso está presente mas, instintiva ou conscientemente, o que temos nele são duas pessoas atropelando os arquétipos interiores uma da outra, desafiando-os, seduzindo-os, lisonjeando-os, emboscando-os, fazendo-os falar, abrindo-se a eles, fugindo deles, violando-os, apaixonando-se por alguns e odiando outros, conhecendo alguns, fazendo amizade com outros, pendurando alguns no gancho do armário do parceiro — cabides dos quais pendem pais, mães, irmãs, irmãos, outros amores, ídolos, fantasias, talvez até vidas passadas e a *verdadeira consciência mitológica* que às vezes emerge dentro de nós com tal força que sentimos o elo que remonta a milhares de anos e até mesmo a outros domínios do ser.

Isso é o que "desposamos" no outro, um processo que continua enquanto trabalhamos para ganhar a vida, vamos ao cinema, assistimos televisão, vamos ao médico, passeamos pelas Palisades, viajamos para o Texas, acompanhamos as eleições, tentamos parar de beber e nos empanturramos de Häagen-Dazs.

*Quando ouvi a primeira história de amor*
*comecei a procurar por ti, sem saber*
*o quanto estava cega.*
*Os amantes não se encontram num lugar.*
*Eles existem, desde sempre, um no outro.*

*Rumi*

*Talvez todos os dragões desta vida*
*sejam princesas à espera de*
*ver-nos, belos e bravos.*
*Talvez o horror seja apenas,*
*no mais fundo do seu ser, algo*
*que precisa do nosso amor.*

*Rainer Maria Rilke*

# Parte 4

# O corpo reprimido: doença, saúde e sexualidade

Referir-se ao corpo como mais do que uma sombra equivale a renunciar ao pessimismo do século XX e ganhar a coragem de reafirmar o ser vivo do homem.

*John P. Conger*

A maldade humana reside no fundo das nossas entranhas... O prazer carnal é a principal tentação que o diabo usa para atrair o ego aos abismos do inferno. Contra essa catástrofe, o ego aterrorizado tenta manter o controle do corpo a qualquer preço. A consciência, associada ao ego, opõe-se ao inconsciente ou ao corpo enquanto repositório das forças da sombra.

*Alexander Lowen*

O Homem Selvagem (uma figura masculina da sombra) encoraja-nos a confiar naquilo que está embaixo: a metade inferior do corpo, os órgãos genitais, as pernas e tornozelos, nossas insuficiências, as solas dos pés, os ancestrais animais, a própria Terra, os tesouros da Terra, os mortos há muito nela enterrados, a difícil riqueza das profundezas. "A água prefere os lugares baixos", diz o Tao Te King, que é um livro verdadeiro do Homem Selvagem.

*Robert Bly*

# Introdução

O corpo humano vive há dois mil anos à sombra da cultura ocidental. Seus impulsos animais, suas paixões sexuais e sua natureza perecível foram banidos para a escuridão e transformados em tabus por um clero que só dava valor aos domínios mais elevados do espírito e da mente e ao pensamento racional. O advento da era científica viria a afirmar que o corpo é um mero envoltório de elementos químicos, uma máquina sem alma.

Resultado: a cisão mente/corpo firmou-se com toda a solidez. Nossa cultura lança a sua luz sobre a lógica do hemisfério esquerdo do cérebro e os esforços do ego individual, deixando ensombrecidos a intuição do hemisfério direito do cérebro e o corpo físico. Como um rio, essa cisão divide a topografia do nosso terreno cultural e cria polaridades por todos os lugares que percorre: carne/espírito, pecador/inocente, animal/divino, egoísta/altruísta.

Sentimos os terríveis resultados desse paradigma — o corpo como sombra — na nossa própria vida: culpa e vergonha em relação às funções corporais, falta de espontaneidade nos movimentos e sensações e uma batalha crônica contra a doença psicossomática. O corpo reprimido também surge, na sua crua nudez, nas tristes epidemias atuais de abuso de crianças, vício em sexo, abuso das próprias forças e desordens alimentares.

Nossas tradições religiosas e espirituais encorajam a cisão mente/corpo ao sugerir que o propósito da evolução humana é transcender o corpo. Cristãos e hindus procuram redirecionar os desejos corporais para propósitos "mais elevados"; nossas necessidades "inferiores" de prazer e lazer são consideradas ignóbeis.

Os cientistas envolvidos com a alta tecnologia da cibernética e da inteligência artificial atiçam o debate ao afirmar que o corpo um dia se tornará supérfluo por conta de alterações e intervenções eletrônicas em seus órgãos, até sermos cada vez menos carne da nossa carne e cada vez mais circuitos computadorizados como o onisciente humanóide Data da série de TV "Jornada nas Estrelas: A Segunda Geração".

É claro que essa visão futurística do corpo é apenas um dentre os vários cenários possíveis. Os defensores das terapias somáticas, em vez de depreciar o corpo, vêem-no como o veículo pelo qual alcançamos a transformação, o templo sagrado no qual realizamos o trabalho espiritual. Como diz John P. Conger: "O corpo é a nossa escola, a nossa lição, o nosso intérprete, o nosso inimigo bem-amado... a nossa plataforma de lançamento para domínios mais elevados."

Mulheres que estão explorando os valores espirituais femininos emergentes também apóiam essa expressão da totalidade do eu. Toda uma nova geração de mestres e terapeutas está envolvendo o corpo, ativamente, no processo simbólico. Ao alimentá-lo com sons, imagens e ritmos terapêuticos, evitando os "leões" que guardam os portais da mente, eles acreditam que podem retirar o corpo do domínio das sombras.

Muitas pessoas parecem acreditar que a sombra é invisível e se esconde em algum lugar nos recessos da nossa mente. Mas os que trabalham regularmente com o corpo humano e conseguem ler a sua linguagem muda são capazes de ver nele a forma escura da sombra. Ela se esboça nos nossos músculos e tecidos, no nosso sangue, nos nossos ossos. Toda a nossa biografia pessoal está contada no nosso corpo, e é nele que os que conhecem a sua linguagem podem lê-la.

É claro que para as pessoas com predisposição natural à percepção cinética (tais como bailarinos, atletas e artistas) não é nenhuma novidade que o corpo seja uma chave para o nosso despertar. Mas para aqueles cujas aptidões residem no sentimento ou no pensamento, o processo de retirar o corpo do domínio da sombra pode ser excitante e agir como uma ferramenta básica do "trabalho com a sombra".

O propósito desta seção é abordar a sombra através do corpo, uma estrada menos percorrida que a rota simbólica da mente, escolhida por Jung e por outros, fascinados pelo mundo interior. No Capítulo 16, John P. Conger, analista de bioenergética em Berkeley, compara os pontos de vista de Carl Jung e Wilhelm Reich quanto ao inconsciente e sua relação com o corpo humano. Conger acredita que suas diferentes definições de psique e soma se devem à diferença de estilo e de temperamento de cada um; ainda assim, Conger desvenda alguns paralelos surpreendentes.

A seguir, em "a anatomia do mal", John C. Pierrakos, discípulo de Reich, amplia a discussão da couraça corporal como fonte do comportamento humano maligno. Quando a vitalidade emocional é seccionada e o corpo se enrijece contra o sentimento, diz ele, as energias naturais da pessoa são abafadas e um resultado pode ser a brutalidade.

O médico e escritor Larry Dossey, numa reimpressão de *Beyond Illness* [Além da Doença], explora um papel oculto da doença em relação à saúde. Elas sempre andam juntas, como o preto e o branco, diz ele, e cada qual tem um propósito e uma contribuição.

No Capítulo 19, extraído de *Archetypal Medicine* [Medicina Arquetípica], o médico e analista junguiano Alfred J. Ziegler explora com eloqüência os sintomas da doença como sintomas da vida não-vivida. Ele explica: "Quando nossas fatuidades se desgovernam, nossas inferioridades e qualidades recessivas revertem a manifestações corporais... Nossa sombra adquire substância."

Como a sexualidade é uma parte natural da vida do nosso corpo, também ela tem um lado escuro e um lado claro. Num capítulo de *Marriage Dead or Alive* [Casamento Vivo ou Morto], o analista junguiano suíço Adolf Guggenbühl-Craig investiga o lado demoníaco da sexualidade: masoquismo, sadismo, incesto e sexo com parceiros proibidos. O elemento demoníaco da sexualidade tem uma energia e uma atração bem específicas.

Em suma, o corpo é um universo completo em si mesmo. Como disse Heinrich Zimmer, "Todos os deuses estão no nosso corpo". E também todos os demônios, acrescentariam os nossos colaboradores.

# 16. O corpo como sombra

JOHN P. CONGER

Estritamente falando, a sombra é a parte reprimida do ego e representa aquilo que somos incapazes de reconhecer a respeito de nós mesmos. O corpo que se oculta sob as roupas muitas vezes expressa de modo flagrante aquilo que conscientemente negamos. Na imagem que apresentamos aos outros, geralmente não queremos mostrar a nossa raiva, a nossa ansiedade, a nossa tristeza, a nossa limitação, a nossa depressão ou a nossa carência. Já em 1912, escrevia Jung: "Deve-se admitir que a ênfase cristã sobre o espírito leva inevitavelmente a uma insuportável depreciação do lado físico do homem e, assim, produz uma espécie de caricatura otimista da natureza humana."[1] Em 1935, Jung fazia palestras na Inglaterra sobre suas teorias em geral e, de passagem, mostrou como o corpo pode apresentar-se como sombra:

> Não gostamos de olhar para o lado da sombra de nós mesmos; portanto, há muitas pessoas na nossa sociedade civilizada que perderam de todo suas sombras, perderam a terceira dimensão e, com isso, perderam o corpo. O corpo é um amigo extremamente duvidoso, pois produz coisas das quais não gostamos: há um excesso de coisas sobre *a personificação dessa sombra do ego.* Às vezes ela forma o esqueleto no armário e todos, naturalmente, querem livrar-se dele.[2]

Na verdade, o nosso corpo é a nossa sombra na medida em que ele contém a história trágica das mil maneiras como estancamos e reprimimos o fluxo espontâneo da energia vital até que o nosso corpo se transforma num objeto morto. A vitória da racionalização extrema da vida é conseguida às custas da vitalidade mais primitiva e natural. Para as pessoas que conseguem "ler" o corpo, ele mantém o registro do nosso lado reprimido, revelando aquilo que não ousamos falar e expressando nossos medos presentes e passados. O corpo como sombra é principalmente o corpo como "caráter", o corpo como energia represada que permanece não-reconhecida e não-utilizada, que não é admitida nem está disponível.

Embora Jung fosse um homem vibrante, alto e "corpóreo", na verdade ele pouco falou sobre o corpo. Quando construiu a torre em Bollingen, ele voltou a uma vida mais primitiva, bombeando a sua própria água de poço e rachando a sua própria lenha. Sua corporalidade, espontaneidade e encanto indicavam certa satisfação e um "estar-em-casa" com o seu próprio corpo. Diversas de suas declarações ocasionais mostram uma atitude em relação ao corpo que, embora mais desapegada e mais metafórica, estava em harmonia com as idéias de Wilhelm Reich.

Reich, aquele que nos ensinou a observar e a trabalhar com o corpo, era direto e concreto. Ele via a mente e o corpo como "funcionalmente idênticos".[3] Reich trabalhou a psique como uma expressão corporal e ofereceu uma alternativa e antídoto brilhantes aos sofisticados psicanalistas analíticos de Viena que, pelo menos no início, não percebiam o poder da expressão corporal na psicanálise. A natureza de Reich era intensa, um tanto rígida, sem muita tolerância pelos jogos da mente metafísica e literária. Ele era um cientista enraizado naquilo que podia ver, com uma predisposição impaciente para descartar tudo o mais como "místico" — uma categoria na qual, ao ingressar no círculo de Freud no início dos anos 20, logo incluiu Jung. Mais tarde, em *Ether, God and Devil* [Éter, Deus e o Diabo] (1949), Reich escreveu:

> A identidade funcional como um princípio de pesquisa do funcionalismo orgonômico está expressa, no seu máximo brilhantismo, na unidade de psique e soma, emoção e excitação, sensação e estímulo. Essa unidade ou identidade, enquanto princípio vital básico, exclui de uma vez por todas qualquer transcendentalismo ou mesmo a autonomia das emoções.[4]

Jung, por outro lado, foi influenciado por Kant, cuja teoria do conhecimento manteve-o filosoficamente orientado para o estudo da psique como cientista, como empiricista, sem concluir que detivesse o domínio da Realidade. No ensaio *On the Nature of the Psyche* [Sobre a Natureza da Psique], Jung escreveu:

> Já que psique e matéria estão contidas num único e mesmo mundo e, além disso, estão em contato contínuo uma com a outra e dependem, em última análise, de fatores transcendentais irrepresentáveis, não apenas é possível como também razoavelmente provável que psique e matéria sejam dois aspectos diferentes de uma única e mesma coisa.[5]

Embora haja freqüentes e espantosos pontos de acordo entre eles, Reich e Jung abordaram seu trabalho de maneiras radicalmente opostas. Com tantas diferenças irreconciliáveis de estilo e temperamento diante de nós, a proposta de unir esses dois sistemas é inesperada e um tanto assustadora. A ironia é que a união dos sistemas de Jung e Reich se dê através da mediação teórica de Freud. Reich e Jung nunca conversaram entre si, jamais trocaram correspondência nem se comunicaram de qualquer modo. Apenas alguns comentários esparsos indicam que Reich sabia da existência de Jung; e seu conhecimento de Jung soa um tanto preconceituoso e baseado numa avaliação superficial. Por outro lado, não existe nenhuma menção a Reich em nenhum dos escritos de Jung. Mas tanto Reich quanto Jung estavam sempre confrontando seus conceitos com a doutrina de Freud. E, assim, desse modo inesperado, podemos estabelecer um cruzamento entre os conceitos de Reich e os de Jung.

Num ensaio que escreveu em 1939, Jung comparou seu conceito da sombra com o conceito freudiano do inconsciente. "A sombra", disse ele, "coincide com o inconsciente *pessoal* (que corresponde à concepção de Freud do inconsciente)".[6] No prefácio à terceira edição de *The Mass Psychology of Fascism* [Psicologia de Massa do Fascismo], escrito em agosto de 1942, Reich disse que seu conceito da camada secundária correspondia ao inconsciente de Freud. Reich explicou que o fascismo emerge da segunda camada da estrutura biopsíquica — essa última representaria as três camadas autônomas da estrutura (ou depósito de desenvolvimento social) do caráter. A camada superficial do homem médio, de acordo com Reich, é "reservada, polida, compassiva, responsável, conscienciosa". Mas a camada superficial de "cooperação social não está em contato com o âmago biológico profundo do eu; ela é sustentada por uma segunda camada, intermediária, que é feita exclusivamente de impulsos cruéis, sádicos, lascivos, vorazes e invejosos. Ela representa o *inconsciente* freudiano ou *aquilo que está reprimido*".[7]

Já que a "sombra" de Jung e a "segunda camada" de Reich correspondem, ambas, ao "inconsciente" de Freud, podemos admitir pelos menos certa correspondência entre elas. Reich via a segunda camada, ao refletir-se no corpo, como contrações rígidas e crônicas dos músculos e tecidos, uma couraça defensiva contra assaltos do interior e do exterior, uma "comporta" que reduzia de modo drástico o fluxo de energia no corpo. Reich trabalhava diretamente sobre a *camada encouraçada* do corpo e, assim, liberava o material reprimido. O corpo como sombra refere-se, então, ao aspecto encouraçado do corpo.

No conto de fadas de Hans Christian Andersen, *The Shadow* [A Sombra], uma sombra consegue desligar-se de seu proprietário, um homem de letras.[8] O homem continua a viver razoavelmente bem e até desenvolve uma nova sombra, um tanto mais modesta. Alguns anos mais tarde, ele encontra sua antiga sombra, que se tornou rica e famosa. Em vias de desposar uma princesa, a sombra tem a audácia de tentar contratar seu antigo mestre para ser a *sua* sombra. O homem tenta denunciá-la, mas a sombra, inteligente, o aprisiona e convence a princesa de que a sua sombra havia enlouquecido; e assim elimina o homem que punha em risco o seu amor. Essa história nos conta como os aspectos escuros e descartados do ego podem unir-se de uma maneira tão poderosa e imprevisível e materializar-se com tanta força que passam a dominar e revertem o relacionamento mestre-servo; uma história que demonstra aquilo que Reich teria visto como o desenvolvimento do caráter encouraçado.

No seu sentido mais estrito, portanto, o corpo como sombra representa o corpo como couraça e expressa aquilo que é reprimido pelo ego. Podemos também supor que o conceito da *persona* de Jung corresponde à primeira camada de Reich. "Na camada superficial de sua personalidade", escreveu Reich (no mesmo trecho já citado), "o homem médio é reservado, polido, compassivo, responsável e consciencioso".[9] "A *persona*", escreveu Jung, "é um complexo sistema de relações entre a consciência individual e a sociedade, um tipo de máscara bastante adequada que se destina, por um lado, a causar uma impressão definida nos outros e, por outro, a ocultar a verdadeira natureza do indivíduo".[10] Embora a *"persona"* de Jung funcione de modo mais complexo que a "primeira camada" de Reich, existe uma razoável correspondência entre os dois sistemas. Jung via a *persona* como parte de um equilíbrio entre o consciente e o inconsciente, uma seqüência de compensações. Quanto mais um homem desempenhar o papel de forte para o mundo, mais ele será interiormente compensado por fraqueza feminina. Quanto menos um homem perceber o feminino dentro de si, tanto mais provável será que ele projete no mundo uma forma primitiva de *anima*, ou seja, propenso a ataques, caprichos, paranóias e histerias. Reich tendia a descartar a camada superficial como inconseqüente; Jung estudava a interação vital entre a máscara e a vida interior.

Para Reich, o meio de alcançar a camada central do homem era desafiar a camada secundária da sombra. A resistência tornou-se, para Reich, uma espécie de bandeira que assinalava a área de encouraçamento e mostrava o caminho para alcançar o âmago do ser humano. "Nesse âmago, em condições sociais favoráveis, o homem é em essência um animal honesto, laborioso, cooperativo, amoroso e, se motivado, racionalmente hostil."[11]

Essa equivalência entre o conceito da sombra de Jung e a camada secundária de Reich não passa de uma aproximação inexata. Jung via a sombra como parte do centro vital da natureza divina da psique humana; o lado escuro oferece-nos um poderoso meio de entrada à vida negada do homem. Mas para Reich, o mal é um mecanismo crônico que nega a energia vital, sendo um obstáculo ao centro biológico espontâneo do homem. O diabo nunca alcança o nível central, mas personifica a segunda camada reprimida.

Após anos de trabalho, Reich veio a compartilhar do desespero terapêutico de Freud. Ele havia tentado dissolver a couraça, em escala de massa através da educação e, em termos individuais, na terapia. Seu modelo das três camadas não reconhece valor na camada secundária, que parece virtualmente impossível de dissolver-se por completo. Hoje em dia, os praticantes geralmente admitem que todas as pessoas precisam de alguma couraça como proteção. A terapia busca, não apenas dissolver essa couraça, como também introduzir flexibilidade e escolha consciente naquilo que era uma estrutura de defesa rígida e inconsciente.

Embora o conceito biológico de couraça tenha aplicação específica no trabalho energético com o corpo, a sombra — como seu equivalente funcional em termos psíquicos — desfruta de uma gama de significados apropriados à sua função psicológica. A sombra contém energia que foi reprimida. A sombra não pode ser totalmente dissolvida, nem reprimida com sucesso. Precisamos nos relacionar com a sombra e integrá-la, mesmo reconhecendo que algum âmago profundo da sombra jamais será domado. A sombra e o duplo contêm, não apenas a escória da nossa vida consciente, mas também a nossa energia vital primitiva e indiferenciada, uma promessa do futuro cuja presença amplia a nossa percepção e nos fortalece através da tensão dos opostos.

# 17. A anatomia do mal

JOHN C. PIERRAKOS

Exploremos o conceito do mal abordando-o a partir do seu oposto, o bem. Na saúde, que é o bem ou a verdade da vida, a realidade do ser humano, a energia e a consciência estão bem unificadas. O homem sente essa unidade. Há pouco tempo um músico que veio para uma consulta disse-me que, quando tocava a partir do seu ser interior, os movimentos do seu organismo simplesmente fluíam de modo espontâneo; eram eles que tocavam o instrumento. Eles se libertavam, se coordenavam e criavam sons belíssimos. Quando o ser humano está num estado saudável, sua vida é um constante processo criativo. Ele é inundado por sentimentos de amor e de unidade com os outros seres humanos. A unidade é a percepção de que ele não é diferente dos outros. Ele quer ajudá-los; identifica-se com eles; percebe que tudo o que acontece a eles acontece a si mesmo. Uma pessoa saudável tem uma direção positiva na sua vida. Ela "quer" a sua vida numa direção positiva e, assim, encontra o sucesso — em seus negócios, em seus pensamentos, em sua sensação de contentamento consigo mesma. Nesse estado, existe pouca ou nenhuma doença, e nenhuma maldade.

Enquanto que, no estado de doença, a primeira característica é que a realidade é distorcida — a realidade do corpo, a realidade das emoções e a realidade da verdadeira natureza dos outros seres e de suas ações. A maldade, portanto, é uma distorção de fatos que, em si mesmos, são naturais. Como a pessoa doente não percebe suas próprias distorções, ela acha que os males da sua vida e o seu mau funcionamento vêm de fora. Quanto mais doente fica, mais acha que seus problemas são causados por forças externas. Uma pessoa em estado psicótico, por exemplo, vê o mundo como hostil. Ela senta numa cadeira, olha para a parede e diz, "eles estão fazendo isso comigo. Eles vão me matar, eles vão me envenenar". Ela abdica por completo de sua responsabilidade pessoal pela sua vida e pelas suas ações. Ela sente que tudo lhe acontece a partir de fora. Uma pessoa saudável é capaz de, em grande medida, fazer exatamente o oposto.

O que acontece na pessoa doente? Sua consciência e suas energias se alteram, de algum modo. Sua consciência não é a mesma de antes. Ela transforma a vida numa versão distorcida de si mesma e, então, a energia dessa pessoa altera as manifestações da consciência. Seu pensamento é limitado. Seus sentimentos são expressos pelo ódio, pela brutalidade e crueldade, pelo medo e terror.

Wilhelm Reich, ao descrever a condição de *encouraçamento,* esclareceu o modo como a doença age. A pessoa encouraçada, disse ele, fecha-se à natureza erguendo barreiras contra os impulsos vitais dentro do seu corpo. O corpo encouraçado endurece e torna-se inacessível ao sentimento; as sensações orgânicas diminuem ou desaparecem. A pessoa torna-se indiferente; ela odeia, mas nem sequer sabe que odeia. Ela é ambivalente.

Reich acreditava que cada entidade, cada ser humano, tem um âmago, como o coração, onde o movimento pulsante da vida se inicia. Na pessoa relativamente livre, o movimento pulsante alcança a periferia sem ser distorcido e essa pessoa se expressa, se move, sente, respira, vibra. Mas na pessoa encouraçada, entre o âmago e a periferia, existe uma "Linha Maginot". Quando os impulsos vitais atingem as fortificações da couraça, a pessoa se aterroriza e acredita que precisa suprimi-los; pois acredita que, se subirem à superfície, ela será dizimada. Para ela, seus sentimentos — especialmente os relacionados com o sexo — são terríveis, sujos, maus. Quando os impulsos agressivos mantidos dentro desse núcleo atingem a couraça, eles a fazem estremecer. E, de fato, se eles romperem a "Linha Maginot", o terror tornará essa pessoa absolutamente brutal. Ela está aterrorizada porque não consegue tolerar seus sentimentos, o movimento e a sensação de vida dentro dela, o doce murmúrio da emoção, o pulsar do amor, e ela age contra si mesma e contra os outros, tornando-se "antivida". Ela não percebe que a couraça é uma morte que torna inacessível o âmago da vida; ela não percebe que o feio e o odioso é a couraça. No estado encouraçado, portanto, o ser humano se divide — a mente se separa do corpo; o corpo, das emoções; as emoções, do espírito.

O encouraçamento pode fazer da pessoa um místico, porque ela não consegue aceitar o fato de que Deus está nela. Ela olha para Deus "lá fora", e diz "Se eu rezar, se eu me purificar, resolverei todos os meus problemas". Mas isso nunca é possível, porque uma pessoa que toma o rumo da espiritualidade sem antes ter trabalhado suas negatividades — as defesas do seu ego, suas resistências — voa alto como Ícaro mas, quando alcança o Sol flamejante, cai no mar, o mar da vida, e se afoga. É apenas transcendendo e superando os obstáculos à vida que o ser humano pode elevar-se aos domínios da criação e da espiritualidade.

Em contraste com o místico, o encouraçamento pode tornar uma pessoa brutal. Quando expressa seus sentimentos, ela é um monstro. E então experimenta o terror, porque acha que, se perceber seus sentimentos genuínos, será destruída.

Como um ser humano encouraçado se liberta dessas barreiras? Reich disse que precisamos reconhecer não apenas o racional mas também o irracional proveitoso. Precisamos ver a nossa irracionalidade como algo muito importante. Precisamos conhecê-la, admiti-la, expô-la. Pois ela contém o fluxo do rio da vida. Se nos seccionamos do irracional, tornamo-nos pedantes e mortos. Com isso não quero dizer que devamos nos comportar irracionalmente em todos os momentos, quero dizer que precisamos aceitar a irracionalidade, tomar a energia que está investida nela, desativá-la e compreender os obstáculos que erguemos na vida que criam a irracionalidade. Reich disse outra coisa fundamental: precisamos descartar o conceito da antítese entre Deus e o diabo. Precisamos expandir as fronteiras do nosso pensamento.

A manifestação do mal, portanto, não é algo que seja intrinsecamente diferente da energia e da consciência puras; ela é apenas uma criação que mudou suas características. Em essência, o mal não existe; mas no domínio da manifestação humana, sim.

O que significa o mal em relação à energia e à consciência? Em termos de energia, significa uma desaceleração, uma diminuição de freqüência, uma condensação. A pessoa se sente pesada, atada, imobilizada. Sabemos que quando nos sentimos hostis, mortos ou de qualquer outro modo negativos, sentimo-nos muito pesados. Com a energia, sentimos o oposto: vibrantes. Caminhamos nos bosques e nos sentimos voar. Portanto, a energia do corpo pode se desacelerar e se condensar.

Em termos de consciência, quanto mais baixa a freqüência do movimento, tanto maior a distorção da consciência; e vice-versa. Quanto mais pesados e negativos somos, tanto menos criativos, sensíveis e compreensivos seremos. Podemos alcançar o ponto de bloquear todo movimento e permanecer na cabeça; nesse extremo, ficamos obstruídos e então nada importa. A religião e vários sistemas éticos apresentaram todas as atitudes negativas (tais como o ódio, a falsidade, o despeito e a traição) como mal, mal, mal. A religião vê esses estados e as ações que os expressam como resultado de uma consciência distorcida do que é bom e mau de acordo com suas codificações.

Na Bíblia, Jesus disse uma sentença que a meu ver levanta uma questão importante. Falando a seus discípulos, ele ensinou: "Não resistais ao mau" (Mateus 5:39). Examinemos esse ensinamento. A própria resistência é o mal. Quando não existe resistência, a energia é desobstruída e fluente. Quando existe resistência, o movimento cessa, se opõe e estagna o organismo. A resistência sufoca as emoções, aniquila a energia e mata os sentimentos. A resistência é filha da cautela, um mecanismo pensante — pensante não no sentido de pensamento abstrato, mas de pensamento organizacional.

A consciência é, de algum modo, responsável pelo fluxo de energia no organismo, assim como a consciência numa dimensão cósmica é responsável pelo fluxo de energia no universo. Quando digo "responsável por", não quero dizer "culpada por"; na psiquiatria, evitamos sempre censurar uma pessoa por suas ações negativas ou seu conteúdo inconsciente. Tentamos vê-los como resultado de um estado dinâmico criado de um modo do qual a pessoa não está ciente e pelo qual, portanto, não pode ser censurada. Quando a consciência é negativa, a pessoa é resistente à verdade. Existem resistências conscientes, que uma pessoa usa intencionalmente e ciente daquilo que ela opta por fazer. Um homem ferido pela esposa pode optar por revelar seus sentimentos de amor e perdoar; ou optar por manter o sentimento negativo e destrutivo, e vingar-se da esposa. Nem tudo isso é resultado de comportamento inconsciente, embora grande parte o seja; esse homem não é responsável pela propulsão inconsciente.

O mal, portanto, é bem mais profundo do que o concebem os códigos morais. Ele é "antivida". A vida é uma força pulsante e dinâmica; é energia e consciência que se manifestam de muitas maneiras. Não existe o mal, a menos que exista resistência à vida. Essa resistência é a manifestação daquilo a que chamamos "mal". O que cria o mal é a distorção da energia e da consciência.

# 18. A luz da saúde, a sombra da doença

LARRY DOSSEY

O poeta Gary Snyder comentou certa vez que só as pessoas que fossem capazes de desistir do planeta Terra estariam aptas a trabalhar pela sua sobrevivência ecológica. Com esse comentário, ele elucidou uma perspectiva que é freqüentemente esquecida: existe uma ligação intrínseca entre os opostos, mesmo os extremos da morte ou da sobrevivência planetárias.

Essa mesma força unificadora aglutina os extremos da saúde e da doença. Existe uma profunda reciprocidade, um elo inquebrantável entre a hediondez da doença e o esplendor da saúde. Pode parecer estranho sugerir a existência de tal relação, tendo em vista a crença geral de que a doença deve ser exterminada, de que ela é o arauto da morte, uma precursora da extinção pessoal. Ainda assim, essas conexões entre os "opostos" não deixam de existir. Elas permanecem nos nossos ossos, no nosso sangue. Elas são parte da nossa sabedoria coletiva e sobrevivem, intactas, em muitas culturas da Terra. Mesmo na nossa sociedade, ainda não conseguimos expulsá-las apesar das campanhas oficiais contra diversas doenças e de uma tecnologia médica que promete uma eventual erradicação das principais doenças dos nossos tempos.

Esquecemos como pensar sobre a doença. Na verdade, tentamos com todas as nossas forças *não* pensar nela — tirando-a da nossa mente até que chega a hora do *check-up* anual ou até que contraímos algum tipo de doença. Parte de ser saudável, dizem-nos, é *pensar* saudável — o que, presumimos, *não* inclui ficar ruminando doenças. Esquivamo-nos das moléstias, temos horror de ir aos funerais de amigos mortos ou ao hospital visitar amigos doentes, e até mesmo de ir ao dentista, ao clínico geral, ao médico da família, ao pediatra ou ao ginecologista.

No entanto, não conseguimos *não* pensar na doença. Ela nos envia constantes lembretes, sob a forma do resfriado comum que contraímos ou da doença de um amigo. A morte faz parte da estrutura social coletiva. Por mais que tentemos, não conseguimos evitar o confronto com a doença.

Parece que a nossa simples incapacidade de nos esconder da doença, de trocar permanentemente seu abraço pelo abraço da saúde, nos diz algo sobre o relacionamento das duas: elas estão misteriosamente unidas; conhecer uma é conhecer a outra; não podemos ter uma sem ter a outra. Assim como não conseguimos conhecer o lado de cima sem o lado de baixo, ou o preto sem o branco, parece que não conseguimos dividir nossa consciência de um modo que exclua a doença e a morte em favor da saúde.

De fato, não conseguimos nos envolver em nenhum tipo de cuidado com a saúde sem perguntar a nós mesmos: "O que estou tentando prevenir?" Mesmo quando o envolvimento é com algo tão prosaico como uma vacinação, em algum nível psicológico nos defrontamos com a pergunta: "*Contra* o que estou me vacinando?" Mesmo quando tudo o que fazemos é permitir que nos meçam de graça a pressão arterial numa dessas "campanhas de saúde" cada vez mais populares, o medo subterrâneo ainda ronda: "O que aconteceria se eu ignorasse a minha pressão arterial?" Todos os atos de saúde trazem em si esse lado escuro e cinzento, porque nos fazem lembrar aquilo que mais queremos evitar: a doença e a morte são inevitáveis e, por mais que tentemos, nunca conseguiremos separar a saúde da doença nem a morte do nascimento. E nosso frenesi de ser saudáveis apenas aumenta a nossa sensibilidade aos fenômenos da doença e da morte — assim como a luz, no mundo material, sempre lança sombras. As duas caminham juntas, atraem-se mutuamente e não podem ser seccionadas.

A maioria das culturas pré-modernas parece ter tido uma compreensão mais profunda da natureza inseparável da saúde e da doença; seus mitos e rituais incorporam essa sabedoria. Em muitas sociedades tentava-se *viver com* a doença, não *esconder-se* da doença. Pode-se argumentar, é claro, que essas culturas não fugiam da doença e da morte porque não tinham condições de fazê-lo; e que, se tivessem sido tão avançadas tecnologicamente quanto a nossa sociedade, elas teriam tanto horror à doença e à morte quanto nós. Embora possa haver algum mérito nesse argumento, o mais provável é que as atitudes de muitas sociedades pré-modernas diante da morte e da doença fossem uma expressão de um modo orgânico de ser, uma maneira de estar no mundo na qual a aceitação da realidade não era uma função da impotência, mas a expressão de uma compreensão profunda do mundo.

A doença pode ser vista como se fosse uma coisa em si mesma, com suas próprias necessidades — a necessidade de que falemos e raciocinemos com ela, a necessidade de que a cuidemos e lhe demos atenção. A doença pode ser vista como *razoável*: barganhas podem ser conseguidas, negócios podem ser feitos. Essa atitude está em agudo contraste com o modo como nos vemos emboscados e derrubados, por exemplo, pelo câncer ou pelo ataque cardíaco.

Hoje em dia, nosso senso de ligação com a doença perdeu-se, trocado que foi por formas tecnológicas de intervenção que acabaram por nos custar grande parte do nosso senso de ligação com a saúde. Não sabemos como saborear a saúde porque perdemos as ligações vitais entre a saúde e a doença. Não é possível substituir uma ligação orgânica com o mundo por antibióticos, cirurgias e promessas de imortalidade, sem destruir alguma coisa vital, uma coisa que é a saúde em si. Não que as intervenções modernas sejam "más"; o que ocorre é que elas não podem substituir a sabedoria do "é assim que as coisas são", como diz Huston Smith, filósofo das religiões. A tecnologia, em si, não é sabedoria; ela não garante a *experiência* da saúde.

Estaremos, nos dias de hoje, redescobrindo a organicidade do mundo conhecida pelos primitivos habitantes do planeta? Talvez. Está claro que não temos as respostas que gostaríamos de ter em relação ao entendimento da saúde e da doença; está claro que a nossa sociedade se consome de ressentimento pelas promessas não cumpridas e pela desumanidade que percebe na medicina moderna. Mas, na minha opinião, essa raiva (de cuja existência não se pode duvidar) não está bem dirigida. É uma raiva que se dirige abertamente contra o "sistema" — mas um sistema que é, na realidade, nós mesmos. Estamos desapontados com nós mesmos por termos sido iludidos e por termos deixado que nos vendessem o esquecimento de algo que um dia conhecemos, desapontados por termos cortado nossos laços orgânicos com o mundo em que vivemos. Estamos aprendendo, de modo doloroso e profundo, que longevidade não equivale a qualidade de vida. Estamos percebendo a vacuidade de conceitos tais como "o intervalo livre de doenças". Não podemos ignorar que algo vital está faltando à nossa saúde — algo sem o qual saúde não é saúde.

O que é esse "algo", esse elemento faltante? Acho que esse algo é "a sombra que a doença é", a sombra que sempre acompanha a luz da saúde. É a ligação orgânica que sentimos com o mundo, a convicção de que o mundo não pode ser forçado a aceitar formas que não são parte de sua natureza. É a disponibilidade para aceitar a doença com tanta convicção quanto aceitamos a saúde, sabendo, ao fazê-lo, que nenhuma dessas experiências tem sentido sem a outra.

É difícil admitir necessidades recíprocas tais como a ligação entre saúde e doença, pois nossa cultura acredita que *podemos* ter as coisas "de um modo ou do outro" — que podemos ter o lado de cima sem o lado de baixo, ter o preto sem o branco. *Podemos* ter saúde sem doença ou, talvez, até mesmo nascimento sem morte. Seria só uma questão de tempo, de mais fundos para pesquisas, de mais recursos humanos. Pedir que ultrapassemos esse tipo de pensamento do tipo "e/ou" parece convidar a uma forma de pensamento primitiva que não se enquadraria no potencial da época moderna.

No entanto, não foi só o homem primitivo que compreendeu a natureza inseparável dos opostos. Essa é uma visão a que chegaram os homens em todas as épocas da história. Essa é uma sabedoria perene, inerente às tradições místicas e poéticas de todos os tempos.

## 19. A doença como "queda" no corpo

ALFRED J. ZIEGLER

O homem é uma quimera, uma monstruosidade composta por um número infinito de contradições. Ele tem mais de monstro que de um ser racional — a Natureza, com muita arte, conseguiu disfarçar essa característica a ponto de nos sentirmos muito mais à vontade com ele do que nos sentiríamos com alguma bizarra criatura do espaço intergaláctico. É como se o próprio Édipo fosse a Esfinge que ele encontrou a caminho de Tebas e que lhe perguntou: "O que é o homem?" É como se o centauro que os gregos viam como o ancestral dos médicos já atestasse, por sua forma quimérica, a verdade de que todo o conhecimento essencial da natureza humana deve ser híbrido.

Ou acaso não é verdade que na raça humana o amor pode perverter-se em ódio e o ódio em amor; que a eficiência traz consigo o desleixo ou que por trás de todo sistema e ordem não brilha o espectro da desintegração? Não estamos sempre a nos defrontar com fenômenos tais como a crítica paralisante que nos ameaça no amor materno, a traição que mantém viva a noção de fidelidade e vice-versa, a triste sina do alcoólatra de ter sua insaciabilidade derivada de sua própria sobriedade, ou o hipocondríaco que espera o pior de si mesmo simplesmente porque não tolera suas próprias necessidades?

Desde que a ciência da psicologia, entorpecida no espírito mas racional em sua abordagem, passou a estudar as condições e fenômenos existentes, ela tem revelado um número crescente dessas discrepâncias. Mas parece que quando a psicologia descobre polaridades — que a extroversão e a introversão se mesclam em qualquer indivíduo, que um sádico espreita em todo masoquista e que o pensamento digital precisa estar sempre em guarda para não cair na superstição analógica — seu regozijo é inútil. Por mais iluminador que possa ser todo esse conhecimento dos opostos humanos, nossas informações até agora são tristemente escassas. Toda a riqueza de polaridades humanas só parece tornar-se visível quando, ao ponderar sobre os enigmas da doença, tropeçamos nas múltiplas qualidades humanas que desempenham um papel tão importante na gênese da doença. Novas polaridades estão sempre encontrando realidade material — como quando o conflito entre a submissão e o estóico "Não" resulta numa artrite reumática; ou quando a discrepância entre uma natureza dependente e a intenção sempre fracassada de rejeitar a dependência se manifesta numa esclerose múltipla.

Apesar do padrão fundamentalmente polar, a natureza humana não é simétrica; suas características não se arranjam como os raios de uma roda. O homem não é uma criação harmônica; ele possui um perfil definido e impermutabilidade individual. Os poetas fizeram nascer uma fartura dessas características individuais, enquanto os psicólogos, com suas tipologias, em comparação constroem imagens bastante pobres. Existem os iluminados, os traiçoeiros, os tolos; existem os homens retos que agem certo e não fogem de ninguém; os diretos, os dissimulados, os rastejantes e muitos, muitos mais. Sim, pois não importa quais os contornos, não importa o que caracteriza uma pessoa como modelar ou revoltante, descobriremos sempre que essas características são apenas os aspectos dominantes e "saudáveis" das polaridades, os traços que, numa base relativamente consistente, compreendem a personalidade predominante e podem ser mais ou menos confiáveis. Em sua maior parte, os traços dominantes ajudam-nos a abrir o nosso caminho na vida e a nos adaptar às circunstâncias relativas aos nossos objetivos.

Esses mesmos traços também são os lados superestimados e glorificados da nossa personalidade, dentro dos quais jazem ocultos os traços escuros e não admitidos, completando-nos como dicotômicas quimeras. Os traços escuros seriam as qualidades recessivas e decepcionantes que, em geral, só percebemos de modo inconsciente e que se alternam em inesperadas aparições. Devido à sua imprevisibilidade, nós os achamos irritantes, especialmente quando eles nos colocam em situações embaraçosas. E com freqüência são eles próprios que questionam a imagem que apresentamos para consumo público e que agem como a fonte de dúvida da nossa identidade. Os traços recessivos são também os lados menos adaptados da nossa personalidade, que possuem a curiosa tendência de "descer" no corpo e, ali, insistentes, clamar pela nossa atenção sob a forma de síndromes de doenças. Enquanto os traços dominantes e superestimados nos levam a ver a nós mesmos como o ponto alto da criação, nossas inferioridades recessivas oferecem-nos todos os motivos para duvidar dessa tese.

"A Queda", a metamorfose para o sofrimento físico, é precedida por certas premonições. A Natureza não nos trata de modo tão sorrateiro como às vezes pode parecer. Muito antes que a situação se torne séria do ponto de vista médico, nosso coração é torturado por um ódio que, profilaticamente, só guarda no *seu* "coração" o melhor para nós. Muito antes que qualquer mudança morfológica seja observada na coluna vertebral do futuro corcunda, ele é atormentado por sentimentos de culpa. Muito antes do primeiro ataque de asma, a ansiedade niilista prevalece; a verdadeira crise diarréica serve apenas como culminação da incontinência psíquica diante de dificuldades. Em outras palavras, enfartes ocorrem sem enfartes verdadeiros, corcundas não são necessariamente deformidades, asmáticos não precisam manifestar congestão dos brônquios e a diarréia não depende da presença de movimentos intestinais descontrolados.

Pode-se até mesmo dizer que a Natureza alimenta a rica variedade dessas adversidades premonitórias, emprestando-lhes ao mesmo tempo uma medida especial de realidade. Ou, em palavras ligeiramente diferentes, as premonições pré-mórbidas se intrometem apenas o suficiente para nos mostrar onde estamos e até que ponto excedemos os limites naturais da saúde de acordo com uma *lei de intensidade,* com graus de prioridade. O fato de que as premonições, de um modo ou de outro, estão sempre presentes, comprova a intenção de prevenção contínua da Natureza. As premonições pré-mórbidas promovem a saúde, precedem a doença e guiam as pessoas que prestam atenção a elas ao caminho do bem-estar físico.

Enquanto o que chamamos "premonições" permanecerem apenas perceptíveis num estado pré-mórbido, elas podem ampliar nossas capacidades a limites jamais sonhados. As premonições atuam como uma espécie de "levedura", motivando-nos ou levando-nos a escapar para a ostentação de saúde e os atos que a caracterizam. Desse modo, as premonições pré-mórbidas nos "cevam" e esse processo, graças às incontáveis possibilidades de repressão e supressão, permite-nos desenvolver uma imagem exagerada e incomum de nós mesmos. Embora esse processo possa facilmente induzir-nos ao erro e, assim, evocar a doença, ele também nos proporciona o entendimento do processo inverso, ou seja, de como o gênio floresce no estrume da pré-morbidez.

A longo prazo, no entanto, a saúde solapa a si mesma pois, como ensina nossa experiência cotidiana, a cada dia que passa a vida humana mais encontra a doença e termina, finalmente, na morte. Teríamos de ser terrivelmente ingênuos para imaginar que a Natureza só tem em mente o nosso bem-estar; ela não age visando manter-nos num estado eternamente jovem de saúde, mas sim visando a nossa extinção. É como se a Natureza pretendesse que o nosso maior grau possível de saúde fosse o maior grau possível de doença que podemos tolerar. Se o nosso "desfazer" depende do lado recessivo da divisão quimérica que nos é inerente (e que guia o nosso comportamento habitual para que não sejamos demasiado induzidos ao erro) *e também* se esse mesmo "desfazer" com demasiada rapidez se perverte em doença física, então torna-se evidente que a Natureza não planejou para nós o tipo de bem-estar que é expresso pelas nossas noções contemporâneas de "saúde".

Pelo contrário, o ser humano parece menos capaz de *ser* saudável quanto mais acredita que *precisa* ser saudável. Por essa razão, os esportes tornam-se mais perigosos à medida que incorporam um pensamento competitivo irrefletido e impensado. Quanto mais acharmos que precisamos adotar uma atitude inflexível em relação à vida e ao viver, tanto mais certo que a covardia e o medo se apoderarão de nós, seja sob a forma da dúvida, seja através da gula que restaura a nossa autoconfiança. O tipo de saúde que a Natureza planejou para nós se comporta de modo semelhante às condições meteorológicas: não existem áreas permanentes de alta pressão sem tempestades de frentes sobrepostas. Não existe saúde contínua sem o risco da morte. Parece que não há sabedoria alguma em nos tornarmos independentes da Natureza; é mais sábio viver como parte integrante da paisagem elemental da nossa origem.

*O ser humano é mais saudável quando está doente.* Na sua forma mais pura, a saúde é insuportável a longo prazo, pois ela carrega uma responsabilidade demasiado grande e uma liberdade excessiva para que possamos suportá-la ilesos durante um certo tempo. O "desfazer" e sua manifestação — a doença — são, em última análise, necessários. Nossas aflições diárias não são apenas um indício da *condition humaine*, mas também expressam a nossa satisfação pelo fato de que o nosso bem-estar e o nosso potencial humano têm limites. As aflições nos enraízam melhor, ficamos protegidos e resguardados por elas como se todos os nossos esforços assumissem um toque de espontaneidade. Quando sentimos falta de ar devido à obesidade, não é preciso que levemos as coisas tão a sério já que podemos, por assim dizer, acompanhar o ritmo da nossa respiração arquejante. O desconforto da artrite acrescenta um toque de dor a todos os nossos empreendimentos e dá legitimidade aos nossos pendores à indolência. Uma sinusite, aguda ou crônica, permite-nos manter o mundo a distância com a desculpa do "estou resfriado".

Quando sabemos o que procurar, encontramos exemplos da lei da preservação do nosso "desfazer", bem como o seu corolário — a necessidade de doença — em todos os aspectos da vida cotidiana. Quando, no decurso de um tratamento psicoterapêutico, as queixas ou sintomas físicos retrocedem ou desaparecem por completo, é possível que as circunstâncias e comportamentos que deram origem aos sintomas pareçam ser uma simples disforia. Antes, um persistente mal-estar abdominal (com ou sem infecção da bexiga) complicava a rotina diária de uma dona de casa; agora, ela enfrenta uma dor intestinal espasmódica ou outros tipos de dores que tornam sua vida difícil. Por outro lado, quando os problemas *psíquicos* dão uma guinada para melhor, não existe nenhuma garantia de que eles não irão se manifestar (se é que já não o fizeram) como problemas físicos, como "queda no corpo"! Por exemplo, quando o sofrimento — o "desfazer" — que até então se expressava como forte e fútil protesto social, apresenta uma melhora súbita, não causaria surpresa vê-lo reaparecer como um doloroso reumatismo.

# 20. O lado demoníaco da sexualidade

## ADOLF GUGGENBÜHL-CRAIG

Uma das grandes tarefas do processo de individuação é experimentar o lado escuro e destrutivo. Isso pode ocorrer por meio da sexualidade, que é um dos muitos palcos possíveis para essa experiência. É claro que não estamos dizendo que a pessoa precisa deixar-se inundar por fantasias de um Marquês de Sade, nem que ela deva viver essas fantasias. Significa, antes, que as fantasias desse tipo podem ser entendidas como a expressão simbólica de um processo de individuação que está se desdobrando no território dos deuses sexuais.

Certa vez, tive como paciente uma mulher masoquista, uma autoflageladora, a quem tentei ajudar a normalizar-se. Cheguei a ter algum sucesso: suas atividades masoquistas cessaram e ela suprimiu suas fantasias masoquistas. Mas começou a sofrer de uma inexplicável dor de cabeça que lhe causava grandes problemas na vida profissional. Numa experiência visionária — ela era uma negra africana, e no seu ambiente essas coisas não eram incomuns — Moisés lhe apareceu e instruiu-a a continuar com as flagelações pois, se não o fizesse, os egípcios a matariam. Com base nessa visão, ela desenvolveu uma teoria complexa (parcialmente fundada nos rituais de flagelação dos cristãos mexicanos) que sustentava que só através do masoquismo poderia enfrentar e harmonizar o sofrimento do mundo. Ela deixou-se dominar mais uma vez pelas fantasias masoquistas; ao fazê-lo, suas dores de cabeça desapareceram e seu desenvolvimento psicológico prosseguiu bastante bem. Esse exemplo destina-se a servir apenas como ilustração, não como recomendação.

O fenômeno do sadomasoquismo sempre estimulou a curiosidade dos psicólogos. Como podem a dor e o prazer coincidir? O masoquismo parece ser um tanto contraditório para muitos psicólogos e psicanalistas. Alguns deles chegam a sustentar que o masoquista vive suas fantasias com grande riqueza de detalhes e muita teatralidade mas, ao encontrar o sofrimento real, imediatamente abandona esse comportamento. No entanto, isso não é de todo correto e, além disso, relaciona-se em parte com certos desvios sexuais. É raro que a vida sexual real esteja plenamente de acordo com as fantasias sexuais. Sabemos que existem muitos masoquistas que não apenas buscam formas degradantes de dor como também as experimentam com prazer.

O masoquismo desempenhou um papel importante na Idade Média, quando grupos de flageladores percorriam cidades e aldeias. Muitos santos dedicavam grande parte de seu tempo a açoitar-se. Monges e freiras consideravam uma prática rotineira infligir dor e humilhação a si mesmos. A tentativa da moderna psiquiatria de entender todo esse fenômeno coletivo como uma expressão de sexualidade perversa e neurótica não me parece satisfatória. Aproximamo-nos mais do fenômeno com o conceito de individuação. Pois não é o sofrimento da nossa vida, e da vida em geral, uma das coisas mais difíceis de aceitar? O mundo está tão cheio de sofrimento, e todos nós sofremos tanto no corpo e no espírito, que mesmo os santos têm dificuldade para compreendê-lo. Uma das mais difíceis tarefas do processo de individuação é aceitar a tristeza e a alegria, a dor e o prazer, a ira de Deus e a graça de Deus. Os opostos

— sofrimento e alegria, dor e prazer — estão unidos, de modo simbólico, no masoquismo. Assim a vida pode ser verdadeiramente aceita e até mesmo a dor pode ser experimentada com alegria. O masoquista, de um modo assombroso e fantástico, enfrenta e harmoniza os maiores opostos da nossa existência.

O sadismo pode ser parcialmente entendido como uma expressão do lado destrutivo do ser humano: uma expressão do âmago, da sombra, do assassino dentro de nós. É um traço específico do ser humano encontrar a alegria na destruição. Este ensaio não é o lugar para considerarmos se a destrutividade pertence à natureza humana ou se é produto de um desenvolvimento falho, embora eu acredite que a primeira opção é verdadeira. Em todo caso, a destrutividade é um fenômeno psicológico com o qual todo ser humano precisa chegar a um acordo. A alegria de destruir, de obliterar, de torturar, etc., também é experimentada no meio sexual.

O prazer de destruir os outros está relacionado com a autodestrutividade. Por isso não causa surpresa que o sadismo e o masoquismo apareçam juntos; o matador autodestrutivo está no centro da sombra arquetípica, o centro de irredutível destrutividade no ser humano.

Outro componente do sadismo é a intoxicação com o poder. Causa prazer sexual dominar por completo o parceiro, brincar com ele como o gato brinca com o rato.

Ainda um outro aspecto do sadismo é degradar o parceiro à condição de puro objeto. Nas fantasias sádicas, amarrar o parceiro e observar "friamente" suas reações desempenha um papel importante. O parceiro torna-se uma simples coisa com cujas reações o sádico brinca.

Durante muito tempo, os teólogos cristãos só reconheciam a sexualidade quando ligada à reprodução. Percebiam o erotismo como algo demoníaco e sobrenatural, algo que precisava ser combatido ou neutralizado. Acredito que todos esses teólogos medievais eram pessoas inteligentes e sensatas, numa busca honesta da verdade e da compreensão. Não podemos, portanto, descartar com facilidade o fato de que eles percebiam a sexualidade como demoníaca. Eles estavam expressando algo muito verdadeiro.

A sexualidade ainda é "demonizada" nos nossos dias. Fracassaram todas as tentativas de torná-la totalmente inofensiva e de apresentá-la como algo "completamente natural". Para o homem moderno, algumas formas de sexualidade continuam a ter aspecto mau, pecador e sinistro.

Alguns movimentos de liberação feminina tentam entender a sexualidade como uma arma política usada pelos homens para oprimir as mulheres. Com isso, essas mulheres "demonizam" a sexualidade e, ao mesmo tempo, deixam implícito que a sexualidade poderia tornar-se inofensiva através da reversão dos papéis masculino e feminino.

Como outro exemplo de "demonização", eu gostaria de citar o suposto efeito da chamada cena primal. Os seguidores de Freud (e grande parte da opinião oficial sob a sua influência) sustentam que podemos esperar sérias seqüelas psicológicas na criança que tenha acidentalmente presenciado o contato sexual de seus pais. Muitos desenvolvimentos neuróticos são atribuídos a essas experiências de infância.

Uma exibição explícita das atividades sexuais paternas superestimula, na criança, os desejos incestuosos e o ciúme com eles relacionados. Com isso intensifica-se de modo perturbador a situação edipiana. Felizmente, é impossível para muitos pais exibir sua sexualidade aos filhos de modo aberto e desinibido. Isso também está relacionado com o tabu do incesto. Os pais se defendem, instintivamente, contra a superestimulação de suas próprias fantasias e tendências incestuosas. Reprimir um tabu talvez cause mais danos psicológicos do que reconhecê-lo com respeito. Alguns dos grandes tabus, como o do incesto, existem mais para nos proteger do que para nos reprimir.

Encontramos outro exemplo contemporâneo da sexualidade encarada como coisa sinistra no rígido controle e na exclusão da sexualidade em quase todos os nossos hospitais. As pessoas acreditam, de um modo obscuro e misterioso, que a atividade sexual poderia prejudicar os pacientes. Mas por que elas acreditam nisso? Quais são as razões para que não seja permitido aos pacientes de um hospício, por exemplo, ter contato sexual dentro da instituição?

E ainda um outro exemplo de como algumas pessoas se convencem de que a sexualidade é algo sinistro. Na Suíça, manter relações sexuais com deficientes mentais é considerado um ato criminoso. A intenção dessa lei era proteger o deficiente mental contra abusos, mas seu efeito básico foi tornar impossível ao deficiente mental ter uma vida sexual. Que essa lei desumana não encontre resistência popular demonstra, mais uma vez, que um poder quase mágico é atribuído à sexualidade.

Um último exemplo. Os atletas — os participantes de uma Olimpíada, por exemplo — geralmente são estritamente proibidos pelos seus treinadores de envolver-se em qualquer atividade sexual durante o período das competições. Já aconteceu de atletas olímpicos terem sido mandados de volta para casa por envolver-se em aventuras sexuais sub-reptícias. Mas sabemos que, para alguns atletas, é benéfico manter atividade sexual antes de empreender grandes esforços físicos.

O que está agindo aqui são antigos preconceitos. Entre certos povos primitivos, os homens não ousavam ter contato sexual com as mulheres antes de seguir para a batalha.

O elemento demoníaco da sexualidade talvez também se mostre no fato de que é muito difícil experimentar e aceitar a atividade sexual apenas como "prazer" ou como uma experiência agradável. Poucas pessoas conseguem "simplesmente desfrutar" a sexualidade, como desfrutariam uma boa refeição. A "teoria do copo d'água" — a experiência sexual seria o equivalente a saciar a sede — encontra muitos defensores, mas raras são as pessoas que a praticam por tempo mais longo.

E o que poderia significar para a psicologia que a sexualidade sempre tenha algo sinistro em si, mesmo hoje, quando acreditamos já ter-nos libertado dessa atitude? O sinistro é sempre o ininteligível, o impressionante, o numinoso. Onde quer que algo divino apareça, começamos a sentir medo. O processo de individuação, que tem um caráter fortemente religioso, é experimentado como numinoso em muitos aspectos. Tudo aquilo que se relaciona com a salvação tem, entre outras coisas, um caráter não-familiar; sempre inclui o supra-humano.

A "demonização" da sexualidade talvez seja compreensível, dado seu caráter individuacional. Ela não é apenas uma inofensiva atividade biológica, mas um símbolo de algo que se relaciona com o significado da nossa vida, com a nossa busca e anseio pelo divino.

A sexualidade oferece-nos símbolos para todos os aspectos da individuação. O confronto com as figuras dos pais é experimentado no drama do incesto. O confronto com a sombra leva aos destrutivos componentes sadomasoquistas do erotismo. O confronto com a nossa própria alma, com a *anima* e o *animus*, com o feminino e o masculino, pode ter uma forma sexual. O amor por si mesmo e o amor pelos outros são experimentados corporalmente na sexualidade, seja através de fantasias ou de atividades. Em nenhum outro lugar a união de todos os opostos, a *unio mystica*, o *mysterium coniunctionis*, expressa-se de modo mais impressionante que na linguagem do erotismo.

*Todas as bíblias ou cânones sagrados deram causa aos seguintes erros:*
1. *Que o homem tem dois princípios existentes reais: um corpo e uma alma.*
2. *Que a energia, chamada mal, nasce apenas do corpo; e que a razão, chamada bem, nasce apenas da alma.*
3. *Que Deus castigará o homem na eternidade por seguir suas energias.*

*Mas os seguintes, contrários àqueles, são verdadeiros:*
1. *O homem não tem um corpo distinto da sua alma; pois o chamado corpo é a porção da alma que é discernida pelos cinco sentidos, os principais canais da alma nesta vida.*
2. *A energia é a única vida, e nasce do corpo; e a razão é o limite ou a linha exterior da energia.*
3. *A energia é eterno deleite.*

William Blake

## Parte 5

# A sombra da realização: o lado escuro do trabalho e do progresso

Pois a raiz de todos os males é o amor ao dinheiro.

*I Timóteo, 6:10*

Não estou neste planeta para fazer alguma coisa... As coisas que realizamos são expressões do nosso propósito.

*Paul Williams*

O progresso é o nosso principal produto.

*Slogan publicitário*

Nossa tendência é exaltar o lado luminoso da indústria em detrimento do lado escuro da natureza, ou exaltar o lado luminoso da natureza em detrimento do lado escuro da indústria. Na realidade, precisamos comparar luminoso com luminoso e escuro com escuro.

*Thomas Berry*

# Introdução

A sombra pessoal da ética do trabalho nos Estados Unidos tem sido bastante explorada na literatura, cada vez mais numerosa, sobre o estresse e o desgaste. A sombra coletiva ameaça-nos com a catástrofe ecológica.

Quase todos nós já vimos uma pessoa amada (talvez o pai ou o avô) dar tanto valor à produtividade a ponto de sacrificar as outras coisas da vida. Qualquer que seja a tarefa, o trabalhador compulsivo* dá seu sangue vital ao empreendimento — às vezes com o sonho de criar segurança para sua aposentadoria ou para seus descendentes; às vezes com o sonho de contribuir para um maior bem-estar geral; às vezes sem sonho algum, sendo apenas incapaz de viver para qualquer outro propósito, em qualquer outro ritmo. Mais possuído pelo eu demoníaco do que encantado pelo processo criativo, a pessoa que trabalha compulsivamente não consegue soltar suas próprias rédeas.

O trabalho compulsivo está sendo visto como um vício, um comportamento de compulsões de repetição, como o jogo ou o comer compulsivo. E, em alguns casos, as organizações e seus líderes contam com esse vício, essa sombra do trabalho, e contribuem para criá-la pelo próprio modo como operam. Uma carga de trabalho insustentável, quotas de vendas irrealizáveis e almoços regados a martínis contribuem para o desequilíbrio violento do estilo de vida de todas as classes de trabalhadores norte-americanos.

O preço é alto para todos os envolvidos: a família sofre com a ausência da pessoa; o trabalhador estafado sofre a deterioração física e emocional causada pelas exigências de uma vida injusta; e as empresas sofrem a rotatividade de executivos, uma típica "comichão do sétimo ano".

Douglas LaBier, autor de *Modern Madness* [A Loucura Moderna], chama-os "as baixas da guerra do trabalho": aquelas "pessoas saudáveis que se ajustaram, com grande custo emocional, a condições que podem ser boas para o progresso da carreira mas não para o do espírito". Ele sugere que o sucesso pessoal dessas "baixas do trabalho" em geral significa apenas uma boa adaptação, um ajuste à *persona* coletiva da organização, por meio da repressão das qualidades que não se adequam à imagem da empresa. Pois as empresas também têm uma *persona* que é criada pela declaração da "missão da empresa" — uma fachada bonita para o mundo — e, portanto, têm um lado escuro e invisível que inclui míseros benefícios ao pessoal, pouca tolerância

* Em inglês, formou-se recentemente um neologismo para retratar essa condição: *workaholic*, por analogia com *alcoholic*, e que não tem correspondente em português (N. T.).

por *feedback* ou conflito internos, políticas externas com desastrosas conseqüências ecológicas ou desonestidade para com o consumidor.

No nosso emprego, todos nós já enfrentamos dolorosos conflitos de valores. Às vezes sentimo-nos forçados a violar princípios, a dominar os outros, a não ver as necessidades pessoais dos empregados, a dizer "mentiras brancas" e a nos vender de muitas outras maneiras miúdas. Esta anedota de advogado — referindo-se à pessoa que concorda em fazer um trato mas, ao mesmo tempo, busca um meio de não cumpri-lo — bem poderia aplicar-se a qualquer outro profissional. O advogado queria tornar-se o Número Um; ele encontra o demônio que lhe oferece todo o dinheiro e poder que desejar, em troca de sua alma; o advogado responde: "Certo, mas qual é o macete?"

A pressão dos ambientes de alta tensão molda-nos em formas retorcidas, levando-nos a fazer tratos a um grande custo para nós mesmos. O sucesso leva à inflação do ego, enquanto que o fracasso leva a uma dolorosa vergonha. Como o bilionário Donald Trump, um dia estamos voando alto e, no outro, no fundo do poço.

Em qualquer emprego, desenvolvemos certas habilidades e aptidões enquanto deixamos outras na sombra. Quando cultivamos uma ambição extrovertida, uma personalidade forte e competitiva como a do vendedor, do político ou do empresário, nossa introversão vai para a sombra; esquecemos como florescer longe das luzes da ribalta, como receber os tesouros da solidão, como encontrar recursos ocultos dentro de nós. Por outro lado, quando desenvolvemos uma *persona* mais privada, como a do artista ou do escritor, nossa ambição e avidez podem ir para a sombra, para nunca emergir ou um dia emergir de súbito como um fantasma no armário. Todos nós já lemos, por exemplo, casos de empresários morais e íntegros que foram flagrados em algum negócio escuso, desviando fundos ou sonegando impostos. Deixar-se possuir pela sombra talvez seja o resultado da incapacidade de vê-la mais diretamente.

Assim como a sombra às vezes se apodera de nós e nos faz dar esse giro de 180 graus, ela também pode se apoderar de um grupo ou de uma empresa. Os valores conservadores e materialistas da geração da Depressão dos anos 30 levaram ao movimento da contracultura dos anos 60, que enfatizava a renúncia ao conformismo e ao materialismo, transformando em heróis aqueles que remavam contra a maré. Essa tendência, por sua vez, levou a um outro surto de materialismo, cujos sintomas vemos hoje à nossa volta.

Essa oscilação do pêndulo ressurge agora de outra maneira. Enquanto a sombra da ambição pode ser vista no desgaste individual, a sombra cultural revela-se na extinção da espécie. Foi preciso uma catástrofe ecológica de impacto global para nos despertar para o lado escuro do crescimento econômico desenfreado e do avanço tecnológico ilimitado.

Em *The End of Nature* [O Fim da Natureza], Bill McKibben sugere que deixamos de ser os senhores das nossas tecnologias: "Enquanto formos guiados pelo desejo de avanço material infinito, não há meios de estabelecer limites. Acho improvável que desenvolvamos a engenharia genética para erradicar as doenças e deixemos de usá-la para fabricar frangos perfeitamente habilitados."

Abrindo esta seção, Bruce Shackleton, psicólogo e consultor organizacional de Boston, descreve o encontro com a sombra no ambiente de trabalho, tanto em termos individuais quanto em termos empresariais. Ele explora o modo como as inter-relações entre as sombras individuais e empresariais podem ajudar ou dificultar a lucratividade.

No Capítulo 22, John R. O'Neill, presidente da Escola de Psicologia Profissional da Califórnia, apresenta um excerto de seu futuro livro, *The Dark Side of Success* [O Lado Escuro do Sucesso]. O'Neill, empresário e consultor, oferece-nos pistas para conseguirmos uma realização saudável, permanecendo cientes dos aspectos da sombra.

Nas áreas não-empresariais, cada profissão também tem o seu objetivo declarado, sua missão de ajudar ou de curar, bem como o seu lado oculto. No Capítulo 23, o analista junguiano Adolf Guggenbühl-Craig explora ambos os lados das profissões de assistência: o médico heróico e o escandaloso charlatão, o padre divino e o falso profeta, o dedicado psicoterapeuta e o impostor ignorante.

Num excerto de *Do What You Love, The Money Will Follow* [Faça aquilo de que gosta, o dinheiro virá junto], Marsha Sinetar explora o modo como nossos defeitos e imperfeições pessoais aparecem no ambiente de trabalho e como podemos usá-los vantajosamente em nossa vida criativa.

No seu livro *When Technology Wounds* [Quando a Tecnologia Fere], a escritora Chellis Glendinning conta casos de pessoas com doenças provocadas pela tecnologia, desvendando os perigos, antes invisíveis, de avanços tais como computadores, luz fluorescente, pílulas anticoncepcionais, amianto e pesticidas. Neste excerto, ela questiona a idéia de progresso enquanto desenvolvimento tecnológico desenfreado e aconselha-nos a examinar com urgência seu custo em termos humanos.

Peter Bishop, professor australiano, fecha esta seção com a visão de uma Terra una e seu lado da sombra — a morte. Seu artigo, originalmente publicado no jornal junguiano *Spring*, é uma ode às regiões selvagens da Terra enquanto vítimas do nosso incansável progresso.

Parece que até mesmo nossas realizações, pessoais ou coletivas, têm o seu lado escuro. E o progresso desenfreado e irrefletido traz o caos em sua esteira.

## 21. O encontro com a sombra no trabalho

BRUCE SHACKLETON

O que nos impede de realizar tudo aquilo que conscientemente acreditamos tentar realizar? Qual é a natureza daquele lado de nós que sabota nossos esforços, nos faz tropeçar quando vamos em busca de nossas esperanças e aspirações e que não quer ser exposto à luz do sucesso? Como as organizações nas quais trabalhamos contribuem para solapar a realização dos nossos objetivos, em vez de nos ajudar a alcançá-los?

Embora seja menos reconhecido como fator-chave na formação da sombra do que a família, a escola ou a igreja, o ambiente de trabalho exerce enorme influência para que nos comportemos de maneira a alcançar adequação, adaptação e sucesso.

No trabalho todos tentamos agradar nossos chefes, colegas e clientes, geralmente escondendo nossas porções desagradáveis — nossa agressão, avidez, competitividade ou opiniões ousadas — nos mais profundos recessos do nosso ser. Para muitas pessoas, o comprometimento psicológico e espiritual fica visível quando, por terem lançado tantas partes de si mesmas na sombra, descobrem ter "vendido a alma à empresa".

É claro que precisamos de uma sombra na qual esconder nossos impulsos negativos e destrutivos, e até mesmo nossas fraquezas e incapacidades. Mas o perigo surge quando escondemos coisas demais muito no fundo. Quando a sombra de uma pessoa torna-se impermeável, inflexível e densa, é possível que ela se torne destrutiva e adquira vida própria.

## A sombra do poder e da competência

Quando conheci Harold, homem de meia-idade que dez anos antes tivera aspirações de chegar "ao topo", ele era vice-presidente financeiro de uma pequena empresa de alta tecnologia. Durante sua carreira em organizações maiores, Harold alcançara um sucesso razoável; mas logo que passou dos quarenta anos começou a fazer psicoterapia comigo porque se sentia deprimido, desmotivado e não via razão para tentar conseguir algo maior. Ele estava resignado naquela pequena empresa, ocupando um cargo que não constituía desafio à sua capacidade e passava grande parte do tempo pensando em aposentadoria.

Harold herdara da família um sentimento de inadequação, um caso clássico de pouca auto-estima. Nos empregos anteriores tivera dificuldades para lidar com a autoridade pois não se sentia realmente em pé de igualdade com os outros.

O atual chefe de Harold era um homem de trato difícil, geralmente arrogante e insensível, que dirigia a empresa visando apenas a lucratividade. Não admitia opiniões contrárias e às vezes era cruel com seus empregados. Harold reagia à agressividade do "chefão" com uma presteza submissa e geralmente ansiosa. Ele encontrara um chefe sobre quem podia projetar a sombra de sua vontade de poder, de arrogância e de competência; perto do chefe ele se sentia inseguro e pouco à vontade, o que reforçava a imagem familiar de si mesmo.

Durante algum tempo isso foi uma combinação perfeita. Harold compusera uma fachada de homem que cumpre sua obrigação; e nada mais. Era aceito pela sua capacidade e por apoiar o *status quo*. Mas sob essa fachada de vários papéis, Harold ocultava sua energia criativa e seu entusiasmo e, com isso, evitava qualquer confronto que pudesse ocasionar riscos — evitando também enfrentar sua própria capacidade de progredir profissionalmente. Tudo o que ele percebia eram vagos sentimentos de inquietude e de insatisfação.

E logo a comporta começou a vazar. Embora fosse um homem ético e religioso, Harold começou a recorrer a pequenos desvios de dinheiro e a um comportamento passivo-agressivo, num esforço indireto para descarregar sua sensação de raiva, frustração e desprestígio. Seu comportamento o chocou — não se adequava à sua autoimagem de cidadão correto — e finalmente levou-o a olhar com mais profundidade o custo, em termos pessoais, do seu estilo de trabalho.

## O trabalho compulsivo e a sombra das organizações

Também encontramos a sombra no ambiente de trabalho quando as pessoas põem de lado suas necessidades pessoais de lazer, intimidade e vida familiar, tornando-se máquinas de trabalho em tempo integral. É inevitável que esse comportamento viciado resulte num estilo de vida altamente desequilibrado e compulsivo.

Como a maioria dos vícios, o trabalho compulsivo pode ter suas raízes nos padrões familiares. Em alguns lares, meninos e meninas são recompensados apenas em função de seu desempenho; seu senso de valor pessoal fica totalmente ligado à idéia de vencer. Em outros lares, um genitor desse tipo transmite esse padrão à criança, que o herda assim como herdou a cor dos olhos. E em certos casos é o fracasso de um pai incompetente que incita a criança a buscar o sucesso, a tornar-se, na verdade, a sombra do pai.

Se o trabalhador compulsivo trabalha para uma organização que estimula esse vício e na qual esse padrão é apoiado e encorajado, a combinação parecerá perfeita durante algum tempo; a sombra do empregado e a sombra da empresa estarão alinhadas. Mas o que geralmente ocorre é que alguma coisa em algum lugar vai começar a ceder — o empregado começa a revelar vícios múltiplos, tais como álcool ou drogas, ou chega a um estado de desgaste; a empresa muda seus rumos ou lideranças — e o lado pernicioso do trabalho compulsivo vai fazer estragos.

Esse tipo de dedicação não é o único lado do avesso das organizações. Embora uma corporação em geral declare sua "cultura" — aquelas regras, rituais e valores de uma empresa que ajudam as pessoas a organizar suas atividades —, as organizações também têm um lado menos visível e não-declarado; o relacionamento das empresas com esse lado oculto pode determinar suas realizações financeiras e de pessoal.

As organizações que negam a necessidade de um adequado desenvolvimento de recursos humanos e um controle do estresse, por exemplo, podem tornar-se censuradoras e insensíveis aos empregados. Quando há ênfase demasiada na lucratividade e pouco interesse nas necessidades individuais, uma atmosfera de desconfiança pode se desenvolver. Alguns empregados se transformam nos bodes expiatórios que serão atacados ou sacrificados no esforço de resolver a dinâmica intrínseca da organização.

Por outro lado, as culturas empresariais que encorajam uma forma aberta de comunicação podem estabelecer sistemas de controle para os problemas da sombra individual e grupal, com resultados bem diferentes. Uma organização saudável pode ajudar a limitar a atuação negativa através da construção de sistemas abertos de retorno, harmonizando valores e propósito e até mesmo ajudando os empregados a desenvolver suas capacidades mais profundas.

A motivação do empregado também está profundamente ligada ao conteúdo da sombra. Por exemplo, as pessoas que estão subindo talvez precisem negar suas qualidades mais compassivas, pisando no calo dos outros para poder conquistar a imagem da escalada profissional. Quando no topo, elas provavelmente irão operar a partir do lado da sombra, só permitindo que seu lado humano mais profundo se revele em casa com a família, numa moderna cisão do tipo Dr. Jekyll/Mr. Hyde. Em casos mais extremos, deixar-se possuir pela sombra pode levar ao mais flagrante desrespeito pelos outros, tanto no lar quanto no trabalho.

Os problemas da sombra individual e empresarial geralmente são negligenciados pelos gerentes e consultores de recursos humanos. Seria extremamente proveitoso reconhecer mais prontamente o lado escuro e colocá-lo trabalhando para nós na renovação individual, empresarial e social.

## 22. O lado escuro do sucesso

JOHN R. O'NEILL

Supõe-se que todas as pessoas querem ter êxito; quanto mais, melhor. Mas observamos, recentemente, algumas distorções peculiares na definição de êxito, e agora trazemos conosco a sombra dos resultados dessa transição. Em geral, indivíduos e organizações desfrutam de um período de êxito fulgurante que mais tarde se empana. O êxito, ao chegar, parece trazer em si uma ansiedade: Será que ele vai durar? Como posso obter ainda mais? Será que eu o mereço? E se eu o perder? Por essa razão, o êxito se transforma rapidamente de júbilo em preocupação, de alegria em fadiga crônica, em depressão ou numa crise pessoal de significado.

Como ocorre essa mudança? Durante os períodos de êxito, vamo-nos inflando até alcançar o ponto da arrogância e, dessa maneira, deixamos de encontrar e de assimilar a sombra. Deixamos de ouvir e de observar a nós mesmos além das extravagâncias frenéticas do ego; fracassamos em nossas tarefas de aprendizado profundo; e nossa verdadeira identidade se distorce, se entorta e até se perde por completo.

Consideremos o caso de James, um "queridinho" da *Wall Street* nos anos 80, que passou a odiar seu negócio altamente bem-sucedido. Vende tudo e recebe 130 milhões de dólares. Três meses mais tarde, marca uma consulta comigo. Entra no meu consultório, bronzeado e com aspecto relaxado, o cabelo loiro descorado pelo sol e mais comprido que de hábito. Animado, fala-me de seus passeios de iate pelo alto-mar, de suas temporadas de esqui e de sua nova fazenda. Fico me perguntando por que ele estaria procurando aconselhamento.

Quase no fim da sessão, ele diz casualmente: "Não tenho uma única pessoa com quem falar da minha vida, por isso vim falar com você." Tentando não parecer surpreso com essa revelação, pergunto-lhe como isso seria possível. Sua resposta inclui histórias de traição, brigas familiares, um divórcio iminente, medo de retaliação pública se falar com a pessoa errada e terríveis noites de sono inquieto.

A substância daquilo que James tinha escondido é semelhante à sombra de muitas pessoas:

- As partes de si mesmo que não correspondiam ao ego ideal da sua época. Numa era machista, ele abandonou seus aspectos receptivos e femininos; numa era materialista, ele pôs de lado seus sentimentos de cunho espiritual.
- As partes de si mesmo consideradas indignas por seus pais ou por outros, cuja aprovação ele buscava, foram enterradas mas continuavam vivas.
- Os sonhos ou ambições considerados tolos ou idealistas foram esquecidos com a vaga promessa de "talvez algum dia..."

Havia mais partes dele ocultas que visíveis. Esse conteúdo vital que negamos controla a direção da nossa vida, nosso nível de energia e nossa biografia pessoal. Se continuamos a enterrar essas partes de nós mesmos na escuridão, inevitavelmente pagaremos com a moeda da nossa alma.

Por outro lado, as pessoas que sabem explorar o rico potencial da sombra, e o usam para futuros êxitos, prolongam a vida do sucesso. Poderíamos chamá-las de "exploradores profundos". Winston Churchill, Eleanor Roosevelt, Florence Nightingale, Thomas Jefferson e Abraham Lincoln são figuras históricas que aprenderam com seus desapontamentos, fracassos e sofrimentos e seguiram em frente para alcançar mais um êxito. Eles sabiam como lutar contra a arrogância.

É muito freqüente que líderes empresarias me indaguem como sustentar o aprendizado e o crescimento nas suas organizações. Sugiro que o primeiro problema é evitar a arrogância; isso é feito alterando-se as curvas de aprendizado individuais e organizacionais no momento em que elas alcançam o objetivo de êxito desejado. A grama alta e doce do êxito é a pastagem da inflação e contém as minas ocultas do orgulho e da avidez.

Apresento uma lista sumária para localizarmos os sinais de arrogância em andamento:

- *Somos dotados de talentos especiais.* Estamos vendo o rosto da nossa sombra quando descobrimos que começamos a tomar certos ares de ego inflado, tais como acreditar que podemos fazer avaliações infalíveis acerca dos outros ou evitar erros humanos.
- *Matamos o mensageiro.* Estamos a caminho de futuros sofrimentos quando acusamos a pessoa que traz informações contrárias às nossas de excêntrica, lerda de espírito, invejosa ou incapaz de captar o panorama geral. Começamos a seguir o costume medieval de "matar o mensageiro" quando, na qualidade de líderes, nos isolamos e restringimos cada vez mais o nosso círculo de conselheiros confiáveis.
- *Precisamos estar no comando.* Quando a arrogância está presente, o ego começa a se afirmar em demonstrações de autoridade tais como preocupar-se em ser chamado de "senhor", ter assento em lugar de prestígio e voz ativa nas reuniões. A necessidade de que nossa importância seja constantemente reconhecida pelos outros é sinal de insegurança reprimida.
- *Nossa moral é mais elevada que a dos outros.* Quando uma pessoa ou grupo está no caminho da arrogância puritana, aqueles que pensam diferente podem vir a ser rotulados como errados, maus ou inimigos. Isso talvez alivie temporariamente a tensão entre o bem e o mal mas, na verdade, é a arrogância operando sob o disfarce da bondade.

Quando a arrogância está em ação, paramos de aprender. Nosso ego inflado encobre a sombra que, com sua fúria escura e misteriosa, ameaça derrubar-nos. Mas, uma vez que saibamos que ela está ali, pode ser útil lembrar que novos aprendizados estão contidos no próprio conteúdo da sombra. O ego só se empertiga porque quem está no controle é, na verdade, a sombra. Quando encontramos uma maneira de abandonar as necessidades, os papéis, os símbolos e o comportamento puritano do ego, estamos em situação de penetrar o caos de novos aprendizados e começar a redescobrir novas partes de nós mesmos.

Desse modo, podemos entender que cada êxito presente contém uma sombra que talvez se torne devastadora. Para descobrir e definir os êxitos futuros, precisamos ir abrindo caminho através da sombra, dia após dia. E para isso precisaremos nos recolher a fim de nos renovar, e teremos necessidade de guias, mentores, talvez até de terapeutas.

Os "exploradores profundos" que prolongam a vida do sucesso sabem como fazer esse trabalho. Como me disse o escritor John Gardner há alguns anos: "Lembre que enquanto você está escalando sua montanha existem outras montanhas além dela. Fique de olho na montanha seguinte. E use o vale entre elas para renovar-se."

## 23. Charlatães, impostores e falsos profetas

ADOLF GUGGENBÜHL-CRAIG

"Exercerei minha arte única e exclusivamente para curar meus pacientes... com retidão e honradez... Em qualquer casa que eu entre, será pelo bem do doente, no limite das minhas forças, mantendo-me bem distante do mal, da corrupção, de tentar os outros ao vício... Considero sagradas a minha vida e a minha arte."

Essas frases foram tiradas do Juramento de Hipócrates. Ao longo dos séculos, até nossos dias, a imagem modelo do médico baseia-se nesse juramento. O médico é aquele que ajuda de modo altruísta e desinteressado. Ele se interessa pelo doente e pelo sofrimento para servi-los. Esse é o aspecto luminoso, o lado luminoso do seu trabalho.

O lado escuro parece um tanto diferente. Ele é mostrado, por exemplo, no *Doctor Knock* de Jules Romains. O dr. Knock não tem nenhum desejo altruísta de curar. Ele usa seus conhecimentos médicos para obter lucro pessoal. Não hesita em fazer adoecer pessoas saudáveis. Ele é um charlatão. Por charlatão não estou me referindo ao indivíduo, médico ou não, que tenta ajudar o doente usando meios não-ortodoxos ou não aprovados pela medicina; mas sim àquele impostor que, no melhor dos casos, está enganando a si mesmo junto com seus pacientes — e, no pior dos casos, àquele impostor que só engana os pacientes. Os charlatães ajudam a si mesmos — ganhando prestígio e também dinheiro — muito mais do que ajudam aos pacientes que os procuram. Nesse sentido, sua real atividade médica talvez seja útil, talvez seja prejudicial, talvez não seja nem uma coisa nem outra. Mas esses praticantes da medicina não estão interessados no aspecto médico de sua atividade; eles traíram o Juramento e trabalham apenas para si mesmos.

O charlatão é a sombra que sempre acompanha o médico. É uma sombra que pode viver dentro dele ou fora dele. Seus próprios pacientes o pressionam para que esqueça o modelo hipocrático e imite a caricatura do dr. Knock. Os inúmeros problemas de origem desconhecida que ele precisa tratar em sua prática diária, nenhum deles com uma terapia reconhecida — problemas tais como fadiga crônica, certos tipos de dor lombar e dores nas juntas, vagas dores cardíacas ou gástricas, dor de cabeça crônica, etc. —, são tratados por ele com uma demonstração pseudocientífica de *know-how* médico. Em vez de trazer os componentes psíquicos à atenção daqueles pacientes cujo sofrimento é principalmente psíquico, por exemplo, o que ele faz é ajudá-los a transformar seus problemas psíquicos em problemas físicos. Se os pacientes melhoram, ele é o grande curador; se pioram, é porque não seguiram adequadamente suas instruções.

Abandonemos por um momento o problema da sombra do médico. Para desenvolver o tema principal deste ensaio, precisamos primeiro analisar o lado escuro do padre ou pastor. A imagem do "homem de Deus", além de ter passado por muitas transformações ao longo da história, não é a mesma em todas as religiões. O que nos interessa aqui é o padre ou pastor da tradição judeu-cristã. Espera-se que ele, como membro do clero, tenha certo relacionamento com o Senhor, por mais intermitente que seja. Não é necessário que cada homem de Deus tenha recebido individualmente do Senhor uma missão específica, como os profetas do Velho Testamento; mas espera-se que ele, pelo menos, represente honestamente Deus e Sua vontade, seja em virtude de um genuíno contato com a divindade ou com base no seu conhecimento especial das Sagradas Escrituras e da sabedoria sagrada tradicional.

O reverso dessa nobre imagem do "homem de Deus" é o hipócrita, o homem que prega, não por ter fé, mas porque quer influenciar os outros e exercer poder sobre eles. A congregação de qualquer pastor exerce grande pressão sobre ele para que aja com hipocrisia: A companheira inevitável da fé é a dúvida. Mas ninguém quer ter dúvidas acerca do seu padre ou do seu pastor; cada pessoa já tem suas próprias dúvidas, e estas lhe bastam. Às vezes, o que pode um clérigo fazer senão reprimir suas dúvidas e tentar ocultar o momentâneo vazio interior com palavras de grande elevação? Se ele é fraco, essas ocasiões formarão um hábito. Esperamos que o pastor ou padre conheça o caminho para a salvação da alma. A sombra desse homem, íntimo da divindade, é o pequeno senhor todo-poderoso, o pregador que jamais se confunde com as palavras relativas ao propósito da vida e da morte. Idealmente, um homem de Deus dá testemunho do Senhor. Ele não pode provar aquilo que prega. Esperamos dele que seu comportamento, seu testemunho, crie a base que sublinha a retidão do caminho de salvação que ele representa. E imediatamente vemos a sombra do "homem de Deus" hipócrita que quer apresentar-se para o mundo — bem como para si mesmo — melhor do que realmente é.

A sombra do falso profeta acompanha o pastor ou o padre durante toda a sua vida. Às vezes ela emerge no mundo exterior sob a forma de um sectário de mente estreita ou de um odiado demagogo dentro da organização da igreja. Às vezes ela reside dentro dele. As nobres imagens do médico e do clérigo estão sempre acompanhadas pelas sombras do charlatão e do falso profeta.

Em nossos dias, o psicoterapeuta, o analista, constitui a convergência das imagens e das práticas do médico e do clérigo, do curador físico e do curador psíquico. É assim que ele traz consigo uma sombra dupla.

Vejamos primeiro os problemas da sombra que atacam o analista externamente, na sua faceta médica. Com muita freqüência nós, analistas, lidamos com doenças (tais como neuroses, doenças psicossomáticas e psicoses limítrofes) que tornam impossível o uso dos métodos de controle experimental geralmente reconhecidos. Como todos sabem, é impossível manter estatísticas referentes ao sucesso ou ao fracasso do tratamento nos casos de neuroses, por exemplo. O que constitui remissão? Deterioração? O ajustamento social seria um critério adequado? Ou a capacidade do paciente de manter um emprego? Ou o aumento e acuidade ou a diminuição e alívio dos sintomas neuróticos? Ou a sensação subjetiva de bem-estar do paciente? Ou o progresso feito rumo à individuação? Maior contato com o inconsciente? Os critérios, em si, estão abertos a interpretações indefinidas quando comparados, digamos, com a cura de uma fratura onde a recuperação funcional oferece um critério inequívoco da eficácia do tratamento.

Quaisquer que sejam os critérios escolhidos, os resultados estatísticos na nossa profissão são extremamente insatisfatórios. É impossível verificar se um paciente foi tratado pela psicoterapia, pela medicação com tranqüilizantes ou por coisa alguma. E, a esse respeito, as doenças psicossomáticas são tão más quanto as neuroses.

Vamos supor que concordamos que a distância entre o paciente e seu *Self,* seu contato pior ou melhor com o inconsciente, seria o critério apropriado para investigarmos a eficácia da psicoterapia. Como iremos medir essa distância? Como faremos uma investigação estatisticamente válida?

Em outras palavras, qualquer um que se intitule analista ou psicólogo pode alegar sucesso quando surge na hora certa, ou persevera o tempo suficiente, ou tem a sorte de ganhar um paciente cujas condições, medidas por este ou por aquele critério, iriam melhorar independentemente de tratamento. A sombra do charlatão ou o aspecto orientado para a medicina do analista podem, assim, ser ativados com uma relativa ausência de controle.

Mas a sombra do analista também é alimentada pelos aspectos que ele tem em comum com o clérigo. Os analistas junguianos não representam, decerto, uma fé específica. Não temos uma religião organizada. No entanto representamos, como o clérigo, um modo definido de vida. Não representamos nenhuma filosofia, mas aderimos a uma psicologia a respeito da qual temos convicção, tendo vivido, em nossas próprias vidas e em nossas próprias análises, certas experiências que nos convenceram e nos deram forma. Nosso confronto com o irracional e o inconsciente moveu-nos profundamente. Mas quaisquer que sejam os nossos *insights*, não podemos prová-los científica ou estatisticamente; eles só podem ser afirmados pelo relato honesto e confiável de outras pessoas. Para a pergunta que tão freqüentemente ouço de escolas médicas americanas, "Quais os estudos que têm sido feitos?", não existe resposta. As únicas provas que podemos apresentar são as experiências pessoais de nós mesmos e de outros, já que a realidade da psique não pode ser provada estatística ou causalmente no sentido científico usual. Estamos aqui em uma posição semelhante à do clérigo.

A necessidade de recorrer apenas à experiência pessoal de si mesmo e de outros dá margem a dúvidas. E se nós e as autoridades em quem confiamos estivermos enganados? Afinal de contas, existem muitas pessoas, incluindo outros psicoterapeutas da maior integridade, que sustentam uma visão da psicologia totalmente não-junguiana. Estarão todos eles enganados? Estarão todos eles cegos?

Somos capazes de admitir, a nós mesmos e aos outros, essas dúvidas? Ou compartilhamos do perigo do clérigo que põe de lado suas dúvidas incessantes e jamais admite que elas existem?

Além disso, como o pastor e o padre, trabalhamos com a nossa própria psique, com a nossa própria pessoa, sem instrumentos nem métodos tecnológicos. Nossas ferramentas são nós mesmos, a nossa honestidade, a nossa confiabilidade, o nosso contato pessoal com o inconsciente e o irracional. Sofremos uma grande pressão para representar esses recursos como melhores do que eles são e, assim, cair na sombra do psicoterapeuta. E ainda existe mais um paralelo com o pastor e o padre. Somos guindados ao papel de seres oniscientes. Trabalhamos com o inconsciente, com os sonhos, com a alma — áreas, todas elas, nas quais o transcendental se faz sentir. E por isso espera-se de nós que saibamos mais sobre as coisas primeiras e últimas do que o comum dos mortais. Se somos fracos, acabamos por acreditar que estamos mais bem informados sobre as questões da vida e da morte do que nossos semelhantes.

E assim não apenas as claras imagens-modelo da medicina e do clero se encontram na pessoa do analista, mas também suas sombras: o charlatão e o falso profeta. Valeria a pena desperdiçar palavras com eles? Não há dúvida de que existem charlatães e falsos profetas entre psicoterapeutas que, consciente ou inconscientemente, mais beneficiam a si mesmos do que ajudam os seres humanos a quem supostamente servem.

Nossa tendência é acreditar que o profissional, cínico e ciente de suas ações, que busca apenas o lucro pessoal não passa de um criminoso que logo é assim reconhecido por seus colegas, embora sempre encontre novas vítimas entre os doentes e desamparados. Através das nossas associações profissionais, tentamos proteger pacientes potenciais contra esses nossos colegas da sombra. Quanto ao outro tipo, aqueles que enganam mais a si mesmos do que aos seus pacientes, com sua identificação inconsciente com a sombra, pode-se dizer que é uma simples questão de maior conscientização e de melhor formação profissional. O futuro analista conscientiza-se de sua sombra durante o decorrer de um bom treinamento e da análise de controle e, depois disso, não é mais ameaçado por ela.

Mas aqui temos um grande engano; por causa dele, o problema da sombra profissional do psicoterapeuta é da mais fundamental importância. Pois aqui nos defrontamos com a tragédia inerente ao analista. Quanto maior e mais ampla se torna a crescente consciência do analista, tanto maior se torna o seu inconsciente. O inconsciente, e o problema correlato de cair na sombra, é *o* grande problema do analista. Comecemos considerando a situação do ponto de vista da individuação. Quanto mais individuado se torna um homem, ou seja, quanto mais amplo o domínio do inconsciente aberto diante dele, mais poderosas tornam-se as constelações do inconsciente. Afinal, supõe-se que o processo de tomada de consciência nos ajuda ao nos entregar ao inconsciente. Progredimos na individuação apenas na medida em que continuamente nos afastamos daquilo que já se tornou consciente e mergulhamos de novo no inconsciente. Em termos práticos, isso significa que uma pessoa que está se individuando age, às vezes, diretamente a partir do inconsciente — e isso inclui o psicoterapeuta que está engajado na sua atividade profissional. Mas agir a partir do inconsciente significa cair, sempre e de novo, na própria sombra.

Existe um outro aspecto do processo de individuação que se refere mais especificamente ao analista do que ao não-analista. Uma das tarefas especiais do analista é ajudar pacientes e colegas a se conscientizar, ou seja, a confrontar os conteúdos coletivos e pessoais no inconsciente dos outros. Assim como o conhecimento de Deus desempenha um papel importante na imagem-modelo do clérigo ou o curador altruísta na imagem arquetípica do médico, assim também no modelo do psicoterapeuta existe uma figura que poderíamos designar como o guia para o consciente, o portador da luz. Ele ocupa, de fato, uma posição central. Mas essas imagens-modelo profissionais, inerentes ao médico, ao clérigo e ao psicoterapeuta sempre contêm um irmão escuro que é o *oposto* do ideal luminoso e brilhante. Assim a sombra profissional do psicoterapeuta contém não apenas o charlatão e o falso profeta mas também o *alter ego* que habita o inconsciente — o oposto, em outras palavras, de tudo aquilo por que luta conscientemente o analista. Defrontamo-nos, portanto, com o paradoxo de que o inconsciente é uma ameaça maior ao analista do que ao não-analista.

Contaram-me certa vez que antes da Primeira Guerra Mundial, a Marinha Britânica não ensinava seus marinheiros a nadar, pressupondo que pessoas que não sabiam nadar teriam menores chances de se afogar do que aquelas que sabiam, uma vez que fariam o possível para não cair no mar. Comparando a água ao inconsciente, o analista é o marinheiro que sabe nadar.

Um analista honesto perceberá com horror que, de tempos em tempos, no seu trabalho diário, tem agido exatamente como um charlatão e falso profeta inconsciente.

O que narro a seguir é uma breve descrição do modo como opera a sombra do psicoterapeuta. A sombra procura tratar apenas pessoas ricas que pagam bem ou personalidades famosas que aumentarão seu prestígio. A sombra, então, diagnostica "sérias tendências à psicose". O conceito de psicose latente de Jung tem, facilmente, um emprego errado nesse contexto. O perigo de colapso psíquico iminente é exagerado para que a sombra possa parecer um salvador. No decorrer do tratamento, o paciente, em vez de ser confrontado com seus problemas, é adulado e lisonjeado. Seus piores defeitos de caráter são considerados interessantes, até admiráveis. A mulher autoritária é adulada porque manifesta o "arquétipo da rainha". A incapacidade de amar transforma-se em louvável introversão. Ao egoísta que não tem compaixão pela mãe idosa a sombra diz que ele está se libertando do *animus* da mãe. Em vez de tentar aliviar a tensão entre um paciente e seu pai, a sombra imediatamente declara que "o rei deve morrer". Não existe a percepção de que um analista cuidadoso pode transformar pais ameaçadores em velhinhos amistosos e gentis, cujas qualidades ameaçadoras desaparecem na medida exata em que o paciente se torna mais forte.

Qualquer tipo de remissão é entendido como sendo obra do próprio analista ou, pelo menos, atribuído aos poderes por ele despertados; qualquer deterioração da condição do paciente deve-se à sua incapacidade ou má-vontade de seguir o caminho que o analista lhe mostra.

O analista aprisionado na sombra vive, cada vez mais, através da vida de seus pacientes. A conversa dos pacientes é a sua conversa; as amizades, romances e aventuras sexuais dos pacientes tornam-se as suas experiências. Ele deixa por completo de viver sua própria vida. Seus pacientes são tudo para ele. Os pacientes vivem, amam e sofrem para ele. Pode ser que o analista viva apenas para seus pacientes, como diz o ditado; mas certamente ele vive apenas através deles. A análise e o analisar tornam-se a própria vida do analista. E que dizer da máxima de que o pagamento feito pelo paciente é parte de sua terapia? Não seria possível que essa fosse uma afirmação da sombra? Os honorários não são, com certeza, parte fundamental da terapia; existem para que possamos viver decentemente, à medida que fazemos por merecer.

A sombra mantém verdadeiras orgias com os conceitos de transferência e contratransferência. Invejamos, por exemplo, o marido da paciente porque sua influência parece ser tão grande quanto a nossa. Não toleramos essa usurpação do nosso poder; e representamos o marido como alguém que se comporta de modo vergonhoso, atroz, etc. E tentamos afastar nossos pacientes de seus amigos e conhecidos. A sombra do analista também o leva a desmerecer os amores anteriores dos pacientes e, ao assim fazer, supervalorizar-se.

Sempre que o sofrimento de um paciente neurótico ameaça esmagar o analista, sua sombra também lhe mostra um belo caminho para sair dessa dificuldade. O sofrimento neurótico não é um sofrimento real — assim diz o dogma — e isso nos permite deixar de ver o fato de que o paciente está realmente sofrendo. Na realidade talvez não existam coisas como sofrimento irreal ou inadequado, mas apenas problemas irreais ou inadequados.

Até mesmo o *Self* é mal empregado pelo analista que está mergulhado na sombra. Quantos comportamentos agressivos, imorais e intolerantes não são, com freqüência, justificados por serem intrínsecos ao *Self* do paciente? O adultério, por exemplo, deixa de ser encarado como um grave insulto e uma agressão ao cônjuge, e passa a ser uma libertação das normas coletivas em nome do *Self*. Comportamento injusto e desleal para com amigos, conhecidos, empregados e empregadores, rejeição da moralidade e dos códigos morais: o analista mergulhado na sombra ajuda e apóia tudo isso como sendo arrojados atos de libertação e redenção, de descoberta do *Self*.

O analista aprisionado na sua sombra começa, pouco a pouco, a brincar de profeta. Ele satisfaz as necessidades religiosas de seus pacientes fingindo sabedoria transcendental. Assim como o clérigo aprisionado à sua sombra vê os atos de Deus em toda parte e em tudo, também o analista vê o inconsciente operando em toda parte o tempo todo. Cada sonho, cada acontecimento, evento, doença, alegria, tristeza, cada acidente e cada prêmio de loteria é entendido como sendo o inconsciente em ação. Nós, os analistas, descemos do nosso altar como pequenos deuses capazes de deduzir tudo de qualquer coisa. Deixamos de reconhecer a mão escura de Moira, o destino, diante da qual até mesmo os deuses, o inconsciente, devem se curvar. Para nós não existe tragédia, não existe o acidente cruel e cego. Acreditamos que as pessoas se desgraçam porque perderam contato com o inconsciente. E chegamos a acreditar, e deixamos que nossos pacientes acreditem, que podemos espiar por trás dos bastidores dos eventos do mundo.

Para podermos continuar a ajudar o paciente numa situação trágica da vida, que permanece trágica embora seu contato com o inconsciente possa ter melhorado, precisamos ser capazes de enfrentar a nossa própria situação trágica de vida. Nossa tragédia especial é, acredito, que quanto mais tentamos ser bons terapeutas que ajudam a conscientização dos pacientes, tanto mais nos tornamos vítimas do lado escuro da nossa luminosa imagem profissional, da nossa cegueira — no mínimo, parcial — em relação à nossa sombra.

Num certo sentido, o destino de qualquer homem que luta por um objetivo qualquer — e nossos pacientes geralmente são desse tipo — tem um lado nitidamente trágico. Sempre emergirá o oposto daquilo que queremos realizar ou daquilo que queremos evitar.

O médico torna-se um charlatão exatamente por querer curar tantas pessoas quanto possível; o "homem de Deus" torna-se um hipócrita e um falso profeta exatamente por estar tão ansioso para aumentar a fé entre seus semelhantes. Assim também o psicoterapeuta torna-se um falso profeta e charlatão inconsciente, embora trabalhe noite e dia tentando tornar-se cada vez mais consciente.

# 24. Como fazer bom uso de nossos defeitos e imperfeições

MARSHA SINETAR

As pessoas que são eficientes em seu trabalho conhecem seus limites. Elas colocam essas limitações a serviço de suas vidas, conseguindo integrá-las ao seu modo específico de trabalhar. Elas descobriram, corretamente, que precisam dar atenção ao seu próprio caráter físico e psicológico, às suas tendências emocionais e padrões de concentração, e que essas limitações as ajudam no trabalho. De fato, a combinação de limitações de uma pessoa forma um complexo de atributos cujo significado está além da compreensão corrente de qualquer um — até mesmo dela própria. Esse complexo é a essência de sua expressão na vida.

Tenho um paciente que é um andarilho. De natureza inquieta, ele pensa melhor quando caminha. Quando aceitou esse fato a respeito de si mesmo, os outros também o fizeram. Depois de muitos anos trabalhando a seu lado, os colegas agora esperam que ele caminhe pelas paredes. É claro que sua inteligência superior rendeu milhões de dólares para a empresa e ele adquiriu o "direito" de caminhar tanto quanto deseja.

Uma outra pessoa, uma cientista, prefere trabalhar em isolamento numa empresa que valoriza a política de portas abertas. Ela sempre fecha a porta quando trabalha, embora de início fosse bastante criticada por fazê-lo. Ciente de que precisava de isolamento para poder produzir resultados de qualidade, ela insistiu em manter seu estilo de trabalho preferido. Seus colegas acabaram por aceitá-lo.

Essas pessoas adotaram um modo de trabalhar que harmoniza tendências antagônicas: o desejo de se concentrar *versus* o desejo de caminhar; o desejo de se adequar a uma corporação *versus* a necessidade de seguir um estilo de trabalho pessoal.

"Faça bom uso de seus defeitos" era o lema da grande dama da canção francesa, Edith Piaf. Talvez toda a questão de compreender e usar nossas limitações gire em torno desse lema. Não estou certa se os traços que estou discutindo aqui são "limitações", mas certamente eles parecem sê-lo quando confrontados com o estereótipo comportamental com que os outros avaliam o nosso modo de ser.

Por exemplo, eu e uma amiga escritora estamos sempre discutindo a nossa "preguiça". Nós duas percebemos, já há muitos anos, que parte do nosso processo criativo incluía um período de completo torpor, uma espécie de descanso ou incubação de idéias. À primeira vista, isso parece feio e até mesmo "mau", quando comparado ao modo como fomos ensinados a trabalhar. A ética do trabalho puritana da minha educação opõe-se a que uma pessoa descanse durante o dia. Ainda assim, depois de alguns projetos criativos, acho que é exatamente isso que preciso fazer para poder seguir para o projeto seguinte.

Minha amiga ri enquanto me conta que fica na cama o dia todo, assistindo novelas na televisão, enquanto inconscientemente constrói um novo depósito de imagens e idéias para seus próximos livros. "Eu odiava me ver ali deitada. Aquilo era contra todas as imagens do que eu *deveria* estar fazendo e de como eu *deveria* parecer. Aos olhos da minha mente eu sentia que as pessoas esperavam que eu fosse uma visão toda de branco, engomada e imaculada, o dia todo, uma Betty Crocker da máquina de escrever, construtivamente produzindo laudas limpas e impecáveis vinte e quatro horas por dia, como biscoitos perfeitos saindo do forno." Aos poucos ela foi percebendo que, se não fizesse uma pausa para descanso quando dele precisava, seu projeto seguinte seria mecânico, forçado, nunca um trabalho original.

Costumo fazer longos passeios pela zona rural onde moro, ouvindo música enquanto dirijo. Sempre amei a arquitetura dos celeiros e das capelas. Um par de dias admirando esses velhos edifícios batidos pelo tempo ou circulando por estradas poeirentas ou pela escarpada Rodovia Um na costa do Pacífico, é para mim um repouso e uma jornada visual simbólica. Espelha a rota espiritual e subjetiva de que meu lado criativo necessita, enquanto reúno as energias para produzir um outro capítulo ou artigo.

Nenhuma outra parte da nossa personalidade revela o nosso temperamento básico, a nossa maneira fundamental de trabalhar mais do que o faz o nosso lado escuro — a parte de nós mesmos que ilogicamente se desdobra no seu próprio tempo e que tem suas próprias exigências. Estou me referindo aos nossos impulsos incontroláveis, aos hábitos que simplesmente não conseguimos romper, às tendências inaceitáveis e contraditórias que nos levam a caminhos opostos ao que pretendíamos seguir. Esses são os impulsos antagônicos que dão riqueza e mistério à nossa vida. Esse impulsos, hábitos e contradições até mesmo suprem a energia dinâmica que dá singularidade e direção à nossa vida. Jung descreveu-o desse modo:

> Consciente e inconsciente não fazem um todo quando um deles é suprimido e ferido pelo outro. Se eles precisam contender, deixemos que seja ao menos uma luta justa, com direitos iguais para ambos os lados. Ambos são aspectos da vida... e a vida caótica do inconsciente deveria ter a chance de também fazê-lo a seu modo — tanto quanto pudermos suportar. Isso significa conflito aberto e colaboração aberta de uma só vez. Esse, evidentemente, é o modo como a vida humana deveria ser. É o velho jogo do martelo e da bigorna: entre eles, o ferro paciente é forjado num todo indestrutível, um "indivíduo".

Essa atitude não quer dizer que devemos continuar a ferir a nós mesmos ou a ignorar comportamentos viciados e limitadores. Quer dizer que devemos parar de lutar contra nós mesmos. O que devemos fazer é tomar uma vista aérea e objetiva daquilo que cada comportamento está dizendo sobre nós, seu significado no quadro geral da nossa jornada em direção ao *self*. Aqui estão algumas perguntas úteis para identificarmos o valor potencial dos nossos "maus hábitos":

- Você tinha hábitos de trabalho que suprimiu com todo o rigor, numa tentativa de adaptar-se e tornar-se mais semelhante aos outros?
- Você tem alguns traços de personalidade que (como eu e minha amiga escritora) de início combateu, pensando que eram errados e tentando mudá-los ou ocultá-los?
- Você deixou de tentar realizar algo em algumas áreas "não-significativas" da vida porque uma vez lhe disseram que elas não eram importantes o suficiente para merecer atenção?
- Existe alguma atividade "ociosa" (como dormir, assistir TV, pescar, ouvir música, devanear, etc.) que dá um vigor renovado ao seu trabalho, mas que você sente que não deveria estar fazendo?

Quando vemos a nós mesmos como seres concebidos para expressar a total criatividade da nossa vida, podemos então compreender nossos hábitos, nossos devaneios, nossas fantasias, nossos valores e as dualidades da nossa personalidade, e usá-los a serviço dessa expressão. Não são apenas as nossas palavras, trabalhos e relacionamentos que nos descrevem enquanto seres individuais. O que importa é aquilo que somos. E talvez os aspectos controvertidos da nossa personalidade estejam adicionando um certo matiz, um certo tom ou o ímpeto necessário para energizar o nosso movimento em direção ao eu e à expressão vital e criativa do nosso próprio ser.

## 25. Quando a tecnologia fere

CHELLIS GLENDINNING

Vivemos num mundo com um número crescente de tecnologias que constituem ameaça à saúde — e um número crescente de pessoas cuja saúde foi afetada pela tecnologia. O desenvolvimento e o uso da tecnologia hoje representam perigo não só para a pessoa individual mas para a própria vida: para a essência e sobrevivência das águas, do solo e da atmosfera da Terra, para a sua vida, leitor, e para a minha.

O historiador Lewis Mumford chama o nosso tempo de Era do Progresso, na qual "o mito da máquina... de tal modo capturou a mente moderna que nenhum sacrifício humano parece ser demasiado grande".[1] Com a invenção do telefone, da televisão, dos mísseis, das armas nucleares, dos supercomputadores, das fibras óticas e da supercondutividade, nosso sistema social encorajou repetidamente tecnologias que nos conduzem para mais e mais longe das raízes comunais e ligadas à natureza que por milênios honraram a vida e as inter-relações na cultura humana. Em seu lugar, os valores que sustentam o nosso conceito moderno de "progresso" como desenvolvimento tecnológico desenfreado tornaram-se o imperativo moral — *e a maldição* — da era moderna.

Neste momento crítico da História, portanto, encontrar e ouvir com atenção os sobreviventes das tecnologias que ameaçam a saúde pode servir para nos despertar para uma necessidade premente: uma revisão abrangente da situação da moderna sociedade tecnológica. À luz dessa necessidade, as experiências daquelas pessoas cuja saúde foi afetada não se restringem mais à realidade pessoal. Reveladas, essas experiências tornam-se o catalisador que abrirá o nosso coração coletivo à paixão e à sabedoria de que precisamos para fazer deste um mundo seguro no qual possamos viver. O que as pessoas que suportaram a provação das doenças induzidas pela tecnologia aprendem sobre tecnologia, relações humanas e significado da vida é uma lição crítica para todos nós.

A pergunta crucial refere-se ao conhecimento. Quem sabe que uma tecnologia é perigosa? Quando eles o sabem? Como uma nova tecnologia é lançada para uso público? Quão completos são os estudos que pesquisam seu impacto potencial? Quão influentes? Em alguns casos (tais como o Escudo Dalkon, o automóvel Pinto e tanques de gasolina com vazamentos), no início ninguém conhecia realmente seu grau de segurança ou de perigo — ninguém, nem os inventores, nem os fabricantes, nem o governo, nem os consumidores. Ninguém previu a possibilidade de que eles pudessem apresentar futuros efeitos danosos; ninguém fez testes e análises suficientes. Em casos como esses, embora de início nem o fornecedor nem o usuário conheçam os perigos da tecnologia, finalmente, através de uma experiência infeliz, alguém acaba descobrindo. A descoberta geralmente opõe o fornecedor defensivo (que talvez não queira admitir sua responsabilidade ou investir em mudança de tecnologia) ao consumidor prejudicado (que talvez busque indenização pelo sofrimento ou exija que a tecnologia ofensiva seja banida).

Em outros casos, os tomadores de decisão nos mais altos escalões das hierarquias governamentais, científicas e empresariais compreendem muito bem os perigos, mas determinam que o "risco" para a vida individual vale o "benefício" para a sociedade, para seus próprios currículos ou para suas contas bancárias. Não vendo nenhuma vantagem em confessar conhecimento do perigo, eles em geral envolvem suas tecnologias no maior segredo. Nada informam, nem aos trabalhadores nem ao público, sobre os possíveis problemas e, em resultado, o povo usa tecnologias perigosas sem conhecimento do seu risco.

O fato de que o amianto pode causar doenças pulmonares e morte já era conhecido nos Estados Unidos em 1918[2] mas, ainda assim, os fabricantes continuaram a empregar trabalhadores em ambientes inseguros, evitando toda e qualquer responsabilidade através do pagamento de adicionais de insalubridade e estratégias legais. Nos anos 50, Heather Maurer trabalhava na pequena fábrica do pai cortando tubos de amianto. Seu pai morreu de câncer generalizado e a mãe sofre de fibrose pleural. "Você acha", pergunta ela, "que meu pai botaria a família a trabalhar com essa coisa se soubesse que ela estava nos matando?"

Em última análise, nada sabemos sobre os efeitos das tecnologias modernas sobre a nossa saúde simplesmente porque aqueles que as desenvolvem e fornecem não se interessam pelo assunto. As tecnologias não são criadas e escolhidas de um modo aberto, cuidadoso ou democrático, e nós não exigimos que elas o sejam. Sua existência dentro da comunidade humana, devido à irresponsabilidade de quem as desenvolve e à inocência de quem as consome, torna-se *um destino que não escolhemos.*

Assim, a descoberta da conexão entre o sobrevivente de uma doença e um evento tecnológico ocorre numa atmosfera de ignorância e inocência.

O problema não é exatamente o fato de que muitos de nós — desde cidadãos até cientistas — não reconhecem os perigos. O problema é que não conseguimos admitir que o nosso vizinho, um membro da nossa família ou até nós mesmos podemos estar sofrendo de doenças induzidas pela tecnologia. Temos tabus tecnológicos para nos proteger dessa idéia, temos regras e restrições inconscientes aprendidas através da socialização que mostram nossa profunda necessidade de evitar certas experiências. Existe um tabu contra desafiar a tecnologia, existe um tabu contra questionar as instituições que a fornecem e existe um tabu contra confessar os danos que ela provoca.

O sociólogo Jacques Ellul sugere como esse sistema de tabus funciona. No seu *Propaganda: The Formation of Men's Attitudes* [Propaganda: A Formação das Atitudes do Homem], Ellul vê a determinante da percepção pública como sendo algo mais que uma doutrinação lançada sobre o povo por uma cabala de governantes e executivos que servem a si mesmos. Ele vê essa determinante como um sistema de parcerias que envolve todos os setores da população.

O que temos na sociedade moderna é um conjunto de tabus tecnológicos que, pelo menos a curto prazo, beneficiam diretamente os criadores e disseminadores de tecnologias. O que temos são tabus que, indiretamente, satisfazem as necessidades psíquicas da população com suas promessas de "boa vida", excitação e "progresso".

## 26. As regiões selvagens como vítimas do progresso

PETER BISHOP

Os anos 60 viram a primeira fotografia da Terra como um planeta e, em 1968, ela foi revelada a seus habitantes por uma transmissão televisiva direta a partir de uma espaçonave em órbita. A respeito disso, Metzner escreve:

> As primeiras fotografias da Terra tiradas do espaço assinalaram o começo de um novo ciclo de inclusão total: lá estava ela como uma jóia verde-azulada no veludo negro do espaço profundo, envolta nos luminosos véus atmosféricos — a nossa nave espacial, a nossa mãe, o nosso planeta. O mundo é uno. Agora estamos todos unidos.[1]

A abrupta criação dessa imagem idealizada da totalidade, a fantasia da "Terra Total", é um acontecimento único para as culturas industriais. É uma complexa imagem holística da Terra: física, cultural, espiritual, sua história e seu futuro. A "Espaçonave Terra", a "Terra S/A", a "Aldeia Global", a "Terra Célula", a "Terra Total", a "Terra Mandálica" — todas essas imagens mostram a Terra como uma unidade evolucionária discreta num imenso drama cósmico. Mas a confiança, a exuberância e o senso de retidão inspirado por esse evento imagístico obscureceram o paradoxo imaginativo. Por quais rotas a imagem da Terra Total adquiriu sua atual coerência massiva? Em quais momentos, durante a emergência dessa imagem, confiança e esperança coincidiram com ansiedade e desespero?

A "Terra Holística" alivia o fardo de uma imensidão sem forma. Essa estável imagem global coloca em foco a vastidão infinita do espaço. Futilidade, monotonia e melancolia são os resultados consistentes dessa imaginação ampliada.

## A ecologia e o horror aos insetos

Uma vez que o planeta como *sistema*, e não como *processo* evolucionário, torna-se o foco principal, transportamo-nos para a fantasia da ecologia. Surgem diferentes esperanças e medos, mobilizam-se novas coerências. A palavra "ecologia" surgiu pela primeira vez na língua inglesa em 1873.[2] A ecologia enfatiza o todo e não as partes, enfatiza as interações entre organismo e ambiente. Harmonia, equilíbrio, interdependência, unidade e totalidade são conceitos utilizados para descrever sistemas idealizados. A vida torna-se coerência; a Terra, uma célula global. A humanidade é imaginada como uma mera forma de vida entre muitas outras, um ser planetário inseparavelmente enredado numa teia viva.[3]

Enquanto o campo da ecologia era inicialmente formado pela biologia e pela botânica do século XIX, no século XX ele ampliou-se e englobou todas as disciplinas desde as artes até as ciências sociais e físicas. "O único pensamento digno do nome precisa agora ser ecológico", escreve Mumford.[4] As metáforas orgânicas e inspiracionais daqueles que proclamam uma sagrada unidade global — "Integridade é totalidade, a maior beleza é a totalidade orgânica..." — contrastam com a linguagem sistêmica dos pragmáticos holísticos: "Deus... [é] o movimento abstrato de uma bússola movida pelo amor..."[5] Em aparente oposição a ambas, estão as imagens da uma unidade *profana*. Para Karl Marx, o globo estava realmente se tornando unido, mas pelo capitalismo e pelo imperialismo. Do mesmo modo, Margaret Mead escreve que a própria humanidade "interligou a população do planeta, antes dispersa e desconexa, num único grupo interconectado, mutuamente dependente e totalmente em perigo".[6] A euforia da "aldeia global" dos anos 60 parece ingênua quando comparada à atual imagem da sombra de um "único grupo totalmente em perigo".

Em *The Fate of the Earth* [O Destino da Terra], Jonathan Schell comenta sombriamente que talvez tudo o que reste de um holocausto atômico seja "uma república de insetos e o capim".[7] Essa é uma reformulação moderna de um antigo medo: o medo de que o reino dos insetos desloque o *Homo Sapiens* como espécie dominante e herde a Terra. Enquanto a sobrevivência de pássaros e golfinhos poderia oferecer certo consolo, imaginar que o domínio do planeta passaria aos insetos, em especial às formigas e baratas, provoca repulsa, desespero e desolação. Os insetos há muito são associados ao demônio. Na tradição junguiana, uma multidão de insetos num sonho geralmente simboliza uma psicose latente, uma fragmentação da personalidade básica. James Hillman sugere que eles evocam a autonomia reprimida da psique ocidental; insetos nos sonhos representam a mente ou inteligência naturais nos complexos.[8]

O holismo teme a fragmentação. Ele usa os insetos para evocar fantasias agressivas. O homicídio é um crime; o inseticida é um produto de consumo doméstico. Os insetos inspiram um aterrorizado tiroteio com aerossóis tóxicos. Hillman comenta: "Assim que o bichinho aparece, começa o tiroteio." Fantasias com insetos tocam o medo de desintegração, de poluição, de perda de identidade. Eles expressam o medo que temos de um sistema onipotente e bem-organizado, bem como nosso medo de uma multidão caótica e sem rosto. As imagens escuras específicas da alienação e da era industrial — as massas, burocracia, superpopulação, totalitarismo — foram, até certo ponto, expressas em metáforas entomológicas: uma colméia industrial, um formigueiro de redes viárias urbanas. Mesmo a linguagem dos sistemas de informação da biologia moderna e da cibernética remete aos insetos e à sua organização: *units, bits, microchips* e, claro, "*bugs*".* Imaginar a Terra como uma única célula, como uma unidade holística, evoca sonhos com insetos.

Os insetos também estão mitologicamente associados com a classificação, a investigação, a atenção aos detalhes. Eles são mensageiros do mundo subterrâneo insistindo que troquemos nossas gloriosas abstrações de unidade global por uma imaginação fragmentada mais ligada à Terra. Mas, na concepção unilateral do holismo, os insetos estão por toda parte, comendo e corroendo as bases de tudo. As fantasias de unidade global têm sido cada vez mais solapadas por uma sensação penetrante de crise. Tudo se desmorona, tudo parece nos ameaçar: o ar que respiramos, a água que bebemos, o alimento que comemos. Existe uma ansiedade profundamente diversificada. O lado *reverso* da unidade global revela a face da fragmentação, do pânico e da crise — não uma única grande crise no futuro, mas inúmeras pequenas crises, agora, por toda parte, a cada dia. Experiências de crise, intervenções de crise, administração de crise, tratamento de crise, aconselhamento de crise, tudo isso caracteriza a vida na sociedade ocidental neste final do século XX.[9]

A preocupação com a ecologia parece promover uma atividade incessante. Os problemas são sempre apresentados como *urgentes*, a questão sempre é do tipo o que *fazer agora*! A contemplação foi substituída por ativismo. Como observou um ativista ecológico: "Antes estudávamos a torda do Mar do Norte; agora tentamos salvar a espécie humana."[10]

Uma palestra de 1898, "A Dependência do Homem à Terra", proclamava com resignação que "o homem nunca poderá desatar os laços que o sujeitam à natureza".[11] Loren Eiseley escreveu que "a descoberta da teia da vida, interligada e em evolução" era a principal causa de "um terror inteiramente novo e menos palpável".[12] E Jung alerta, "Poder-se-ia facilmente conjecturar que a Terra está ficando pequena demais para nós, que a humanidade gostaria de escapar de sua prisão..."[13] A humanidade parece estar presa na armadilha de seus próprios sonhos de unidade. Pavor injustificado do caos, da fragmentação e da perda de identidade são complementados por medo de ficar preso na armadilha, sufocado e aprisionado. A *teia* da vida, a *rede* ecológica, evocam esses medos.

A imensa celebração, até mesmo o culto, da participação inescapável da humanidade na teia da vida contradiz a ameaça de morte e destruição simbolizada pela aranha no seu centro. A teia é um símbolo apropriado para o lado da sombra do decantado "retorno à Mãe Terra". A teia é, não apenas uma imagem holística a ser contemplada em admiração, mas também um labirinto dentro do qual a humanidade cambaleia em busca de sua própria identidade e segurança.

---

* A palavra inglesa *bugs* significa inseto, bichinho, e também um defeito ou problema num computador ou numa máquina qualquer (N. T.).

## Uma perda imensa

O holismo planetário não representa apenas uma imagem exemplar de ordem, como também de imensa perda. O simples tamanho e o caráter peremptório das fantasias contemporâneas de perda são sem precedentes:

> Não há sobreviventes, não há futuro, não há vida a serem recriados nesta mesma forma. Estamos olhando para a finalidade mais extrema que pode ser escrita, vislumbrando a escuridão que não conhecerá outro raio de luz. Estamos em contato com a realidade da extinção.[14]

Espécies se extinguiram ao longo da história da Terra e a experiência da extinção deve ter sido conscientemente enfrentada por muitos povos. Mas nenhuma espécie jamais foi forçada a contemplar a nítida possibilidade de sua própria extinção. A "extinção", a "aniquilação", esmagam nossos poderes imaginativos. Em termos psicológicos, é difícil encarar como simples fantasia a perspectiva da imediata extinção da espécie humana.

Em 1848, apenas quatro anos depois que o último casal de mergulhões gigantes foi morto a pauladas e seu único ovo esmagado pelas botas de um pescador finlandês, Karl Marx escreveu sobre a unidade humana enquanto "espécie". Na época, esse era um conceito difícil de ser apreendido. Três anos mais tarde, em 1851, a exposição no Palácio de Cristal foi inaugurada pelo Príncipe Alberto com estas palavras:

> Ninguém que tenha prestado atenção às características peculiares da era presente duvidará por um momento que estamos vivendo em um período da mais maravilhosa transição, que tende rapidamente a realizar aquele grande objetivo para o qual, na verdade, toda a História aponta — a realização da unidade da raça humana.[15]

Cento e trinta anos depois, percebemos que a unidade global tem seu lado da sombra na guerra global e na poluição global. No entanto, emergindo de sob esse lado escuro, está a percepção de nós mesmos enquanto uma espécie particular. Hoje é muito mais fácil apreender a imagem de Karl Marx sobre uma espécie humana. Imaginar nossa identidade enquanto espécie significa enfrentar a morte. Imaginar a existência enquanto espécie exige que imaginemos a extinção da espécie; são os dois lados da mesma imagem. Para o homem ocidental médio da época de Marx, tanto a extinção do pacífico mergulhão gigante quanto a imagem marxista do ser enquanto espécie teriam parecido estranhas, abstratas e remotas. Para o homem contemporâneo, elas parecem modernas.

Não apenas a memória humana como também o próprio terreno da imaginação estão hoje ameaçados de extinção. Cada um dos níveis de perda imaginados — individualidade, civilização, espécie humana, o mundo animal e vegetal, a matriz que cria e sustém a vida na forma que a conhecemos — expressa o medo da ausência de um referencial psicológico, a morte da *memória*. Através dessas terríveis imagens de perda, somos atirados à alma das coisas, à *Anima Mundi*.[16]

## As regiões selvagens e a perda da beleza

As regiões selvagens têm sido chamadas "Mecas da peregrinação ao passado da nossa espécie", "reservatórios da liberdade humana", "partes da geografia da esperança".[17]

A preservação das regiões selvagens tem sido enfatizada por muitas razões — como repúdio à civilização industrial e retorno ao primitivismo; repositórios de dados científicos incomensuráveis; campos de treinamento para o desenvolvimento da autoconfiança e das habilidades de sobrevivência; lugares que ampliam o espírito de equipe; retiros solitários para contemplação e adoração; centros de cura onde a tensão e a confusão da vida urbana podem ser liberadas; corretivos salutares ao antropocentrismo. Ainda assim, a propriedade básica das regiões selvagens é estética.[18] O âmago das imagens sobre as regiões selvagens encerra uma ansiedade fundamental a respeito da beleza.

Enquanto os defensores das regiões selvagens continuamente exaltam sua beleza, a apreciação contemporânea não se equipara ao deleite e assombro que ela evocava em tempos passados. Rousseau queixou-se de que a voluptuosidade da natureza o esmagava; Thoreau confidenciou que "Meus sentidos não têm descanso"; Muir insistia que a beleza era tão importante quanto o pão. Em sua primeira escalada às montanhas do Himalaia, Younghusband exclamou em êxtase: "Ah, sim! sim! Como isto é esplêndido! Que esplêndido!" Para nós, esses lugares estão hoje tocados pela impermanência; eles nos fazem lembrar a perda.[19] Mas a imaginação das regiões selvagens ainda dá uma coesão sensual à imagem de uma Terra holística. Ela oferece a mais sublime experiência *visual* da vida planetária. Através do prazer sensual da beleza, tanto a visão ecológica quanto a evolucionária moderam a abstração excessiva.

Vista do espaço, a imagem da Terra desperta uma dor indisfarçável: "Envolta num manto de nuvens, ela flutua, formosa, pelo oceano do espaço. Cabe-nos escolher entre violar ou honrar sua beleza."[20] Enquanto a ecologia se ocupa com o rompimento das conexões e a destruição da antiga harmonia fundamental, a preservação das regiões selvagens usa constantemente metáforas de violação, estupro e pilhagem.

Mas talvez o grande problema dos nossos tempos seja menos a alienação da "natureza" que a da "beleza". "Região selvagem" tinha, originalmente, conotações de desordem e confusão. Existe certa loucura no crescimento selvagem. As vastidões "selvagens e assustadoras" do Maine chocaram Thoreau e forçaram-no a moderar seu entusiasmo anterior. Poucos partilhariam de sua reação hoje. Somos mais iluminados ao proclamar que esses lugares não perturbam mais ou perdemos contato com algum paradoxo fundamental? Os ativistas da vida selvagem em geral insistem que seu objetivo é reeducar o Ocidente para uma apreciação inequívoca da beleza das regiões selvagens "naturais". Esse objetivo causa perplexidade, pois é improvável que alguma cultura humana tenha realizado o paradoxo de englobar *todas* as regiões conhecidas.[21]

Existe um esforço conjunto para eliminar o imaginário das regiões selvagens e remover qualquer melancolia a elas associada. No passado, isso foi conseguido através da eliminação literal de florestas, pântanos e selvas ou pelo cultivo de desertos. Hoje, essa eliminação se dá pela fantasia insistente de que a opressão e o medo tradicionalmente inspirados pelas regiões selvagens eram preconceituosos e errados.[22]

A própria idéia de região selvagem tem suas origens numa fantasia de opostos: bravio/domado, selvagem/civilizado, profano/divino, loucura/sanidade, caos/ordem, confusão/harmonia.[23] A imagem das regiões selvagens sempre foi utilizada como algo através do qual alguém se definia e se identificava. Ela sempre envolveu *um outro lugar* e só pode existir quando é destacada de algum outro lugar. As regiões selvagens marcam as fronteiras das imagens de extremos. Como altares inequívocos da beleza natural, elas também são entradas contemporâneas para o mundo subterrâneo, para paisagens onde imagina-se que tal beleza seja totalmente ausente.

Existe o risco de que as fantasias unilaterais confinem a "beleza natural" às áreas chamadas selvagens e a excluam da vida cotidiana nas cidades. As regiões selvagens já estão sendo embaladas para consumo imediato. Elas estão rapidamente se tornando um tópico fechado: por exemplo, a psicologia ambiental já definiu e exaltou *a* "experiência das regiões selvagens", que se tornou foco da atenção de educadores, terapeutas, assistentes sociais, etc.[24] Projetaram-se maneiras de ampliar sua intensidade e canalizar sua direção. Thoreau, presumivelmente, precisaria reeducar sua atitude em relação às regiões selvagens do Maine. A "experiência das regiões selvagens" está tomando forma como mais um outro item de consumo programado e instantâneo. As regiões selvagens do mundo estão se tornando os parques da aventura das nações ricas ou as catedrais de um novo dogma.

Evitamos o paradoxo derrubando antigas árvores ou extirpando "indesejáveis" fantasias ocidentais. À medida que as regiões selvagens se transformam num lugar unilateral de salvação, as fantasias do mal se deslocam para a cidade, para a máquina, para a empresa de mineração. A variedade de possíveis reações imaginativas às regiões selvagens já está sendo comprimida na moralidade autocomplacente do holismo e na uniformização do ambiente terapêutico do século XX.

## Vítimas das sombras?

As rotas pelas quais a imagem planetária holística chegou à consciência ocidental não foram, conseqüentemente, livres de sombra. Do ciclo imaginativo evolucionário surgem imagens da humanidade esmagada sob o fardo de uma impiedosa continuidade ou nulificada num estado desesperador de insatisfação pela ilimitada vastidão do tempo e do espaço. A imaginação ecológica engloba o medo da fragmentação, do caos, do aprisionamento na teia da vida, com a perda da identidade humana. A imaginação das regiões selvagens é matizada pela nostalgia e pelas flutuações do estado de espírito que sempre acompanham as fantasias fortemente literais e irrefletidas sobre a beleza. Essas são algumas das profundas patologias específicas dos nossos tempos, embora elas comumente apareçam sob a forma de sonhos com insetos ou de irritantes preocupações com as bagatelas da vida cotidiana.

A conhecida antropóloga Mary Douglas conclui seu estudo do ambientalismo contemporâneo levantando a questão "por que os Estados Unidos estão mais apaixonadamente envolvidos do que qualquer outra nação ocidental no debate sobre os riscos da natureza?"[25] Uma posição no centro do poder global permitiria uma visão privilegiada das questões globais, ou essa alta posição encorajaria e forçaria uma imaginação global? Quando o poder e a manipulação são globais, assim são as imagens da esperança e do significado. Cenários globais, soluções globais, problemas globais, todos eles são parte da mesma fantasia específica.[26]

Eiseley insiste que a humanidade "certamente caminhou pelo fio da navalha da extinção por anos sem conta. À medida que definia o seu mundo, também caía vítima das sombras que estão por detrás dele".[27] Parece que o pesadelo continuará murmurando em nossos ouvidos ainda por muito tempo. A questão importante não se refere a um erro mecânico acidental, a um defeito técnico ou a um *microchip* defeituoso numa estação de alerta nuclear. A questão fundamental é se somos capazes de suportar a intensidade contínua dos nossos próprios pesadelos. À medida que aumenta a dificuldade de descartá-los do nosso cotidiano, eles se congelam numa imagem de escuridão que é tão exemplar, densa e coerente quanto a imagem da Terra holística.

## Uma ecologia fragmentada

Bachelard comentou com desgosto que "[Os adultos] demonstram à criança que a Terra é redonda e que gira em torno do Sol. E a pobre criança sonhadora precisa ouvir tudo isso! Que alívio para seus devaneios quando... você volta a escalar a encosta da colina..."[28] Uma imaginação específica e fragmentada não subestima, de modo algum, a ameaça ao planeta nem revela preocupação menor com o ambiente. Certamente que a imagem de uma Terra holística sugere a necessidade urgente de estruturas imaginativas para conter, cozinhar e digerir as fantasias dos nossos tempos. Mas os fragmentos também curam. As questões colocadas pela imaginação global são, em si mesmas, *estilhaçadoras*. Elas continuamente fragmentam o conforto que alguém poderia extrair de um holismo prematuro. Como já vimos, existe uma sombra de destruição inerente ao holismo idealístico. Precisamos descer a essas sombras da Terra holística, pois essa imagem nasceu ao mesmo tempo que a imagem da nossa própria destruição. Eiseley escreve sobre "o escuro murmúrio que sobe do abismo sob nós e que nos atrai com misterioso fascínio". Esses murmúrios são o mundo chamando a atenção para si mesmo, restabelecendo a si mesmo como uma realidade psíquica.[29]

*A história dos três pedreiros ilustra como a nossa atitude pode transformar o nosso trabalho:*

> *Você conhece a história dos três pedreiros? Quando perguntaram ao primeiro pedreiro o que estava construindo, ele respondeu com rudeza e sem sequer levantar os olhos do trabalho: "Estou assentando tijolos." O segundo respondeu: "Estou levantando uma parede." Mas o terceiro exclamou cheio de entusiasmo e orgulho: "Estou construindo uma catedral!"*

# Parte 6

# A sombra no caminho: o lado escuro da religião e da espiritualidade

Um discípulo perguntou a um rabino muito instruído por que Deus outrora costumava falar diretamente com o seu povo e nos dias de hoje deixou de fazê-lo. O sábio respondeu: "O homem não consegue mais se curvar o suficiente para ouvir a voz de Deus."

*Provérbio judaico*

Faz parte das profundezas do espírito religioso ter se sentido abandonado, até mesmo por Deus.

*Alfred North Whitehead*

Por detrás da escuridão reprimida e da sombra pessoal — aquilo que foi decomposto e está se decompondo, e aquilo que ainda não existe mas está germinando — existe a sombra arquetípica, o princípio do não-ser, que foi chamado e descrito como o Demônio, o Mal, o Pecado Original, a Morte, o Nada.

*James Hillman*

Uma vida espiritual não lhe poupará o sofrimento da sombra.

*Suzanne Wagner*

# Introdução

Um dos propósitos básicos da religião é, e sempre foi, definir a sombra, contrapor o mundo da escuridão ao mundo da luz, e desse modo preceituar o comportamento moral humano. Cada religião tem sua maneira particular de dividir o todo em bem e mal; quanto mais aguda essa divisão, tanto mais definida a ética humana. Por isso Isaías brada, no Velho Testamento: "Ai daqueles que ao mal chamam bem, e ao bem, mal; que mudam as trevas em luz e a luz em trevas; que tornam doce o que é amargo, e amargo o que é doce!... Por isso o furor do Senhor se inflama contra o seu povo."

Em tal universo em preto e branco, o certo e o errado são dois caminhos distintos, um levando ao céu e o outro, ao inferno. Os que verdadeiramente acreditam em alguma tradição diriam que se trata de uma escolha do tipo "e/ou". Como bem colocou o compositor Bob Dylan: "Você tem que servir a alguém. Pode ser o Diabo, pode ser o Senhor. Mas você tem que servir a alguém."

Alguns defensores da religião reconhecem o elo entre o lado escuro e o lado claro bem como a relatividade de cada um deles no mundo humano. Maimônides, filósofo judeu do século XII, disse: "O mal só é mal em relação a alguma coisa."

A tradição judaica também parece reconhecer o aspecto escuro e o aspecto claro de Deus — sua natureza de ira e de misericórdia — enquanto o Deus cristão que proclama: "Eu sou a Luz" está para sempre apartado de seu irmão escuro, o Diabo, que contém apenas sombra.

As forças gêmeas do bem e do mal, da luz e das trevas, aparecem na maioria das tradições com variações desse tema. No taoísmo chinês, o conhecido símbolo *yin-yang* representa a aliança dos opostos que fluem um para o outro; mas, além disso, cada pólo *contém* o outro num eterno abraço, inseparavelmente unidos pela sua própria natureza.

Mestres místicos e esotéricos, como os sufis, alquimistas e xamãs, cujas tradições permaneceram ocultas até recentemente, sugerem que a sombra e o mal não possuem uma realidade exterior objetiva; pelo contrário, são energias deslocadas e incompreendidas dentro de nós. Como disse Joseph Campbell: "Quem é incapaz de compreender um Deus, o vê como um demônio."

Os místicos interpretam a sabedoria sobre o bem e o mal nos planos interiores. Em vez de preceitos de comportamento moral, os ensinamentos são vistos como fórmulas para realizar o trabalho espiritual. Nesse contexto, uma prática de meditação ou uma cerimônia xamânica visam ajudar o indivíduo a harmonizar uma energia maligna, tal como a raiva ou a luxúria, e devolvê-la a seu lugar apropriado no mundo interior.

O poeta sufi Rumi sugere essa idéia quando diz: "Se não viste o demônio, olha para teu próprio eu." Mais do que apresentar o demônio como um agente externo independente, os ensinamentos místicos afirmam a realidade da sombra interior. Suas práticas introspectivas oferecem um caminho para alcançarmos o poder de redimi-la.

No hinduísmo e no budismo, o mal e a sombra são personificados em deuses e demônios contra os quais lutamos e aos quais pedimos bênçãos. Essas forças interiores, ou *rakshasas*, são vistas como partes da mente do meditador, iradas divindades interiores que representam o ciúme, a inveja ou a cobiça.

Nas tradições ocultistas, que tipicamente se dirigem ao lado escuro com respeito e cautela, a sombra torna-se uma figura-chave da qual a pessoa depende. A magia negra, por exemplo, inverteu a polaridade preto/branco. Em termos junguianos, seus praticantes são possuídos pelo arquétipo da sombra. Certamente que Anton LeVey, chefe da Igreja Satanista dos Estados Unidos, e sua devoção às trevas podem ser compreendidos sob essa luz (sem trocadilho!).

Alguns buscadores espirituais vêm seu trabalho de mentores ou gurus como "trabalho com a sombra". O escritor Joseph Chilton Pearce, por exemplo, descreve seu relacionamento com sua mestra em termos psicológicos:

> Sempre que estou perto dela [a guru], alguma oculta parte infantil se solta, algum diabrete espouca para fazer de mim um tolo diante da única pessoa a quem mais quero impressionar. A guru expõe algum outro fragmento do meu *self* — não para me parecer ridículo, mas para trazer luz à minha escuridão, à minha sombra; algo que não consigo fazer por mim mesmo e que me ofendo quando outro que não ela faz por mim.

No entanto, para a maioria dos participantes da nova era, a sombra tem sido notável pela sua ausência. Buscadores são levados freqüentemente a acreditar que, com o mestre certo ou a prática certa, eles podem transcender para níveis mais elevados de percepção sem lidar com seus mais mesquinhos vícios ou feios apegos emocionais. Como afirma Marc Barasch, jornalista do Colorado: "A espiritualidade, do jeito que foi reembalada para a nova era, é um bolo de amor e luz, que dispensa a peregrinação, a penitência, a derrota e a queda, a tortura e a humildade."

Recentemente, a sombra da espiritualidade da nova era começou a levantar sua feia cabeça. Muitos gurus estão tombando de seus pedestais e revelando suas fraquezas bastante humanas; meditadores, desiludidos com o ideal de iluminação enquanto perfeição pessoal, voltaram-se para a psicoterapia a fim de trabalhar o ego ou para uma espiritualidade mais centrada na terra, mais num esforço de reavivar sua humanidade do que de transcendê-la.

Muitos mestres espirituais trouxeram do Oriente seus próprios problemas pessoais não-resolvidos — necessidade de controlar, desprezo pela fraqueza, sexualidade ingênua, fome por dinheiro — e, em muitos casos, seus grupos ganharam a forma dessas forças. O psiquiatra James Gordon, autor de *The Golden Guru: The Strange Journey of Bhagwan Shree Rajneesh* [O guru de ouro: A estranha jornada de Bhagwan Shree Rajneesh], disse até suspeitar de uma correlação entre os medos e desejos que ficam sem ser encaminhados no líder espiritual — sua sombra — e aqueles que são consagrados pelo grupo como a composição do caráter ideal do ser humano. Por exemplo, quando Bhagwan Shree Rajneesh começou a ensinar, ele censurou publicamente a pomposidade dos sacerdotes e a fome de poder dos políticos; e acabou caindo nas mesmas armadilhas que afirmara desprezar.

À medida que começamos a retomar as projeções de sabedoria e heroísmo que alcançamos sobre os outros e a construir comunidades baseadas na honestidade e na aceitação dos limites humanos, podemos descobrir uma vida espiritual autêntica. Com esses objetivo, a Parte 6 oferece algumas visões surpreendentes e profundas sobre o lado escuro da espiritualidade contemporânea. Mais do que tratar de questões históricas ou das religiões dominantes, optamos por enfatizar alguns dos temas prementes dos dias de hoje, num esforço para dar um passo na nossa jornada.

No capítulo de abertura, o Irmão David Steindl-Rast, monge beneditino, critica a tradição cristã por deixar de oferecer uma maneira de integrar a sombra. Ele contrasta a mensagem essencial de Jesus (a qual, segundo ele, inclui a tensão entre a luz e a escuridão) com a interpretação dominante no cristianismo.

William Carl Eichman, professor e estudioso dos ensinamentos esotéricos, explora o encontro com os demônios pessoais durante a meditação. Ele sublinha diversos estágios de prática e oferece sinais indicativos para o praticante ao longo do caminho.

Num artigo publicado na revista *Common Boundary*, Katy Butler, jornalista da Califórnia, descreve a batalha emocional em diversas comunidades budistas dos Estados Unidos, resultante de exploração sexual, disputas pelo poder e mentiras crônicas de muitos mestres espirituais e de seus discípulos. Essa exposição sem pieguice alguma já tocou a vida de muitos leitores e certamente irá perturbar e despertar muitos outros.

Ainda como explicação desses eventos recentes, o filósofo da ioga Georg Feuerstein escreveu um ensaio para este livro a fim de explicar o que acontece à sombra do guru durante o desenvolvimento da consciência ao longo do caminho oriental de iluminação. Talvez nosso entendimento da iluminação como desaparecimento da sombra esteja incorreto, sugere Feuerstein; é possível que continue a existir uma "sombra-fantasma", muito semelhante ao "ego-fantasma".

W. Brugh Joy, médico que se tornou curador, descreve amplamente o lado escuro do crescimento espiritual no seu livro *Avalanche: Heretical Reflections on the Dark and the Light* [Avalanche: Reflexões Heréticas sobre a Sombra e a Luz]. No capítulo que selecionamos, ele descreve sua experiência pessoal na comunidade nova era de Findhorn, Escócia, na qual ele se tornou o bode expiatório para a raiva e o medo das pessoas.

Liz Greene, analista junguiana e astróloga, descreve o lugar e o propósito da sombra no mapa astral. E Sallie Nichols conta a história do Diabo no tarô.

Finalmente, John Babbs dá sua visão muito pessoal sobre a crescente objeção ao fundamentalismo nova era e ao vício penetrante da luz, os quais glorificam uma cosmovisão que nos despoja de profundidade.

# 27. A sombra no cristianismo

IRMÃO DAVID STEINDL-RAST

Em contraste com outras tradições, os cristãos não têm se saído particularmente bem no cultivo de um método prático para integrar a sombra. Essa é, em outra parte, a razão de alguns dos problemas que hoje nos afligem. Em seu entusiasmo pela luz divina, a teologia cristã nem sempre fez justiça à escuridão divina. Isso tem implicações no nível do esforço moral. Se lutas para ser perfeito e puro, tudo depende de chegares à idéia certa do que significam pureza e perfeição absolutas. Tendemos a nos deixar prender à idéia de uma perfeição estática que leva ao perfeccionismo rígido. A especulação abstrata pode criar uma imagem de Deus que é alheia ao coração humano. No nível da doutrina religiosa, trata-se de um Deus totalmente livre de todas as coisas que consideramos escuras. Então tentamos viver à altura dos padrões de um Deus que é puramente luz e não conseguimos lidar com a escuridão dentro de nós. E por não conseguirmos lidar com ela, nós a reprimimos. Porém, quanto mais a reprimimos, mais ela vive a sua própria vida, pois não está integrada. Antes que o percebamos, estamos lidando com sérios problemas.

Podes escapar dessa armadilha se voltares à essência da tradição cristã, à verdadeira mensagem de Jesus. Tu o encontras, por exemplo, dizendo: "Portanto, sede perfeitos, assim como vosso pai celeste é perfeito." Mas ele torna claro que não se trata da perfeição de reprimir a escuridão e, sim, da perfeição da totalidade integrada. É desse modo que Mateus o coloca no Sermão da Montanha. Jesus fala do nosso Pai celeste que deixa o sol brilhar igualmente sobre o bom e o mau, e faz a chuva cair igualmente sobre o justo e o injusto. Fala-se da chuva e do sol, não apenas do sol. E fala-se do justo e do injusto. Jesus enfatiza o fato de que Deus obviamente permite a interação de sombra e luz. Deus a aprova. Se a perfeição de Deus permite que as tensões trabalhem para se resolver, quem somos nós para insistir numa perfeição na qual todas as tensões são suprimidas?

Na sua própria vida, Jesus convive com a tensão e tem de enfrentar as trevas. E como cristãos vemos, em Jesus, como Deus é. É isso na verdade o que os cristãos acreditam a respeito de Jesus: nesse homem que é plenamente humano — como nós em todas as coisas exceto na nossa alienação e na nossa culpa —, nesse ser humano podemos ver como Deus é. E esse ser humano morre, bradando: "Meu Deus, meu Deus, por que me abandonaste?" Nesse momento as trevas encobrem toda a Terra, o que é, claro, uma declaração poética e não necessariamente um relato histórico daquilo que então aconteceu. Nesse momento, Deus alcança a maior distância do próprio ser divino e envolve as trevas da mais absoluta alienação. Se a realidade de Deus pode envolver aquele que brada "Meu Deus, por que me abandonaste?" e que foi realmente abandonado por Deus e está à morte, então tudo é envolvido — a morte e a vida, bem como toda tensão entre elas. E esse momento, segundo o Evangelho de João, não é o prelúdio à ressurreição, não é algo que será anulado pela ressurreição, mas *é* a ressurreição. Jesus dissera antes: "E quando eu for levantado da terra, atrairei todos os homens a mim." De acordo com a teologia do Evangelho de João, esse levantar é o ser levantado na cruz. Sua morte na cruz é o momento da sua glória. É uma glória ao inverso. A suprema vergonha é ser executado na cruz. Mas aos olhos da fé, Jesus é "levantado". Essa é a ressurreição. Essa é a ascensão. Essa é também a entrega do espírito: ele morre lançando um grande brado — quer dizer, com força, não a soluçar — e entrega seu espírito. Nesse momento o mundo todo é preenchido pelo espírito divino. O frasco se quebra e a fragrância se espalha por toda a casa. É profundamente poético. Não podes compreender o Evangelho de João sem a poesia.

Ele é, do começo ao fim, um poema. E caímos em toda espécie de armadilha porque geralmente deixamos de lê-lo como um poema.

As implicações morais disso tudo estão profundamente enraizadas na tradição cristã desde suas primeiras afirmações. Tocamos aqui o fundo da tradição cristã. Contudo, essa integração de luz e escuridão não tem sido adequadamente explorada. Esse é o problema. As tradições nem sempre se desenvolvem de modo regular. Tivemos apenas dois mil anos. Existem tradições muito mais antigas. Dê-nos outros dois mil anos e talvez as alcancemos.

Estamos, neste exato momento, num importante estágio de transição. Estamos começando a olhar para certas áreas que não enfrentamos há muito tempo. Essa área da integração da sombra é uma delas. Martinho Lutero viu-a e a Reforma foi um período no qual essa área foi corajosamente enfrentada. (Lástima que tantos erros diplomáticos, de ambos os lados, tenham levado a um cisma na Igreja e não a uma renovação.) Lutero enfatizou uma convicção fundamental do Novo Testamento que a Igreja Católica só agora está alcançando, a saber: "é pela graça que fostes salvos". Essa foi uma das primeiras verdades da tradição cristã: não é por aquilo que fazes que ganhas o amor de Deus. Não é por seres tão brilhante e luminoso, nem por teres te purificado de toda a escuridão que Deus te aceita. Ele te aceita como és. Não por fazeres algo, não pelas tuas obras, mas pela graça foste salvo. Isso significa que pertences. Deus te aceitou. Deus te abraça como és — sombra e luz, tudo. Deus abraça, pela graça. E isso já aconteceu.

Mas onde se insere a batalha moral? Todos nós sabemos que ela precisa inserir-se em algum lugar. São Paulo, que diz, "É pela graça que fostes salvos" completa logo depois: "Exorto-vos, pois... que leveis uma vida digna da vocação à qual fostes chamados..." Mas isso é algo totalmente diferente de tentar ganhá-la. Muitos cristãos lutam para ganhar o grande dom. Como podes ganhar um dom? Estou simplesmente dizendo aquilo que Jesus ensinou, que Paulo ensinou, que a essência da tradição cristã ensina.

Paulo diz: "Mesmo em cólera, não pequeis." Isso soa contemporâneo aos nossos ouvidos. Pecado é alienação. Não deixes que a raiva te aparte dos outros, mas tampouco reprimas a tua raiva. Sentes raiva, é certo. Mas que... "não se ponha o sol sobre a vossa ira". Eis aí novamente uma declaração poética. Ela talvez signifique, literalmente, que deves recompor-te antes que a noite caia. Esse é um dos seus mais claros significados. Mas também pode significar que não deves nunca, nem mesmo no instante em que sentes raiva, deixar o sol se pôr sobre essa sombra. Vê com que beleza isso foi expresso. Não deixes o sol se pôr sobre a tua raiva. Não deixes que a tua raiva te leve à alienação.

Posso apenas tocar esses assuntos, mas espero que isso pelo menos te faça sentir o sabor e perceber que, quando te aprofundas na tradição cristã, por conta própria ou não, encontrarás todas essas coisas. Elas lá estão. Mas então perguntas: "Por que jamais ouvimos falar disso tudo? Por que isso não foi desenvolvido?" Bem, isso ainda não foi suficientemente desenvolvido. Mas aí está. Podes dar a tua contribuição. Quando fizeres contato com a tua tradição, ela deverá ser diferente daquilo que encontraste; caso contrário, terás fracassado. É tua a responsabilidade de tornar a tua tradição religiosa — qualquer que ela possa ser, cristã ou não — mais verdadeiramente religiosa no momento em que fizeres contato com ela. Esse é o nosso grande desafio.

## 28. O encontro com o lado escuro na prática espiritual

WILLIAM CARL EICHMAN

Ao empreender uma prática espiritual, você se defrontará com seu lado escuro. Esse é um axioma. A busca espiritual é perigosa, exatamente como dizem os livros. Buscar a verdade significa experimentar a dor e a escuridão, bem como o luminoso lado branco da luz. Os praticantes devem preparar-se para lidar com o lado escuro da vida.

Esse lado escuro pode assumir muitas formas. As histórias religiosas o personificam em imagens de demônios e de raivosos deuses escuros. Buda, Cristo, Maomé e praticamente todas as outras figuras menores relatam ter enfrentado as tentações do "Maligno", o príncipe do mundo — Mara, Satã, Íblis. A história da tentação que ocorre antes da iluminação é mais do que apenas um outro mito do tipo "Herói derrota o Monstro" — ela é uma descrição de um perigo específico do caminho espiritual. Os místicos cristãos e sufis experimentaram-no mais pessoalmente, como o orgulho obstinado e os equívocos do ego e a "noite escura da alma". Para o praticante moderno, a natureza escura é ainda mais multifacetada; nosso complexo mundo possui muitas faces más, e lidar com o lado escuro nunca foi tão difícil como é agora.

Hoje, o lado escuro está por toda parte. Estamos completamente mergulhados nele. Ele se manifesta em todos os noticiários, *shows* de televisão e jornais. Ninguém, crescendo numa sociedade como a nossa, escapa de ser condicionado por essa violência. Cada um de nós, desde o mais perfeitamente civilizado até o criminoso encarcerado, hospeda uma chaga interior, infeccionada e neurótica, uma sombra particular de raiva, terror, luxúria e dor. Essa sombra, esse "lado escuro", é uma cópia em miniatura da escuridão maior da sociedade, que se manifesta em guerras, opressões e fome. Estamos cercados, por dentro e por fora, pelo mal e por sofrimentos de todo tipo.

Quando praticamos meditação e contemplação, o lado escuro dentro de nós é trazido ao limiar da consciência pelo efeito purificador e energizador desses exercícios. A capacidade de lidar com esses impulsos escuros emergentes é uma habilidade básica que pode ser dominada por qualquer praticante. Exige-se integridade moral, ética e espiritual; mas um acurado conhecimento prático também é da maior importância. Sem estudo, nossa concepção do lado escuro tende a ser uma relíquia primitiva dos insetos rastejantes e do bicho-papão da infância. Se tentamos confrontar o nosso lado escuro com essa programação, seremos rapidamente paralisados. Em vez disso, precisamos reunir informações confiáveis, ler livros, observar e analisar a nossa psicologia pessoal e, com o tempo, desenvolver uma imagem mais completa da natureza do lado escuro. Uma atitude educada e madura em relação ao mal é uma necessidade para o praticante.

Com o estudo, certas características do chamado "lado escuro" tornam-se evidentes. Essa escuridão não é realmente um "lado", ou uma sombra, ou uma máscara — é uma teia emaranhada de forças complexas, de programas e efeitos que reprimimos da consciência de modo que raramente vemos a sua verdadeira natureza.

O lado escuro pessoal vem à tona na meditação para atormentar e tentar o praticante. Ele é o "Diabo" pessoal, o inferno particular, que precisa ser confrontado e transformado quando bloqueia o caminho do estudante esotérico. O lado escuro biológico, o cosmológico e o cultural são a base da experiência pessoal do mal; mas no fim o praticante que luta para realizar o Trabalho precisa, ele mesmo, fazer face à sua *própria* escuridão.

Quando estudados, todos esse lados escuros parecem operar como tendências, programas ou complexos neuróticos impessoais. Não existe nenhuma evidência (a menos que levemos em conta os mitos ou os textos religiosos) da existência de um "Diabo". Se existe o mal inerente, ele é um aspecto da predação natural, de doenças e acidentes, que atuam para evitar a superpopulação e fortalecer a espécie. A doutrina budista de que o bem e o mal são aspectos ilusórios e temporários de uma mente e um universo puros e em constante mutação, talvez seja a imagem do mal mais próxima à verdade. Ao estudar o lado escuro, vemos que o "mal" não é um agente todo-poderoso e conscientemente vingativo determinado a nos exterminar — ao contrário, o mal é desequilíbrio, ignorância e acidente. Armado com esse conhecimento, o praticante pode libertar-se do jugo da superstição. Isso é vital — como fonte para o verdadeiro conhecimento do mundo, nada é menos digno de confiança do que o místico supersticioso.

Hoje, o lado escuro biológico apresenta bem menos problemas do que em séculos passados. A cultura moderna oferece uma imensa segurança e os miraculosos produtos da nossa tecnologia e da nossa medicina ajudaram-nos a superar muitos terrores. Isso não quer dizer que estamos realmente a salvo do lado escuro biológico. Qualquer um pode ser atropelado por um carro ou desenvolver um câncer. O envelhecimento e a morte ainda são parte da vida. Além disso, os terrores biológicos e cosmológicos precisam ser aceitos como o pano de fundo da vida. Meditações sobre a morte, cadáveres e nascimento podem ser úteis para lidarmos com o lado escuro biológico, pois eliminam a fantasia mórbida, despertam-nos para a nossa própria mortalidade e nos recordam que a mutação — a morte bem como a vida — é a constante universal.

Morte, envelhecimento e acidente precisam ser aceitos, mas devemos repelir o incessante condicionamento do lado escuro cultural. O primeiro estágio de qualquer prática é *Yama* e *Niyama*, os deveres e proibições que mantêm o praticante livre de (mais) contaminação cultural. Os iogues orientais clássicos, por exemplo, são mostrados como passando a maior parte de seu tempo isolados das impurezas espirituais de sua sociedade. Retiro, jejuns e rituais criavam em torno do iogue um microclima, que era considerado necessário para o sucesso na meditação. Isso tornou-se difícil para o praticante moderno. Mosteiros e eremitérios não são fáceis de encontrar. Novas estratégias são necessárias para estabelecer e manter o necessário "refúgio de equilíbrio mental" num mundo de alta tensão.

Um sinal de ensinamento esotérico autêntico é que ele está vivo e se adapta a situações em mutação. Na falta de mosteiros, devemos adotar o método de "estar neste mundo mas não ser deste mundo". Resistir ao zumbido hipnótico do cenário social deve tornar-se o nosso novo *Zhikr*, um "lembrete" de que devemos varrer de nossa mente o excesso de programação cultural. Uma nova prece é necessária: "Senhor, tende piedade de nós, pobres pecadores, e não nos deixeis ser controlados pela imagem da tela." Novos tipos de templos pessoais, rituais de santificação e práticas de purificação estão evoluindo. Aparelhos de *biofeedback*, tanques de flutuação e regimes de cura alternativa aceleram o relaxamento e a liberação das tensões e sugestões da vida cotidiana. Existem muitas possibilidades para o praticante esotérico moderno, e o teste do tempo irá dar forma a novos métodos de lidar com o lado escuro cultural.

No segundo estágio da prática, no qual a meditação e exercícios são realizados, surge toda uma nova batalha contra a escuridão. O "mal" pessoal reprimido é liberado pela meditação e deve ser examinado e integrado pelo praticante como parte necessária do processo de meditação.

À medida que o material escuro reprimido vem à tona, é provável que o praticante tenha visões assustadoras, sentimentos de terror, de raiva, reações incontroláveis do ego e incontáveis outras manifestações menores mas, ainda assim, perturbadoras e embaraçosas. Essas reações devem ser esperadas e adequadamente trabalhadas: nem infladas além de sua proporção nem minimizadas e evitadas. Em vez disso, deve-se reconhecer que essas erupções do lado escuro podem ser de grande ajuda para o autodesenvolvimento. Em última análise, a transformação dessas visões assustadoras em energia psíquica utilizável é a única maneira de trabalhá-las e as nuanças desse processo de "transformar chumbo em ouro" exigirão toda a habilidade do praticante.

A primeira reação ao ver o mal pessoal é sentir imensa culpa e vergonha e identificar-se com a sombra, sentindo-se como se acabasse de ser exposto como a encarnação do mal. Essa é uma idéia falsa, tão inútil quanto as crenças medievais sobre demônios que causavam doenças. A escuridão pessoal é um tipo de doença ou dano causado basicamente por programação acidentalmente cruel durante a infância e como tal deveria ser tratado. Todo mundo tem uma natureza escura; é uma condição da vida no nosso mundo, não um "pecado". O objetivo do praticante deve ser curar a doença e trazer a área ferida de volta a plena operação. O estudante esotérico moderno deve tratar de sua natureza escura; recriminar a si mesmo e revolver-se na culpa apenas não fazem bem algum.

Ao curar a natureza escura, imensas quantidades de energia e capacidade pessoais podem ser retomadas, pois grande parte dos nossos poderes enquanto seres humanos permanece hediondamente paralisada pelo lado escuro pessoal. Essas áreas paralisadas representam, na verdade, vastos reservatórios de energia psíquica contaminada e estagnada. À medida que progredimos no caminho, cada confrontação com o "mal" é uma oportunidade de fortalecimento. Isso é desejável, pois os demônios pessoais reprimidos também se fortalecem até irrompermos para o Deus que está no Centro.

O processo real de curar e transformar as erupções do lado escuro pode ser bastante complicado. Como esses complexos escuros foram escritos na psique durante a nossa infância, argumentar com o "lado escuro" não tem efeito algum. Por outro lado, rituais, regimes de purificação, curas, objetos de energia protetora e exercícios especiais de meditação e de embasamento podem ser benéficos quando usados na hora certa e no lugar certo. A energia da natureza escura precisa ser freqüentemente liberada e expressada e isso deve ser feito *conscientemente*, usando arte ou ritual, para evitar que um fluxo excessivo de energia psíquica afete a família e os amigos.

Nos estágios finais da prática, o lado escuro biológico, o cultural e o pessoal integraram-se à psique e ali funcionam suavemente, cumprindo seus propósitos de lado escuro. Nesse estágio, o lado escuro cosmológico vem à tona como uma negra montanha para barrar o caminho. A morte retorna, a fealdade da sociedade retorna e o demônio pessoal retorna, todos dançando como marionetes nos cordões do niilismo, da falta de propósito, do sofrimento e do desespero, na natureza impessoal do cosmos. Diante das visões de Bilhões de Anos, nada que nós, místicos, façamos importa. Não existe nenhuma resposta que possamos compreender, nenhum propósito na vida que possamos entender. Colocado face a face com essa impotência, o praticante não tem outra opção senão render-se — "Desistir do Fantasma". Nesse ponto, estamos cada um por si mesmo — e não é muito confortante saber que os livros dizem que vamos continuar vivos apesar de tudo.

A luz é infinita; as trevas são infinitas. Talvez jamais haja um fim para a luta contra a escuridão. Isso não deprime o verdadeiro praticante. Lutar contra a escuridão é o mesmo que buscar a luz. Tanto a escuridão como a luz são ilusões; mas o que está subjacente a elas é o Ser, a Bênção e a Consciência. E isso jamais deverá ser esquecido.

## 29. O encontro da sombra na América budista

KATY BUTLER

Numa tarde do verão de 1982, um amigo meu estava numa rua em Boulder, Colorado — sob o luminoso céu azul das Montanhas Rochosas —, segurando uma garrafa de saquê. A bebida, um gesto de gratidão, era um presente para Osel Tendzin, regente do Vajra, o "Radiante Portador dos Ensinamentos", o segundo em comando na comunidade Vajradhatu, o maior ramo do budismo tibetano nos Estados Unidos.

Momentos mais tarde, meu amigo entrava num escritório elegante, com um mínimo de móveis, nas proximidades. Tendzin — antes Thomas Rich, de Passaic, Nova Jersey, com olhos ocidentais, bigode e vestindo um bem-talhado terno de executivo — levantou-se da poltrona e sorriu. Meu amigo apertou-lhe a mão, grato pela rara audiência particular. Ele abandonara recentemente uma comunidade religiosa emocionalmente repressora em Los Angeles e um retiro de meditação conduzido pelo Regente levou ao seu conhecimento um caminho espiritual com mais alegria e menos indução de culpa. À medida que a tarde passava, os dois falaram de budismo, amor e teologia. Gradualmente, o nível do saquê ia baixando dentro da garrafa. Então meu amigo, um tanto embriagado, criou coragem e levantou o assunto que mais temia:

homossexualismo. Houve um momento de silêncio. "Levante-se", disse Tendzin. "Beije-me."

Meu amigo obedeceu. Quando o Regente sugeriu sexo oral, meu amigo, ligeiramente consternado, recusou. "Acho que você consegue", disse o regente com animação. Os dois passaram para um sofá, onde o tabu de meu amigo contra o homossexualismo foi quebrado.

Quando tudo terminou, Tendzin mencionou de passagem que tinha encontros sexuais semelhantes várias vezes ao dia. Ofereceu uma carona ao meu amigo, abriu a porta do escritório e marchou por entre grupos de assistentes até um automóvel macio que ronronava ao crepúsculo, com um motorista esperando ao volante.

Mais tarde meu amigo sentiu-se confuso e embaraçado com relação àquela tarde, mas não amargo.

— Ele me induziu a uma experiência homossexual, mas mesmo assim também foi generoso. Pedi para vê-lo e ele arrumou tempo para mim — contou-me. — Senti um misto de embaraço e honra. Não acho que Tendzin tenha abusado de mim e não quero que minha experiência sexual seja julgada por ninguém.

Depois que meu amigo me contou essa história, muitas vezes repassei-a na minha mente, como um videotape, buscando pistas ocultas para os eventos posteriores. Notei a fascinação de meu amigo com as pompas do poder espiritual e seu mal-estar com os julgamentos morais. Observei a transformação aparentemente rotineira de Tendzin: de uma platéia religiosa para uma tarde de álcool e relações sexuais, e a maneira casual com que admitiu o vício do sexo freqüente. Eu era forçada a admitir que meu amigo não sofrera abuso, mas vi nesse incidente as sementes do desastre que estava por vir.

## Crise de liderança

Em abril de 1987, Osel Tendzin, Regente de Vajra, assumiu a liderança da comunidade Vajradhatu com a morte do famoso e mundialmente respeitado mestre budista tibetano Chogyan Trungpa Rinpoche.

Menos de dois anos depois, em dezembro de 1988, a mais perigosa crise que já se abateu sobre uma comunidade budista americana irrompeu quando os administradores Vajradhatu informaram a seus membros que o Regente estava contaminado com o vírus da AIDS já há cerca de três anos. Membros da junta diretora Vajradhatu admitiram que, exceto por alguns meses de celibato, ele não tinha protegido seus parceiros sexuais nem tinha lhes contado a verdade. Um dos parceiros sexuais do Regente, filho de antigos discípulos, estava contaminado, bem como uma moça que mais tarde tivera relações com esse rapaz.

Dois membros da junta diretora Vajradhatu sabiam da doença há mais de dois anos e optaram por nada fazer. Trungpa Rinpoche também soubera dela antes de sua morte. Os membros da junta só haviam informado a *sangha* (comunidade) após tentar, por três meses, persuadir o Regente a fazê-lo ele mesmo.

— Pensando que tinha alguns meios extraordinários de proteção, continuei a viver como se alguma coisa fosse cuidar disso por mim. — Diz-se que foram as palavras pronunciadas por Tendzin diante da aturdida assembléia da comunidade, em Berkeley, em meados de dezembro.

Essa crise de liderança não foi nem de longe o único desastre a atingir uma *sangha* budista americana. Nos meus treze anos de prática de meditação budista, vi veneráveis *roshis* japoneses de quimonos negros e seus herdeiros americanos do *dharma* (incluindo o meu próprio ex-mestre) serem denunciados por manter casos clandestinos. Outros mestres budistas — tibetanos, japoneses e americanos — desviaram dinheiro, tornaram-se alcoólatras ou se entregaram a comportamentos excêntricos.

Como budista americana, achei os escândalos deploráveis e perturbadores. Eu não via o budismo como um culto e sim como uma religião de 2.500 anos devotada a dar fim ao sofrimento, não a provocá-lo. Eu sabia que os mestres envolvidos não eram charlatães, mas mentores espirituais sinceros e profundamente treinados, dedicados à transmissão do *dharma* budista ao Ocidente.

Como jornalista, notei que a cobertura dos escândalos pela mídia parecia encorajar a profunda suspeita do americano leigo em relação a todos os impulsos religiosos. Os mestres foram mostrados como cínicos exploradores; seus seguidores, como tolos crédulos.

Mas, tendo observado e participado das comunidades budistas por mais de uma década, eu sei que esses infortúnios são mais do que uma dança trágica entre a exploração e a ingenuidade. Suas raízes não estão na vileza individual, mas nos equívocos culturais e nas feridas emocionais ocultas. E todos os membros da comunidade, mesmo que inconscientemente, têm um papel neles.

Quando o budismo foi trazido para o Ocidente, uma antiga e profunda tradição oriental encontrou a sociedade americana, mais jovem, mais fragmentada. O novo budismo americano, entusiasticamente, construiu salas de meditação japonesas forradas com tatames de doce aroma e santuários de estilo tibetano com altares cobertos por tigelas cerimoniais de água e arroz. Tentando construir novas comunidades, mesclaram-se estruturas que combinavam os elementos da hierarquia e devoção orientais ao individualismo ocidental. Essa mistura de valores culturais amplamente divergentes foi complicada pelo fato de que muitos discípulos esperavam encontrar um santuário para as feridas de uma infância dolorosa e a solidão de sua própria cultura. Mas quando os escândalos irromperam, muitos se encontraram, como Dorothy ao final do Mágico de Oz, "de volta ao seu próprio quintal", tendo inconscientemente repetido padrões que esperavam ter abandonado.

Agora, à medida que o lado da sombra foi surgindo à luz, certos elementos comuns dentro das comunidades tornaram-se evidentes:

- Padrões de negação, de vergonha, de guardar segredo e de usurpação que fazem lembrar as famílias alcoólatras e incestuosas;
- Desatenção aos preceitos budistas básicos contra o uso prejudicial do álcool e do sexo;
- Um casamento doentio da hierarquia asiática com a licenciosidade americana, que distorce o relacionamento entre mestre e discípulo; e
- Uma tendência, tão logo os escândalos são revelados, a transformar em bodes expiatórios os mestres caídos em desgraça ou a negar cegamente que alguma coisa tenha mudado.

## Uma linhagem de negação

Como membro do Centro Zen de San Francisco nos anos 80, fiquei confusa com o meu próprio fracasso — e o fracasso de meus amigos — em questionar o comportamento do nosso mestre, Richard Baker-roshi, quando o mesmo parecia desafiar o senso comum. Desde então, amigos provenientes de lares com problemas de alcoolismo disseram-me que nossa comunidade reproduzia padrões de negação e permissividade semelhantes aos de suas famílias. Quando nosso mestre nos deixava esperando, quando deixava de meditar e era extravagante com o dinheiro, nós ignorávamos o fato ou o explicávamos como parte do ensino. Uma equipe bem-organizada de assistentes arrumava as coisas por trás dele, exatamente como a esposa do alcoólatra tenta encobrir o cheque sem fundos do marido ou pagar a fiança para tirá-lo da cadeia. Essa "permissividade", como a chamam os conselheiros do alcoolismo, permitia que o comportamento prejudicial continuasse a crescer. Isolava o nosso mestre das conseqüências de suas ações e privava-o da chance de aprender com seus erros. O processo também nos prejudicava: geralmente negávamos o que estava diante dos nossos olhos, sentíamo-nos impotentes e perdíamos contato com a nossa experiência interior.

Padrões semelhantes foram reconhecidos no Centro Zen de Los Angeles em 1983, quando seu mestre, o respeitado Hakuyu Taizan Maezumi-roshi, iniciou um programa de tratamento e admitiu seu alcoolismo.

— Éramos todos co-alcoólatras — declarou um dos discípulos de Maezumi a Sandy Boucher, historiadora do budismo. — De um modo sutil, encorajávamos seu alcoolismo porque, quando estava bêbado, sua honestidade se aguçava.

Um processo semelhante talvez tenha ocorrido em Vajradhatu nos anos 70, quando os discípulos tentaram chegar a um acordo com seu mestre, Chogyam Trungpa Rinpoche, um homem de idéias próprias, um exilado tibetano educado em Oxford, brilhante, compassivo e alcoólatra.

Trungpa Rinpoche, a décima primeira encarnação de Trungpa Tulku, ainda adolescente era o líder de diversos grandes mosteiros tibetanos quando a invasão chinesa de 1959 separou-o de sua cultura nativa. Ansioso por encontrar o Ocidente em seus próprios termos, trocou a túnica por ternos executivos, apaixonou-se por Shakespeare e Mozart e casou-se com uma inglesa. Às vezes fazia palestras com um copo de saquê na mão.

Trungpa Rinpoche ensinava que todos os aspectos da existência humana — neurose, desejo, álcool, o escuro e o claro — deviam ser envolvidos e transmutados. Chamava essa feroz abordagem de "pouca sabedoria", referindo-se a uma pequena porém genuína tradição de venerandos e excêntricos iogues tibetanos — a maioria dos quais trabalhava intimamente com um ou dois discípulos.

Os mestres budistas — mesmo aqueles pouco à vontade com seu comportamento — admiravam Trungpa Rinpoche pela sua brilhante tradução do budismo aos termos ocidentais. Cauteloso na importação de formas culturais tibetanas, ele primeiro ensinou a seus discípulos americanos uma meditação simples, na posição sentada, baseada no zen. Então, gradualmente, introduziu as elaboradas disciplinas tântricas que distinguem o budismo Vajradhatu tibetano de quase todas as outras escolas budistas. Os discípulos completavam práticas fundamentais, incluindo 100.000 prostrações, e freqüentavam um seminário de três meses nas montanhas. Discípulos avançados eram cerimonialmente iniciados a práticas secretas tibetanas de visualização meditativa. Mestre e discípulo passavam a ter um relacionamento que, por tradição, é mais devocional que qualquer outra coisa nas outras escolas budistas.

Trungpa atraiu milhares de pessoas educadas que logo criaram a maior, mais criativa e menos convencional de todas as comunidades budistas não-asiáticas da América. Entre seus discípulos, ele contava com os poetas Allen Ginsberg e Anne Waldman, o dramaturgo Jean-Claude van Italie, o editor da *Shambhala Publications* Sam Bercholz, e Rick Fields, autor de uma respeitada história do budismo americano. Sediados principalmente em Boulder, Colorado, os discípulos cuidavam dos negócios; fundaram o Instituto Naropa, uma conceituada universidade budista; editavam um boletim de psicoterapia contemplativa e publicavam um jornal budista bimensal de ampla circulação, o *Vajradhatu Sun*.

Ainda assim, entremeado à disciplina e à criatividade havia um toque de hedonismo. Os discípulos de Vajradhatu tinham a reputação de ser os grupos mais selvagens do budismo americano. Embora a maioria das escolas tântricas tibetanas claramente desencorajassem a "passagem ao ato" das paixões e impulsos, Trungpa Rinpoche não o fazia.* Certa vez, embriagado e dirigindo em alta velocidade, bateu com seu carro esporte na fachada de uma loja e ficou parcialmente paralisado. Dormia abertamente com discípulos. Em Boulder, fazia palestras brilhantes mas às vezes tão bêbado que precisava ser retirado do palco ou segurado na cadeira.

Para o discípulo Jules Levinson, estudioso do Tibete e candidato a um doutorado na Universidade da Virgínia, as histórias "eram muito perturbadoras — que ele bebia muito, que dormia com todo mundo". Ao mesmo tempo, Levinson era grato a Trungpa. "Eu o achava gentil, delicado, provocador e nutridor — a pessoa mais compassiva que já conheci. Eu só não conseguia juntar as coisas", diz ele.

Alguns discípulos, reprisando a dinâmica de suas famílias alcoólatras, reagiam a Trungpa Rinpoche negando seu vício da bebida e atividade sexual e ainda o ajudando. "Eu servia a Rinpoche grandes copos de gim logo de manhã cedo, se você quer falar de permissividade", disse uma mulher que vira seu próprio pai morrer de alcoolismo.

Outros resolviam sua dissociação cognitiva acreditando que o mestre havia ultrapassado as limitações do corpo humano. "Trungpa Rinpoche disse que, por ter a *natureza Vajra* (uma psicofisiologia transformada e estabilizada pela ioga), era imune aos efeitos fisiológicos usuais do álcool", disse um discípulo. "Aceitávamos a história de que era uma maneira de ele colocar 'terra' em seu sistema para que pudesse...

---

* A passagem ao ato [*acting out*] é a expressão da tensão emocional através do comportamento direto, numa situação que pode nada ter que ver com a origem da tensão; aplica-se usualmente ao comportamento impulsivo, agressivo ou, em termos gerais, anti-social. No domínio da psicanálise, a passagem ao ato é a conversão em ação de impulsos reprimidos que emergem no nível consciente durante a análise. O comportamento manifesto é freqüentemente simbólico de um padrão de comportamento anterior. Por exemplo, a transferência é uma passagem ao ato simbólica da anterior vinculação emocional (edipiana) do paciente à mãe (ou pai). Na grande maioria dos casos, a passagem ao ato reflete o desejo veemente de se desembaraçar de uma ansiedade neurótica. O psicodrama é uma das técnicas de terapia de grupo que encoraja os pacientes a "representar" seus problemas e fantasias. (Cf. "Dicionário Técnico de Psicologia", A. Cabral e E. Nick, Editora Pensamento, São Paulo.)

relacionar-se conosco. Nunca ocorreu a nenhum dos meus conhecidos que ele fosse um alcoólatra, já que essa era uma doença que só podia acontecer ao mortal comum. E muitos de nós éramos ignorantes — nossa idéia do alcoólatra era o vagabundo caído na sarjeta."

Uma atmosfera de negação permeava as comunidades nos anos 70 e início dos 80, e outros discípulos Vajradhatu tornaram-se alcoólatras. "Encontrei um pequeno e agradável ninho onde podia continuar bebendo", disse um antigo budista Vajradhatu, que estava entre o pequeno grupo de membros Vajradhatu que se juntou aos Alcoólatras Anônimos (A.A.) no início dos anos 80. Sua recuperação parecia ameaçar os outros. A primeira mulher a curar-se foi solicitada a deixar a diretoria de uma organização assistencial fundada por membros Vajradhatu. "Senti um profundo desprezo por alguém que tinha deixado de beber e tratei-a como um caso de doença mental", diz a mulher que a expulsou — e que logo depois juntou-se, ela própria, aos A.A.

Quando Trungpa Rinpoche estava em seu leito de morte em 1986, aos 47 anos de idade, só um círculo interior conhecia os sintomas de sua doença final. Poucos conseguiam admitir que seu amado e brilhante mestre era um paciente terminal de alcoolismo, mesmo vendo-o em seu quarto sofrendo de incontinência, com o estômago dilatado e a pele descolorida, com alucinações, veias inchadas, gastrite e varizes esofágicas (uma inchação das veias do esôfago causada quase que exclusivamente pela cirrose hepática).

"Rinpoche não era certamente um joão-ninguém mas, como qualquer outro alcoólatra que já vi, bebia sem parar", diz Victoria Fitch, membro de seu *staff* doméstico com anos de experiência como atendente de enfermagem. "A negação era visceral", continua ela. "Observei que a explicação para a demência alcoólica era que ele estava no reino das *daikinis* (guardiãs dos ensinamentos, visualizadas em forma feminina). Quando ele pedia álcool, ninguém tinha coragem de recusar embora tentassem pôr água na sua cerveja ou servir-lhe quantidades menores. Naquela época final de sua vida... ele já não conseguia caminhar sem ajuda. Ao mesmo tempo havia nele uma força e uma serenidade fenomenais que não sei como explicar."

Alguns discípulos agora sentem que o Regente Osel Tendzin sofria de uma negação semelhante das limitações humanas, bem como de ignorância do comportamento de vício.

"Muitos discípulos que se sentiram ultrajados com o comportamento do Regente parecem pensar que ele surgiu do nada", disse um discípulo. "Eles não estão usando seu treinamento budista sobre causa e efeito. Acho que o Regente copiou, de uma maneira mais extrema e fatal, um padrão de negação e ignorância exemplificado pela própria atitude de Trungpa Rinpoche em relação ao álcool."

## Segredos de família

Quando a crise irrompeu, uma minoria pequena mas significativa de discípulos Vajradhatu começara a cuidar das feridas deixadas pelo alcoolismo e pelo incesto de suas famílias. Em meados dos anos 80, cerca de 250 membros Vajradhatu do país todo — principalmente esposas de alcoólatras — uniram-se ao Al-Anon, uma organização moldada nos A.A. para famílias de alcoólatras, e mais de uma vintena de membros da *sangha* uniram-se aos A.A. Refrigerantes passaram a ser servidos nas cerimônias Vajradhatu e a atmosfera de alcoolismo excessivo diminuiu.

Mas os membros do movimento dos 12 Passos eram uma minoria e certos padrões obstinados persistiam. Por exemplo, o próprio Regente tentava evitar qualquer discussão pública acerca da crise, criando uma atmosfera que fazia lembrar a postura defensiva de uma família alcoólatra.

Quando o editor Rick Fields preparou um pequeno artigo para o *Vajradhatu Sun* descrevendo a crise nua e crua, foi proibido de publicá-lo. "Tem havido discussões, tanto em reuniões da comunidade como entre particulares, sobre as questões subjacentes que permitiram o surgimento da atual situação", dizia o artigo proibido. "Essas questões incluem o abuso do poder e a traição da confiança, o relacionamento adequado entre mestres com autoridade espiritual e seus discípulos, particularmente no Ocidente, e o relacionamento entre a devoção e a inteligência crítica no caminho espiritual."

Em lugar do artigo, Fields publicou um desenho sem palavras do logotipo Vajradhatu — o nó da eternidade — esticado até o ponto de ruptura, sobre um coração partido. Fields mais uma vez tentou publicar seu artigo e foi demitido pelo Regente. Quando a junta diretora se recusou a lhe dar apoio, ele pediu demissão formalmente, dizendo que o ensinamento budista no Ocidente "estaria melhor servido a longo prazo pela abertura e honestidade, por mais dolorosas que estas pudessem ser".

A supressão de discussões públicas repetia tanto a tradição asiática de salvar o prestígio quanto a dinâmica das famílias alcoólatras. "Existe uma sensação de segredos de família, coisas das quais você não fala, especialmente com estranhos", diz Levinson. "Logo depois que as notícias foram divulgadas, escrevi para o Regente e disse: *Se os rumores são verdadeiros, então [essas ações] não parecem estar de acordo com o dharma, mas isso não faz de você um demônio. A coisa mais importante é o que faremos agora. Eu realmente gostaria que você viesse conversar abertamente conosco, em pequenos grupos, pelo menos em Boulder e em Halifax, conforme sua saúde permitir. Se você puder fazer isso, nós... talvez possamos restabelecer alguma confiança.* Minha maior lástima é que ele não fez isso."

## Um choque intercultural

Por mais de um ano, o impasse manteve Vajradhatu no ponto de ruptura. Embora indiretamente, Tendzin reconheceu de público ter violado os votos budistas; mas recusou-se a assumir a responsabilidade de ter contaminado outras pessoas. Permaneceu em retiro na Califórnia com um pequeno grupo de discípulos devotados, desafiando a exigência da junta diretora para que deixasse de ensinar. Em Boulder, alguns discípulos contrários ao Regente censuravam-no de modo virulento e irrealista por todo o desastre, enquanto discípulos pró-Regente praticavam aquilo que poderia ser chamado "negação devocional ou transcendental". Ele exigiam a preservação da linhagem de ensinamento budista mesmo às custas de evitar enfrentar o que havia acontecido. Muitos outros caíram num estado que um discípulo avançado definiu como "o centro do coração partido". Em uma carta amplamente distribuída em Boulder, um discípulo escreveu: "Se a Junta e o Regente não conseguirem resolver suas diferenças com compaixão e inteligência, a *sangha* se esfacelará".

A comunidade consultou os lamas tibetanos para resolver o impasse, mas suas respostas refletiram a ênfase asiática em manter o prestígio intacto, a hierarquia e evitar um conflito aberto. Embora não esteja claro até que ponto ele compreendeu a situação, um lama venerável, o falecido Kalu Rinpoche, proibiu seus discípulos americanos de comentar o desastre de Vajradhatu. Outro, o Venerável Dilgo Khyentse Rinpoche, primeiro pediu ao regente para permanecer em retiro, mas exigiu que os discípulos em Vajradhatu respeitassem sua autoridade.

Essa foi a gota d'água para muitos discípulos. "Isso é um pesadelo vivo para nós", disse Robin Kornman, antigo mestre de meditação Vajradhatu e estudante da Universidade de Princeton. "Mandaram-nos seguir uma pessoa que temos a certeza de que está profundamente confusa."

Discípulos budistas em outros centros haviam experimentado choques interculturais semelhantes. No final dos anos 70, o discípulo zen Andrew Cooper ficou perturbado ao perceber que seu *roshi* japonês "desencorajava qualquer expressão de desacordo pessoal, dúvida ou problemas dentro da comunidade, mesmo quando esses problemas eram inegavelmente reais e potencialmente danosos".

Cooper, agora estudante de psicologia, pensava que seu mestre era hipócrita até que um amigo que vivera no Japão lhe disse que os japoneses não têm a mínima noção de hipocrisia, pelo menos não no sentido que a entendemos no Ocidente. "Para os japoneses, reprimir os sentimentos pessoais para manter a aparência de harmonia no grupo é visto como algo virtuoso e nobre", escreveu Cooper num ensaio inédito. "Essa atitude faz parte da estrutura das relações sociais japonesas — tem seu lugar nessa estrutura. Mas quando é importada sob a bandeira da iluminação e lançada sobre uma comunidade americana, o resultado é um bizarro fanatismo."

## Deferência asiática e licenciosidade ocidental

Os resultados são particularmente problemáticos quando as comunidades importam tradições devocionais asiáticas sem importar os correspondentes controles sociais asiáticos. Chogyam Trungpa, por exemplo, veio de uma sociedade onde o senso do "*self*" e os controles sociais sobre esse *self* eram muito diferentes daqueles do Ocidente. Criado desde pequenino no Tibete Oriental como um lama encarnado, ele chefiava um imenso mosteiro da instituição aos 19 anos de idade. Era alvo de grande devoção e detentor de grande poder, mas sua liberdade era rigidamente limitada pelos votos monásticos de castidade e abstinência, e por suas obrigações para com seu mosteiro e a comunidade circundante.

Os padrões da comunidade baseavam-se num intrincado sistema de obrigações recíprocas. Eram claros e freqüentemente implícitos. O comportamento de quase todos — servo, lama ou proprietário de terras — era íntimo mas sutilmente controlado por um desejo forte e freqüentemente implícito de manter o prestígio.

Mas esses controles sociais não existiam na sociedade à qual Trungpa Rinpoche se juntou nos libertários anos 70. O comportamento de seus discípulos americanos era frouxamente governado por relações contratuais; por discussões francas e abertas, e mais por escolha individual que pelo compartilhamento de uma ética social e obrigações mútuas. Seus ancestrais haviam vivido no mesmo vale por gerações; logo que chegou aos Estados Unidos, ele voava de uma cidade para outra como uma estrela do *rock*. Enquanto os Estados Unidos removiam todos os limites sociais ao comportamento de Trungpa Rinpoche, seus discípulos tornavam-se seus servos domésticos, dirigiam seu automóvel e lhe prestavam a deferência apropriada a um lama tibetano ou a um senhor feudal.

A mesma deferência era prestada a seu herdeiro do *dharma*, Osel Tendzin. "Suas refeições davam ocasião a um frenesi de toalhas engomadas, prataria polida, arranjos de mesa meticulosos e coreografias exatas dos servidores", disse a produtora de TV Deborah Mendelsohn, que ajudou a hospedar Tendzin durante seus dois retiros de meditação em Los Angeles, mas que depois abandonou a comunidade. "Quando ele viajava, acompanhava-o um manual para orientar seus hospedeiros nos detalhes dos cuidados para com ele, incluindo instruções sobre como e em que ordem oferecer-lhe a toalha, a roupa de baixo e o robe quando ele saía do chuveiro."

Essa paródia da deferência asiática, combinada com a licenciosidade americana, em última análise provou ser desastrosa, e não apenas em Vajradhatu. Também nos centros zen, os discípulos adotavam gestos asiáticos de subserviência enquanto seu mestre às vezes agia "livremente": bebendo, gastando dinheiro, fazendo avanços sexuais a mulheres ou homens, tudo com um mínimo de resultado negativo. A deferência freqüentemente ia muito além daquela que teria sido concedida a um mestre no Japão ou Tibete.

"A pressão da comunidade é muito importante para controlar o comportamento nas comunidades tibetanas", diz a dra. Barbara Aziz, socioantropóloga mundialmente conhecida da Universidade da Cidade de Nova York, que passou vinte anos fazendo pesquisa de campo entre os tibetanos no Nepal e no Tibete. "Na sociedade tibetana, eles esperam mais da pessoa que colocam num pedestal... Se um escândalo desses tivesse acontecido no Tibete, toda a comunidade teria se sentido poluída. Osel Tendzin talvez fosse expulso do vale. Dependendo do grau de ultraje à comunidade, sua família faria oferendas substanciais ao mosteiro para ritos de purificação e preces para incutir compaixão na sociedade."

Além disso, Aziz sugere que os tibetanos poderiam "demonstrar todo o tipo de irreverência a um *rinpoche* mas não iriam necessariamente fazer o que ele diz. Vejo muito mais discernimento entre meus amigos tibetanos e nepaleses", concluiu ela, "do que entre os ocidentais".

## A necessidade de discernimento

Nesse confuso contexto intercultural, é muito fácil que os laços mestre-discípulo sejam equivocados. No início do meu treinamento zen, eu me prostrava formalmente diante de meu mestre quando o visitava para as práticas. Eu tentava vê-lo como um "iluminado" e tinha esperanças de poder, com o passar do tempo, internalizar as qualidades de percepção, autocontrole e energia que admirava nele.

Idealizar o mestre é parte de uma longa e saudável tradição do Tibete, do Japão e da Índia, de acordo com Alan Roland, psicanalista e autor de *In Search of Self in India and Japan* [Em Busca de Si Mesmo na Índia e no Japão]. "A necessidade de ter uma figura para respeitar, idealizar e imitar é uma parte crucial do autodesenvolvimento de qualquer pessoa. Mas as culturas orientais são muito mais articuladas a respeito dessa necessidade e a apóiam culturalmente", explicou ele.

Roland acredita que os discípulos asiáticos encaram o relacionamento mestre-discípulo com mais sutileza que os americanos — estes, em geral se entregam com rapidez e por completo, ou então simplesmente não se entregam. O discípulo asiático pode mostrar deferência, mas recusa a veneração até ter estudado com o mestre durante muitos anos. Ele parece ter um "*self* privado" desconhecido para muitos americanos, um *self* capaz de reservar o julgamento mesmo quando segue escrupulosamente as normas. Quando o mestre erra, o discípulo asiático pode continuar a lhe mostrar deferência mas, silenciosamente, retira sua afeição e seu respeito.

Nos Estados Unidos, freqüentemente ocorre o inverso. Alguns discípulos Vajradhatu poderiam perdoar Osel Tendzin enquanto ser humano, mas não tratá-lo como um líder. Poucos americanos conseguem mostrar deferência a alguém que não veneram sem se sentirem hipócritas. Colocados face a face com essa dissociação cognitiva, eles, ou abandonam a deferência e partem, ou negam seus sentimentos interiores.

Quando eles negam suas percepções, a realidade torna-se distorcida e uma dança mútua de ilusão se inicia. "Parte da culpa cabe ao discípulo porque excesso de obediência, devoção e aceitação cega estragam um mestre", explicou Sua Santidade o Dalai Lama numa conferência em Newport Beach, Califórnia, no ano passado. "Parte também cabe ao mestre espiritual porque lhe falta a integridade para ser imune a esse tipo de vulnerabilidade... Recomendo nunca adotar a atitude para com um mestre espiritual de ver todas as suas ações como divinas ou nobres. Pode parecer um pouco atrevido, mas se alguém tem um mestre que não é qualificado, que se entrega a um comportamento inadequado ou errado, então é apropriado que o discípulo critique esse comportamento."

## O ponto de mutação

No último outono, parecia que a *sangha* Vajradhatu iria se dividir em duas. Depois do longo retiro aconselhado por Dilgo Khyentse Rinpoche, Tendzin atrevidamente reafirmou sua autoridade. Os que se recusaram a aceitar sua liderança espiritual foram demitidos de comitês-chave, impedidos de ensinar meditação e proibidos de tomar parte em práticas avançadas com o restante da sua comunidade. O conflito tornou-se tão intenso que as duas facções opostas enviaram delegações ao Nepal e à Índia para implorar aos lamas superiores que lhes dessem apoio.

Como resposta, Khyentse Rinpoche aconselhou Tendzin a entrar em "retiro rigoroso" por um ano. Tendzin obedeceu, conservando uma autoridade nominal mas efetivamente abdicando de seu ensinamento e papel de liderança. Lamas tibetanos foram convidados a ensinar em Boulder, e Vajradhatu voltou a ligar-se a uma tradição religiosa tibetana mais ampla.

"Este é um verdadeiro ponto de mutação", disse um aliviado David Rome, membro da junta diretora. "Este é um caminho para nos unirmos e sentir a unidade fundamental, e para enfrentar as questões que a crise trouxe à superfície. Este não é o fim; na verdade, é o começo", disse ele.

## Depois da queda

Enquanto Vajradhatu luta para levantar-se, outras *sanghas* budistas que passaram por crises semelhantes também estão buscando maneiras de curar suas comunidades. Num dos mais promissores efeitos colaterais, os mestres americanos da meditação interior (*vipassana*) elaboraram recentemente um código de padrões éticos para os mestres e criaram uma junta da comunidade para inspecioná-los.

Em outras comunidades budistas, no entanto, onde os mestres sofrem sérias acusações de má conduta, ondas sucessivas de discípulos dissidentes partiram. No Centro Zen de San Francisco, meu próprio centro de prática, nosso mestre renunciou sob pressão. Pedimos ajuda a consultores psicológicos e aprendemos a falar mais honestamente uns com os outros, e adotamos formas mais democráticas para as tomadas de decisão. Mesmo assim, muitos discípulos partiram. A sala de meditação esvaziou-se. Amizades se romperam e algumas pessoas perderam a energia para a prática espiritual. Nosso antigo mestre mudou-se para Santa Fé e continua ensinando; meu marido e eu nos mudamos para o subúrbio.

Minha túnica negra de meditação continua pendurada no fundo do meu armário. Nunca perdi a fé nos ensinamentos budistas, mas durante anos não soube como religar-me a eles. Em vez disso, fiz o que um amigo chamava "trabalho de correção", examinando minha história pessoal e a raiva e o puritanismo que expressei quando o escândalo irrompeu. Eu estava entre aqueles que esperavam encontrar no budismo um santuário para minhas feridas pessoais. Mas minha cultura e história familiar seguiram-me até a minha comunidade budista, como uma lata amarrada ao rabo de um cachorro.

Agora estou estudando com outro mestre budista e constantemente lembro a mim mesma de permitir que ele — e eu própria — tenhamos imperfeições. Uma vez por mês, mais ou menos, reúno-me com outras pessoas na casa de um amigo para recitar os preceitos budistas para os leigos.

Ainda assim, algo do passado permanece inconcluso. Meu antigo mestre simplesmente foi embora quando não pôde mais suportar a raiva de seus discípulos. Lembro que um monge comentou na época: "Os discípulos esperam que ele se transforme sem correr riscos. Não se consegue aprender um novo caminho quando se está sob ataque."

A amargura desse cisma não-resolvido ainda dói, como um estilhaço rasgando a palma da mão. Uma amiga minha, Yvonne Rand — mestra budista ordenada que ainda participa da comunidade — disse-me recentemente: "Ainda estamos travando a batalha da partida de Tendzin. Acho que esse assunto não vai se encerrar enquanto não encontrarmos um meio de estar juntos na mesma sala. Enquanto houver medo de tê-lo por perto, as pessoas não conseguirão entender o seu próprio papel nesta situação."

Faltam-nos rituais que permitiriam às comunidades reconhecer essas crises e curá-las. Lembro de ter lido sobre a Cerimônia da Lua Cheia, realizada pelos monges nos primeiros séculos depois da morte de Buda. Na véspera de cada lua cheia e nova na estação das chuvas, os monges se reuniam na floresta para um ritual chamado "confissão diante da comunidade". Ali recitavam publicamente os preceitos, admitiam seus defeitos, suas violações das regras e quaisquer danos que tivessem causado às suas comunidades.

Se retomássemos um ritual tranqüilo como esse, talvez algum bravo mestre caído em desgraça pudesse admitir com segurança sua má conduta e as feridas que o levaram a errar. Talvez a *sangha* pudesse confessar seu profundo desapontamento e sentimentos de traição e sua participação no erro. Talvez toda a *sangha* pudesse desculpar-se publicamente com os homens e mulheres que tivessem sofrido abusos, sexuais ou de outro tipo, e compensá-los de algum modo.

Depois de um pleno reconhecimento e reparação, o perdão seria possível e o processo de cura poderia começar.

# 30. A sombra do guru iluminado

GEORG FEUERSTEIN

Em seu livro *The Lotus and the Robot* [O Lótus e o Robô], Artur Koestler narra um incidente ocorrido quando ele estava sentado aos pés da guru indiana Anandamayi Ma, que é venerada por dezenas de milhares de hindus como uma encarnação do Divino. Uma mulher idosa aproximou-se do estrado e suplicou a Anandamayi Ma que intercedesse por seu filho, desaparecido em ação num recente incidente na fronteira. A santa ignorou-a por completo. Quando a mulher se tornou histérica, Anandamayi Ma dispensou-a com bastante aspereza, o que foi um sinal para seus atendentes rapidamente conduzirem a mulher para fora da sala.

Koestler ficou surpreso com a indiferença de Anandamayi Ma ao sofrimento daquela mulher. Concluiu que, pelo menos naquele momento, faltava compaixão à santa. Achou perturbador que um ser supostamente iluminado, manifestando espontaneamente a plenitude do Divino, pudesse mostrar tanta descortesia e dureza. Essa história lança luz sobre o fato de que mesmo os seres supostamente "perfeitos" podem cometer — e cometem — atos que parecem contradizer a imagem idealizada que seus seguidores fazem deles.

Alguns mestres "perfeitos" são famosos por suas explosões de raiva, outros por seu autoritarismo. Em tempos recentes, inúmeros supergurus alegadamente celibatários viraram manchete por causa de relações sexuais clandestinas com suas seguidoras. Gênios espirituais — santos, sábios e místicos — não são imunes a traços neuróticos ou a ter experiências muito semelhantes aos estados psicóticos. Na verdade, mesmo adeptos aparentemente iluminados podem ser sujeitos a características de personalidade que a opinião consensual acha indesejáveis.

Que a personalidade de seres iluminados e místicos avançados permanece quase intacta fica evidente quando examinamos biografias e autobiografias de adeptos, passados e presentes. Todos eles manifestam qualidades psicológicas específicas, determinadas por sua herança genética e pela história de suas vidas. Alguns se inclinam à passividade, outros são espetacularmente dinâmicos. Alguns são gentis e outros, ferozes. Alguns não têm interesse algum em aprender, outros são grandes estudiosos. O que esses seres plenamente despertos têm em comum é que não se identificam mais com o complexo da personalidade (como quer que este possa configurar-se) e, sim, vivem a identidade do *Self*. A iluminação, portanto, consiste em transcender o hábito do ego; mas a iluminação *não* oblitera a personalidade. Caso o fizesse, estaríamos justificados em igualá-la à psicose.

O fato de a estrutura básica da personalidade permanecer essencialmente a mesma depois da iluminação levanta uma questão crucial: a iluminação também deixaria intocados os traços que, no indivíduo não-iluminado, seriam chamados de neuróticos? Acredito que é assim. Se são verdadeiros mestres, pode-se esperar que seu propósito supremo seja a comunicação da realidade transcendental. Ainda assim, seu comportamento no mundo exterior é sempre uma questão de estilo pessoal.

Os devotos, é claro, gostam de pensar que seu guru ideal está livre de veleidades e que as aparentes idiossincrasias destinam-se ao ensino. Mas um instante de reflexão mostra que essa idéia baseia-se em fantasia e projeção.

Alguns mestres alegaram que sua conduta reflete o estado psíquico daqueles com quem entraram em contato; em outras palavras, que seus atos, às vezes curiosos, são detonados pelos discípulos. Isso talvez ocorra porque os adeptos iluminados são como camaleões. Mas esse espelhamento também segue as linhas pessoais. Por exemplo, alguns gurus não sentarão sobre montes de lixo, não consumirão carne humana (como fazia o moderno mestre tântrico Vimalananda) nem meditarão sobre cadáveres para instruir os outros, enquanto poucos daqueles que se entregam a essas práticas se interessariam em treinar o intelecto ou adquirir destreza musical para melhor servir ao discípulo.

A personalidade do adepto é, com toda a certeza, mais orientada para a autotranscendência do que para a realização pessoal. No entanto, ela não se caracteriza por manter uma trajetória de auto-realização. Uso aqui o termo *auto-realização* num sentido mais restrito do que o pretendido por Abraham Maslow: como a intenção para realizar a totalidade psíquica baseada na integração da sombra. A sombra, em termos junguianos, é o aspecto escuro da personalidade, o agregado de materiais reprimidos. A sombra individual está inevitavelmente ligada à sombra coletiva. Essa integração não é um evento definitivo, mas um processo que dura a vida toda. Tanto pode ocorrer antes da iluminação como depois dela. Se a integração não é um programa consciente da personalidade antes da iluminação, é improvável que ela forme parte da personalidade depois da iluminação devido à relativa estabilidade das estruturas da personalidade.

Alguns adeptos contemporâneos alegam que, quando a iluminação irrompe, a sombra é inteiramente inundada com a luz da supraconsciência. A implicação seria: o ser iluminado não tem sombra. Isso é uma afirmação difícil de aceitar quanto à personalidade condicional. A sombra é o produto de permutas, quase infinitas, de processos inconscientes essenciais à vida humana que conhecemos. Enquanto a personalidade está vivendo a vida, um conteúdo inconsciente forma-se apenas porque ninguém consegue estar continuamente consciente de tudo.

A extirpação da identidade do ego na iluminação não termina os processos de atenção: ela apenas faz com que a atenção deixe de se fixar no ego. Além disso, o ser iluminado continua a pensar e a sentir, o que inevitavelmente deixa um resíduo inconsciente mesmo quando não existe nenhum apego interior a esses processos. A diferença importante é que esse resíduo não é considerado um obstáculo à transcendência do ego simplesmente porque esse é um processo contínuo na condição iluminada.

Alguns adeptos resolveram essa questão admitindo que existe um ego-fantasma, um centro residual da personalidade, mesmo depois do despertar como Realidade universal. Se aceitamos essa proposição, então podemos também falar da existência de uma sombra-fantasma ou de uma sombra residual que permite ao ser iluminado funcionar nas dimensões da realidade condicional. No indivíduo não-iluminado, ego e sombra andam juntos; poderíamos postular uma polarização análoga entre ego-fantasma e sombra-fantasma após a iluminação.

Mesmo se admitirmos que a iluminação aclara e dissipa a sombra, precisamos ainda questionar seriamente se esse aclaramento corresponde à integração — a base para a autotransformação mais elevada. Isso quer dizer que ela envolve uma mudança intencional na direção da totalidade psíquica que pode ser observada pelos outros. Quando examino a vida de adeptos contemporâneos que alegam ser iluminados, não vejo evidências de que esse trabalho de integração esteja sendo feito. Uma das primeiras indicações seria uma visível disposição não apenas para espelhar os discípulos como também para tê-los como um espelho de seu próprio crescimento. Entretanto, esse tipo de disposição pede uma abertura que é cerceada pelo estilo autoritário adotado pela maioria dos gurus.

Os caminhos espirituais tradicionais são, na sua grande maioria, enraizados no ideal vertical de libertação *do* condicionamento do corpo-mente. Portanto, eles enfocam aquilo que é concebido como o bem último — o Ser transcendental. Essa unilateralidade espiritual tira de foco a psique humana: suas preocupações pessoais tornam-se insignificantes e suas estruturas são vistas como algo a ser rapidamente transcendido, em vez de ser transformado. É claro que todos os métodos de autotranscendência envolvem certo grau de autotransformação. Mas, como regra, isso não acarreta um forte esforço para trabalhar com a sombra e realizar a integração psíquica. Isso talvez explique por que tantos místicos e adeptos são altamente excêntricos e autoritários, e pareçam ter, em nível social, personalidades pouco integradas.

Ao contrário da transcendência, a integração ocorre no plano horizontal. Ela amplia o ideal de totalidade à personalidade condicional e às suas conexões sociais Ainda assim, a integração só faz sentido quando a personalidade condicional e o mundo condicional não são tratados como oponentes irrevogáveis da Realidade última, mas sim valorizados como manifestações dela.

Tendo descoberto o Divino nas profundezas de sua própria alma, o adepto precisa então encontrar o Divino em todas as formas de vida. Esta é, na verdade, a principal obrigação e responsabilidade do adepto. Ou, em outras palavras, tendo bebido na fonte da vida, o adepto precisa completar a obra espiritual e praticar a compaixão com base no reconhecimento de que todas as coisas participam do campo universal do Divino.

## 31. Um herege numa comunidade Nova Era

W. BRUGH JOY

Quando visitei pela primeira vez a comunidade Findhorn, em 1975, eu est[illegible] apenas começando a explorar a possibilidade de treinar as pessoas para sentirem energias que se irradiam do corpo e a serem capazes, elas mesmas, de transf[illegible] energia para o corpo de outra pessoa com o propósito de cura física e equilíbrio psicológico.

A comunidade Findhorn, naquela época, era jovem e bastante influenciada pela dinâmica do Pai Divino/Filho Divino. Quando me pediram para dar minhas impressões sobre o futuro imediato da comunidade como um todo, eu disse que pressentia que uma iminente afluência de pessoas traria o perigo de que a "alma" inata da comunidade se diluísse, devido ao seu grande número e aos aspectos comerciais que a comunidade precisaria atender. Eu era um hóspede bem-vindo. A comunidade adorou o que eu falei!

Cinco anos mais tarde, pediram-me para lhes dizer minhas impressões sobre o futuro imediato da comunidade como um todo. Essa palestra seguia-se à Conferência de duas semanas, depois da qual cada participante deveria participar da vida comunitária de Findhorn, com uma compreensão mais aprofundada. Os participantes não eram turistas ou simples visitantes. Eles tinham sido preparados para experimentar toda a gama da vida da comunidade, incluindo aquilo que ordinariamente não é visto numa primeira aproximação: seu lado da sombra.

Quando expressei as impressões que sentia naquele momento, numa das reuniões noturnas da comunidade, apresentei um quadro diferente do que apresentara cinco anos antes... e um quadro mais difícil. Disse-lhes que o futuro próximo seria um período de contração e de restrição de recursos materiais. A comunidade havia desfrutado uma fase de crescimento e abundância, mas agora aproximava-se a fase de baixa daquele ciclo. É melhor vocês se prepararem com antecedência, disse-lhes eu.

Falei-lhes sobre as conseqüências de se sentirem "especiais"; expliquei-lhes que seu combate contra os "males do mundo" não apenas criava o "inimigo" como também representava uma projeção dos aspectos mais escuros da comunidade sobre a tela do mundo. Nem preciso dizer que o meu discurso não agradou e logo caí na categoria de "hóspede indesejado". Eu logo seria visto como o representante de tudo aquilo que não estava resolvido, em nível inconsciente, na comunidade. Em outras palavras, eu iria carregar o lado da sombra da comunidade... e eu sabia disso!

Quando tentamos negar as coisas que *existem*, coisas como os ciclos naturais do tempo e do espaço, faz-se necessária uma enorme energia. Essa energia, assim, deixa de estar disponível como fonte para outras atividades. Neste caso, era evidente que a grande maioria dos membros da comunidade negava a existência de qualquer coisa que pudesse ameaçar suas crenças e valores externos. A sabedoria de reconhecer a expansão e a contração dos ciclos não fazia parte do sistema geral de crenças da comunidade Findhorn, assim como não faz parte do processo de pensamento Nova Era em geral. Apesar das afirmativas feitas pela maioria dos partidários da Nova Era de que estão promovendo virtudes tais como o serviço altruísta ao mundo, suas crenças de que a Nova Era é especial e inocente são, na minha opinião, retrógradas.. tendendo ao infantil, se não ao fetal. Esse ideário tende a girar em torno de si mesmo.. concentrando-se, por exemplo, em imagens que ignoram a contribuição do aspecto destrutivo.

No final dessa experiência comunitária que se seguiu à Conferência, a comunidade Findhorn havia programado uma noite de troca de idéias e entretenimento. Quando eu me dirigia para o salão, o poeta da comunidade aproximou-se de mim, agressivo. Eu já tivera um rápido encontro com ele poucos dias antes, quando me pedira para falar aos seus alunos e eu declinei do convite. Agora ele estava cheio de raiva e fúria. Pensei que ele ia me agredir mas, em vez disso, sibilou algo sobre o que iria apresentar no salão naquela noite. Comecei a girar em torno de mim mesmo.

A primeira parte do entretenimento da noite consistiu de sátiras divertidas e alguns cantos. Então o poeta da comunidade subiu ao palco. Olhou-me nos olhos... e eu soube que eu iria ser sacrificado. Em versos fortes, carregados de veneno e incendiados por uma enfurecida posse exclusiva da verdade, ele soltou os sentimentos escuros e as forças destrutivas da comunidade. O objeto da sua raiva eram os americanos em geral e eu em particular. Fomos retratados de tal modo que, em comparação, a matéria fecal pareceria orquídeas. Seu ataque centrou-se no dinheiro e no poder... o lado escuro de qualquer empreendimento que veste a máscara do bem maior e do serviço à humanidade. A única coisa explicitamente ausente era sexo, mas ele o substituiu dizendo a palavra "f...", na forma substantiva, adjetiva e verbal, com uma freqüência extraordinária.

A função dos poetas é dar voz ao coletivo. Quando o conteúdo de sua poesia é raiva infantil e ressentimento reprimido — e como é natural que tais coisas existam numa comunidade que só se vê como manifestação de amor e luz! —, é preciso encontrar um objeto para carregar as forças inconscientes. Através do mecanismo da projeção, as energias destrutivas puderam ser liberadas naquela noite sem que os participantes precisassem admitir que as forças do desprezo e da inveja estavam, não apenas dentro do poeta, mas também dentro da própria comunidade! Ao projetar esse material sobre mim e sobre os outros americanos, ele na verdade estava promovendo uma cura ou equilíbrio das forças inconscientes da comunidade. No entanto, teria sido melhor para todos nós se a comunidade tivesse avançado no processo de assumir o lado escuro de sua natureza.. mas não foi assim que as coisas se passaram naquela noite. Quanto a mim, na medida em que eu admitia que suas acusações tinham de fato uma contrapartida em mim e eu as assumia conscientemente, fui capaz de permanecer autocentrado e também de ver que o conteúdo da sombra da comunidade, há muito reprimido, estava irrompendo.

Enquanto o poeta continuava seu vulcânico despejar de emoções escuras, a comunidade como um todo mostrava uma ampla gama de reações. Alguns gritaram para que ele se calasse. Alguns começaram a chorar e abandonaram o salão. Outros estavam felizes por alguém ter tido a coragem de afirmar o que muitos sentiam. Alguns começaram a defender os americanos e o modo de vida americano. Outros, humilhados e embaraçados, pediram-me que defendesse a mim mesmo e aos meus compatriotas, ou que fizesse alguma coisa. Encorajei o poeta a continuar, pensando que ele não poderia ter muito mais a dizer... mas ele tinha!

Ele continuou por mais quinze ou vinte minutos até que Eileen Caddy, uma das fundadoras da comunidade, pediu-lhe para parar. Ele parou e saiu da sala quase em júbilo. A comunidade reuniu-se ao redor dos organizadores da reunião para consolá-los e compartilhar um toque de amor e de conforto.

Eu nunca estivera envolvido num ataque público daquela magnitude. Meus recursos para me autocentrar e tornar-me transparente às forças de ataque — para ser capaz de encontrar na consciência aquele lugar onde não existe necessidade de se defender do conteúdo do ataque — estavam quase esgotados.

Tornar-se transparente às acusações não significa que algumas partes da pessoa não se sintam feridas, humilhadas, encolerizadas e defensivas. Significa perceber aquilo que está realmente acontecendo e não ficar inconsciente ou cair vítima de seu próprio material reprimido! Eu sabia que a sombra da comunidade estava irrompendo e eu era o espelho. Também reconheci que as forças e qualidades que estavam sendo atacadas faziam parte de mim mesmo. Para mim, esse foi um grande salto no amadurecimento de mim mesmo. Eu estava sendo iniciado naquelas arenas coletivas da consciência onde a pessoa lida com as projeções inconscientes, não apenas de um indivíduo ou de um pequeno grupo, mas de uma grande coletividade; neste caso, toda uma comunidade.

# 32. A sombra na Astrologia

LIZ GREENE

Uma das coisas mais interessantes que vocês podem fazer com um mapa astral é olhá-lo do ponto de vista daquilo que está no escuro e daquilo que está na luz. Eu gostaria de discutir mais especificamente a figura da sombra, porque a sombra em geral veste a máscara do próprio sexo da pessoa. Não acho que essa seja uma regra rígida, mas o problema da sombra não é um problema de atração ou repulsão sexual. O mais freqüente é que ela se relacione com o dilema de aceitar a própria sexualidade, a própria masculinidade ou feminilidade. Parece que qualquer coisa de um mapa astral pode cair na sombra. Qualquer ponto do mapa pode ser apropriado por essa figura. [Já falei sobre os elementos ausentes no mapa.] Esses elementos ausentes não apenas têm que ver com o tipo de pessoas por quem nos apaixonamos. Eles também estão ligados ao lado escuro da alma. Os aspectos planetários também podem ter tanto que ver com a sombra quanto com o tipo de pessoa que nos fascina no sexo oposto. Pontos do mapa, tais como o Descendente e o Fundo-do-Céu (o F.C., o nadir ou o ponto mais baixo) também têm muito que ver com as facetas da personalidade que caem na sombra.

Vou começar mencionando algumas coisas sobre o F.C. porque ele é um ponto geralmente negligenciado na análise do mapa. O Meio-do-Céu (ou M.C.) na maioria das vezes parece estar ligado ao modo como queremos aparecer aos olhos do público. O ponto oposto, o F.C. parece relevante em termos daquilo que não queremos que o público veja. O signo que está na base do mapa é a área de escuridão, o ponto mais baixo do Sol, e é um dos pontos mais vulneráveis à entrada da sombra.

Agora, pensando no tipo de pessoas (ou grupos de pessoas) que os irritam ou *antagonizam*, e no tipo de pessoas (ou grupos de pessoas) que vocês idealizam, vejam qual o signo que está colocado no F.C. do seu mapa natal e quais são as qualidades específicas desse signo. Do mesmo modo, vejam qual o signo que está no Descendente. Existe uma relação muito estranha entre aquilo que amamos e aquilo que odiamos. Trata-se, com freqüência, de uma mesma coisa sob uma forma ligeiramente diferente. Se vocês pegarem essas duas imagens do que idealizam e do que desprezam e as colocarem lado a lado, talvez descubram que elas têm a mesma raiz. É a mesma figura, mas com uma roupagem diferente.

Por exemplo, se você tem Touro no Ascendente e é um típico taurino, talvez você despreze as pessoas que não são abertas, que não agem às claras. O taurino geralmente despreza aqueles que parecem ser cheios de segredos ou manipuladores, que não são diretos ou que complicam as coisas e provocam crises onde poderia haver paz e tranqüilidade. Mas, ao mesmo tempo, o taurino se sente fascinado pelas pessoas que têm um mistério a cercá-las, que não são fáceis de entender e que parecem ter uma percepção mágica da natureza humana. É a mesma figura. Se você a detesta, ela é má, fugidia e traiçoeira; mas, se você a ama, ela é profunda, densa e forte. Os dois lados estão contidos no Escorpião do Descendente.

Se tem o Meio-do-Céu em Aquário, é provável que você apresente ao mundo a face tolerante e humanitária do aquariano típico, maravilhosamente razoável, justo e preocupado com os direitos dos outros. Você talvez odeie e despreze aqueles egoístas que se engrandecem às custas do grupo e que chamam demasiada atenção para si mesmos em sociedade. Talvez você fique profundamente irritado com o exibicionista que se coloca à frente dos outros, porque você acredita que todos são especiais e merecem os mesmos direitos e benefícios. Ainda assim, você pode sentir uma imensa admiração pela pessoa criativa, pelo artista que consegue ignorar todo mundo e trancar-se em seu estúdio por cinco anos para produzir uma grande pintura ou um romance magnífico. Para criar algo desse porte, é claro que ele precisa ser um megalomaníaco que acredita no imenso valor da sua criação para o mundo. O aquariano idealiza o artista, embora deixe de perceber que todo artista precisa, necessariamente, ser egocêntrico e implacável quanto às exigências e direitos dos outros. Mais uma vez, é a mesma figura, porém vista de maneiras opostas.

Outro exemplo seria um Ascendente em Gêmeos, que é frio, racional, inteligente e nunca leva nada demasiado a sério. O geminiano adora brincar com palavras e idéias que, para ele, são como as pelotiças do prestidigitador. As informações interessam ao geminiano, que é o repórter e o observador da vida. Ele sempre lembrará aquela velha anedota ou perceberá a pequena idiossincrasia que os outros deixaram escapar. Mas, se você tem o Ascendente em Gêmeos, é provável que tudo para você seja terrivelmente interessante mas nada seja apaixonante. Paixão e intensidade podem ser incômodas e até mesmo assustadoras. Você certamente detesta os fanáticos, os prosélitos que acreditam em alguma coisa com uma tórrida emoção, mas que não querem ser incomodados com fatos. Talvez despreze as pessoas que abrem o coração em público, que se atiram às coisas, que demonstram emoções violentas, seja por alguém ou por uma idéia. Uma pessoa demasiado comprometida com uma religião ou uma filosofia pode realmente irritar o geminiano — aquela criatura que o agarra na rua aos brados: "Você Precisa Entrar Para A Cientologia!" ou "Você Já Foi Salvo?" ou coisas desse gênero. O geminiano foge desse tipo de coisa porque possui demasiada sofisticação intelectual para acreditar que exista uma única verdade. Ainda assim, ele talvez admire em segredo a pessoa capaz de uma verdadeira visão espiritual e de um verdadeiro compromisso, aquela que se atira à vida com paixão. O geminiano talvez idealize a pessoa que tem imaginação e intuição, sem nunca perceber que o mesmo fogo inspira essas duas figuras.

Se nos identificamos muito fortemente com um determinado conjunto de qualidades na nossa própria natureza, quando o oposto vem à superfície ou aparece em outra pessoa, o resultado em geral é a repulsa. Trata-se de uma profunda repulsa moral, uma verdadeira aversão pelo que a outra pessoa representa. Não é apenas um desinteresse ou um desagrado casual. A sombra desperta em nós uma raiva totalmente desproporcional à situação. Você não ignora, pura e simplesmente, o fanático com seus panfletos na esquina. Você quer dar uma paulada na cabeça dele. Por que existe esse tipo de raiva e repulsão? Se vocês penetrarem profundamente nos sentimentos que envolvem o confronto com a sombra, verão que a sombra é vivenciada como uma terrível ameaça. Reconhecer ou aceitar a sombra equivale à morte. Ceder, um centímetro que seja, em tolerância ou compaixão ou valor, ameaçará todo o edifício do ego. É claro que quanto mais nos enrijecemos e nos entrincheiramos em determinadas posturas e auto-imagens, tanto mais ameaçadora se tornará a sombra. E isso é particularmente doloroso porque às vezes somos obrigados a reconhecê-la e, ainda assim, fazer a escolha moral de não passá-la ao ato.

Há algum tempo fiz o mapa de uma mulher aquariana com Ascendente em Capricórnio. Ela tinha diversos aspectos fortes (principalmente trígonos e sextis) de Saturno em seu mapa natal e, para ela, era terrivelmente importante ser auto-suficiente. Ela tinha orgulho de sua capacidade e de sua força. Criara dois filhos até a idade adulta, num casamento sem amor com um marido muito fraco e que não a ajudava; construíra, por si mesma, uma bela carreira na área bancária. A única coisa que ela jamais poderia admitir para alguém era qualquer sentimento de desamparo, de carência ou de dependência. Ela preferia sofrer em amargo silêncio do que demonstrar qualquer tipo de carência que pudesse torná-la vulnerável aos outros. Ela precisava de um marido fraco, porque um marido forte a teria forçado a confrontar-se com sua própria sombra. Quando começamos a conversar sobre esses assuntos, ela me contou um sonho que havia se repetido duas ou três vezes e a tinha perturbado. Em seu escritório, trabalhava uma certa moça a quem ela detestava profundamente. Ela sonhou que estava em casa e essa moça batia à porta e pedia para entrar. Ela ficava furiosa e fechava-lhe a porta na cara.

Pedi-lhe para me falar sobre a outra mulher. Minha cliente disse:

— Ai, não agüento aquela criatura. Acho que ela é odiosa.

— Bem, o que é que você odeia nela? — perguntei-lhe.

Minha cliente então me contou que essa mulher, cerca de vinte anos mais jovem que ela, era "uma daquelas recepcionistazinhas idiotas". Parecia que essa moça se magoava com facilidade, chorava muito e se fingia de desamparada para todos os homens do escritório. Estava sempre pedindo ajuda e alegava que não sabia fazer as coisas, mesmo quando sabia, para que os outros precisassem ajudá-la. Minha cliente continuou usando os adjetivos mais carregados — a moça era falsa, traiçoeira, horrorosa, nojenta. Uma das maneiras pelas quais vocês podem ver facilmente a dinâmica da projeção da sombra é pela adjetivação, que é sempre extremada. Minha cliente não conseguia dizer apenas: "Não gosto dessa mulher." E assim ela continuou, por algum tempo.

E então perguntei-lhe:

— Você acha que o comportamento dessa mulher poderia ter algo a ver com você?

— Claro que não! — bradou minha cliente.

Nessa altura da interpretação do mapa astral, ela fez exatamente o que fizera no sonho. Bateu a porta para não deixar a sombra entrar. Logo depois, mudei de assunto. Era uma figura da sombra e minha cliente reagiu a ela de uma maneira bastante típica.

Vocês vêem que, em termos de sombra, não se trata de admitir defeitos. É uma questão de sermos sacudidos até as bases ao perceber que não somos como aparentamos ser — não apenas para os outros como também para nós mesmos. A sombra nos lembra que, se a deixarmos entrar, ela pode abalar profundamente tudo aquilo a que mais damos valor. Minha cliente, com sua forte personalidade saturnina, construíra sua vida e sua auto-imagem sobre uma orgulhosa auto-suficiência. A sombra continuava batendo à sua porta e ela continuava se recusando a deixá-la entrar. A repulsa geralmente esconde um medo muito profundo: o medo de vermos aniquilado o "eu" que conhecemos.

Acho que, quanto mais velhos ficamos, mais difícil é enfrentar essa ameaça de ver destruído tudo aquilo que construímos na vida. Embora não precise necessariamente significar destruição, esse é o nosso medo. Quanto mais cristalizada se torna a nossa personalidade, quanto mais forte fica o nosso ego e quanto mais duramente lutamos para obter as coisas que queríamos, tanto mais difícil se torna o problema todo. Se você se reprimiu e negou a si mesmo para poder conquistar algum valor ou algum ideal, mais dolorosa será a confrontação, pois deixar a sombra entrar talvez signifique o desmoronamento de um castelo de cartas.

Assim, vocês podem ver por que existe medo e repulsão. Não se trata apenas de um desagrado fútil. Trata-se de uma ameaça aos valores estabelecidos. Quanto maior o nosso desequilíbrio, tanto mais dura a luta para impedir a entrada dessa figura. Mesmo que minha cliente reconhecesse que sua "horrorosa" colega de trabalho era a imagem projetada de algo que havia dentro dela mesma, não teria me agradecido por mostrar-lhe essa verdade.

## 33. O Diabo no Tarô

SALLIE NICHOLS

Chegou a hora de encarar o Diabo. Enquanto importante figura arquetípica, ele pertence apropriadamente ao céu, à fila de cima do nosso mapa do Tarô. Mas ele caiu... lembra-se? Na sua versão da história, ele largou o emprego e demitiu-se do céu. Disse que merecia uma oportunidade melhor; achava que devia ter recebido um aumento e mais autoridade.

Mas não é assim que os outros contam a história. De acordo com a maioria dos relatos, Satã foi despedido. Seu pecado, dizem, foi arrogância e orgulho. Tinha uma natureza insolente, ambição demais e um senso exagerado de seu próprio valor. Contudo, tinha muito encanto e considerável influência. Seus métodos eram sutis: pelas costas do Chefe organizava a rebelião dos anjos, mas, ao mesmo tempo, lisonjeava o Mestre.

Tinha inveja de todo mundo — especialmente da raça humana. Ele gostava de ver a si mesmo como o filho favorito. Odiava Adão e se ressentia de seu domínio sobre aquele arrumadinho Jardim do Éden. Para ele, segurança complacente era (e ainda é) anátema. Perfeição o faz agarrar seu atiçador de discórdias. Inocência o faz retorcer-se. Como ele gozou ao tentar Eva e explodir o Paraíso! Tentação era — e continuou a ser — a sua especialidade. Alguns chegam a dizer que foi ele quem tentou o Senhor a perseguir o pobre Jó. Já que Deus é bem, dizem, o Senhor nunca poderia ter lançado mão de tantos truques diabólicos a menos que Ele tivesse sido levado a isso por Satã. Outros argumentam que, já que o Senhor é onisciente e todo-poderoso, deve arcar com toda a responsabilidade por submeter o pobre Jó a um interrogatório tão rigoroso.

A discussão sobre quem foi responsável pelo sofrimento de Jó prolonga-se há séculos. Ainda não foi resolvida e talvez nunca venha a ser. A razão é simples: o Diabo confunde porque ele próprio é confuso. Olhe para a figura dele no Tarô e você entenderá. Ele se apresenta como um absurdo conglomerado de partes. Usa os chifres de um cervo, mas tem as garras de uma ave de rapina e as asas de um morcego. Refere-se a si mesmo como homem, mas tem seios de mulher — talvez fosse mais correto dizer que ele *veste* seios de mulher, pois seus seios parecem ter sido colados ou pintados sobre o seu peito. Essa estranha couraça peitoral oferece pouca proteção. Talvez seja usada como uma insígnia para camuflar a crueldade do seu portador; mas, em nível simbólico, talvez indique que Satã usa a ingenuidade e a inocência femininas como um disfarce para nos seduzir no nosso jardim. E, como a história do Éden deixa bem claro, é através dessa nossa ingenuidade inocente (personificada por Eva) que ele age.

A rigidez e artificialismo dessa couraça peitoral talvez indiquem que o lado feminino do Diabo é mecânico e descoordenado e, assim, nem sempre está sob o seu controle. É significativo que seu elmo dourado pertença a Wotan, um Deus que também era sujeito a faniquitos mulheris e que buscava vingança quando via sua autoridade ameaçada.

O Diabo carrega uma espada, mas ele a segura descuidadamente pela lâmina, e com a mão esquerda. É óbvio que seu relacionamento com a arma é tão inconsciente que ele seria incapaz de usá-la de uma maneira propositada; isso significa, simbolicamente, que seu relacionamento com o Logos masculino também é ineficaz. Nessa versão do Tarô, a espada de Satã parece ferir apenas a ele mesmo. Mas a lâmina é ainda mais perigosa por não estar sob o seu controle. O crime organizado opera pela lógica. Pode ser descoberto e combatido de uma maneira sistemática. Mesmo os crimes passionais têm uma certa lógica emocional que os tornam humanamente compreensíveis e às vezes até evitáveis. Mas à destruição indiscriminada, os assassinatos arbitrários na rua, o louco que dispara a esmo do alto de um prédio — contra esses não temos nenhuma defesa. Sentimos que essas forças operam numa escuridão que está além da compreensão humana.

O Diabo é uma figura arquetípica cuja linhagem, direta e indireta, remonta à antiguidade. Lá ele geralmente aparecia como um demônio bestial, mais poderoso e menos humano que a figura mostrada no Tarô. Como Set, Deus egípcio do mal, ele costumava tomar a forma de uma cobra ou de um crocodilo. Na antiga Mesopotâmia, Pazuzu (um demônio do vento sudoeste, portador da malária, rei dos maus espíritos do ar) incorporava algumas das qualidades hoje atribuídas a Satã. Nosso Diabo talvez também tenha herdado certos atributos de Tiamat, deusa babilônica do caos, que tomava a forma de uma ave com chifres e garras. Foi só depois de surgir na nossa cultura judeu-cristã que Satã começou a assumir características mais humanas e a conduzir suas execráveis atividades de uma maneira que o homem pode compreender mais de imediato.

Essa humanização da imagem do Diabo ao longo dos séculos significa, em nível simbólico, que agora estamos mais preparados para vê-lo como um aspecto da nossa própria sombra do que como um Deus sobrenatural ou um demônio infernal. Talvez isso signifique que estamos prontos, afinal, para lutar contra o nosso próprio lado satânico. Mesmo humano — e até mesmo belo —, ele não perdeu suas enormes asas de morcego. Se há diferença, é que elas se tornaram ainda mais escuras e maiores do que as asas do Diabo no Tarô de Marselha. Isso indica que o relacionamento de Satã com o morcego é particularmente importante e exige a nossa atenção especial.

O morcego é um voador noturno. Evitando a luz do dia, ele se retira a cada manhã para uma caverna escura onde fica pendurado de cabeça para baixo, acumulando energia para suas escapadas noturnas. Ele é um chupador de sangue cuja mordida espalha a peste e cujos excrementos profanam o ambiente. Ele se precipita rapidamente no escuro e, de acordo com a crença popular, tem um pendor especial para enredar-se nos cabelos das pessoas, causando um rebuliço histérico.

Também o Diabo voa à noite — hora que as luzes da civilização se extinguem e a mente racional adormece. É nessa hora que os seres humanos estão deitados, inconscientes, desprotegidos e abertos às sugestões. Na luz do dia, quando a consciência humana está desperta e a capacidade de diferenciação do homem está aguçada, o Diabo se retira para os escuros recessos da psique onde, ele também, fica pendurado de cabeça para baixo, escondendo sua qualidade de contrário, recarregando suas energias e ganhando tempo. Metaforicamente, o Diabo suga o nosso sangue e corrói a nossa substância. Os efeitos de sua mordida são contagiosos, contaminando comunidades inteiras e até países. Assim como o morcego pode causar um pânico irrefletido num auditório lotado ao se precipitar, veloz, sobre os espectadores, também o Diabo pode voar às cegas sobre uma multidão, enredando-se nos cabelos, embaralhando os pensamentos lógicos e provocando histeria de massa.

Nosso ódio ao morcego ultrapassa toda lógica. Assim também nosso medo do Diabo — e por motivos semelhantes. O morcego parece-nos uma monstruosa aberração da natureza — um rato com asas, a chiar. Assim como o Diabo, suas partes disparatadas desafiam as leis naturais. Tendemos a ver todas essas deformações — o antão, o corcunda, o bezerro de duas cabeças — como obras de alguma força sinistra e irracional; e essas criaturas como instrumentos dessa força. Um misterioso talento compartilhado pelo morcego e pelo Diabo é a capacidade de vôo cego no escuro. Intuitivamente, temos medo dessa magia negra.

Os cientistas descobriram uma maneira de se proteger contra os hábitos perigosos e asquerosos do morcego para poderem entrar na caverna desses animais e examinar seus habitantes de um modo mais racional. Como resultado, a forma peculiar e o comportamento repulsivo do morcego parecem agora menos assustadores. Descobriu-se que até mesmo o seu misterioso sistema de radar funciona de acordo com leis que podemos compreender. A tecnologia moderna decodificou a magia negra do morcego para criar um aparelho semelhante que permite, também ao homem, o vôo cego.

Talvez, com um tipo semelhante de exame objetivo do Diabo, pudéssemos aprender a nos proteger contra ele; e, descobrindo dentro de nós mesmos uma propensão à magia negra satânica, pudéssemos aprender a dominar esses medos irracionais que paralisam a vontade e tornam impossível enfrentar o Diabo. Talvez na luz terrível de Hiroshima, com seu resultado de humanidade retorcida e dilacerada, pudéssemos, depois de tanto tempo, ver a forma monstruosa da nossa própria sombra demoníaca.

A cada guerra que se sucede torna-se mais evidente que nós e o Diabo temos muitas características em comum. Alguns dizem que a função da guerra é exatamente revelar ao homem sua enorme capacidade para o mal, de um modo tão inesquecível que cada um de nós acabará por reconhecer sua própria sombra escura e lutar contra as forças inconscientes de sua natureza interior. Alan McGlashan vê a guerra especificamente como "a punição à descrença do homem nessas forças dentro dele mesmo".[1]

Paradoxalmente, à medida que a vida consciente do homem se torna mais "civilizada", sua natureza pagã e animal, como se revela na guerra, torna-se cada vez mais implacável. Comentando isso, Jung diz:

> As forças instintivas represadas no homem civilizado são imensamente mais destrutivas e, portanto, mais perigosas, que os instintos do homem primitivo, o qual, num grau mais moderno, está constantemente vivendo instintos negativos. Conseqüentemente, nenhuma guerra do passado histórico pode rivalizar com uma guerra entre nações civilizadas, em sua colossal escala de horror.[2]

Jung continua, dizendo que a imagem clássica do Diabo como meio-homem, meio-besta, "descreve com exatidão o lado grotesco e sinistro do inconsciente, pois nunca realmente chegamos a lutar contra ele e, em conseqüência, ele permaneceu no seu estado selvagem original".[3]

Se examinamos esse "homem bestial", assim como ele é mostrado no Tarô, podemos ver que nenhum componente individual é, em si, dominante. O que o torna tão repulsivo é o conglomerado sem sentido de suas várias partes. Essa montagem irracional ameaça a própria ordem das coisas, solapando o esquema cósmico sobre o qual se apóiam todas as formas de vida. Enfrentar essa sombra significaria enfrentar o medo de que não apenas nós, seres humanos, mas também a própria Natureza tenha enlouquecido.

Mas essa estranha besta que vive dentro de nós, que projetamos sobre a figura do Diabo, afinal de contas, é Lúcifer, o Anjo da Luz. Ele é um anjo — embora um anjo caído — e, como tal, um mensageiro de Deus. É preciso que travemos conhecimento com ele.

# 34. Fundamentalismo Nova Era

JOHN BABBS

Ontem à noite, como tenho feito tantas e tantas vezes, fui a uma dessas maravilhosas reuniões Nova Era. E acho que não agüento mais. Enjoei. Preciso escapar da tortura de ser mortalmente abençoado em noites como essas. Existe ali alguma coisa assustadoramente irreal que eu não consigo identificar direito. Só sei que, depois, eu quero mesmo é gritar um palavrão sonoro, ir ao boteco mais sórdido, beber cerveja no gargalo e caçar uma desajustada qualquer.

Na reunião de ontem, um belo rapaz falou de suas viagens pelo mundo visitando locais sagrados de culto — quatrocentos deles, ao todo. Ele já deu a volta ao mundo 14 vezes em seus 34 anos de vida, vivendo em muitos desses lugares por meses, às vezes anos a fio.

Ele tem uma visão, sim. Uma visão de um mundo mais em paz. Um mundo saudável e limpo, que nos sustenta a cada um de nós com um trabalho significativo, assim como nós sustentamos o mundo e uns aos outros.

Ele descreveu como esses locais têm sido utilizados desde quatro ou cinco mil anos antes de Cristo por antigos pagãos e adoradores da deusa; como têm sido utilizados como campos de pouso interestelar por visitantes das mais distantes galáxias e como colônias de antigas civilizações muito mais avançadas que a nossa.

Ele também profetizou a catástofre final, descrevendo um futuro cheio de horror, porque permitimos que o hemisfério direito do cérebro se atrofiasse, resultando na perda de conexão com esses antigos pontos de energia. Ele descreveu como as religiões patriarcais do mundo se apropriaram desses locais para uso próprio e, ao fazê-lo, destruíram as antigas sabedorias e verdades que esses locais um dia contiveram.

Acho que já fui a mais de cem dessas maravilhosas reuniões. Pessoas lindas. Suaves. Gentis. Espirituais. Visionárias. Fascinantes. Mas por baixo de toda essa beleza espreita uma escuridão mal e mal velada por beatíficos chavões de doçura. Dei a essa besta o nome de Fundamentalismo Nova Era: a crença de que eu estou certo, enquanto todo mundo está errado, estúpido ou mau; a crença de que eu represento a energia da luz e da bondade, enquanto todo mundo é enganado pela energia do mal.

Essa crença nunca é declarada. Ela é velada mas, ainda assim, ali está. Nunca pensei que eu ainda viria a falar bem de Jerry Falwell mas, com Jerry, pelo menos você sabe em que pé ele está, você sabe quais são as opiniões dele. Consigo lidar com isso. Ele, pelo menos, tem a coragem de afirmar suas crenças. O que é tão enlouquecedor no Fundamentalismo Nova Era é que seus julgamentos e moralizações estão escondidos por trás da fachada da doutrina Nova Era, por trás da cortina de fumaça do "amamos a todos" e "somos Um".

Esse rapaz achava que as histórias pagãs, gregas e romanas e os mitos da deusa que descreviam esse grande mistério da vida eram "verdade", ao passo que as histórias cristãs, muçulmanas e judaicas eram mentiras e distorções da verdade "real". E mais, desde que desenvolveu as funções do seu hemisfério cerebral direito, ele conseguiu "verificar" que esses locais eram utilizados como campos de pouso extraterrestre e como colônias das tribos perdidas da Atlântida, Lemúria e Mu. Como é que ele conseguiu? Ah, ele sabe que é verdade porque canalizou, é por isso. E fim de papo.

Dê-me um tempo... Por favor (nunca pensei que ainda me ouviria dizendo isso): *Dê-me alguns fatos!* Existe alguma simples verificação material para as fantasmagóricas afirmativas que fazemos?

E por que estamos tão obsessivamente preocupados com o passado e com o futuro? Que diferença faz o que aconteceu há 5.000 anos? E que importa a data exata em que os Irmãos do Espaço vão chegar para nos salvar da nossa loucura? Não serão essas preocupações todas simplesmente mais um jeito de evitar aquilo que está diante de nós aqui e agora, de evitar aquilo que fomos chamados a fazer para limpar as nossas vidas e aliviar o sofrimento que vemos diante de nós?

Se a Nova Era pretende começar a oferecer algo substancial para reordenar a vida na Terra, nós, Peter Pans, temos que aterrissar na terra firme e começar o duro trabalho de transformação — primeiro na nossa própria vida e depois no mundo diante de nós aqui e agora, não em algum passado distante ou em algum incerto futuro. Parafraseando o sábio budista: "Queres mudar o mundo? Então guarda a tua *mountain bike*, arruma um emprego e começa a varrer a calçada diante da tua porta."

## A SOMBRA NA TRADIÇÃO ZEN

*Na refeição ritual, pegam-se alguns grãos do arroz de Buda e colocam-se na ponta da espátula para oferecer a todos os espíritos do mal para sua satisfação. Os servidores aproximam-se e tomam os poucos grãos da espátula, oferecendo-os a uma planta ou animal, devolvendo-os assim ao ciclo da vida. Esse é um caminho para, conscientemente, reconhecer os maus espíritos ou a sombra, alimentá-los com a melhor comida e, ainda assim, não alimentá-los demais.*

*Mais tarde nesse dia, se alguém cruza com um mau espírito, pode dizer-lhe: "Já te alimentei. Não preciso te alimentar novamente."*

*Na tradição budista, acredita-se que existe um reino de fantasmas famintos com um imenso apetite e uma garganta estreita como um buraco de agulha. Por isso eles nunca estão satisfeitos, como a sombra com seu voraz apetite. Alimentando-a com porções pequenas e regulares, a sombra não precisa assumir uma atitude devoradora.*

*Sabemos que não podemos eliminar o reino dos fantasmas famintos; eles existem, por isso precisamos cuidar deles. E então o efeito de seus queixumes será menor. O mesmo ocorre com a sombra.*

De acordo com a narração de Peter Leavitt

# Parte 7

# Diabos, demônios e bodes expiatórios: uma psicologia do mal

A teia da vida é um emaranhado confuso de bem e mal: nossas virtudes seriam orgulho, se nossos erros não as fustigassem; nossos crimes seriam desespero, se não fossem alimentados pelas nossas virtudes.

*William Shakespeare*

Não há dúvida de que a saúde mental é inadequada enquanto doutrina filosófica, pois os fatos maus que ela se recusa terminantemente a explicar são uma porção genuína da realidade; e talvez eles sejam, afinal, a melhor chave para entendermos o sentido da vida e os únicos que poderiam abrir nossos olhos para os níveis mais profundos da verdade.

*William James*

A triste verdade é que a vida humana consiste num complexo de opostos inseparáveis — dia e noite, nascimento e morte, felicidade e miséria, bem e mal. Nem sequer estamos certos de que um prevalecerá sobre o outro, de que o bem superará o mal ou a alegria derrotará a dor. A vida é um campo de batalha. Ela sempre foi e sempre será um campo de batalha. E, se assim não fosse, a existência chegaria ao fim.

*C. G. Jung*

# Introdução

Enquanto a sombra pessoal é um desenvolvimento inteiramente subjetivo, a experiência da sombra coletiva é uma realidade objetiva a que, de modo geral, damos o nome de "mal". Ao contrário da sombra pessoal, que emite sinais positivos quando envolvida pelo esforço moral, a sombra coletiva não é tocada por esforços racionais e deixa-nos, portanto, com uma sensação de completa e absoluta impotência. Algumas pessoas encontram refúgio contra esse desespero na fé e na obediência aos sistemas de valores absolutos de religiões e ideologias, que historicamente têm oferecido proteção psicológica contra as ameaças do mal que infestam o mundo. Na medida em que esses valores institucionalizados vêm em apoio aos nossos próprios valores, é possível que nos sintamos protegidos contra os efeitos negativos do mal.

O mal e os problemas dele decorrentes têm se constituído em preocupações espirituais e intelectuais do ser humano desde tempos imemoriais. O *Zeitgeist* — o espírito da época — de cada geração matiza as percepções daquilo que é bom e daquilo que é mau. Entre os povos primitivos, cujas vidas permanecem praticamente imutáveis desde a Idade da Pedra, o mal sempre foi associado à escuridão e à noite. Durante o dia, o mal inexiste; mas quando o sol desaparece, o mal ronda ameaçadoramente nas sombras. A vida cotidiana dos povos primitivos é permeada por crenças supersticiosas associadas com a idéia, literal e simbólica, da sombra.

No seu clássico ensaio *The Double* [O Duplo], Otto Rank passou em revista alguns dos modos pelos quais a sombra literal que lançamos é simbolicamente internalizada como uma expressão viva do envolvimento da alma com o bem e o mal. Ele examinou a maneira como os povos primitivos ritualizam e regulam seus relacionamentos com a sombra através de costumes e tabus.

No antigo Egito, o mal era divinizado como o deus Set, irmão escuro de Osíris. Set personificava o árido deserto egípcio, fonte de seca e flagelos para a cultura humana que florescia na fértil planície do Nilo. Na mitologia persa, a vida era simbolizada como uma batalha travada entre forças opostas: Ahura-Mazda era a força da vida, portador da luz e da verdade, enquanto Ahriman representava a força do mal coletivo, o senhor das trevas, da ilusão, da doença e da morte.

Por todo o subcontinente indiano, a tradicional cultura hindu vê o mal transpessoal como parte da expressão cambiante de uma única substância divina ou energia vital. De acordo com Heinrich Zimmer, estudioso do hinduísmo, o mal é parte integrante do ciclo kármico de causa e efeito. Os hindus acreditam que nos tornamos merecedores da felicidade ou do sofrimento em função dos nossos atos individuais e da intenção que está por trás desses atos. "Em infindáveis ciclos, o bem e o mal se alternam", diz uma lenda hindu. "Por isso o sábio não se apega ao mal nem ao bem. O sábio a nada se apega."

As noções ocidentais sobre o mal podem ser vistas claramente nas parábolas das escrituras judaicas e cristãs e na mitologia grega. Nossa cultura está impregnada com as imagens dramáticas do Antigo Testamento, as histórias de um povo guiado pela consciência e pelo diálogo íntimo com o Criador. As parábolas de Jesus e a história do anjo do mal, Satã, oferecem-nos os símbolos fundamentais para compreendermos o mal humano.

A mitologia grega atribui o mal coletivo aos deuses do seu panteão. Os grandes e pequenos deuses do Olimpo mostram uma assombrosa equivalência psicológica com o nosso mundo de arrogância e sombra. Todos os deuses gregos são seres falíveis, capazes tanto do bem quanto do mal. Eles são forças arquetípicas — fenômenos reais e palpáveis que existem invisivelmente entre as pessoas, embora além da relação humana de causa e efeito. Nessas grandes histórias, o mal objetivo é uma força preexistente com a qual os mortais precisam ajustar contas.

De acordo com a mitologia grega, o mal chegou a nós através da curiosidade de Pandora. A história de sua origem merece ser recontada:

> O grande Zeus, poderoso senhor do Olimpo e governante de todos os outros deuses, enfurecido com o roubo do fogo divino, assim falou a Prometeu: "És mais sábio que todos nós, alegras-te por teres roubado o fogo e me enganado. Isso trará danos, a ti e aos homens ainda por vir. Pois eles receberão de mim, em retaliação pelo roubo do fogo, uma coisa má com a qual se rejubilarão, cercando de amor o seu próprio sofrimento."
>
> Por ordem de Zeus, o deus ferreiro Hefestos modelou com argila uma inocente donzela à imagem da bela Afrodite, deusa do amor. Essa figura feminina, que é a ancestral de todas as mulheres mortais, foi chamada Pandora ("rica em dons"). Foi adornada com os encantos de Atena e recebeu qualidades divinas. Todos os deuses e deusas participaram de sua criação, tal era a ira dos olímpicos diante da traição de Prometeu. O próprio Zeus dotou Pandora de uma curiosidade insaciável e deu-lhe uma caixa de argila com o aviso de nunca abri-la.
>
> Prometeu, o desafiador dos deuses, sabia que deles não se deve aceitar presentes. Havia alertado seu irmão Epimeteu sobre o perigo das oferendas dos deuses. Mas quando Hermes, o mensageiro dos deuses, surgiu e lhe ofereceu Pandora, Epimeteu não resistiu à sua beleza. E assim Pandora viveu entre os mortais.
>
> Não se passou muito tempo até que Pandora fosse dominada pela curiosidade. Abriu a caixa e dela afluíram todos os males que lá haviam sido encerrados. Até então, esses males eram desconhecidos pela humanidade. Pandora conseguiu fechar a tampa em tempo de impedir que a Esperança escapasse, mas a Terra já fervilhava de tristes males. Com eles vieram a doença e a morte. Assim completou-se a separação entre os seres humanos e os deuses imortais.

Às vezes vemos esses males no mundo com assustadora clareza, embora outras vezes sejamos incapazes de percebê-los. Como observou o classicista Carl Kerenyi a respeito de Epimeteu na história de Pandora, é a natureza humana que aceita a oferenda e só mais tarde percebe o mal. A percepção do mal nos é imposta pelo conflito existente entre aquilo que esperamos que a vida seja e aquilo que ela realmente é. Queremos ser otimistas em relação ao nosso mundo e ver a beleza; custa-nos, e muito, ignorar a memória histórica do mal. Essa discrepância pode facilmente obscurecer a realidade do mal. A ingenuidade talvez explique as abominações que são cometidas entre os homens, em nome de uma boa causa.

A sombra coletiva pode tomar a forma de fenômenos de massa, nos quais nações inteiras são possuídas pela força arquetípica do mal. Isso pode ser explicado pelo processo inconsciente conhecido como *participation mystique*.* — Por esse processo, o indivíduo (ou o grupo) vincula-se e identifica-se psicologicamente com um objeto, pessoa ou idéia, tornando-se incapaz de fazer uma distinção moral entre ele mesmo e sua percepção do objeto. No caso da sombra coletiva, isso pode significar que as pessoas se identificam com uma ideologia ou com um líder que expressa os medos e inferioridades de toda a sociedade. Com freqüência essa identificação toma a forma, a nível coletivo, de fascinações fanáticas, tais como perseguição religiosa, intolerância racial, sistemas de castas, busca de bodes expiatórios, caça às bruxas ou ódio genocida. Quando uma minoria carrega a projeção daquilo que uma sociedade rejeita, o potencial para o mal é ativado. Exemplos desse fenômeno de massa, na nossa época, incluem os *pogroms* czaristas na Rússia na virada do século, a perseguição nazista aos judeus, ciganos e homossexuais no holocausto da Segunda Guerra Mundial, o anticomunismo e o macarthismo nos Estados Unidos nos anos 50, e o sistema constitucional do *apartheid* na África do Sul. Nosso século testemunhou essas psicoses de massa passadas ao ato em crueldades que alcançaram proporções nunca antes imaginadas.

O mal coletivo desafia a compreensão. Essas forças erguem-se da mente inconsciente de um número imenso de pessoas. Quando ocorrem essas epidemias mentais, geralmente somos impotentes para combater os flagelos que as acompanham. As poucas pessoas que não se deixam aprisionar por uma *participation mystique* podem facilmente tornar-se, elas próprias, suas vítimas. Basta lembrar que o povo alemão negava a existência dos campos de extermínio nazistas, a cegueira do mundo todo diante do regime genocida do Khmer Vermelho no Camboja ou a negligência global diante da situação crítica do Tibete nas mãos dos implacáveis comunistas chineses.

Esses efeitos coletivos geralmente são personificados por um líder político — Napoleão, Stalin, Hitler, Pol Pot ou Saddam Hussein, por exemplo — que então passam a carregar as projeções coletivas que haviam sido reprimidas na cultura como um todo. "Não apenas a sombra coletiva está viva nesses líderes", diz Liliane Frey-Rohn, mas "eles próprios representam a sombra coletiva, o adversário e o mal."

Em décadas recentes houve alguns exemplos corajosos de tentativas humanas para neutralizar o mal: o moderno santo indiano Mohandas Gandhi restaurou com sucesso a dignidade e a independência da Índia através da não-violência, o que gerou um movimento que virtualmente libertou as nações do Terceiro Mundo da colonização imperialista. Martin Luther King e o movimento pelos direitos civis nos Estados Unidos fizeram avançar a causa da igualdade racial e continuam a inspirar povos e nações a enfrentar as forças repressivas do mal. As sanções mundiais hoje impostas contra o *apartheid* da África do Sul são um resultado direto dessas conquistas. Os movimentos pelos direitos das mulheres, das crianças, dos deficientes e dos idosos

* Expressão criada pelo psicólogo e filósofo social Lucien Lévy Bruhl e universalmente adotada (N.T.).

desafiam abertamente as forças do mal inconsciente na vida americana. Na União Soviética, vemos hoje um assombroso esforço, feito por toda a nação, para se desvencilhar dos grilhões de uma ideologia destrutiva. Tem sido animador testemunhar o repúdio dos soviéticos às forças escuras que governaram seu sistema político por meio século.

Para evitar que o descuido nos faça resvalar para uma ingênua inconsciência, precisamos constantemente de novas maneiras de pensar o mal. Para a maioria das pessoas, o mal continua a ser um tigre adormecido, lá fora, num canto escuro da vida. De tempos em tempos, ele desperta, ruge ameaçador e — se nenhuma coisa terrível acontece — volta a adormecer, embalado pela nossa necessidade de negar sua perigosa presença.

A negação do mal é um comportamento aprendido. Representa o máximo de realidade que podemos suportar. Desde o começo da vida, cada um de nós tem experimentado o mal, direta ou indiretamente, através do comportamento inexplicável dos outros e das imagens impessoais da televisão, dos noticiários, do cinema, das histórias e contos de fada. Essa exposição exige que nossas jovens mentes desenvolvam alguma explicação para a realidade objetiva do mal e sua ameaça de iminente aniquilação.

Alguns foram obrigados a passar por essas experiências sozinhos, sem o benefício ou o conforto de uma ajuda. As expressões infantis da sombra e do mal (como o bicho-papão, por exemplo) afastam o pressentimento de perigo imediato porém, mais tarde, nos deixam mal-adaptados para a vida e produzem sintomas que variam de medo do escuro a reações mórbidas. Existem pessoas — vítimas de abuso infantil, guerra e outros crimes — que foram prematura e tragicamente expostas aos abismos do mal sem sentido e jamais se recobraram dessas experiências. Outras sofreram uma doutrinação religiosa extremamente dogmática quanto ao mal no mundo; vivem com os estereótipos de fogo e enxofre, de inferno e danação, ou com uma noção supersticiosa sobre o bem e o mal.

Para o resto de nós, a idéia do mal está sempre sujeita aos processos de evitar e de negar, nossos grandes mecanismos para lidar com este assunto. Negar que o mal é uma aflição permanente da humanidade talvez seja o mais perigoso modo de pensar. Em *Escape from Evil* [Fugindo do Mal], Ernest Becker sugere que foi o nosso sonho impossível de negar o maior de todos os males — a morte — que acumulou o mal sobre o mundo: "Com sua luta para evitar o mal, o homem trouxe mais mal ao mundo do que um organismo jamais poderia fazer com suas funções naturais. Foi a engenhosidade do homem, e não a sua natureza animal, que trouxe a seus semelhantes este amargo destino terreno."

Nem todos concordam com a idéia de que o mal é um elemento permanente da condição humana. Desde Santo Agostinho existe a idéia de que o mal nada mais é que a ausência do bem — idéia conhecida como a doutrina da *privatio boni*. Essa idéia sugere que o mal poderia ser erradicado por boas ações. Em *Aion* [Aion], Jung criticou esse pensamento, dizendo:

> Há uma tendência, que existe desde o princípio, de dar prioridade ao "bem" e de fazê-lo com todos os meios à nossa disposição, sejam eles adequados ou inadequados... a tendência a sempre aumentar o bom e diminuir o mau. A *privatio boni* talvez seja uma verdade metafísica. Não tenho a menor pretensão de julgar esse assunto. Insisto

apenas em afirmar que, no nosso campo de experiência, branco e preto, claro e escuro, bom e mau, são opostos equivalentes que sempre implicam um o outro.

Num livro recente, *Banished Knowledge* [O Conhecimento Banido], a prolífica escritora e psicanalista Alice Miller retoma a noção controvertida da *privatio boni* ao afirmar que a sombra coletiva não existe e que essas idéias são, em si, uma negação do mal:

> A doutrina junguiana da sombra e a noção de que o mal é o reverso do bem, destinam-se a negar a realidade do mal. Mas o mal é real. Ele não é inato e, sim, adquirido, e nunca é o reverso do bem, mas o seu destruidor... Não é verdade que o mal, a destrutividade e a perversão inevitavelmente fazem parte da existência humana, não importa o quanto essa idéia é defendida. Mas é verdade que o mal está sempre envolvido em produzir mais mal e, com ele, um oceano de sofrimento para milhões de pessoas que poderia ser evitado. Quando a ignorância que surge da repressão na infância for eliminada e a humanidade despertar, poderemos pôr um fim à produção de mal.

A hipótese de trabalho de *Ao Encontro da Sombra,* no entanto, é que o mal é um elemento permanente da vida, inseparavelmente entremeado com o lado melhor da humanidade. Rejeitar o legado de Pandora exigiria que despejássemos o enxame de males de volta na caixa. Isso parece de todo impossível. Em termos históricos, uma grande desgraça resultou quando o ser humano, involuntariamente, se deixou cegar à plena realidade do mal e provocou misérias muito piores do que o mal que buscava erradicar. Basta pensarmos nas Cruzadas contra os infiéis durante a Idade Média, ou na Guerra do Vietnã nos nossos tempos.

Se realmente quisermos enfrentar o desafio do mal no mundo, cada um de nós precisa assumir sua responsabilidade em termos individuais. "Precisamos admitir e aceitar como parte de nós mesmos o mal e a imundície que pertencem a cada um de nós, por sermos humanos e desenvolvermos um ego", diz o analista junguiano Edward C. Whitmont. "Precisamos reconhecer a objetividade arquetípica do mal como um aspecto terrível dotado de força sagrada, que inclui a destruição e o apodrecimento, e não só o crescimento e a maturação. Então poderemos nos relacionar com nossos semelhantes como vítimas, tanto quanto nós, e não como nossos bodes expiatórios."

Não existem doutrinas infalíveis; as tentativas mais honestas para chegar à verdade sobre o mal em nossa vida podem apenas produzir uma promessa de maior consciência. Cada geração tem seu próprio encontro com o espectro, cada vez mais assustador, do mal. Nossos filhos, nascidos numa época de dogmas simplistas e de um potencial sem precedentes para a destrutividade humana, exigem e merecem os benefícios de um conhecimento equilibrado e esclarecido sobre o mal.

A Parte 7 tenta organizar e comparar algumas idéias notáveis sobre a questão do mal do ponto de vista psicológico. Existem muitas psicologias do mal; estes ensaios são reimpressos com a intenção de provocar as próprias idéias incompletas do leitor sobre o mal.

O Capítulo 35, extraído da autobiografia de C. G. Jung, *Memories, Dreams, Reflections* [Memórias, Sonhos e Reflexões], foi escrito no final de sua vida. Contém os últimos pensamentos de Jung sobre o desafio do mal e sobre a necessidade de psicologia e de maior autoconhecimento individual.

O segundo ensaio foi extraído de *Power and Innocence* [O Poder e a Inocência], do psicólogo Rollo May, que acredita que a inocência (que ele chama de "pseudo-inocência") pode agir como uma defesa infantil contra a percepção crucial do mal.

No Capítulo 37, extraído de *People of the Lie* [Filhos da Mentira], o psiquiatra e conhecido escritor M. Scott Peck delineia uma psicologia do mal que inclui uma definição, de influência cristã, das características das pessoas más. "O estranho", diz Peck, "é que as pessoas más freqüentemente são perniciosas porque estão tentando destruir o mal. O problema é que elas erram o loco do mal. Em vez de destruir os outros, elas deveriam estar destruindo essa doença dentro delas mesmas."

Stephen A. Diamond revê diversas psicologias do mal, incluindo uma comparação crítica das idéias apresentadas por May e Peck nos dois capítulos precedentes. Sua discussão acerca de demônios e do daemônico acrescenta profundidade ao nosso entendimento simplista do mal e representa um avanço rumo a uma progressiva psicologia do mal.

O Capítulo 39, "A dinâmica básica do mal humano", representa o trabalho final do falecido Ernest Becker. Extraído de *Escape from Evil* [Fugindo do Mal], ele compara as idéias psicológicas de Otto Rank, Freud e Jung, e dá uma ênfase especial ao trabalho de Wilhelm Reich. Becker diz que o benefício duradouro da psicanálise é a sua contribuição ao entendimento da dinâmica da miséria humana.

Em seu artigo, "O reconhecimento da nossa cisão interior", Andrew Bard Shmookler sugere que só quando iniciamos a luta interior contra o mal é que se torna possível fazermos as pazes com a sombra. Suas observações sobre o estudo de Erik Erikson a respeito do problema da sombra do Mahatma Gandhi acrescentam uma importante dimensão ao diálogo desenvolvido nesta seção. O artigo de Schmookler foi extraído do seu livro *Out of Weakness* [Da Fraqueza].

Esses ensaios, embora não sejam um estudo exaustivo da questão do mal, formam uma provocante mesa-redonda de idéias que deixa espaço para a entrada dos nossos próprios pensamentos. Puxe sua cadeira. O diálogo continua.

# 35. O problema do mal no nosso tempo

C. G. JUNG

O mito cristão permaneceu vivo e inalterado durante um milênio — até que os primeiros indícios de uma transformação da consciência começaram a surgir no século XI.[1] Daí em diante, aumentaram os sintomas de inquietação e dúvida até que, neste final do segundo milênio, torna-se evidente a imagem de uma catástrofe universal que se inicia sob a forma de uma ameaça à consciência. Essa ameaça consiste do gigantismo — em outras palavras, uma arrogância da consciência — expresso na afirmação: "Nada é maior que o homem e seus feitos." Perdeu-se a idéia do além, a transcendência do mito cristão, e com ela a visão da totalidade a ser alcançada no outro mundo.

A luz foi seguida pela sombra, o outro lado do Criador. Esse desenvolvimento alcançou seu auge no século XX. O mundo cristão defronta-se agora com o princípio do mal, com a injustiça sem disfarces, com a tirania, a mentira, a escravidão e a opressão da consciência. Sua primeira irrupção violenta surgiu na Alemanha. Aquela explosão de mal revelou até que ponto o cristianismo havia sido minado no século XX. Diante disso, o mal não podia mais ser minimizado pelo eufemismo da *privatio boni*. O mal tornou-se uma realidade determinante. Deixou de ser possível desembaraçar-se dele por uma circunlocução. E agora precisamos aprender a conviver com ele, pois ele está aqui e aqui permanecerá. Ainda não conseguimos conceber como viver com o mal sem sofrer terríveis conseqüências.

De qualquer modo, precisamos de uma nova orientação, de uma *metanóia*. Tocar o mal acarreta o grave perigo de sucumbir a ele. Precisamos, portanto, deixar de sucumbir a qualquer coisa, inclusive ao bem. Um "bem" ao qual sucumbimos perde seu caráter ético. Não que ele contenha, em si, qualquer mal, mas porque sucumbir a ele pode trazer conseqüências nocivas. Qualquer forma de vício é nociva, quer se trate de narcóticos, de álcool, de morfina ou de idealismo. Precisamos evitar pensar o bem e o mal como opostos absolutos. O critério da ação ética não pode mais consistir numa simples visão de que o bem tem a força de um imperativo categórico, enquanto o chamado mal pode ser resolutamente evitado. O reconhecimento da realidade do mal necessariamente torna relativo o bem — e também o mal —, convertendo cada um deles na metade de um todo paradoxal.

Em termos práticos, isso quer dizer que o bem e o mal deixaram de ser absolutos. Precisamos perceber que bem e mal representam um *julgamento*. Em vista da falsidade de todos os julgamentos humanos, não podemos acreditar que sempre julgaremos de modo correto. Podemos, com muita facilidade, ser vítimas de um julgamento equivocado. O problema ético só é afetado por esse princípio na medida em que nos sentimos um tanto incertos quanto às avaliações morais. Contudo, precisamos tomar decisões éticas. A relatividade do "bem" e do "mal" não significa, de modo algum, que essas categorias sejam nulas ou que não existam. O julgamento moral está sempre presente e traz consigo conseqüências psicológicas características. Já afirmei diversas vezes que, assim como no passado, também no futuro o erro que cometemos, pensamos ou intencionamos, se vingará da nossa alma. Apenas os conteúdos do julgamento estão sujeitos às diferentes condições de tempo e espaço e, portanto, assumem formas diferentes. Pois a avaliação moral é sempre baseada sobre as aparentes certezas de um código moral que pretende conhecer com exatidão o que é bom e o que é mau. Mas, uma vez que saibamos como essa base é incerta, a decisão ética torna-se um ato de criação subjetiva.

Nada poderá poupar-nos do tormento da decisão ética. Contudo, por mais duro que isso possa parecer, em algumas circunstâncias precisamos ter a liberdade de evitar aquilo que é visto como bem moral e fazer aquilo que é considerado mal, se a nossa decisão ética assim o exigir. Em outras palavras: *não podemos sucumbir a nenhum dos opostos*. Um padrão útil é oferecido pelo *neti neti* [nem isto, nem aquilo] da filosofia hindu. Nesse contexto, e em certos casos, o código moral é inevitavelmente abolido e a escolha ética é deixada ao indivíduo. Em si, nada existe de novo nessa idéia; as escolhas difíceis já eram conhecidas nos tempos pré-psicológicos, quando eram chamadas "conflito de deveres".

Mas em geral o indivíduo é de tal modo inconsciente que não percebe suas próprias possibilidades de decisão. Em vez disso, ele se envolve numa busca constante e ansiosa de regras e regulamentos externos que possam orientá-lo na sua perplexidade. Além da inadequação humana geral, grande parte da culpa por esse estado cabe à educação, que promulga as velhas generalizações e nada informa sobre os segredos da experiência pessoal. Assim, fazem-se todos os esforços para ensinar crenças ou condutas idealísticas que o indivíduo conhece no seu coração, mas às quais não consegue corresponder. E esses ideais são pregados por autoridades que sabem que elas próprias nunca corresponderam a esses altos padrões nem jamais o farão. E o que é mais, o valor desse tipo de ensinamento nunca é questionado.

Portanto, a pessoa que deseja ter uma resposta para o problema do mal, conforme ele se apresenta hoje, necessita, em primeiro lugar, de *autoconhecimento*, ou seja, do conhecimento mais absoluto possível da sua própria totalidade. Precisa saber a fundo quanto bem pode fazer e de quantos crimes é capaz, e deve evitar encarar um como real e o outro como ilusório. Ambos são elementos da sua natureza e ambos estão destinados a vir à luz nele, se ele desejar — como deveria — viver sem enganar ou iludir a si mesmo.

Mas, em geral, a maioria das pessoas está por demais distanciada desse nível de consciência; se bem que muitas pessoas hoje em dia possuem em si mesmas a capacidade para uma percepção mais profunda. Esse autoconhecimento é da maior importância, pois através dele nos aproximamos daquele estrato fundamental, ou âmago, da natureza humana onde se situam os instintos. Nessa camada profunda, estão aqueles fatores dinâmicos que existem *a priori* e que, em última análise, governam as decisões éticas da nossa consciência. Eles compõem o inconsciente e seus conteúdos, a respeito do qual não conseguimos emitir nenhum julgamento definitivo. Nossas idéias sobre o inconsciente estão fadadas a ser inadequadas, pois somos incapazes de compreender cognitivamente sua essência e estabelecer limites racionais para ele. Só podemos alcançar o conhecimento da natureza através de uma ciência que amplie a consciência; logo, o autoconhecimento aprofundado também exige ciência, isto é, psicologia. Ninguém constrói um telescópio ou microscópio com um estalar de dedos e boa vontade, sem conhecimento da óptica.

Atualmente precisamos da psicologia por razões que envolvem a nossa própria existência. Ficamos perplexos e aturdidos ante o fenômeno do nazismo ou do bolchevismo porque nada sabemos sobre o homem ou porque dele fazemos apenas uma imagem distorcida e desfocada. Se tivéssemos um certo conhecimento de nós mesmos, o caso seria diferente. Estamos face a face com a terrível questão do mal e nem sequer sabemos o que está diante de nós, muito menos que resposta lançar contra ele. E, mesmo se soubéssemos, ainda assim não compreenderíamos "como as coisas chegaram a esse ponto". Demonstrando gloriosa ingenuidade, um estadista recentemente vangloriou-se de não possuir "imaginação para o mal". Muito certo: *nós* não possuímos imaginação para o mal, mas o mal *nos tem em suas mãos*. Alguns não querem saber sobre o mal e outros estão identificados com ele. Essa é a situação psicológica do mundo nos nossos dias: alguns se denominam cristãos e imaginam poder, por um simples ato de vontade, calcar o suposto mal sob seus pés; outros sucumbiram ao mal e não vêem mais o bem. O mal, hoje, tornou-se uma Grande Potência. Metade da humanidade alimenta-se e se fortalece com uma doutrina fabricada por elucubrações humanas; a outra metade sofre a falta de um mito apropriado à situação. As nações cristãs chegaram a um triste impasse; seu cristianismo está adormecido e não cuidou de desenvolver seu mito no decorrer dos séculos.

Nosso mito emudeceu e não dá mais respostas. A culpa não cabe a ele, tal como está contido nas Escrituras, mas apenas a nós mesmos, que não continuamos a desenvolvê-lo; a nós mesmos que, pelo contrário, reprimimos quaisquer tentativas nesse sentido. A versão original do mito oferece amplos pontos de partida e possibilidades de desenvolvimento. Por exemplo, as palavras colocadas na boca de Jesus: "Sede, portanto, astutos como a serpente e cândidos como pombas." Para que propósito precisariam os homens da astúcia da serpente? E qual a ligação entre essa astúcia e a candura da pomba?

A questão outrora colocada pelos gnósticos, "De onde vem o mal?", não recebeu nenhuma resposta do mundo cristão; e a cautelosa sugestão de Orígenes sobre uma possível redenção do demônio foi acusada de heresia. Hoje, somos compelidos a enfrentar essa questão; mas estamos de mãos vazias, espantados e perplexos, e nem sequer percebemos que nenhum mito virá em nosso auxílio, embora tenhamos tão urgente necessidade dele. Como resultado da situação política e dos assustadores, para não dizer diabólicos, triunfos da ciência, somos agitados por tremores secretos e escuros pressentimentos; mas não sabemos o que fazer e poucos são os que perceberam que desta vez trata-se da *alma humana,* há muito esquecida.

Assim como o Criador é uma totalidade, também a sua Criatura, Seu filho, deveria ser uma totalidade. Nada pode suprimir o conceito da totalidade divina. Mas, sem que ninguém o percebesse, ocorreu uma cisão nessa totalidade; dela emergiu um reino de luz e um reino de trevas. Esse resultado já se prefigurava claramente mesmo antes do aparecimento de Cristo, como podemos observar, *inter alia,* na experiência de Jó ou no Livro de Enoch, bastante difundido e que pertence aos tempos imediatamente pré-cristãos. Também no cristianismo essa cisão metafísica foi claramente perpetuada: Satã, que no Antigo Testamento ainda pertencia ao séquito íntimo de Jeová, formava agora o oposto diametral e eterno ao mundo divino. A partir daí, tornou-se impossível extirpá-lo. Portanto, não é de surpreender que logo no início do século XI tenha surgido a crença de que o diabo, e não Deus, havia criado o mundo. Deu-se, assim, a tônica para a segunda metade da era cristã, depois que o mito da queda dos anjos já explicara que esses anjos caídos haviam ensinado aos homens um perigoso conhecimento da ciência e das artes. O que esses antigos narradores teriam a dizer sobre Hiroshima?

# 36. Os perigos da inocência

ROLLO MAY

A percepção de que a existência humana é composta de alegrias e de aflições é um pré-requisito para aceitarmos a responsabilidade pelas conseqüências das nossas intenções. Minhas intenções às vezes podem ser más — o dragão ou a esfinge dentro de mim estão rugindo e, ocasionalmente, se expressam — mas devo fazer o melhor possível para aceitá-las como parte de mim mesmo em vez de projetá-las sobre você.

O crescimento não pode ser uma base para a ética, pois o crescimento é tanto o mal quanto o bem. A cada dia que passa, crescemos rumo à enfermidade e à morte. Muitas vezes o neurótico vê isso melhor que nós outros: ele teme crescer em maturidade porque reconhece (de uma maneira neurótica, é claro) que cada passo para cima o leva para mais perto da morte. O câncer é um crescimento; é um crescimento desproporcionado, no qual algumas células se desenvolvem de modo selvagem. O sol, de modo geral, faz bem para o corpo; mas quando a pessoa tem tuberculose, o sol faz muito mais bem para os *t.b. bacilli* e, portanto, as regiões afetadas do corpo precisam ser protegidas. Sempre que descobrimos que precisamos equilibrar um elemento contra outro, verificamos a necessidade de outros critérios mais profundos que a ética unidimensional do crescimento.

E surge a pergunta: Qual é a relação entre a ética aqui sugerida e o sistema ético do cristianismo atual? O cristianismo precisa ser encarado realisticamente, em termos daquilo em que se transformou e não nos termos ideais propostos por Jesus. A ética cristã evoluiu a partir do sistema de justiça mostrado no início do Antigo Testamento, "olho por olho e dente por dente" — ou seja, um conceito de justiça alcançado pelo equilíbrio do mal. A ética cristã e hebraica transferiu o foco para as atitudes interiores: "Conforme um homem pensa em seu coração, assim ele é." A ética do amor acabou tornando-se o critério fundamental, até mesmo do mandamento ideal: "Amai vossos inimigos."

Mas no decurso desse desenvolvimento esqueceu-se que o amor pelos nossos inimigos é uma questão de Graça. É, nas palavras de Reinhold Neibuhr, "uma impossibilidade possível", que nunca será realizada num sentido real, exceto por um ato de Graça. Seria preciso a Graça para que eu amasse Hitler — uma graça que não me sinto inclinado a pedir neste momento. Quando o elemento da Graça é omitido, o mandamento "amai vossos inimigos" torna-se moralista: é defendido como um estado que a pessoa pode alcançar trabalhando o seu próprio caráter, um resultado de esforço moral. E aí temos algo muito diferente: uma forma extremamente simplificada e hipócrita de simulação ética. Essa forma leva àquelas "calistenias" morais que se baseiam em bloqueios da nossa percepção da realidade e que impedem as ações realmente valiosas que poderíamos fazer para melhorar o social. A pessoa religiosamente inocente, aquela que não tem a "sabedoria da serpente", pode provocar danos consideráveis sem saber.

Uma outra coisa que ocorreu na evolução cultural é que a ética do cristianismo em nossos tempos aliou-se, especialmente nos últimos cinco séculos, ao individualismo que surgiu na Renascença. Tornou-se, cada vez mais, a ética do indivíduo isolado, postado bravamente na sua situação solitária de integridade fechada em si mesma. A ênfase era colocada na fidelidade às próprias convicções. Isso foi verdade, em especial, no protestantismo sectário americano, com a forte influência do individualismo cultivado pela vida nos territórios de fronteira. Daí decorre a grande ênfase, nos Estados Unidos, sobre a *sinceridade* com que uma pessoa vive conforme suas próprias convicções. Idealizamos homens como Thoreau, que, supomos, viveu assim. Daí também a ênfase no desenvolvimento do próprio caráter, o que, nos Estados Unidos, parece ter sempre uma conotação moral. Woodrow Wilson chamou-o "o caráter que torna alguém intolerável aos outros". A ética e a religião tornaram-se uma questão de Domingo, sendo que os dias de semana foram relegados a ganhar dinheiro — o que a pessoa sempre fazia de modo a manter impecável o seu caráter. Tivemos então a curiosa situação do homem de caráter impecável a dirigir uma fábrica que explorava inescrupulosamente seus milhares de empregados. É interessante notar que o fundamentalismo — aquela forma de protestantismo que mais enfatiza os hábitos individualistas de caráter — tende a ser a seita mais nacionalista e belicosa, e também a que rejeita com maior virulência qualquer forma de aproximação internacional com a China ou a Rússia.

Não precisamos — na verdade, não podemos — abandonar a nossa preocupação com a integridade e os valores individuais. Estou propondo que aquilo que ganhamos, em termos individuais, desde a Renascença seja equilibrado com a nossa nova solidariedade, com a responsabilidade que voluntariamente assumimos pelos homens e mulheres nossos semelhantes. Nestes dias de comunicação de massa, não podemos mais ser indiferentes às necessidades dos nossos semelhantes; ignorá-los é expressar o nosso ódio. A compreensão, comparada ao amor ideal é uma possibilidade humana — compreensão pelos nossos inimigos bem como pelos nossos amigos. Existem, na compreensão, os começos da compaixão, da piedade e da caridade.

Isso, pressupondo que as potencialidades humanas não se realizam apenas por um movimento ascendente, mas também por um aumento na área de ação descendente. Como diz Daniel Berrigan: "Cada passo para a frente também escava as profundezas para as quais, do mesmo modo, seguimos." Não devemos mais sentir que as virtudes serão ganhas apenas por deixarmos os vícios para trás; subir a escada, em termos éticos, não deve ser definido em função daquilo que deixamos para trás. Caso contrário, a bondade deixa de ser o bem e passa a ser um orgulho arrogante no nosso próprio caráter. Também o mal, se não é equilibrado pela capacidade para o bem, torna-se insípido, banal, covarde e indiferente. Na verdade, a cada dia nos tornamos mais *sensíveis* tanto ao bem quanto ao mal; e essa dialética é essencial para a nossa criatividade.

Admitindo com franqueza, nossa capacidade para o mal depende de rompermos a nossa pseudo-inocência. Enquanto preservarmos o nosso pensamento unidimensional, poderemos encobrir nossos atos alegando inocência. Essa fuga antidiluviana da consciência não é mais possível. Somos responsáveis pelas conseqüências dos nossos atos e também somos responsáveis por nos conscientizarmos, tanto quanto possível, dessas conseqüências.

Na psicoterapia, é muito difícil para a pessoa aceitar essa potencialidade ampliada para o mal que acompanha a capacidade para o bem. Os pacientes estão demasiado acostumados a assumir a sua própria impotência. Qualquer percepção direta de sua força desequilibra sua orientação para a vida, e eles não sabem o que fazer *se* tiverem que admitir o mal que existe dentro deles.

É uma bênção considerável uma pessoa perceber que tem um lado negativo como todo mundo, que o daemônico tem potencialidades tanto para o bem quanto para o mal, e que ela não pode nem reprimi-lo nem viver sem ele. Também é benéfico quando a pessoa chega a ver que grande parte de suas realizações está ligada aos próprios conflitos que esse impulso daemônico engendra. Essa é a sede da experiência de que a vida é uma mistura de bem e de mal; de que não existe o bem *puro;* e de que, se o mal não existisse enquanto potencialidade, o bem tampouco poderia existir. A vida consiste em alcançar o bem, não isolado do mal, *mas apesar dele.*

## 37. A cura do mal humano

### M. SCOTT PECK

O problema do mal é, na verdade, um mistério imenso. Ele não se submete facilmente ao reducionismo. Veremos que alguns aspectos do mal humano podem ser reduzidos a uma dimensão que pode ser manipulada pela investigação científica adequada. No entanto, as peças desse quebra-cabeça são tão interligadas que sua observação isolada é difícil e provoca distorções. Além disso, o tamanho desse quebra-cabeça é tão imponente que não podemos, na verdade, esperar obter mais que simples lampejos do quadro geral. Do mesmo modo que ocorre com qualquer tentativa inicial de exploração científica, teremos como resultado mais perguntas que respostas.

O problema do mal, por exemplo, dificilmente pode ser separado do problema da bondade. Se não houvesse bondade no mundo, nem sequer estaríamos aqui discutindo o problema do mal.

É uma coisa estranha. Dezenas de vezes os pacientes ou conhecidos me perguntam: "Dr. Peck, por que existe o mal no mundo?" Mas ninguém, em todos esses anos, jamais me perguntou: "Por que existe o bem no mundo?" É como se assumíssemos de modo automático que este é, pela sua própria natureza, um mundo bom que foi, de algum modo, contaminado pelo mal. Em termos dos nossos conhecimentos científicos, é realmente mais fácil explicar o mal. As leis naturais da Física explicam por que as coisas se deterioram. Mas já não é tão fácil assim compreender por que a vida precisa evoluir para formas cada vez mais complexas. O fato de que as crianças podem mentir, roubar e trapacear é uma observação rotineira. Mas o admirável é que elas muitas vezes crescem e se tornam adultos realmente honestos. A preguiça, mais que a atividade, é a regra geral. Se pensarmos seriamente sobre isso, talvez fizesse mais sentido supor que este é, pela sua própria natureza, um mundo mau — que foi, de algum modo misterioso, "contaminado" pela bondade — do que o contrário. O mistério da bondade é ainda maior que o mistério do mal.

Dar o nome correto a alguma coisa confere-nos um certo poder sobre ela. Ao conhecer o seu nome, conhecemos algo sobre as dimensões da sua força. Quando tenho um solo firme sobre o qual me apoiar, posso me dar o luxo de ser curioso quanto à sua natureza. Posso me dar o luxo de me mover na sua direção.

Primeiro, é necessário que tracemos a distinção entre o mal e o pecado comum. Não são os pecados, em si, que caracterizam as pessoas más, e sim a sutileza, a persistência e a consistência de seus pecados. Isso ocorre porque o grande problema do mal não é o pecado, mas a recusa em admitir o próprio mal.

As pessoas más podem ser ricas ou pobres, educadas ou ignorantes. Pouco existe de dramático a respeito delas. Elas não são chamadas de criminosas. Com muita freqüência, trata-se de "cidadãos respeitáveis" — professores de escolas dominicais, policiais, banqueiros ou membros ativos da Associação de Pais e Mestres.

Como isso é possível? Como podem elas ser más e não serem chamadas de criminosas? A chave está na palavra "chamadas". Elas são criminosas na medida em que cometem "crimes" contra a vida e a vitalidade. Mas, exceto nos raros casos em que alcançam um grau extraordinário de poder político que as liberta das restrições ordinárias — como um Hitler —, seus "crimes" são tão sutis e encobertos que não podem ser claramente chamados de crimes.

Passei um bom tempo trabalhando em prisões com elementos designados como criminosos. Quase nunca os senti como pessoas más. É óbvio que eles são perniciosos e geralmente o são de modo repetitivo. Mas existe uma certa aleatoriedade na sua perniciosidade. Além disso, embora para as autoridades eles costumem negar qualquer responsabilidade por suas más ações, existe uma qualidade de abertura na sua perversidade. Eles próprios são os primeiros a mostrá-la, alegando que foram pegos exatamente porque eram "criminosos honestos". O verdadeiro mal, dirão eles, está sempre fora da cadeia. É claro que essas afirmações buscam a autojustificação; mas acredito que, em geral, são corretas.

Os presidiários quase sempre recebem este ou aquele tipo de diagnóstico psiquiátrico padrão. Esses diagnósticos cobrem toda a gama dos rótulos e correspondem, em termos leigos, a qualidades como a loucura, a impulsividade, a agressividade ou a falta de consciência. Mas os homens e mulheres sobre os quais falarei — tais como os pais de Bobby — não possuem esses problemas tão evidentes e não se encaixam claramente nos nossos rótulos psiquiátricos rotineiros. Não porque os maus sejam saudáveis, mas simplesmente porque ainda não desenvolvemos uma definição para a sua doença.

Já que estabeleço uma distinção entre as pessoas más e os criminosos comuns, é evidente que também estou estabelecendo uma distinção entre o mal enquanto característica da personalidade e as más ações. Em outras palavras, más ações não tornam má uma pessoa. Caso contrário, seríamos todos maus, pois todos nós praticamos más ações.

Em termos mais amplos, pecar é definido como "errar o alvo". Ou seja, pecamos toda vez que deixamos de acertar a marca no centro do alvo. O pecado é nada mais nada menos que o fracasso em sermos continuamente perfeitos. Já que é impossível para nós ser continuamente perfeitos, somos todos pecadores. Falhamos, rotineiramente, em fazer o melhor de que somos capazes e, com cada fracasso, cometemos um tipo de crime — contra Deus, contra nossos semelhantes ou contra nós mesmos, se é que não abertamente contra a lei.

É claro que existem crimes de maior e de menor magnitude. Mas é um erro pensar sobre o pecado ou o mal como uma questão de graduação. Talvez pareça menos odioso lograr o rico do que lograr o pobre, mas ainda assim é um logro. Aos olhos da lei, existem diferenças entre defraudar uma empresa, lançar uma falsa dedução na declaração do imposto de renda, "colar" numa prova, dizer à esposa que precisa fazer hora extra quando você a está traindo, ou dizer ao marido (ou a você mesma) que não teve tempo de pegar suas camisas na lavanderia quando você passou uma hora ao telefone conversando com uma amiga. É evidente que algumas coisas são mais perdoáveis que as outras — e talvez ainda mais diante de certas circunstâncias — mas permanece o fato de que são, todas elas, mentiras e traições. Se você é escrupuloso o suficiente para não ter feito nenhuma dessas coisas recentemente, então pergunte-se se existe alguma maneira pela qual você tenha mentido para si mesmo. Ou tenha enganado a si mesmo. Ou tenha sido menos do que poderia ser — o que é uma autotraição. Seja totalmente honesto consigo mesmo e você perceberá que peca. Se não o percebe, então você não é totalmente honesto consigo mesmo — e isso é, em si, um pecado. Trata-se de uma verdade inescapável: somos todos pecadores.[1]

Se as pessoas más não podem ser definidas pela ilegalidade de seus atos nem pela magnitude de seus pecados, então como iremos defini-las? A resposta é: pela consistência de seus pecados. Embora sutil, sua perniciosidade é admiravelmente consistente. Isso ocorre porque aqueles que "cruzaram a linha" se caracterizam pela recusa *absoluta* em tolerar o senso de sua própria natureza pecadora. Mais do que qualquer outra coisa, o que nos afasta do mal é exatamente esse senso da nossa própria natureza pecadora.

As variedades da perversidade humana são múltiplas. Como resultado de sua recusa em tolerar o senso de sua própria natureza pecadora, os maus tornam-se incorrigíveis "devoradores de pecados". Minha experiência mostra, por exemplo, que eles são pessoas espantosamente ávidas. Logo, são mesquinhos — tão mesquinhos que seus "presentes" podem ser mortíferos. Em *The Road Less Traveled* [A Estrada Menos Percorrida], comecei sugerindo que o pecado fundamental seria a preguiça. Depois, sugeri que talvez fosse o orgulho — pois todos os pecados são reparáveis, exceto o pecado de acreditarmos que somos sem pecado. Mas discutir qual o maior pecado talvez seja, num certo nível, uma questão acadêmica. Todos os pecados são uma traição ao divino e aos nossos semelhantes — e nos isolam deles. Como disse um profundo pensador religioso, qualquer pecado "pode transformar-se num inferno".[2]

No entanto, uma característica predominante do comportamento daqueles a quem chamo maus é a busca de um bode expiatório. Já que em seus corações se consideram acima de censura, eles precisam escoicear contra qualquer um que os censure. Eles sacrificam os outros para preservar sua auto-imagem de perfeição. Tomemos o simples exemplo do garoto de seis anos que pergunta ao pai: "Papai, por que o senhor chamou a vovó de cadela?" O pai esbraveja: "Menino de boca suja, agora você vai ver! Vou ensiná-lo a não usar mais essas palavras sujas. Vou lavar a sua boca com sabão. Talvez isso o ensine a não dizer sujeira e a ficar de boca fechada quando eu mando." Arrastando o menino até o banheiro, o pai lhe inflige a punição. Em nome da "disciplina correta", o mal foi cometido.

A busca do bode expiatório age através de um mecanismo que os psiquiatras chamam de "projeção". Já que os maus, no fundo, se sentem isentos de qualquer culpa, é inevitável que quando estão em conflito com o mundo eles invariavelmente achem que a culpa do conflito cabe ao mundo. Como precisam negar sua própria maldade, eles precisam ver os outros como maus. Eles *projetam* sua própria maldade sobre o mundo. Nunca pensam em si mesmos como maus; por outro lado, conseqüentemente vêem muito mal nos outros. Aquele pai viu a ofensa e a impureza como existentes no filho, e agiu para limpar a "sujeira" do filho. Mas sabemos que o pai é que era ofensivo e impuro. O pai projetou sua própria sujeira sobre o filho; então, agrediu o filho em nome da boa educação.

O mal, portanto, freqüentemente é cometido para achar um bode expiatório e as pessoas que rotulo como más são crônicos buscadores de bodes expiatórios. Em *The*

*Road Less Traveled,* defini o mal "como o exercício do poder político — ou seja, a imposição da nossa vontade sobre os outros por coerção aberta ou encoberta — para poder evitar... o crescimento espiritual". Em outras palavras, a pessoa má ataca os outros em vez de enfrentar seus próprios fracassos. O crescimento espiritual exige o reconhecimento da nossa necessidade de crescer. Se não conseguimos reconhecê-la, não temos outra escolha senão tentar erradicar a evidência da nossa imperfeição.[3]

O estranho é que as pessoas más freqüentemente são perniciosas porque estão tentando destruir o mal. O problema é que elas erram o loco do mal. Em vez de destruir os outros, elas deveriam estar destruindo essa doença dentro delas mesmas. Como a vida muitas vezes ameaça sua auto-imagem de perfeição, elas estão sempre envolvidas em odiar e destruir a vida — geralmente em nome do puritanismo. Mas o problema talvez não seja tanto que elas odeiem a vida, mas que elas *não* odeiem a parte pecadora de si mesmas.

Qual é a causa desse fracasso em odiar o próprio mal, desse fracasso em estar descontente consigo mesmo, que parece ser o pecado central que está na raiz do comportamento de busca de um bode expiatório daqueles a quem chamo maus? A causa não é, acredito eu, falta de consciência. Existem pessoas, tanto na cadeia quanto fora dela, que parecem ter uma extrema falta de consciência ou superego. Os psiquiatras as chamam de psicopatas ou sociopatas. Isentas de culpa, elas não apenas cometem crimes como freqüentemente podem cometê-los com uma espécie de descuidado abandono. Não existe um padrão ou um sentido na sua criminalidade; esta não se caracteriza particularmente pela busca de um bode expiatório. Isentos de consciência, nada — incluindo sua própria criminalidade — parece incomodar ou preocupar os psicopatas. Eles parecem estar quase tão felizes dentro da cadeia quanto fora dela. Eles tentam esconder seus crimes, mas seus esforços para fazê-lo geralmente são débeis, descuidados e mal-planejados. Às vezes, referimo-nos a eles como "imbecis morais", e existe quase uma qualidade de inocência nessa sua falta de preocupação e interesse.

Esse não é o caso daqueles a quem chamo maus. Extremamente dedicados a preservar sua auto-imagem de perfeição, eles estão sempre envolvidos no esforço de manter a aparência de pureza moral. Eles se preocupam muito com isso. Têm uma aguda sensibilidade às normas sociais e ao que os outros poderiam pensar deles. Vestem-se bem, não se atrasam para o trabalho, pagam seus impostos e, exteriormente, parecem viver vidas que estão acima de qualquer censura.

As palavras "imagem", "aparência" e "exteriormente" são cruciais para entendermos a moralidade das pessoas más. Embora pareçam não ter nenhum motivo para *ser* boas, elas desejam intensamente parecer boas. Sua "bondade" existe ao nível da simulação. Ela é, na verdade, uma mentira. É por isso que elas são os "filhos da mentira".

Na verdade, a mentira não se destina tanto a enganar os outros quanto a enganar a elas mesmas. Elas não podem tolerar, e nem tolerarão, a dor da autocensura. O decoro com o qual conduzem suas vidas é mantido como um espelho no qual elas se vêem puritanamente refletidas. Mas o auto-engano seria desnecessário se os maus não tivessem nenhum senso de certo e de errado. Só mentimos quando estamos tentando encobrir algo que sabemos ser ilícito. Alguma forma rudimentar de consciência precisa preceder o ato de mentir. Não há necessidade de esconder algo a menos que, primeiro, sintamos que algo precisa ser escondido.

Chegamos agora a uma espécie de paradoxo. Afirmei que as pessoas más sentem que são perfeitas. Porém, acredito que ao mesmo tempo elas têm um sentimento não-reconhecido de sua própria natureza má. Na verdade, é exatamente desse sentimento que elas estão freneticamente tentando escapar. O componente essencial do mal não é a ausência de um sentimento de pecado ou imperfeição, mas a indisposição para tolerar esse sentimento. A um só tempo, os maus percebem seu próprio mal e tentam desesperadamente evitar essa percepção. Em vez de terem sido abençoados com a falta de um senso de moralidade, como o psicopata, eles estão sempre preocupados em varrer a evidência de sua maldade para debaixo do tapete de sua própria consciência. O problema não é um defeito de consciência, mas sim o esforço para negar à consciência os seus direitos. Tornamo-nos maus ao tentar nos esconder de nós mesmos. A perversidade das pessoas más não é cometida de modo direto, mas de modo indireto como parte do processo de ocultação. O mal se origina, não da ausência de culpa, mas do esforço de escapar à culpa.

Acontece com freqüência, portanto, que os maus sejam reconhecidos pelos seus próprios disfarces. A mentira pode ser percebida antes do delito que ela se destina a esconder — a ocultação antes do fato. Vemos o sorriso que esconde o ódio, a atitude melíflua e untuosa que mascara a raiva, a luva de veludo que encobre o punho. Por serem os maus grandes especialistas em disfarces, nem sempre é possível descobrir a natureza exata da sua malícia. O disfarce geralmente é impenetrável. Mas podemos captar vislumbres do "estranho jogo de esconde-esconde na obscuridade da alma, no qual a alma humana foge de si mesma, evita a si mesma, se esconde de si mesma".[4]

Em *The Road Less Traveled,* sugeri que a preguiça ou o desejo de escapar ao "sofrimento legítimo" está na raiz de todas as doenças mentais. Aqui estamos também falando de evitar e fugir da dor. Mas o que distingue os maus de nós, pecadores mentalmente doentes, é o tipo específico de dor da qual eles estão tentando fugir. Em geral, eles não são pessoas preguiçosas ou que evitam a dor. Ao contrário, é provável que eles se empenhem mais do que a maioria das pessoas no seu esforço contínuo para obter e manter uma imagem de alta respeitabilidade. Eles talvez se submetam voluntariamente, até mesmo ansiosamente, a grandes dificuldades nessa sua busca de *status.* Existe apenas um tipo específico de dor que eles não conseguem tolerar: a dor de sua própria consciência, a dor de perceber sua natureza pecadora e sua imperfeição.

Já que farão quase tudo para evitar a dor específica que vem do auto-exame, em circunstâncias normais os maus seriam as últimas pessoas a procurar a psicoterapia. Os maus odeiam a luz — a luz da bondade que os desvenda, a luz do escrutínio que os expõe, a luz da verdade que penetra sua simulação. A psicoterapia é um processo de lançar luz por excelência. Exceto pelos mais tortuosos motivos, seria mais provável que uma pessoa má escolhesse qualquer outra rota concebível do que o divã do psiquiatra. A submissão à disciplina da auto-observação exigida pela psicanálise parece-lhes, na verdade, um suicídio. A mais significativa razão pela qual a ciência conhece tão pouco sobre a maldade humana é que os maus são extremamente relutantes em se deixar examinar.

# 38. A remissão dos nossos diabos e demônios

STEPHEN A. DIAMOND

A preocupação com o inquietante problema do mal não é novidade para a psicologia — embora seja, com certeza, oportuna. Freud lutou contra esse assunto espinhoso, como fizeram muitos outros psicólogos e psiquiatras neste século, incluindo Jung, Fromm, May, Menninger, Lifton e, em dias mais recentes, M. Scott Peck.

A solução de Freud tomou a forma de um mau "instinto da morte" (Thanatos) em eterna batalha contra um bom "instinto da vida" (Eros), com o mal sempre a dominar esse trágico duelo. Jung, baseado na filosofia de Nietzsche, preferiu "o termo *sombra* ao termo *mal*, para poder diferenciar entre o mal individual e o mal na moralidade coletiva".[1] Sua posição, enraizada na tradição de consciência individual do protestantismo suíço, era que a moralidade social não pode ser considerada como a fonte causadora do mal; ela só "se torna negativa [ou seja, má] quando a pessoa toma seus mandamentos e proibições como absolutos e ignora seus outros impulsos. Portanto, não é o cânone cultural em si, mas a atitude moral do indivíduo que deve ser responsabilizada por aquilo que é patológico, negativo ou mau".[2]

Antecipando-se a Peck, Rollo May defendeu que nos Estados Unidos pouco ainda compreendemos sobre a verdadeira natureza do mal e, portanto, estamos tristemente despreparados para enfrentá-lo. May lembra a advertência de Jung à Europa: "O mal tornou-se uma realidade determinante. Deixou de ser possível desembaraçar-se dele por uma circunlocução. E agora precisamos aprender a conviver com ele, pois ele está aqui e aqui permanecerá. Ainda não conseguimos conceber como viver com o mal sem sofrer suas terríveis conseqüências."[3]

Seguindo a linha do teólogo Paul Tillich, seu antigo professor e amigo, May introduziu o conceito do daemônico para rivalizar com o conceito do "diabo", tradicional símbolo judeu-cristão do mal cósmico. May afirma que o termo diabo é "insatisfatório, pois projeta a força para fora do *self* e abre caminho para todos os tipos de projeção psicológica".[4]

Peck, cujos escritos às vezes são comparados aos de May, enfoca sobretudo o domínio espiritual-teológico; seu atual sistema de crença é convencionalmente cristão. Peck estabelece uma distinção entre o mal *humano* e o mal *demoníaco*. Ele vê o mal humano como uma "forma específica de doença mental", uma espécie crônica e insidiosa de "narcisismo maligno". No entanto, Peck acredita que o mal demoníaco seja de origem sobrenatural, um produto direto da "possessão por demônios menores" ou por Satã, para a qual o exorcismo é o tratamento necessário.[5]

Na minha opinião, o conceito junguiano da sombra e, em particular, o modelo menos conhecido do daemônico de May, abriram o caminho para uma mais progressiva psicologia do mal. Como o daemônico contrasta com a premissa do demoníaco de Peck, vale a pena estudarmos o modelo de May em mais detalhes.

## Diabos, demônios e o daemônico

Diabos e demônios há muito são vistos como a fonte e a personificação do mal. Freud sugere que os povos primitivos projetavam sua hostilidade sobre demônios imaginários. Considerava, além disso, "bastante possível que toda a concepção dos demônios derivasse da relação, extremamente importante, com os mortos", acrescentando que "nada mostra de modo tão convincente a influência do luto sobre a origem da crença nos demônios quanto o fato de que os demônios eram sempre considerados como os espíritos dos mortos recentes".[6]

Em termos históricos, os demônios serviram como bodes expiatórios e repositórios para todos os tipos de emoções e impulsos inaceitáveis e ameaçadores, em especial aqueles que envolviam o fato inescapável da morte. Mas a visão popular e unilateralmente negativa dos demônios é simplista e desprovida de sofisticação psicológica. Pois Freud nos informa que os demônios, embora de início temidos pelos nossos ancestrais, também eram agentes no processo do luto. Uma vez confrontados e integrados pelas carpideiras, esses mesmos demônios maus eram "reverenciados como ancestrais e a eles se apelava em momentos de angústia".[7]

Referindo-se à noção medieval do "daemônico", Jung escreve que "os demônios não são outra coisa senão intrusos vindos do inconsciente, irrupções espontâneas dos complexos inconscientes na continuidade do processo consciente. Os complexos são comparáveis a demônios que, caprichosamente, perturbam nossos pensamentos e ações; por isso, na antiguidade e na Idade Média, os distúrbios neuróticos agudos eram entendidos como possessão".[8]

De fato, antes das revelações filosóficas de René Descartes no século XVII, que depois deram origem à objetividade científica, acreditava-se que qualquer desordem emocional ou desequilíbrio mental era literalmente obra de demônios que, nas suas viagens aladas, habitavam o corpo (ou o cérebro) do desafortunado doente contra a sua vontade. Essas imagens de entidades aladas invasoras, dotadas de poderes sobrenaturais, ainda são vislumbradas em alguns eufemismos usados para se referir à loucura tais como "ter macaquinhos no sótão" e na certeza do paciente paranóico de estar sendo influenciado por alienígenas em discos voadores.

A abordagem de Descartes — separando mente e corpo, sujeito e objeto — considerava "real" apenas aquele aspecto da experiência humana que pode ser mensurado ou quantificado de maneira objetiva. Esse avanço, sabemos todos, levou ao abjeto abandono dos fenômenos subjetivos "irracionais". Essa separação feita por Descartes foi um desenvolvimento dúbio do pensamento humano: ela permitiu que a Renascença livrasse o mundo, com uma única vassourada científica, da superstição, da bruxaria, da magia e de todas as criaturas míticas — más e boas. No entanto, como lamenta May, "ao nos livrar das fadas, dos elfos e semelhantes, o que fizemos foi empobrecer a nossa vida; e empobrecê-la não é o caminho duradouro para limpar da superstição a mente humana... Nosso mundo tornou-se desencantado; e deixa-nos não só fora de sintonia com a natureza como também com nós mesmos".[9]

A exploração de Jung, durante toda a sua vida, das poderosas forças arquetípicas do inconsciente levou-o a concluir que elas "possuem uma energia específica que causa ou compele modos definidos de comportamento ou impulsos; ou seja, em certas circunstâncias, elas podem ter uma força possessiva ou obsessiva (numinosidade!). Sua concepção como daemônicas está, portanto, mais de acordo com a sua natureza".[10]

Seguindo uma linha semelhante, May lembra-nos que a moderna palavra *demônio* deriva da noção grega clássica do *daimon*, que oferece a base para o seu modelo mitológico do daemônico: "O daemônico é qualquer função natural que tenha o poder de dominar toda a pessoa. Por exemplo, sexo e erotismo, raiva e fúria ou o desejo de poder. O daemônico tanto pode ser criativo como destrutivo, e geralmente é ambos. Quando essa força se descontrola e um elemento usurpa o controle sobre a personalidade como um todo, temos a 'possessão pelo *daimon*', o nome tradicional para a psicose ao longo da História. O daemônico não é, evidentemente, uma entidade; refere-se a uma função fundamental e arquetípica da experiência humana — uma realidade existencial."[11]

De acordo com Marie-Louise von Franz, discípula de Jung, "na Grécia pré-helênica os demônios eram, como no Egito, parte de uma coletividade anônima".[12] É assim também que May concebe o daemônico: como uma força primordial da natureza, essencialmente indiferenciada e impessoal. Pois, para os gregos primitivos, o *daimon* podia ser mau ou criativo, fonte da destruição ou da orientação espiritual, bem semelhante àqueles demônios primitivos descritos por Freud. A palavra *daimon* foi ocasionalmente utilizada por Platão como sinônimo de *theos* (deus); e o poderoso Eros também era um *daimon*.

Os *daimons* eram potencialmente bons e maus, construtivos e destrutivos, dependendo do modo como a pessoa se relacionava com eles. No decorrer da História, diz May, durante "as eras helênica e cristã, a cisão dualista entre o lado bom e o lado mau do *daimon* tornou-se mais pronunciada. Temos hoje uma população celeste separada em dois campos — diabos e anjos; os diabos ao lado do seu líder, Satã, e os anjos aliados a Deus. Embora esses desenvolvimentos nunca fossem plenamente racionalizados, deve ter havido naqueles dias a expectativa de que, com essa cisão, ficaria mais fácil para o homem enfrentar e vencer o diabo".[13]

Os defensores contemporâneos dessa dicotomia artificial deixam de ver que jamais poderemos esperar vencer os chamados diabos e demônios destruindo-os; precisamos aprender, em vez disso, a reconhecer e assimilar aquilo que eles simbolizam dentro de nós mesmos e na nossa vida cotidiana. Os povos primitivos lograram realizar essa tarefa; mas nós, modernos pós-cristãos — com os nossos "deuses" da ciência e tecnologia e até mesmo as nossas recém-descobertas religiões — estamos mal-equipados para realizá-la.

## O daemônico *versus* o diabo

Atualmente, o diabo está reduzido a um conceito desvitalizado ao qual falta o tipo de autoridade de que ele um dia desfrutou. Na verdade, para muitas pessoas, Satã tornou-se um sinal — não um símbolo real — de um sistema religioso rejeitado, não-científico e supersticioso.

No entanto, vivemos em uma época onde o problema do mal pessoal e coletivo surge com alarmante regularidade nas manchetes de jornais e noticiários de televisão. Parece que o mal está por toda parte — com maior visibilidade sob a forma da raiva e fúria patológicas, da hostilidade, da brutalidade entre as pessoas e daquilo que chamamos violência sem sentido.

"A violência", escreveu May, "é o daemônico fora de controle. É a *possessão demoníaca* na sua forma mais crua. Nossa época é de transição e, nela, são-nos negados os canais normais para utilizarmos o daemônico; e essas épocas tendem a ser períodos onde o daemônico é expresso sob a sua forma mais destrutiva."[14]

Esses tempos turbulentos forçam-nos a enfrentar face a face a feia realidade do mal. Por falta de um mito mais significativo, mais integrador e mais correto psicologicamente, algumas pessoas se apoderam do desgastado símbolo do diabo para expressar seu encontro perturbador com o lado destrutivo do daemônico. O súbito ressurgimento desse antigo símbolo pode vir acompanhado por uma mórbida fascinação pelo diabo e pela demonologia, como se evidencia pela rápida proliferação dos cultos satânicos. Do meu ponto de vista, a atual tendência ao satanismo é um esforço desesperado e tragicamente mal-orientado para encontrar algum sentido de significação pessoal, pertencer a algum lugar e relacionar-se com o domínio transpessoal. A busca desses objetivos legítimos através desse comportamento perverso — e às vezes fatal — revela bem o dilema que nos atormenta. O problema parece estar na cisão entre o bem e o mal promulgada pela tradição religiosa ocidental, um rígido dualismo que condena o daemônico a ser mal, e apenas mal. Essa é exatamente a mesma concepção equivocada que encontramos no pensamento de Peck.

O que precisamos é de uma nova, ou renovada, concepção daquele domínio da realidade representado pelo diabo, que pode incluir o lado criativo dessa força elemental. Pois o diabo representa exatamente aquilo que Jung chamaria *coincidentia oppositorum*. De acordo com May, a palavra diabo:

> vem da palavra grega *diabolos*; "diabólico" é o termo na nossa língua contemporânea. É interessante notar que *diabolos* significa literalmente, "separar" (*dia-bollein*). Agora, o fascinante é que "diabólico" é o antônimo de "simbólico". Simbólico vem de *symbollein*, que significa "unir". Existe, nessas palavras, uma imensa implicação com respeito a uma ontologia do bem e do mal. O simbólico é aquilo que reúne, enlaça, integra o indivíduo consigo mesmo e com seu grupo; o diabólico, por outro lado, é aquilo que desintegra e separa. Ambos esses aspectos estão presentes no daemônico.[15]

## A sombra e o daemônico

Embora semelhantes, os conceitos de sombra e daemônico contêm notáveis diferenças. Em parte, May ressuscitou o modelo daemônico para neutralizar e corrigir quaisquer movimentos nas modernas psicologias de profundidade que visem dogmatizar, desumanizar, mecanizar ou fazer qualquer uso equivocado da concepção original junguiana da sombra, com sua imensa significação psicológica — em especial com relação à natureza do mal humano.

Um perigo potencial com a doutrina junguiana da sombra é a tentação de projetar o mal, não sobre alguma entidade exterior, como o diabo, mas sim sobre um "*fragmento de personalidade* relativamente autônomo"[16] no fundo de nós mesmos — ou seja, a "sombra", o estranho ou o "outro" compensatórios. Assim, em vez de dizer, "O diabo me fez fazer isso", a pessoa poderia convenientemente alegar que "A sombra (ou o daemônico) me fez fazer isso". May busca minimizar essa fragmentadora perda de integridade, de liberdade e de responsabilidade, ao conservar em seu modelo do daemônico "um elemento decisivo, isto é, a escolha afirmada pelo *self* para trabalhar a favor ou contra a integração do *self*".[17] O daemônico torna-se mau (isto é, demoníaco) quando começamos a considerá-lo mau, e logo a reprimi-lo, negá-lo, drogá-lo ou, de qualquer outro modo, tentar excluí-lo da consciência. Ao fazer assim, tomamos parte no *processo do mal* e aumentamos sinergicamente as violentas irrupções de raiva, fúria, destrutividade social e psicopatologias variadas que resultam do daemônico a reafirmar a si mesmo — com mais força que de hábito — em suas formas mais negativas. Por outro lado, quando optamos por integrar construtivamente o daemônico em nossa personalidade, tomamos parte no *processo de metamorfose criativa.*

James Hillman lembra-nos que o encontro pessoal de Jung com o daemônico convenceu-o da "grande responsabilidade" lançada sobre nós pelas suas várias manifestações. Como Jung, May vê a implícita obrigação ética e moral de escolhermos com o máximo cuidado a nossa resposta aos impulsos psicobiológicos (geralmente cegos e servis) do daemônico e corajosamente cumprirmos as escolhas conscientes que então fazemos. É fato bem conhecido que a salvação de Jung, durante sua quase esmagadora inundação pelo inconsciente, deveu-se ao envolvimento religioso na "imaginação ativa" e à observação e registro fiéis — em vez de repressão ou passagem ao ato — de sua experiência subjetiva. Essa decisão existencial consciente, reafirmada com persistência ao longo do tempo, finalmente levou Jung a tornar-se, como diz Hillman, um "homem daemônico".[18]

De acordo com a concepção de May, o daemônico inclui e incorpora os conceitos junguianos da sombra e do *Self,* bem como os arquétipos da *anima* e do *animus.* Enquanto Jung diferencia a sombra do *Self,* e a sombra pessoal da sombra coletiva e arquetípica, May não faz essas distinções. Isso nos faz lembrar uma recente advertência de Marie-Louise von Franz:

> Devemos manter uma atitude de ceticismo quanto às tentativas de relacionar algumas dessas "almas" ou *"daimons"* aos conceitos junguianos de sombra, *anima, animus* e *Self.* Seria um grande erro — como o próprio Jung várias vezes enfatizou — imaginar que a sombra, a *anima* (ou o *animus*) e o *Self* possam surgir separadamente no inconsciente de uma pessoa, bem cronometrados e numa ordem definida... Quando buscamos as personificações do *Self* entre os *daimons* da antiguidade, vemos que certos *daimons* são como um misto de sombra e *Self,* ou um misto de *animus-anima* e *Self* — e, na verdade, é isso o que eles são. Em outras palavras, eles representam a "outra" personalidade inconsciente, ainda indiferenciada, do indivíduo.[19]

Apesar dessas diferenças, a unificadora noção junguiana da sombra também serve para reconciliar a violenta separação que nos é imposta pelo conflito dos opostos. Enfrentar e assimilar a nossa sombra força-nos ao reconhecimento da totalidade do ser, que consiste de bem e de mal, de racional e de irracional, de masculino e de feminino, bem como das polaridades consciente e inconsciente. Quando consideramos, lado a lado, os conceitos psicológicos da sombra e do daemônico, ficamos com a forte impressão de que tanto Jung como May estão tentando transmitir as mesmas verdades fundamentais sobre a existência humana. Para Peck, por outro lado, o "demoníaco" é puramente negativo, uma força tão vil que precisa ser exorcizada, expelida e excluída da consciência; ela não possui qualidades compensatórias e não é digna de redenção. Evidentemente, esse não é o caso da sombra junguiana ou do daemônico.

A psicoterapia é uma maneira de chegarmos a um acordo com o daemônico. Quando corajosamente damos voz aos nossos "demônios" interiores — simbolizando aquelas tendências em nós que mais tememos, das quais fugimos e pelas quais, portanto, somos obcecados ou atormentados — nós os transmutamos em úteis aliados sob a forma de uma energia psíquica vital e recém-liberada para utilizarmos em atividades construtivas. Durante esse processo, descobrimos o paradoxo percebido por muitos artistas: aquilo que reprimíamos e de que fugíamos, acaba se tornando a fonte mais plena da vitalidade, da criatividade e da autêntica espiritualidade.

# 39. A dinâmica fundamental do mal humano

## ERNEST BECKER

Tomemos três pensadores tão díspares quanto Otto Rank, Wilhelm Reich e Carl Jung. Nada existe para identificá-los entre si, exceto o fato de que todos os três divergiram de Freud; cada qual tinha o seu próprio trabalho e o seu próprio estilo, às vezes no pólo oposto dos outros dois dissidentes. Existem duas pessoas mais dessemelhantes que Reich e Jung? No entanto, sob toda essa disparidade, existe uma concordância fundamental sobre a causa exata do mal nos assuntos humanos. Não se trata de uma coincidência admirável: é uma sólida conquista científica que comprova a verdade fundamental das descobertas desses dissidentes.

Já tivemos uma antevisão dessa verdade no nosso exame da história com Rank: acima de tudo, o homem quer permanecer e prosperar, quer de algum modo alcançar a imortalidade. Sabendo que é mortal, a coisa que ele mais quer é negar a sua mortalidade. A mortalidade está ligada ao lado natural, animal, da sua existência; por isso, ele busca distanciar-se o mais possível desse lado animal, de tal maneira que tenta negá-lo por completo. Tão logo alcançou novas formas históricas de poder, o homem voltou-se contra os animais com os quais antes se identificava — e de uma maneira tanto mais brutal, como podemos comprovar agora, pelo fato de os animais representarem aquilo que o homem mais temia: uma morte anônima e inglória.

Mostrei, em outro ensaio, que todo o edifício do soberbo pensamento de Rank foi construído sobre uma única pedra fundamental: o medo humano da vida e da morte. Não é o caso de repeti-lo aqui, exceto para que nos lembremos porque ocultamos tão bem esses motivos fundamentais. Afinal de contas, foi preciso o gênio de Freud e todo o movimento psicanalítico para revelar e documentar os medos gêmeos da vida e da morte. A resposta é que o homem, na verdade, não vive abertamente exposto numa prateleira de covardia e terror; se o fizesse, não poderia continuar mantendo sua aparente serenidade e imprudência. Os medos do homem estão profundamente enterrados pela repressão, que dá à vida cotidiana uma fachada tranqüila; só ocasionalmente o desespero se deixa vislumbrar e, mesmo assim, só para algumas pessoas. A repressão é, portanto, a grande descoberta da psicanálise; ela explica como o homem pode esconder tão bem, até mesmo de si próprio, suas motivações básicas. Mas o homem também vive numa dimensão de despreocupação, confiança, esperança e alegria que lhe dá uma elasticidade muito além do que o permitiria a repressão. Isso, como vimos com Rank, é realizado pela engenharia simbólica da cultura, que está a serviço do homem como um antídoto para o terror, dando-lhe uma vida nova e durável além daquela do corpo.

Mais ou menos na mesma época em que Rank escrevia, também Wilhelm Reich baseou todo o seu trabalho em algumas proposições fundamentais. Em poucas e maravilhosas páginas de *The Mass Psychology of Fascism* [A Psicologia de Massa do Fascismo], Reich desnuda a dinâmica da miséria humana neste planeta: tudo começa quando o homem tenta ser diferente daquilo que é, quando tenta negar sua natureza animal. Essa, diz Reich, é a causa de todas as doenças psíquicas, do sadismo e da guerra. Os princípios que orientam a formação de todas as ideologias humanas "tocam a mesma melodia monótona: *Não somos animais...*"[1]

Nesse livro, Reich tenta explicar o fascismo; porque os homens, com tanta docilidade, entregam seu destino ao estado e ao grande líder. E ele o explica da maneira mais direta: o político promete arrumar o mundo e alçar o homem acima de seu destino natural e, por isso, os homens depositam nele toda a sua fé. Vimos com quanta facilidade o homem passou de uma sociedade igualitária para a vassalagem, e exatamente pela mesma razão: porque o poder central prometia conceder-lhe imunidade e prosperidade sem limites.

Esse novo arranjo desencadeou sobre a humanidade uma onda regular de misérias que as sociedades primitivas só conheceram ocasionalmente e, quase sempre, em menor escala. O homem tentou evitar os tormentos naturais da existência entregando-se a estruturas que representavam o poder da imunidade, mas só conseguiu fazer cair sobre a sua própria cabeça os novos tormentos desencadeados pela sua obediência aos políticos. Reich cunhou uma expressão excelente, "arautos da praga política", para descrever todos os políticos. São eles que mentem ao povo sobre o real e o possível, são eles que atiram a humanidade a sonhos impossíveis que cobram, da vida real, um custo impossível. Quando baseamos toda a nossa luta pela vida sobre uma mentira desesperada e tentamos levar em frente essa mentira — tornar o mundo exatamente o oposto do que ele é —, tornamo-nos o instrumento da nossa própria destruição. A teoria do super-homem alemão — ou qualquer outra teoria de superioridade grupal ou racial — "tem sua origem na tentativa do homem de se dissociar do animal". Basta afirmarmos que o nosso grupo é puro e bom, que o nosso grupo foi o escolhido para uma vida plena com alguma significação eterna, e que alguns outros, como os judeus ou os ciganos, são verdadeiros animais que estão estragando o nosso mundo, contaminando a nossa pureza e destruindo a nossa vitalidade com suas doenças e fraquezas. Então conseguimos um mandato para lançar uma praga política, uma campanha para purificar o mundo. Está tudo ali no *Mein Kampf* [Minha Luta] de Hitler, naquelas assustadoras páginas que dizem que os judeus estão à espreita nas vielas escuras, prontos para contaminar com sua sífilis as jovens donzelas alemãs. Nada mais precisa ser dito sobre a teoria geral da busca do bode expiatório na sociedade.

Reich pergunta por que quase ninguém conhece os nomes dos verdadeiros benfeitores da humanidade, enquanto "qualquer criança conhece os nomes dos generais da praga política". A resposta é que:

> As ciências da natureza estão constantemente introduzindo na consciência do homem que ele é, fundamentalmente, um verme no universo. O "arauto da praga política" está constantemente repisando o fato de que o homem não é um animal, mas sim um

*"zoon politikon"*, ou seja, um não-animal, um defensor de valores, um "ser moral". Ah, quantos males foram perpetrados pela filosofia platônica do Estado! Está bastante claro o motivo pelo qual o homem se interessa mais pelos políticos que pelos cientistas da natureza: o homem não quer que lhe recordem o fato de que ele é, fundamentalmente, um animal sexual. *Ele não quer ser um animal.*[2]

Apresentei a visão de Reich sobre a dinâmica do mal sem nenhum ornamento técnico, porque não acredito que isso seja necessário. Mas existe uma infinidade de ornamentos na literatura psicanalítica para aqueles que desejarem acompanhar os elaborados funcionamentos teóricos da psique. O que há de maravilhoso na teoria psicanalítica é que ela tomou afirmações simples sobre a condição humana — tais como a negação, pelo homem, de sua própria animalidade — e mostrou como essa negação estava enraizada na psique desde a primeira infância. É por isso que os psicanalistas falam de objetos "bons" e objetos "maus", de estágios "paranóicos" de desenvolvimento, de "negações", de segmentos "fragmentados" da psique que incluem um "enclave da morte", etc.

Na minha opinião, ninguém resumiu esses complexos funcionamentos psíquicos tão bem quanto Jung, com seu estilo científico-poético, ao falar sobre a "sombra" que existe em cada psique humana. Falar da sombra é uma outra maneira de referir-se ao sentimento de criatura inferior de cada indivíduo, a coisa que ele mais quer negar. Erich Neumann sumarizou em poucas palavras a visão junguiana:

> A sombra é o outro lado. Ela é a expressão da minha própria imperfeição e da minha natureza terrena; o negativo que é incompatível com os valores absolutos [ou seja, o horror da passagem da vida e conhecimento da morte].[3]

Como disse Jung, a sombra transforma-se na coisa escura dentro da nossa própria psique, "uma inferioridade que existe realmente, mesmo que seja apenas vagamente suspeitada".[4] É natural que a pessoa queira libertar-se dessa inferioridade; ela quer "saltar sobre a sua própria sombra". A maneira mais direta de fazê-lo é "procurar colocar tudo que seja escuro, inferior e culpável nos *outros*".[5]

O homem não se sente à vontade com a culpa, ela o estrangula; literalmente, a sombra é lançada sobre a existência do homem. Mais uma vez, Neumann apresenta um excelente sumário:

> A sensação de culpa é atribuída... à percepção da sombra. (...) Essa sensação de culpa, baseada na existência da sombra, é descarregada do sistema de uma mesma maneira, tanto pelo indivíduo como pela coletividade — ou seja, através do fenômeno da *projeção da sombra*. A sombra, que está em conflito com os valores reconhecidos [isto é, a fachada cultural sobre a animalidade] não é aceita como uma parte negativa da própria psique da pessoa e, portanto, é projetada — ou seja, é transferida para o mundo exterior e vivenciada como um objeto exterior. Ela é combatida, castigada e exterminada como "aquele estranho lá fora", em vez de ser tratada como um problema interior da própria pessoa.[6]

E assim, como conclui Neumann, temos a dinâmica do clássico e antiqüíssimo expediente de descarregar a culpa e as forças negativas da psique: um bode expiatório.

É exatamente esse senso fragmentado de inferioridade e animalidade que é projetado sobre o bode expiatório e simbolicamente destruído com ele. Quando comparamos todas as explicações sobre o extermínio de judeus, ciganos, poloneses e tantos outros pelos nazistas e apresentamos todas as diversas razões, existe uma única razão que penetra direto o coração e a mente de cada um de nós: a projeção da sombra. Não é de surpreender que Jung tenha observado — com mais gravidade ainda que Rank ou Reich — que "a principal... na verdade, a única coisa errada com o mundo é o homem".[7]

## 40. O reconhecimento da nossa cisão interior

### ANDREW BARD SCHMOOKLER

O "grande problema do mal", diz Scott Peck, "não é o pecado, mas a recusa em admitir o próprio mal".[1] Aquilo que não conseguimos enfrentar de frente nos agarrará pelas costas. Quando alcançamos a verdadeira fortaleza de admitir a nossa condição moral imperfeita, deixamos de ser possuídos por demônios.

Uma outra comparação pode ser feita com *Moby Dick.* Enquanto a busca do Capitão Ahab pela baleia branca simboliza o caminho da guerra, a história de Joseph Conrad, *The Secret Sharer* [O Sócio Secreto], oferece um símbolo do caminho da paz. Assim como *Moby Dick,* esta também é a história do capitão de um navio e o modo como ele lida com o seu lado escuro.

Esther Harding, psicóloga junguiana, interpreta a narrativa de Conrad como um discurso sobre a sombra. O "sócio secreto" da história é um estranho nu que sobe a bordo do navio quando o capitão faz o quarto de vigia. Esse estranho é um oficial de outro navio que matou um de seus homens por esquivar-se de suas obrigações. Enquanto o capitão mantém escondido o estranho, uma aura de mal-estar e perigo paira sobre o navio ancorado. Num momento crucial, o próprio capitão quase chega a cometer um ato semelhante ao do seu companheiro secreto. Quando o capitão reconhece que também ele poderia cometer um assassinato, diz Harding, a tensão se alivia. "Então, e só então, o homem da sombra esgueira-se para o oceano do qual havia saído tão misteriosamente, e nos é dado a entender que a estranha tensão que encobrira o navio e seu inexperiente capitão se dissolve e eles navegam de volta para casa com ventos favoráveis."[2]

Enquanto sustentamos que todo o mal está lá fora, o nosso navio — como o do Capitão Ahab — está no caminho da destruição. Mas quando reconhecemos que também a capacidade para o mal vive dentro de nós, podemos fazer as pazes com a nossa sombra e o nosso navio pode navegar em segurança.

É claro que *existe* mal lá fora. Temos inimigos, e eles nos ameaçam. Mas, assim como a guerra ocorre em ciclos através dos níveis do sistema humano, a paz pode começar em qualquer ponto do ciclo. Alterando-se a galinha ou o ovo, a ave pode começar a evoluir para uma nova espécie. Assim como fomos enlouquecidos pelo trauma inescapável da fragmentação do sistema mundial, do mesmo modo qualquer movimento nosso em direção à sanidade irá nos ajudar a criar uma ordem mundial mais íntegra. Superar a divisão no espírito humano é um passo importante para transcendermos as fronteiras que dividem o nosso planeta ameaçado.

Eis uma história hassídica:

O filho de um rabino foi celebrar os ritos de Shabbat numa cidade vizinha. À sua volta, a família perguntou:

— Eles fizeram algo diferente do que fazemos aqui?
— Sim, é claro — respondeu o filho.
— E qual foi a lição? — perguntaram.
— "Ama o teu inimigo como a ti mesmo."
— Mas isso é o que dizemos aqui. Por que disseste que era diferente?
— Eles me ensinaram a amar o inimigo dentro de mim mesmo.[3]

Amar o inimigo dentro de nós mesmos não elimina o inimigo lá fora, mas pode mudar o nosso relacionamento com ele. Quando o mal deixa de ser demonizado, somos forçados a lidar com ele em termos humanos. Essa é, a um só tempo, uma tarefa espiritual potencialmente dolorosa e uma oportunidade para a paz espiritual. Esse é sempre o caminho da humildade.

O coração nas trevas* é o nosso próprio coração. Existe um certo consolo em demonizar as pessoas mais monstruosas e perniciosas dentre nós, como se o fato de elas serem um *tipo* diferente de criatura tornasse o seu exemplo irrelevante para nós. Por isso um alemão escreveu que todas as tentativas para compreender o caráter do nazista Heirich Himmler estavam fadadas ao fracasso, "pois implicam compreendermos um louco, em termos da experiência humana".[4] Mais sábio foi o jornalista alemão que lembrou a seus compatriotas: "Sabíamos que Hitler era um de nós desde o começo. Não deveremos esquecer isso agora."[5] Ele também era um de *nós*, um ser humano. Na dança diante do espelho, encontramos uma falsa paz interior ao demonizar o inimigo. Mas reconhecer que até mesmo um inimigo realmente demoníaco é feito da mesma substância que nós faz parte do verdadeiro caminho em direção à paz.

Nossa cisão interior faz com que nos apeguemos à guerra do bem contra o mal. Mas se sustentamos que o recurso da guerra é, em si, o mal, então somos desafiados a encontrar uma nova dinâmica moral que represente a paz pela qual lutamos. Na medida em que a moralidade toma a forma da guerra, seremos compelidos a escolher um lado, a nos identificar com uma parte de nós mesmos e repudiar a outra. Esse caminho da guerra faz com que nos elevemos acima de nós mesmos, precariamente equilibrados sobre um abismo.

No nosso mundo, os "fazedores da paz" freqüentemente compartilham com os "fazedores da guerra" esse paradigma fundamental da moralidade. Nossos movimentos pacifistas demonizam os guerreiros como amantes da Bomba, enquanto "nós"

---

* Esta expressão remete a outro livro de Joseph Conrad, *Heart on Darkness,* no qual inspirou-se o filme *Apocalypse Now.* (N.T.)

somos as boas pessoas que querem a paz: como se os guerreiros *também* não estivessem nos protegendo contra perigos muito reais, e como se nós, "amantes da paz", *também* não tivéssemos a nossa própria necessidade de afirmar a nossa superioridade sobre os "inimigos" que escolhemos. O recurso da guerra continua a dar as cartas, mesmo sob a bandeira da paz.

Em *Gandhi's Truth* [A Verdade de Gandhi], Erik Erikson lança luz sobre alguns dos perigos do caminho em direção à paz. Gandhi é um herói do movimento ideológico do nosso século para transcender o sistema da violência — e, muito apropriadamente, merece toda a admiração que recebe; o livro de Erikson é, em si, um tributo: Gandhi, de tanga, representando a simplicidade do espírito; Gandhi ensinando-nos a não demonizar nossos adversários, mas a apelar para o melhor lado deles; Gandhi mostrando como deter o ciclo de escalada da violência através de uma corajosa disposição para absorver o golpe sem devolvê-lo.

Mas existe um lado problemático em Gandhi; Erikson a ele se refere numa carta aberta ao Mahatma. Essa dimensão escura é derivada do excesso de zelo de Gandhi na sua luta por perfeição moral. Erikson vê, no relacionamento de Gandhi consigo mesmo, uma espécie de violência. E também percebe que, da dinâmica desse esforço para triunfar sobre si mesmo no recurso da guerra, cresceram relações tirânicas e exploradoras entre Gandhi e as pessoas que lhe eram mais próximas e mais vulneráveis a ele.[6] Erikson identifica, na própria luta de Gandhi pela santidade, as dificuldades que nos ligam ao ciclo da violência.

O caminho da não-violência (*Satyagraha*), diz Erikson a Gandhi em sua carta aberta, "terá pouca chance de encontrar sua relevância universal, a menos que aprendamos a aplicá-lo também a qualquer coisa má que possamos sentir dentro de nós mesmos e que nos faça temer a satisfação dos instintos, sem a qual o homem não só fenece enquanto ser sensual como também se transforma numa criatura duplamente perniciosa".[7] Em lugar de destaque nesse argumento de Erikson, figura a guerra de Gandhi contra a sua própria sexualidade, uma guerra na qual a projeção também teve um papel a desempenhar e que trouxe, como conseqüência parcial, o sofrimento de outras pessoas. Vale lembrar as restrições de George Orwell quanto ao exemplo de Gandhi: "Não há dúvida de que álcool, tabaco, etc., são coisas que um santo deve evitar, mas a santidade também é uma coisa que os seres humanos devem evitar."[8] A santidade envolve uma extrema identificação com a parte "boa" enquanto irreconciliavelmente oposta à parte má. Ela se liga à via da guerra: "Grande parte desse excesso de violência que distingue o homem dos animais", continua Erikson, falando de Gandhi, "é criado nele por esses métodos de treinamento infantil que lançam uma parte dele contra a outra."[9]

Talvez exista ainda uma outra via. A bondade pode ser concebida como saúde. A raiz lingüística inglesa de *health* [saúde] está ligada a *whole* [total, íntegro]. Portanto, o mal é doença — queremos ser curados, totalizados e não destruídos no caminho do "fazedor de guerra". Ao nos totalizarmos, encontramos o caminho para a bondade da paz, para a qualidade do *shalom* [paz, em hebraico]. E no seu âmago, vem a paz com o nosso ser, criaturas imperfeitas e pecadoras que somos. Erich Neumann fala da "coragem moral de não desejarmos ser piores *nem melhores* do que realmente somos".[10] Essa, diz Neumann, é a parte mais importante do objetivo terapêutico das psicologias de profundidade. E, de modo semelhante, Erikson escreveu ao Mahatma Gandhi sugerindo que se acrescentasse ao caminho do *Satyagraha* o encontro terapêutico consigo mesmo, conforme é ensinado pelo método psicanalítico. Os dois caminhos estão relacionados, diz Erikson, porque a psicanálise ensina a "confrontar o inimigo interior de uma maneira não-violenta...".[11] O recurso da guerra, que divide, é aqui suplantado pelo recurso da reconciliação, que totaliza.

A bondade reinará no mundo, não quando ela triunfar sobre o mal, mas quando o nosso amor por ela deixar de se expressar em termos de triunfo sobre o mal. A paz, se um dia vier, não será feita por pessoas que se fizeram santas, mas por pessoas que aceitaram humildemente sua condição de pecadores. Na verdade, foi uma santa — Santa Teresa de Lisieux — quem expressou o que é preciso para permitirmos que o espírito da paz resida em nossos corações: "Se estás preparado para suportar serenamente a provação de seres fonte de desgosto para ti mesmo, então serás um agradável abrigo para Jesus."[12]

*Haverá diferença entre o sim e o não?*
*Haverá diferença entre o bem e o mal?*
*Deverei temer o que os outros temem? Contra-senso!*
*O ter e o não ter surgem juntos.*
*O fácil e o difícil se complementam.*
*O longo e o curto se contrastam.*
*O alto e o baixo dependem um do outro.*
*Frente e costas, uma à outra se seguem.*

Lao Tsé

# Parte 8

# A criação do inimigo: nós e eles no corpo político

Vivemos numa época em que nos surge a percepção de que o povo que vive no outro lado da montanha não é composto unicamente por demônios ruivos responsáveis por todo o mal que existe no nosso lado da montanha.

*C. G. Jung*

Nossos amigos nos mostram o que podemos fazer; nossos inimigos nos ensinam o que precisamos fazer.

*Goethe*

Um inimigo é como um tesouro encontrado na minha casa, conquistado sem trabalho de minha parte; devo protegê-lo, pois ele me ajuda no meu caminho para a Iluminação.

*Santi-Deva*

Se pudéssemos ler a história secreta dos nossos inimigos, descobriríamos na vida de cada homem mágoa e sofrimento suficientes para desarmar qualquer tipo de hostilidade.

*Henry Wadsworth Longfellow*

# Introdução

Por mais repulsiva que possa parecer a idéia, precisamos de inimigos. A vida humana parece florescer com eles, parece depender deles. A Parte 8 deste livro explora a criação e a função dos inimigos, em nível pessoal e coletivo, com ensaios que enfatizam os desafios morais, práticos e filosóficos, lançados pelo inimigo.

A criação de um inimigo parece servir a um propósito vital: podemos, de um modo inconsciente e indolor, atribuir aos nossos inimigos aquelas qualidades que não conseguimos tolerar em nós mesmos. Quando observada através das lentes psicológicas, a criação do inimigo é uma transposição da nossa sombra sobre pessoas que, por motivos em geral bastante complexos, se adaptam à imagem que fazemos do ser inferior. Basta-nos pensar nas pessoas a quem julgamos, por quem sentimos aversão ou contra quem mantemos preconceitos secretos, para que nos descubramos nas garras da nossa natureza mais escura.

Em termos de país, de raça, de religião ou de qualquer outra identidade coletiva, podemos observar que a criação do inimigo é realizada em proporções míticas, dramáticas e muitas vezes trágicas. Guerras, cruzadas e perseguições constituem o terrível patrimônio dessa forma da sombra humana, que é, até certo ponto, um legado da nossa herança tribal instintiva. As maiores crueldades na história da humanidade foram praticadas em nome de causas virtuosas, quando as sombras de nações inteiras se projetaram sobre a face de um inimigo; e, assim, um grupo "diferente" pode ser transformado em inimigo, em bode expiatório ou em infiel.

A função última de guerrear um inimigo é a redenção. De acordo com o filósofo social Ernest Becker: "Se existe uma coisa que as trágicas guerras da nossa época nos ensinaram é que o inimigo tem um papel ritualístico a desempenhar e, por meio dele, o mal é redimido. Todas as guerras, portanto, são travadas como guerras *santas* num duplo sentido — como uma revelação do destino, uma prova do favor divino e como uma maneira de eliminar o mal do mundo."

A nossa época viu um incrível desperdício de recursos humanos e materiais, dissipados para manter em andamento o jogo da "criação do inimigo" na Guerra Fria. Já comprometemos o futuro dos nossos filhos com armamentos e tecnologias bélicas. Temos a esperança de poder aplicar as lições da futilidade desmontando as armas desse maquinário obsoleto.

O mundo parece estar esperando por uma nova era de cooperação construtiva, um novo milênio no qual usaremos para resolver problemas a energia que hoje desperdiçamos criando o inimigo. O novo inimigo a ser combatido não exige projeção; temos acesso a ele simplesmente reconhecendo as nossas próprias sombras coletivas e assumindo a nossa responsabilidade, pois ele agora tornou-se manifesto sob a forma do desastre ecológico, do efeito estufa, da extinção de incontáveis espécies e da privação econômica e desnutrição de muitos povos.

Mas no momento em que este livro vai para o prelo, uma nova guerra e um novo inimigo estão sobre nós. A projeção da nossa sombra foi retirada de cima da ex-União Soviética e deslocada para cima de um novo alvo: o Iraque e seu insolente líder Saddam Hussein. Mais uma vez, nossas nações se entrechocam na dança da morte; mais uma vez, estamos nas garras do arquétipo da sombra.

Os ensaios da Parte 8 continuam a discutir o mal na mentalidade coletiva e, em particular, desenvolvem o tema da sombra no tecido social e político da humanidade. O escritor e filósofo Sam Keen dá o tom para esta seção com seu ensaio "O criador de inimigos", extraído de *Faces of the Enemy* [As Faces do Inimigo]. Keen descreve o processo de criação do inimigo e explora a mente daquele a quem chama *homo hostilis*, o "homem hostil", e observa que a verdadeira esperança para a sobrevivência humana está em mudarmos a maneira como pensamos o inimigo e a guerra.

Fran Peavey, professora, ativista e atriz, continua (com a colaboração de Myrna Levy e Charles Varon) a discussão desse tema com uma narrativa muito pessoal, "Nós e eles", onde reflete sobre a natureza do ódio e do mal, as dificuldades de trabalhar em prol da mudança social abandonando a abordagem hostil, e a tarefa última: como não odiar o seu inimigo.

A escritora feminista Susan Griffin nos oferece uma nova linguagem para pensarmos a sombra, no seu artigo "A mente chauvinista", extraído de *Pornography and Silence* [Pornografia e Silêncio]. Ela chama de pornografia à mitologia do chauvinismo e mostra que os objetos do racista, do misógino e do anti-semita são, na verdade, partes perdidas da alma. Na nossa cultura, diz Griffin, ninguém escapa de participar da mente chauvinista.

A poeta e ensaísta Audre Lorde, que é negra e lésbica, expõe a sombra cultural norte-americana como uma forma institucionalizada de opressão, começando pelas distorções com as quais desencaminhamos nossos filhos. Ela escreve a respeito de uma "norma mítica" da cultura, sobre a qual reside o poder da sociedade, e descreve como aqueles que se desviam desse estereótipo homogeneizado tornam-se marginalizados. Este artigo foi extraído de seu livro *Sister Outsider* [Irmã Marginalizada].

No Capítulo 45, o analista junguiano Jerome Bernstein examina a natureza das projeções da sombra que os norte-americanos, os soviéticos e seus respectivos governos lançaram um sobre o outro e como elas estão mudando na era da Glasnost. "O espelho EUA — URSS", extraído de seu livro *Power and Politics: The Psychology of the Soviet-American Partnership* [Poder e Política: A Psicologia da Aliança Soviético-Americana], mostra como as duas superpotências provaram ser bons inimigos durante o período da Guerra Fria: cada uma delas defendia ideais políticos que eram negados pelo sistema de governo da outra.

O celebrado escritor e psicólogo Robert Jay Lifton apresenta-nos um retrato de genocídio e assassinato em massa na sua análise do funcionamento do lado escuro na máquina de guerra nazista. Em "A duplicação e os médicos nazistas", extraído de *The Nazi Doctors: Medical Killing and the Psychology of Genocide* [Os Médicos Nazistas: Assassinato Médico e a Psicologia do Genocídio], Lifton usa os conceitos do duplo e da dissociação psicológica para explicar como profissionais supostamente éticos foram capazes de cometer inacreditáveis atrocidades médicas sobre os "inimigos" em Auschwitz e outros campos de concentração e, ainda assim, não serem afetados funcionalmente.

Estabelecendo a conexão entre a insanidade e a sombra, o analista junguiano suíço Adolf Guggenbühl-Craig diz que um dos principais problemas em qualquer sociedade é impedir que pessoas inescrupulosas cheguem ao poder. O Capítulo 47, "Por que os psicopatas não governam o mundo?", foi extraído de *Eros on Crutches* [Eros de Muletas].

O Capítulo 48, "Quem são os criminosos?", utiliza a elaborada metáfora da alquimia para criticar a maneira como a cultura faz os criminosos carregarem suas partes escuras e indignas. Mais do que procurar seriamente reabilitar os elementos criminosos à vida em sociedade, diz o escritor Jerry Fjerkenstad, transformamos a classe criminosa em nossos bodes expiatórios prontos para o sacrifício. "Precisamos de *bandidos* para que alguém, que não nós, seja pego", zomba ele. Este artigo foi originalmente publicado no jornal *Inroads*.

Encerramos esta seção com a humorística parábola "Demônios na rodovia", na qual o analista junguiano James Yandell transforma o ato de dirigir numa estrada numa batalha moral contra o adversário na outra pista.

Com esta ampla varredura podemos ver que somos todos, a um só tempo, amigos e inimigos, aliados e oponentes. A escolha é nossa.

# 41. O criador de inimigos

SAM KEEN

PARA CRIAR UM INIMIGO

Comece com uma tela em branco
e delineie, num contorno geral, as formas
de homens, mulheres e crianças.
Mergulhe fundo no poço inconsciente de
sua própria sombra reprimida
com um pincel largo e
salpique os estranhos com o matiz sinistro da sombra.

Trace sobre o rosto do inimigo
a avidez, o ódio e a negligência que você não ousa
assumir como seus.

Obscureça a doce individualidade de cada rosto.

Apague todos os traços de mil amores, esperanças
e medos que brincam pelo caleidoscópio de
cada coração finito.

Retorça o sorriso até que ele forme um arco
descendente de crueldade.

Arranque a carne dos ossos até que só reste
o esqueleto abstrato da morte.

Exagere as feições para que o homem se metamorfoseie
em besta, verme, inseto.

Preencha o fundo com figuras malignas
de antigos sonhos — diabos,
demônios e guerreiros do mal.

Quando a sua estátua do inimigo estiver completa
você será capaz de matar sem sentir culpa,
trucidar sem sentir vergonha.

A coisa que você destrói tornou-se apenas
um inimigo de Deus, um estorvo
à sagrada dialética da História.

No começo, criamos o inimigo. Antes da arma, vem a imagem. *Pensamos* em matar os outros e então inventamos a alabarda ou o míssil nuclear com os quais realmente os matamos. A propaganda precede a tecnologia.

Políticos, de esquerda e de direita, continuam a não entender as coisas. Eles acham que o inimigo desaparecerá no instante em que mudarmos a maneira como nos servimos das nossas armas. Os conservadores acreditam que o inimigo se assustará e ficará manso se tivermos armas maiores e melhores. Os liberais acreditam que o inimigo se tornará nosso amigo se reduzirmos nosso arsenal bélico. Ambos raciocinam a partir de premissas racionalistas e otimistas: nós, seres humanos, somos racionais e pragmáticos animais fabricantes de ferramentas. Ao longo da história, já progredimos bastante e nos tornamos o *Homo sapiens* ("homem racional") e o *Homo faber* ("homem ferramenteiro"). Portanto, podemos fazer a paz através de negociações racionais e do controle de armamentos.

Só que isso não está funcionando. O problema parece estar, não na nossa razão ou na nossa tecnologia, mas na insensibilidade dos nossos corações. Geração após geração, encontramos desculpas para odiar e desumanizar uns aos outros e sempre nos justificamos com a retórica política que nos parece mais amadurecida. E nos recusamos a admitir o óbvio. Nós, seres humanos, somos *Homo hostilis* ("homem hostil"), a espécie hostil, o animal que fabrica inimigos. Somos levados a fabricar um inimigo como um bode expiatório para carregar o fardo da inimizade que reprimimos. Do resíduo inconsciente da nossa hostilidade, criamos um alvo; dos nossos demônios particulares, conjuramos um inimigo público. E, mais que tudo, talvez as guerras em que nos envolvemos sejam rituais compulsivos, dramas da sombra nos quais continuamente tentamos matar aquelas partes de nós mesmos que negamos e desprezamos.

Nossa melhor esperança de sobrevivência está em mudar o modo como pensamos os inimigos e a guerra. Em vez de sermos hipnotizados pelo inimigo, precisamos começar a observar os olhos com os quais vemos o inimigo. Vamos agora explorar a mente do *Homo hostilis*: vamos examinar em detalhes as maneiras como fabricamos a imagem do inimigo, como criamos um superávit de mal, como transformamos o mundo num campo de matança. Parece improvável que alcancemos qualquer sucesso no controle da guerra a menos que cheguemos a compreender a lógica da paranóia política e o processo de criação da propaganda que justifica a nossa hostilidade. Precisamos tomar consciência daquilo que Carl Jung chamou de "a sombra". Os heróis e líderes pacifistas do nosso tempo serão aqueles homens e mulheres com coragem para mergulhar nas trevas no fundo da psique pessoal e coletiva, e enfrentar o inimigo interior. As psicologias de profundidade nos presentearam com a inegável sabedoria de que o inimigo é construído a partir de aspectos reprimidos do *self*. Portanto, o mandamento radical "Ama a teus inimigos como a ti mesmo" indica o caminho tanto para o autoconhecimento como para a paz. Na verdade, amamos ou odiamos nossos inimigos na mesma medida em que amamos ou odiamos a nós mesmos. Na imagem do inimigo, encontraremos o espelho no qual podemos ver a nossa própria face com a máxima clareza.

Mas, espere um pouco! Não tão depressa! Um coro de objeções levanta-se dentre os adeptos da prática política do poder: "O que você quer dizer com *criar* inimigos? Não somos nós que fazemos o inimigo. Existem agressores, impérios do mal, bandidos e mulheres perversas no mundo real. E eles nos destruirão se nós não os destruirmos primeiro. Existem vilões reais — Hitler, Stalin, Pol Pot (líder do Khmer Vermelho cambojano, responsável pela morte de dois milhões de pessoas do seu próprio povo). Você não pode psicologizar os eventos políticos nem resolver o problema da guerra estudando os conhecimentos do inimigo."

Objeção concedida. Em parte. Meias-verdades de natureza psicológica ou política não têm condições de fazer avançar a causa da paz. Devemos ser tão cautelosos ao psicologizar eventos políticos quanto ao politizar eventos psicológicos. A guerra é um problema complexo, e não é provável que seja resolvida por qualquer abordagem ou disciplina isolada. Para lidar com ela precisamos, no mínimo, de uma teoria *quântica* da guerra — e não de alguma teoria unicausal. Assim como só entendemos a luz quando a consideramos como onda e partícula, só poderemos estudar realmente o problema da guerra vendo-a como um sistema que é sustentado por estes pares:

| | | |
|---|---|---|
| A psique guerreira | e | A cidade violenta |
| Paranóia | e | Propaganda |
| A imaginação hostil | e | Os conflitos geopolíticos e de valores entre os países |

O pensamento criativo sobre a guerra sempre envolverá a consideração da psique individual e das instituições sociais. A sociedade molda a psique; e vice-versa. Portanto, temos de trabalhar para criar alternativas psicológicas e políticas à guerra, mudando a psique do *Homo hostilis* e a estrutura das relações internacionais. Ou seja, trata-se tanto de uma heróica jornada no *self* quanto de uma nova forma de política compassiva. Não temos nenhuma chance de reduzir as guerras a não ser que observemos as raízes psicológicas da paranóia, da projeção e da propaganda; a não ser que deixemos de ignorar as cruéis práticas de educação dos jovens, as injustiças, os interesses especiais das elites no poder, os históricos conflitos raciais, econômicos e religiosos, e as intensas pressões populacionais que sustêm o sistema da guerra.

O problema da psicologia militar é como converter o ato de matar em patriotismo. De modo geral, esse processo de desumanizar o inimigo ainda não foi examinado atentamente. Quando projetamos nossas sombras, sistematicamente ficamos cegos para aquilo que estamos fazendo. Para produzir ódio em massa, o corpo político precisa permanecer inconsciente de sua própria paranóia, projeção e propaganda. "O inimigo" é, assim, considerado tão real e objetivo quanto uma rocha ou um cão raivoso. Nossa primeira tarefa é quebrar esse tabu, tornar consciente o inconsciente do corpo político e examinar as maneiras pelas quais criamos o inimigo.

A paranóia consensual — a patologia da pessoa normal que é membro de uma sociedade que justifica a guerra — forma o parâmetro pelo qual são criadas todas as imagens do inimigo. Ao estudar a lógica da paranóia, podemos ver por que certos arquétipos do inimigo são necessariamente recorrentes, não importa quais sejam as circunstâncias históricas.

A paranóia envolve um complexo de mecanismos mentais, emocionais e sociais; através dele uma pessoa, ou um povo, reivindica para si retidão e pureza, e atribui hostilidade e mal ao inimigo. O processo começa com uma divisão entre o *self* "bom", com o qual nos identificamos conscientemente e que é celebrado pela mitologia e pela mídia, e o *self* "mau", que permanecerá inconsciente na medida em que puder ser projetado sobre um inimigo. Através dessa prestidigitação, fazemos com que as partes inaceitáveis do *self* — sua avidez, crueldade, sadismo, hostilidade, aquilo que Jung chamou de "a sombra" — desapareçam e só as reconhecemos como qualidades do inimigo. A paranóia reduz a ansiedade e a culpa ao transferir para o outro todas as características que a pessoa não quer reconhecer em si mesma. Ela é mantida pela percepção seletiva e pela revocação. Nós vemos e reconhecemos unicamente os aspectos negativos do inimigo que sustentam o estereótipo que já criamos. Por isso, a televisão norte-americana transmite principalmente as más notícias sobre os russos, e vice-versa. Lembramo-nos apenas das evidências que confirmam os nossos preconceitos.

A melhor ilustração da feição paranóica está, sem dúvida, na propaganda anti-semita. Para o anti-semita, o judeu é a fonte do mal. Por trás dos inimigos acidentais e históricos da Alemanha — Inglaterra, Estados Unidos, Rússia — sempre esteve emboscado o judeu conspirador. A ameaça era simples e oculta a um olhar casual, mas evidente para aqueles que realmente acreditavam na supremacia ariana. Dentro dessa lógica retorcida, fazia sentido para os nazistas desviar os trens tão necessários ao transporte das tropas até o *front* a fim de levar os judeus aos campos de concentração para a "solução final".

Nuanças de uma mesma visão paranóica matizam os anticomunistas da extrema-direita americana e os obcecados anticapitalistas soviéticos; ambos atribuem ao adversário mais poder, coesão e sucesso nas conspirações do que qualquer um deles possui. Os que realmente acreditam nessa visão, em ambos os lados, consideram o mundo um campo de batalha no qual todos os países acabarão sendo incluídos na esfera de influência, ou do capitalismo ou do comunismo.

Uma função importante da mente paranóica é escapar da culpa e da responsabilidade, e afixar a censura em outra parte. Essa inversão pode chegar a terríveis extremos.

Culpa produz culpa. Logo, a pessoa ou nação paranóica criará um sistema de ilusão compartilhado, uma *paranoia à deux*. O "sistema de inimigo" envolve um processo de dois ou mais inimigos que lançam seu lixo psicológico (inconsciente) no quintal uns dos outros. Atribuímos a eles tudo aquilo que desprezamos em nós mesmos. E vice-versa. Já que esse processo de projeção inconsciente da sombra é universal, os inimigos "precisam" um do outro para se livrar das toxinas psicológicas acumuladas e reprimidas. Formamos um laço de ódio, uma "simbiose hostil", um sistema integrado que garante que nenhum de nós será confrontado com a sua própria sombra.

No conflito entre a U.R.S.S. e os Estados Unidos, um precisa do outro como alvo de transferências grupais. A propaganda soviética que mostra os Estados Unidos como um país que abusa dos direitos civis é, claramente, o roto a rir-se do esfarrapado. Do mesmo modo, nossas tiradas contra o controle estatal soviético e a ausência da propriedade individual refletem nossa raiva inconsciente com relação à perda real de liberdade individual sob o capitalismo corporativo e à nossa dependência do governo para cuidar de nós do útero ao túmulo — nenhuma das quais se adequa à imagem que fazemos de nós mesmos como ferrenhos individualistas. Oficialmente, vemos a dependência deles ao Estado como escravidão; no entanto, adotamos um grande e acelerado socialismo governamental, e é evidente que temos profundas necessidades de dependência que não se adequam à nossa imagem consciente de nós mesmos como "o homem de Marlboro". Quando os soviéticos vêem nossa liberdade de gerar lucros e de consumir como uma forma de licenciosidade, está claro que eles anseiam por uma maior liberdade pessoal. Achamos que os soviéticos transformam o indivíduo num simples meio para os objetivos do Estado. Eles acham que nós justificamos a cobiça de indivíduos poderosos às custas da comunidade e permitimos o lucro de uma minoria às expensas da maioria. E enquanto trocamos insultos, ambos estamos a salvo da embaraçosa tarefa de observar os sérios erros e crueldades dos nossos próprios sistemas.

É inevitável que a psique paranóica e infantil veja o inimigo como possuidor de algumas das qualidades paradoxais dos pais maus. A fórmula para destruir o inimigo com impunidade moral sempre atribui a ele um poder quase onipotente e um caráter moral degradado. O Departamento de Defesa dos Estados Unidos, em seu característico estilo paranóico, regularmente descobre algum senão — problemas de bombardeiros, de tanques, de mísseis, de gastos — que mostra que os soviéticos estão mais poderosos que nós e, ao mesmo tempo, pinta um retrato do implacável avanço do comunismo ateu. O Kremlin faz o mesmo jogo.

Para a mente paranóica, a própria noção de igualdade é impossível. Um paranóico precisa ser sadicamente superior e dominar os outros, ou masoquistamente inferior e se sentir ameaçado por eles. Os adultos talvez sejam iguais uns aos outros e compartilhem responsabilidades para o bem e para o mal, mas, no mundo infantil, o gigante — os pais, o inimigo — detém o poder e, portanto, é moralmente desprezível por não eliminar a dor e o mal pelos quais só ele é responsável.

O *Homo hostilis* é incuravelmente dualista, um maniqueu moralista:

Nós somos inocentes.<br>
          Eles são culpados.<br>
Nós dizemos a verdade — informamos,<br>
          Eles mentem — usam propaganda.<br>
Nós apenas nos defendemos,<br>
          Eles são agressores.<br>
Nós temos um departamento de defesa,<br>
          Eles têm um departamento de guerra.<br>
Nossos mísseis e armamentos destinam-se a dissuadir,<br>
          As armas deles destinam-se a atacar primeiro.

O mais terrível de todos os paradoxos morais, o nó górdio que precisa ser cortado se queremos que a História prossiga, é que criamos o mal a partir dos nossos ideais mais elevados e das nossas mais nobres aspirações. Tanto precisamos ser heróicos, estar ao lado de Deus, eliminar o mal, limpar o mundo e vencer a morte, que vemos destruição e morte em todos aqueles que se postam no caminho do nosso heróico destino histórico. Buscamos bodes expiatórios e criamos inimigos absolutos, não por sermos intrinsecamente cruéis mas porque o fato de focalizarmos a nossa raiva sobre um alvo externo e atingirmos um estranho faz a nossa tribo ou nação se unir e nos permite fazer parte de um grupo restrito e bom. Criamos um superávit de mal porque precisamos pertencer ao nosso próprio lugar.

Por que criamos psiconautas, exploradores das alturas e das profundezas da psique? Por que dramatizamos o guerreiro da batalha interior que luta contra a paranóia, as ilusões, a auto-indulgência, a culpa e a vergonha infantis, a indolência, a crueldade, a hostilidade, o medo, a reprovação, a falta de sentido? Por que a sociedade reconhece e celebra a coragem daqueles que lutam contra as tentações demoníacas do *self*, que empreendem uma guerra santa contra tudo o que é mau, distorcido, perverso e ofensivo no *self*?

Se queremos a paz, cada um de nós precisa começar a desmitificar o inimigo; deixar de politizar os eventos psicológicos; reassumir sua sombra; fazer um estudo complexo das mil maneiras pelas quais reprimimos, negamos e projetamos o nosso egoísmo, crueldade, avidez, etc. sobre os outros; e conscientizar-se da maneira pela qual inconscientemente criamos uma psique guerreira e perpetuamos as muitas formas de guerra.

# 42. Nós e eles

## FRAN PEAVEY (com MYRNA LEVY e CHARLES VARON)

Houve um tempo em que eu sabia que racista era o dono de lanchonete que se recusava a atender negros, beligerante era o general que planejava guerras e ordenava a matança de pessoas inocentes e poluidor era o industrial cuja fábrica empestava o ar, a água e o solo.

No entanto, por mais que eu possa protestar, um olhar honesto sobre mim mesma e meu relacionamento com o resto do mundo revela que eu também sou parte do problema. Já percebi que, num primeiro contato, desconfio mais dos mexicanos que dos brancos. Percebo meu apego a um padrão de vida que é mantido às custas de pessoas mais pobres — uma situação que só pode mesmo ser perpetuada através da força militar. E o problema da poluição parece incluir o meu consumo de recursos e a minha produção de resíduos. A linha que me separa dos "bandidos" é indistinta.

Quando militava pelo fim da Guerra do Vietnã, eu me sentia mal quando via um homem em uniforme militar. Lembro-me que eu pensava: "Como pode aquele sujeito ser tão tolo a ponto de ter entrado naquele uniforme? Como é que ele consegue ser tão submisso, tão crédulo a ponto de ter caído na lorota do governo sobre o Vietnã?"

Eu ficava furiosa por dentro quando imaginava as coisas horríveis que ele provavelmente tinha feito na guerra.

Vários anos depois do fim da guerra, um pequeno grupo de veteranos da Guerra do Vietnã tentou realizar um retiro na nossa fazenda em Watsonville. Eu consenti, embora me sentisse ambivalente em hospedá-los. Naquele fim de semana, ouvi uma dúzia de homens e mulheres que tinham servido no Vietnã. Tendo de enfrentar o ostracismo ao voltar para casa por causa de seu envolvimento na guerra, eles estavam lutando para chegar a um acordo com suas experiências.

Contaram algumas das coisas terríveis que tinham feito e visto, bem como algumas coisas das quais se orgulhavam. Explicaram por que haviam se alistado no exército ou atendido à convocação: seu amor pelos Estados Unidos, sua ansiedade de servir, seu desejo de ser bravos e heróicos. Eles sentiam que seus nobres motivos haviam sido traídos, deixando-os com pouca confiança em seu próprio julgamento. Alguns questionavam sua própria masculinidade ou feminilidade, e até mesmo sua natureza humana fundamental. Eles se perguntavam se haviam sido uma força positiva ou negativa, e qual o significado do sacrifício de seus companheiros? Sua angústia me desarmou e não pude mais continuar a vê-los simplesmente como agentes do mal.

Como foi que cheguei a encarar os militares como meus inimigos? Difamar os soldados bastaria para me tirar das minhas dificuldades e permitir que eu me divorciasse da responsabilidade por aquilo que meu país estava fazendo no Vietnã? Será que minha raiva e puritanismo me impediam de ver a situação na sua plena complexidade? Como essa visão limitada afetara a minha militância contra a guerra?

Quando minha irmã caçula e seu marido, um jovem militar de carreira, me visitaram vários anos depois, fui novamente desafiada a ver o ser humano dentro do soldado. Fiquei sabendo que, fazendeiro no Estado de Utah, ele fora recrutado como franco-atirador.

Uma noite, quase no fim de sua visita, começamos a conversar sobre seu trabalho. Embora também tivesse sido treinado no corpo médico do exército, ele ainda podia ser chamado a qualquer tempo para trabalhar como franco-atirador. Ele não podia me falar muito sobre essa parte da sua carreira — fizeram-no jurar segredo. Não estou certa se ele teria tido vontade de me contar, mesmo que pudesse. Mas ele chegou a dizer que o trabalho de um franco-atirador envolvia a ida a algum país estrangeiro para "apagar" algum líder e, depois, desaparecer no meio da multidão.

Quando lhe dá uma ordem, disse-me ele, o exército não espera que você pense sobre ela. Você se sente só e desamparado. Em vez de afrontar o Exército e, talvez, todo o país, ele optou por não considerar a possibilidade de que certas ordens não devem ser obedecidas.

Eu podia ver que o fato de se sentir isolado fazia com que lhe parecesse impossível seguir os seus padrões morais e desobedecer uma ordem. Inclinei-me para ele e disse: "Se lhe ordenarem fazer alguma coisa que você sabe que não deveria fazer, me chame imediatamente e eu darei um jeito de ajudar. Conheço uma infinidade de pessoas que apóiam a sua posição. Você não está sozinho." Ele e minha irmã se entreolharam e seus olhos se encheram de lágrimas.

Como aprendemos a quem devemos odiar e a quem temer? Durante o curto período da minha vida, os inimigos nacionais dos Estados Unidos mudaram várias vezes. Nossos oponentes na Segunda Guerra Mundial, os japoneses e os alemães, tornaram-se nossos aliados. Os russos estiveram em voga como nossos inimigos por algum tempo, embora durante alguns períodos as relações tenham melhorado um pouco. Os vietcongues, cubanos e chineses cumpriram sua tarefa como nossos inimigos. Tantos países parecem capazes de incorrer na nossa ira nacional — como escolhemos dentre eles?

Enquanto indivíduos, escolhemos nossos inimigos baseados em sugestões de líderes nacionais? De professores e líderes religiosos? De jornais e TV? Odiamos e tememos os inimigos dos nossos pais, como parte da identidade familiar? Ou os inimigos da nossa cultura, subcultura ou grupo?

Nossa "mentalidade de inimigo" serve aos interesses econômicos e políticos de quem?

Numa conferência sobre genocídio e holocausto conheci uma pessoa que me mostrou que não era necessário odiar nossos oponentes, nem mesmo nas circunstâncias mais extremas. Quando eu estava no saguão do hotel depois de uma palestra sobre o holocausto na Alemanha, comecei a conversar com uma mulher chamada Helen Waterford. Quando descobri que ela era judia, sobrevivente de Auschwitz, falei-lhe de minha raiva contra os nazistas. (Imagino que estava tentando provar-lhe que eu estava do lado dos "mocinhos".)

— Sabe — respondeu-me —, eu não odeio os nazistas.

Isso me chocou. Como poderia alguém ter passado por um campo de concentração e não odiar os nazistas?

E então fiquei sabendo que Helen dedicava-se a fazer palestras na companhia de um antigo membro da Juventude Hitlerista; eles falavam sobre como é terrível o fascismo, visto por ambos os lados. Fascinada, consegui passar mais tempo ao lado de Helen e aprender o máximo possível com ela.

Em 1980, Helen leu um intrigante artigo num jornal, no qual um homem chamado Alfons Heck descrevia a sua experiência de crescer na Alemanha nazista. Quando garoto, numa escola católica, o padre entrava todas as manhãs e dizia "Heil Hitler!", depois "Bom dia" e finalmente "Em nome do Pai, do Filho e do Espírito Santo..." Na mente de Heck, Hitler vinha antes de Deus. Aos dez anos de idade, entrou como voluntário na Juventude Hitlerista e a adorou. Foi em 1944, quando tinha dezesseis anos, que Heck descobriu que os nazistas estavam sistematicamente exterminando os judeus. Ele pensou: "Não pode ser verdade." Mas, aos poucos, veio a acreditar que servia a um assassino de massa.

A franqueza de Heck impressionou Helen, que pensou: "Quero conhecer esse homem." Ela o achou afável, inteligente e gentil. Helen já fazia palestras sobre suas próprias experiências do holocausto e pediu a Heck para compartilhar o palco no compromisso já marcado com um grupo de 400 professores. Eles apresentaram o quadro numa forma cronológica, fazendo turnos para contar suas próprias histórias do período nazista. Helen disse que deixara Frankfurt em 1934, com a idade de 25 anos.

Ela e o marido, um contador que perdera o emprego quando os nazistas subiram ao poder, fugiram para a Holanda. Lá trabalharam com a Resistência e Helen deu à luz uma filha. Em 1940, os nazistas invadiram a Holanda. Helen e o marido esconderam-se em 1942. Dois anos mais tarde, foram descobertos e enviados para Auschwitz. A filha continuou escondida com amigos da Resistência. O marido de Helen morreu no campo de concentração.

As primeiras apresentações conjuntas de Heck e Helen correram bem e eles decidiram continuar trabalhando em equipe. Certa vez, numa assembléia de 800 estudantes secundaristas, perguntaram a Heck: "Se lhe tivessem ordenado atirar em alguns judeus, talvez na própria sra. Waterford, o senhor teria atirado?" A platéia ofegou. Heck engoliu em seco e disse: "Sim. Eu obedecia ordens. Eu teria atirado." Mais tarde, ele se desculpou com Helen, dizendo que não tivera a intenção de perturbá-la. Ela respondeu: "Estou feliz por você ter respondido daquele jeito. Caso contrário, eu nunca mais acreditaria em você."

Heck defronta-se freqüentemente com a atitude do tipo "uma vez nazista, sempre nazista". As pessoas lhe dizem: "Você pode ter feito um bonito discurso, mas não acredito em nada disso. Uma vez que você acreditou em algo, você não pode jogá-lo fora." Ele sempre explica pacientemente que levou anos até poder aceitar o fato de que tinha sido educado acreditando em falsidades. Heck também é incomodado por neonazistas, que lhe telefonam no meio da noite e ameaçam: "Ainda não te pegamos, mas nós vamos te matar, *seu* traidor."

Como Helen se sentia sobre os nazistas em Auschwitz? "Eu não gostava deles. Não posso dizer que gostaria de tê-los chutado até a morte — nunca o fiz. Acho que simplesmente não sou uma pessoa vingativa." Muitas vezes os judeus a acusam por não odiar, por não buscar vingança. "É impossível que você não os odeie", dizem-lhe.

Na conferência sobre o holocausto e genocídio e nas conversas subseqüentes com Helen, tentei compreender o que lhe havia permitido manter-se tão objetiva e evitar censurar o povo alemão, enquanto indivíduos, pelo holocausto, por seu sofrimento e pela morte do marido. Descobri uma pista em seu apaixonado estudo da História.

Para muitas pessoas, a única explicação para o holocausto é que foi a criação de um louco. Mas Helen acredita que essa análise serve apenas para proteger as pessoas da crença de que um holocausto pudesse acontecer com elas mesmas. Uma avaliação da saúde mental de Hitler, diz Helen, é menos importante que um exame das forças históricas que estavam em ação e da maneira como Hitler foi capaz de manipulá-las.

"Logo que a guerra acabou", disse-me Helen, "comecei a ler sobre tudo o que havia acontecido desde 1933, quando meu mundo se fechara. Eu lia e lia. Como se desenvolveu o Estado das S.S.? Qual foi o papel da Inglaterra, da Hungria, da Iugoslávia, dos Estados Unidos, da França? Como foi possível que o holocausto chegasse a acontecer? Qual foi o primeiro passo, qual foi o segundo? O que as pessoas estão buscando quando se unem a movimentos fanáticos? Acho que continuarei fazendo essas perguntas até o dia da minha morte."

Aqueles de nós que batalhamos pela mudança social tendemos a ver nossos adversários como inimigos, a considerá-los indignos de confiança, suspeitos e geralmente de caráter moral mais baixo. Saul Alinsky, um brilhante organizador comunitário, assim explica a base lógica para a polarização:

> Uma pessoa só consegue agir de modo decisivo quando está convencida de que todos os anjos estão do seu lado e todos os diabos do outro lado. Um líder sofre para tomar uma decisão, ele precisa pesar os méritos e os deméritos de uma situação que é 52% positiva e 48% negativa. Mas, uma vez tomada a decisão, ele precisa assumir que sua

causa é 100% positiva e a da oposição 100% negativa... Durante nossa campanha contra o superintendente escolar [de Chicago], muitos liberais alegaram que ele não era um homem de todo mau pois, afinal de contas, ia à igreja com regularidade, era um bom pai de família e fazia generosas contribuições à caridade. Imagine só, você está bem ali no palco do conflito, acusando fulano de tal de ser um bastardo racista, e aí dilui o impacto do ataque com meia dúzia de louvações? Isso é uma imbecilidade política.

Mas a "demonização" dos nossos adversários tem altos custos. É uma estratégia que aceita e ajuda, implicitamente, a perpetuar nossa perigosa "mentalidade de inimigo".

Em vez de me concentrar nos 52% de "diabo" do meu adversário, prefiro olhar os outros 48%; então vou partir da premissa de que, dentro de cada adversário, tenho um aliado. Esse aliado pode ser silencioso, hesitante ou estar escondido da minha vista. Talvez seja apenas o senso de ambivalência da pessoa sobre algum aspecto questionável de seu emprego. Tais dúvidas raramente têm chance de florescer por causa da força esmagadora do contexto social ao qual a pessoa responde. *Minha* capacidade de ser o aliado *deles* também sofre dessas mesmas pressões. Em 1970, enquanto a Guerra do Vietnã ainda prosseguia, nosso grupo passou o verão em Long Beach, Califórnia, organizando-se contra uma fábrica de napalm ali instalada. Tratava-se de uma pequena fábrica que misturava os produtos químicos e colocava o napalm nas caixas das metralhadoras. Poucos meses antes, uma explosão acidental havia espalhado pedaços de gel de napalm sobre as casas e gramados próximos. O incidente, num sentido muito real, trouxera a guerra até nós. Estimulou os moradores locais que se opunham à guerra a reconhecer a ligação de sua comunidade com um dos elementos mais desprezíveis daquela guerra. A pedido deles, trabalhamos junto com o grupo local e o fortalecemos. Juntos, fizemos uma apresentação de *slides* sobre o complexo militar-industrial da localidade, seguida de uma excursão ao local para os líderes da comunidade e fizemos piquete diante da fábrica de napalm. Também nos encontramos com o presidente do grupo proprietário da fábrica.

Passamos três semanas nos preparando para esse encontro, estudando as empresas controladas pelo grupo e sua situação financeira e investigando se havia algum processo movido contra o presidente ou sua empresa. E também descobrimos o máximo possível sobre a sua vida pessoal: sua família, sua igreja, seu clube, seus *hobbies*. Estudamos sua fotografia, pensando nas pessoas que gostavam dele e nas pessoas que ele amava, tentando captar uma idéia de sua visão do mundo e o contexto no qual ele se inseria.

Também falamos muito sobre a raiva que sentíamos dele pelo papel que desempenhava em matar e mutilar crianças no Vietnã. Mas, embora nossa raiva desse alento à nossa determinação, decidimos que mostrá-la a ele só serviria para colocá-lo na defensiva e reduzir a nossa eficácia.

Quando três de nós o encontramos, ele não era um estranho para nós. Sem censurá-lo pessoalmente nem atacar sua corporação, pedimos que ele fechasse a fábrica, não entrasse em concorrência na época de renovação do contrato com o governo e pensasse nas conseqüências das operações de sua empresa. Dissemos a ele que conhecíamos os pontos vulneráveis de sua corporação (ela era dona de uma cadeia de hotéis que poderiam ser boicotados) e que pretendíamos continuar a fazer um trabalho estratégico para forçar sua empresa a sair do negócio de queimar pessoas com napalm. Também discutimos os outros contratos bélicos da empresa, pois mudar apenas uma pequena parte da função de sua corporação não era suficiente; queríamos levantar a questão da dependência econômica à fabricação de armamentos e à guerra.

Acima de tudo, queríamos que ele nos visse como pessoas reais, não tão diferentes dele próprio. Se tivéssemos aparecido como fogosos radicais, é provável que ele tivesse posto de lado nossas preocupações. Presumimos que ele próprio já tinha algumas dúvidas e vimos que nosso papel era dar voz a essas dúvidas. Nosso objetivo era introduzir, a nós mesmos e à nossa perspectiva, no seu contexto a fim de que ele se lembrasse de nós e considerasse nossa posição quando fosse tomar sua decisão.

Quando o contrato chegou para renovação, dois meses mais tarde, sua empresa não entrou na concorrência.

Trabalhar pela mudança social sem depender do conceito de inimigo cria algumas dificuldades práticas. Por exemplo, o que fazemos com toda aquela raiva que estamos acostumados a despejar contra um inimigo? É possível odiar ações e políticas, sem odiar as pessoas que as executam? Acaso, sentir empatia por aqueles a cujas ações nos opomos cria uma dissociação que solapa a nossa determinação?

Não me iludo em acreditar que tudo vai funcionar às mil maravilhas se ficarmos amigos dos nossos adversários. Reconheço que certos estrategistas militares estão tomando decisões que aumentam os riscos para todos nós. Sei que alguns policiais vão espancar os manifestantes quando os prenderem. Tratar nossos adversários como potenciais aliados não precisa fazer com que aceitemos irrefletidamente suas ações. Nosso desafio é estimular a natureza humana dentro de cada adversário e, ao mesmo tempo, nos prepararmos para toda a gama de reações possíveis. Nosso desafio é encontrar um caminho entre o cinismo e a ingenuidade.

# 43. A mente chauvinista

SUSAN GRIFFIN

Vamos lançar um olhar àquela mente que chamarei de "mente chauvinista" — que definiu esse segundo uso da palavra "humano"* para excluir as mulheres — e decifrar qual o significado que ela guarda da imagem da mulher, do "negro" ou do "judeu". É por isso que escrevo sobre a pornografia. Pois a pornografia é a mitologia dessa mente; é, para usar uma expressão da poeta Judy Grahn, "a poesia da opressão".

---

* A palavra inglesa *human* [humano] tem como raiz o latim *homo* [homem]. Embora signifique a espécie humana em geral, os movimentos feministas acham que ela pode ser usada para excluir a mulher (o "segundo uso" aqui mencionado) e, portanto, defendem que seja substituída por "alguma palavra melhor" que ainda não foi encontrada. Na língua portuguesa, continuamos a usar "o homem" quando nos referimos à raça humana, à humanidade em geral. Neste artigo em particular, mantendo a intenção da autora, "mulher" significa mulher e "homem" significa homem. (N.T.)

Através de suas imagens, podemos desenhar uma geografia dessa mente e até mesmo predizer para onde seus caminhos nos levarão.

Isso é da maior importância para nós nos dias de hoje pois, sob o feitiço dessa mente — da qual todos participamos, até certo ponto —, imaginamos que os caminhos que ela nos abre são dados pelo destino. E assim encaramos certos comportamentos e eventos da nossa civilização — tais como o estupro ou o Holocausto — como obras do destino. Suspeitamos que existe algo escuro e sinistro na alma humana que causa a violência a nós mesmos e aos outros. Reprovamos uma decisão tomada pela cultura humana sobre nossas próprias naturezas e, assim, sobre a Natureza. Mas, pelo contrário, examinando atentamente os significados da pornografia, o que descobrimos é que a cultura humana está em violenta oposição aos instintos naturais e à própria Natureza.

À medida que explorarmos as imagens da mente do pornógrafo começaremos a decifrar a sua iconografia. Veremos que o corpo da mulher na pornografia — dominado, amarrado, silenciado, espancado e até mesmo assassinado — é um símbolo do sentimento natural e da força da natureza que a mente pornográfica odeia e teme. E acima de tudo, veremos que a "mulher" na pornografia — como "o judeu" no anti-semitismo e "o negro" no racismo — é simplesmente uma parte perdida da alma, aquela região do ser que a mente pornográfica ou racista gostaria de esquecer e negar. E, finalmente, veremos que conhecer essa parte proibida da mente significa ter *eros* (o amor dirigido para a auto-realização).

Tanto a Igreja quanto a pornografia escolheram uma mesma vítima sobre a qual empurrar esse conhecimento negado. Nessas culturas gêmeas, uma mulher é uma tela em branco. A natureza de seu verdadeiro ser é apagada, como se a sua imagem cultural tivesse sido cuidadosamente preparada para a clara projeção de uma imagem, e ela passa a representar tudo aquilo que o homem nega em si mesmo. Mas, como veremos adiante, a mulher não é, ela própria, uma vítima acidental. Um corpo de mulher evoca o autoconhecimento que o homem tenta esquecer. E por isso ele teme esse corpo. Mas ele não compreende esse pavor como algo que pertence a ele mesmo, um medo daquilo que o corpo feminino desperta nele. Pelo contrário, ele finge para si mesmo que ela *é* o mal. Sua mente consciente acredita que ela é o mal. Como diz Karen Horney, "Em toda parte, o homem luta para livrar-se de seu pavor pelas mulheres, objetificando-o". A pornografia oferece-nos um exemplo claro dessa "objetificação" nas palavras do Marquês de Sade, que nos diz que a mulher é "uma criatura miserável, sempre inferior, menos bela que ele, menos engenhosa, menos sábia, de formas revoltantes, o oposto daquilo que agradaria ou deliciaria um homem... uma tirana... sempre repulsiva, sempre perigosa..."

O pornógrafo, como o homem da Igreja, odeia e nega uma parte de si mesmo. Ele rejeita seu conhecimento do mundo físico e de sua própria materialidade. Ele rejeita o conhecimento do seu próprio corpo. Essa é uma parte da sua mente que ele gostaria de esquecer. Mas ele não consegue rejeitar por completo esse conhecimento. Esse conhecimento volta a ele através do seu próprio corpo: através do desejo. Assim como afasta uma parte de si mesmo, ele a deseja. Aquilo que odeia e teme, aquilo que gostaria de detestar, ele deseja. Ele está num terrível conflito consigo mesmo. Mas, em vez de ver esse conflito, ele imagina que está em luta contra a mulher. Ele projeta o seu medo e o seu desejo sobre o corpo da mulher. Dessa forma, o corpo feminino — como a prostituta da Babilônia na iconografia da Igreja — simultaneamente atrai o pornógrafo e incita a sua raiva.

No folheto, existem duas figuras conhecidas. Um negro monstruoso ameaça uma branca voluptuosa. Seu vestido tem decote profundo, a saia é fendida para que se veja a coxa, as mangas escorregam para mostrar os ombros. Cheia de medo, ela olha para trás e corre. O corpo do homem é enorme, simiesco. Sob as palavras "Conquiste e Dê Cria" e encimando um texto que alerta o leitor contra os casamentos inter-raciais, essas duas figuras passam ao ato um drama antiqüíssimo.

No âmago da imaginação racista, descobrimos uma fantasia pornográfica: o espectro da miscigenação. Essa imagem de um homem escuro violentando uma mulher clara personifica todos os medos racistas. Essa fantasia preocupa a sua mente. Existe um argumento racional que alega que o racista simplesmente usa as imagens pornográficas para manipular a mente. Mas essas imagens parecem pertencer ao racista. Elas são predizíveis de uma maneira que sugere um papel mais intrínseco na gênese dessa ideologia.

Sabemos que, em tipo e qualidade, os sofrimentos que as mulheres experimentam numa cultura pornográfica são diferentes dos sofrimentos dos negros numa sociedade racista ou dos judeus sob o anti-semitismo. (E sabemos que o ódio à homossexualidade também tem um efeito diferente sobre a vida das mulheres e homens que estão fora dos papéis sexuais tradicionais.) Mas se olharmos atentamente para o retrato que o racista desenha de um homem ou mulher de cor, ou para o retrato que o anti-semita desenha do judeu, ou para o retrato que o pornógrafo desenha de uma mulher, começaremos a perceber que essas figuras fantasistas assemelham-se umas à outras. Pois elas são criações de uma única mente. Criações da mente chauvinista, uma mente que projeta todos os seus medos sobre uma outra pessoa: uma mente que se define por aquilo que odeia.

O negro como um ser estúpido, passivo e bestial. A mulher como um ser altamente emocional, irrefletida, mais próximo da terra. Os judeus como uma raça escura e avarenta. A prostituta. A ninfomaníaca. A lascívia carnal da mulher insaciável. A virgem. A dócil escrava. O judeu efeminado. O judeu agiota. O africano, um "ávido comedor", libidinoso, adepto da sujeira. A negra como luxúria: "Essas donas escurinhas, na escola de Vênus bem versadas... fazem do amor uma arte, e se gabam de no beijo ser treinadas." Fácil, fácil. O judeu que pratica orgias sexuais, que pratica o canibalismo. O judeu e o negro com enormes membros viris.

O famoso materialismo do judeu, do negro, da mulher. A mulher que gasta o salário do marido em vestidos. O negro que dirige um Cadillac enquanto seus filhos morrem de fome. O judeu agiota que vende a própria filha. "Não há nada mais intolerável que uma mulher rica", lemos em Juvenal. (Numa obra pornográfica do século XVIII, o pornógrafo escreve que sua heroína tinha "um garboso cérebro pequeno-burguês". E, numa novela pornográfica contemporânea, o herói mata uma mulher porque ela prefere "sujeitos que dirigem Cadillacs".) O apetite devorador. O negro que rouba o emprego do branco; a mulher que rouba o emprego do homem.

Vezes sem conta, o chauvinista desenha um retrato do outro que nos faz lembrar aquela parte de sua própria mente que ele gostaria de negar; aquela parte que ele obscureceu para si mesmo. O outro tem apetite e instinto. O outro tem um corpo. O outro tem uma vida emocional descontrolada. E na esteira desse *self* negado, o chauvinista constrói um falso *self* com o qual se identifica.

Sempre que encontramos a idéia racista de um outro ser como mau e inferior, descobrimos um *ideal* racial, um retrato do *self* como superior, bom e virtuoso. Esse era, com certeza, o caso do escravocrata sulista, nos Estados Unidos do século passado. O branco sulista imaginava-se o herdeiro das melhores tradições da civilização. Via a si mesmo como o último repositório da cultura. Na sua mente, ele era um aristocrata. Assim, a vida do sulista preenchia-se com suas pretensões, seu decoro, suas boas-maneiras e suas cerimônias de ascensão social.

Assim como conferia qualidades inferiores aos negros e negras que escravizava, ele se abençoava com superioridades. Ele era "cavalheiresco" e "magnânimo", cheio de uma "honestidade" que emanava da "flama do seu olhar forte e firme". Ele era honrado, responsável e, acima de tudo, nobre.

O anti-semita emoldura-se na mesma polaridade. Contra o retrato que faz do judeu, ele coloca a si mesmo como o ideal, o ariano: louro, corajoso, honesto, com mais força física e moral.

Mas essa é uma polaridade que nos é profundamente familiar. Nós a aprendemos, quase ao nascer, de nossas mães e pais. Bem cedo na nossa vida, o ideal de masculinidade é oposto ao ideal de feminilidade. Aprendemos que um homem é mais inteligente e mais forte que uma mulher. E na pornografia o herói masculino tem uma probidade moral intrínseca que — como o ariano de Hitler — lhe permite comportar-se em relação às mulheres de maneiras que estão fora da moralidade. Pois, de acordo com a sua ideologia, ele é o mais valioso membro da espécie. Como nos diz o Marquês de Sade, "a carne das mulheres", como a "carne de todos os animais fêmeas", é inferior.

Foi porque o chauvinista usou a idéia de que é superior como justificativa para escravizar e explorar outros, a quem descreve como inferiores, que certos historiadores da cultura imaginaram que a ideologia do chauvinismo existe apenas para justificar a exploração. Mas essa ideologia tem uma *raison d'être* intrínseca à sua própria mente. Explorando essa mente, descobrimos que o chauvinista valoriza suas ilusões para o seu próprio bem; acima de tudo, a mente chauvinista precisa acreditar nas ilusões que criou. Pois essa ilusão tem um outro propósito além da exploração social. De fato, as ilusões da mente chauvinista nascem da mesma condição que faz nascer todas as ilusões — o desejo da mente de escapar à verdade. O chauvinista não pode enfrentar face a face a verdade de que o outro, que ele despreza, é ele mesmo.

É por isso que é tão freqüente descobrirmos, no pensamento chauvinista, uma espécie de negação histérica à idéia de que o outro talvez fosse como ele. O chauvinista insiste na existência de uma diferença absoluta e definidora entre ele e o outro. Essa insistência é tanto o ponto de partida quanto a essência de todo o seu pensamento. Tanto que Hitler escreveu assim, nos primórdios de seu próprio anti-semitismo:

> Um dia, quando passava pelo centro da cidade, subitamente deparei-me com aquela aparição num longo cafetã e tranças negras. Meu primeiro pensamento foi: será isso um judeu?... porém, quanto mais eu olhava aquele estranho semblante e o examinava palmo a palmo, mais aquela pergunta tomava outra forma no meu cérebro: será isso um alemão?... Pela primeira vez na minha vida, gastei algumas moedas comprando panfletos anti-semitas.

Desse modo, ao inventar uma figura diferente de si mesma, a mente chauvinista constrói uma alegoria do *self*. Nessa alegoria, o próprio chauvinista representa a alma e o conhecimento da cultura. Quem quer que seja o objeto do seu ódio representa o *self* negado, o *self* natural, o *self* que contém o conhecimento do corpo. Logo, esse outro não pode ter alma.

# 44. Os marginalizados da América

## AUDRE LORDE

Grande parte da história da Europa ocidental condiciona-nos a ver as diferenças humanas numa oposição simplista uma à outra: dominante/subordinado, bom/mau, acima/abaixo, superior/inferior. Numa sociedade onde o bem é definido em termos de lucro e não em termos de necessidade humana, precisa haver sempre algum grupo de pessoas que, através da opressão sistematizada, possa ser levado a se sentir excedente, a ocupar o lugar do inferior desumanizado. Dentro da nossa sociedade, esse grupo é constituído pelos negros, os terceiro-mundistas, os operários, os idosos e as mulheres.

Na minha qualidade de mulher, quarenta e nove anos de idade, mãe de duas crianças (incluindo um menino), negra, socialista, feminista, lésbica e membro de um casal inter-racial, freqüentemente descubro que faço parte de algum grupo definido como o "outro", "fora dos padrões", "inferior" ou simplesmente "errado". É tradicional, na sociedade americana, esperar que os membros dos grupos oprimidos e objetificados estendam-se e fechem a brecha entre a realidade da nossa vida e a consciência do nosso opressor. Pois, para sobreviver, aqueles de nós para quem a opressão é tão americana quanto a *apple pie*, sempre tivemos necessidade de observar e nos familiarizar com a linguagem e as maneiras do opressor — chegando às vezes a adotá-las, numa ilusão de proteção. Sempre que se torna necessário algum simulacro de comunicação, aqueles que se aproveitam da nossa opressão nos convocam para compartilhar nosso conhecimento com eles. Em outras palavras, cabe ao oprimido ensinar o opressor a ver seus próprios erros. Eu sou responsável por educar os professores que, na escola, rejeitam a cultura dos meus filhos. Espera-se que os negros e terceiro-mundistas eduquem os brancos quanto à nossa natureza humana. Espera-se que as mulheres eduquem os homens. Espera-se que as lésbicas e *gays* eduquem o mundo heterossexual. Os opressores conservam suas posições e se evadem à responsabilidade por seus próprios atos. Existe uma constante drenagem de energia que poderia ser mais bem utilizada para redefinirmos a nós mesmos e conceber cenários realistas a fim de alterar o presente e construir o futuro.

A rejeição institucionalizada da diferença é uma necessidade absoluta na nossa economia baseada no lucro, que precisa dos marginalizados como excedentes. Enquanto membros dessa economia, fomos *todos* programados para reagir com medo e ódio às diferenças humanas que existem entre nós e a tratar essa diferença de uma dentre três maneiras:

— ignorá-la; se isso não nos é possível, temos duas opções:

— copiá-la, se a julgamos dominante; ou

— destruí-la, se a julgamos subordinada.

Mas não temos padrões para tratar em pé de igualdade nossas diferenças humanas. Como resultado, elas receberam nomes errados e abusamos delas a serviço da separação e da confusão.

É evidente que existem entre nós diferenças bem reais de raça, idade e sexo. Mas não são elas que nos separam. Pelo contrário, o que nos separa é a nossa recusa em reconhecer essas diferenças e em examinar as distorções resultantes de dar-lhes nomes errados, bem como o efeito disso tudo sobre o nosso comportamento e as nossas expectativas.

*Racismo, a crença na superioridade inerente de uma raça sobre todas as demais e, portanto, no seu direito de dominar. "Sexismo", a crença na superioridade inerente de um sexo sobre o outro e, portanto, no seu direito de dominar. "Heterossexismo" (a discriminação contra a homossexualidade). "Etarismo" (a discriminação contra certas faixas etárias). Elitismo. Classismo.*

Trata-se, para cada um de nós, da luta perpétua para arrancar essas distorções do nosso cotidiano ao mesmo tempo em que reconhecemos, reivindicamos e definimos as diferenças sobre as quais essas distorções são impostas. Pois todos nós fomos criados numa sociedade onde essas distorções eram endêmicas no nosso cotidiano. Com muita freqüência, despendemos a energia — da qual precisamos para reconhecer e explorar as diferenças — para fingir que essas diferenças são barreiras intransponíveis ou que elas simplesmente não existem. O resultado é um isolamento voluntário ou conexões falsas e traiçoeiras. De qualquer modo, não desenvolvemos as ferramentas que nos permitiriam utilizar a diferença humana como um trampolim para uma mudança criativa nas nossas vidas. Não discutimos a diferença humana; falamos sobre desvios humanos.

Em algum lugar, às margens da consciência, existe aquilo que chamo *norma mítica* — e cada um de nós sabe, dentro do coração, que "eu não sou a norma". Nos Estados Unidos, essa norma geralmente é definida como: pele branca, corpo esbelto, sexo masculino, jovem, heterossexual, cristão e financeiramente estável. É dentro dessa norma mítica que residem as pompas do poder na nossa sociedade. Aqueles de nós que estamos fora do poder geralmente identificamos uma ou outra maneira pela qual somos diferentes da "norma mítica", e admitimos que essa é a causa fundamental de toda a opressão — esquecendo outras distorções da diferença humana, algumas das quais talvez nós mesmos estejamos praticando. No movimento feminista de hoje, em geral as mulheres brancas se concentram na opressão que sofrem enquanto mulheres — ignorando as diferenças de raça, classe, idade e opção sexual. Na expressão "comunidade de irmãos" existe certa pretensão a uma homogeneidade de experiência que na realidade não existe.

À medida que caminhamos para criar uma sociedade na qual cada um de nós poderá florescer, a discriminação etária é uma outra importante distorção de relacionamento. Ao ignorar o passado, somos encorajados a repetir seus erros. A "brecha entre as gerações" é uma das importantes ferramentas sociais em qualquer sociedade repressora. Se os membros mais jovens de uma comunidade vêem os membros mais idosos como desprezíveis, suspeitos ou excedentes, eles nunca serão capazes de se dar as mãos e examinar as memórias vivas da comunidade, nem de fazer a principal de todas as nossas perguntas: "Por quê?" Isso faz surgir uma amnésia histórica que nos obriga a inventar a roda toda vez que precisamos ir comprar pão.

Vemo-nos sempre obrigados a repetir e a reaprender as mesmas e antigas lições, assim como fizeram nossas mães, porque não transmitimos aquilo que aprendemos ou, então, porque somos incapazes de ouvir. Por exemplo, quantas vezes tudo isto já não foi dito antes? Ou senão, quem teria acreditado que nossas filhas estariam, mais uma vez, permitindo que seus corpos fossem prejudicados e sacrificados por cintas, saltos altos e saias justas?

Ignorar as diferenças raciais entre as mulheres, e as implicações dessas diferenças, representa a mais séria ameaça à mobilização da força conjunta das mulheres.

Quando as mulheres brancas ignoram os privilégios inerentes à sua pele branca e definem a *mulher* apenas nos termos da sua experiência, então as mulheres de Cor tornam-se o "outro", o ser marginalizado cujas experiências e tradições são por demais "diferentes" para serem compreendidas. Um bom exemplo é a marcante ausência da experiência das mulheres de Cor como um dos expedientes para os estudos sobre a Mulher. As obras literárias das mulheres de Cor raramente são incluídas nos cursos de literatura feminina e quase nunca nos demais cursos de literatura em geral, nem nos estudos sobre a Mulher como um todo. É muito freqüente que as desculpas apresentadas sejam: as obras literárias das mulheres de Cor só podem ser ensinadas por mulheres de Cor: essas obras são extremamente difíceis de serem compreendidas; ou, as classes não conseguem "captá-las" porque essas obras nascem de experiências "demasiado diferentes". Ouvi esses argumentos de mulheres brancas dotadas de grande inteligência (em outros assuntos); mulheres brancas que não parecem encontrar problema algum em ensinar e analisar obras nascidas das experiências — demasiado diferentes — de um Shakespeare, de um Molière, de um Dostoiévsky ou de um Aristófanes. Claro que há de haver alguma outra explicação.

Essa é uma questão bastante complexa, mas acredito que uma das razões pelas quais as mulheres brancas têm tanta dificuldade em ler as obras das mulheres negras é a sua relutância em ver as mulheres negras como Mulheres e como seres diferentes delas mesmas. O estudo da literatura das mulheres negras exige, efetivamente, que sejamos vistas como pessoas integrais com toda a nossa complexidade real — enquanto indivíduos, enquanto mulheres, enquanto seres humanos — e não como um daqueles estereótipos, problemáticos mas familiares, que a nossa sociedade coloca no lugar da imagem genuína das mulheres negras. E acredito que isso também é verdadeiro para as obras literárias de outras mulheres de Cor que não as negras.

A literatura de todas as mulheres de Cor recria as texturas das nossas vidas e muitas mulheres brancas estão fazendo o possível para ignorar as diferenças reais. Pois, enquanto qualquer diferença entre nós significar que uma de nós precisa ser inferior à outra, o reconhecimento de qualquer diferença será repleto de culpa. Permitir que as mulheres de Cor saiam de seus estereótipos é demasiado provocador de culpa, pois ameaça a complacência daquelas mulheres que vêem a opressão apenas em termos de sexo.

Recusar a reconhecer a diferença torna impossível vermos os diferentes problemas e armadilhas que nos ameaçam enquanto mulheres. Num sistema de poder patriarcal — onde o privilégio da pele branca é importante — as armadilhas utilizadas para neutralizar as mulheres negras e as mulheres brancas não são as mesmas. Por exemplo, é muito fácil para a estrutura do poder utilizar as mulheres negras contra os homens negros; não porque eles sejam homens, mas porque são negros. Portanto, a mulher negra precisa sempre distinguir entre as necessidades do opressor e seus próprios conflitos legítimos no seio da sua comunidade. Esse problema não atinge a mulher branca. As mulheres negras e os homens negros compartilharam a opressão racista — e ainda a compartilham —, embora de maneiras diferentes. A partir da experiência compartilhada dessa opressão, desenvolvemos em conjunto defesas e vulnerabilidades mútuas que não ocorrem na comunidade branca (com exceção do relacionamento entre mulheres judias e homens judeus).

Por outro lado, as mulheres brancas enfrentam o perigo da sedução de unir-se ao opressor sob a farsa de compartilhar o poder. Essa possibilidade não se apresenta para as mulheres de Cor. A "prenda" que às vezes nos é oferecida não é um convite para que nos unamos ao poder; nossa "diversidade" racial é uma realidade visível, que torna isso bastante claro. Para as mulheres brancas existe uma gama mais vasta de pretensas escolhas e recompensas pela identificação com o poder patriarcal e suas ferramentas.

Hoje, com a derrota da E.R.A.,* com a retração econômica e o crescimento do conservadorismo, torna-se novamente mais fácil para a mulher branca acreditar na perigosa fantasia de que, se ela for suficientemente boa, bonita, doce e quieta, se souber educar os filhos, odiar as pessoas certas e casar com o homem certo, então ela terá permissão para coexistir em relativa paz com o patriarcado — pelo menos até que algum homem precise do emprego que ela ocupa ou que surja o estuprador da vizinhança. A verdade é que, a menos que vivamos e amemos nas trincheiras, pode ser difícil para nós lembrar que a guerra contra a desumanização é incessante.

# 45. O espelho EUA – URSS

JEROME S. BERNSTEIN

Junto com o arquétipo do bode expiatório e o arquétipo do poder, a sombra talvez seja a mais ativa, explosiva e perigosa energia psíquica operante entre os Estados Unidos e a União Soviética. Durante o atual período inaudito de relaxamento da tensão entre a União Soviética e os Estados Unidos, é tentador ignorar a dinâmica da sombra entre as duas superpotências. (Literalmente, "Por que procurar problemas?") Contudo, uma vez que a dinâmica da sombra tem uma origem arquetípica, ela pode crescer ou minguar — mas não desaparecerá. Na verdade, dentro de uma perspectiva *psicológica*, esses são os tempos perigosos; pois se ignorarmos a dinâmica da sombra entre os dois países, ela pode ressurgir — para nossa surpresa — sob alguma outra forma. Também é provável que essa dinâmica da sombra seja projetada sobre um novo alvo, por qualquer um desses países ou por ambos.

Um rápido olhar histórico às respectivas sombras dos Estados Unidos e da União Soviética é altamente revelador em termos da psicodinâmica que governou as relações soviético-americanas de 1917 a 1985. Como nenhum dos dois lados considerava suas

* *Equal Rights Amendment*, proposta de Emenda pela Igualdade de Direitos na Constituição dos Estados Unidos. (N.T.)

ambições de poder plenamente consistentes com a ideologia que afirmava, cada um deles as negava e, ao fazê-lo, projetava-as sobre o outro. "*Nós* não queremos dominar ninguém; *nós precisamos* estabelecer alianças, construir mísseis, espionar e fazer preparativos bélicos porque *eles* querem dominar os outros." Embora tenha havido — e continue a haver — profundas diferenças ideológicas entre os dois países e sistemas, uma fonte primária das projeções negativas de poder um sobre o outro foi a incompatibilidade entre os respectivos impulsos de poder de cada um deles com a sua *própria* ideologia.

Cada lado acreditava que o sistema político do outro era a raiz de todas as injustiças sociais e de todo o mal que existe no mundo. Como resultado, cada um deles comprometeu-se ideologicamente a eliminar o sistema sócio-político do outro. Esse ponto de vista colocou-os num conflito imediato com sua auto-imagem de defensores da paz mundial e da liberdade, já que cada lado fazia uso de táticas de subversão e violência para provocar a extinção do sistema do outro — onde quer que existisse. (A invasão militar soviética da Checoslováquia em 1968 para abortar o movimento popular pela liberalização política naquele país; e a derrubada, engendrada pelos Estados Unidos, do regime democraticamente eleito de Salvador Allende no Chile em 1973, são apenas dois exemplos.)

O grau em que cada lado nega e mente sobre a sua cumplicidade e as verdadeiras razões para as suas ações, representa uma evidência *prima facie* de seu sentimento de que a ação tomada é incompatível com sua auto-imagem ideológica. Talvez o exemplo arquetípico desse fenômeno, nos nossos dias, seja o escândalo Irã-Contras em 1986-1987 — os Estados Unidos dissimuladamente venderam armas para o Irã em troca da libertação de reféns americanos e ilegalmente usaram os fundos obtidos para apoiar os Contras na Nicarágua; tudo isso diante de uma clamorosa política oficial de negar-se a negociar com terroristas e nações terroristas, bem como de embarcar quaisquer armamentos para o Irã. Não apenas os funcionários do governo mentiram ao povo americano — mesmo depois de os fatos básicos serem conhecidos —, como o próprio presidente [Ronald Reagan] aparentemente mentiu em diversas ocasiões.

É importante reconhecer que, no nível psicológico, a projeção da sombra tem mais que ver com a auto-imagem doméstica do que com a natureza do inimigo percebido, embora possa haver muitas verdades no conteúdo da projeção. Por exemplo, quando o governo norte-americano nega o envolvimento da CIA e encobre o papel dos Estados Unidos em minar os portos da Nicarágua em 1984, e o afundamento de um cargueiro soviético por uma daquelas minas, essa mentira não está sendo contada para consumo dos nicaragüenses ou dos russos (os quais, na nossa era da vigilância por satélite e da escuta eletrônica supersensível, certamente conhecem a natureza e a fonte do ato). A mentira é contada para proteger a auto-imagem *doméstica, interna*, dos Estados Unidos. O mais perigoso, em especial numa democracia, é que essa mentira também é contada para manipular o Congresso e a opinião pública, fazendo com que apóiem uma política à qual, de outro modo, se oporiam. O Tratado do Golfo de Tonkin, de 7 de agosto de 1964, é um caso a evidenciar.

Quando os soviéticos mentem sobre a natureza dos fatos que levaram à invasão do Afeganistão em 1979, por exemplo, a mentira destina-se à manutenção de sua auto-imagem doméstica, não porque acreditem que os Estados Unidos e o resto do mundo irão acreditar nela.

A esse respeito, o incidente de Granada, em 1983, representou uma oportunidade perdida: havia unanimidade entre os dois partidos políticos e o apoio público em favor da intervenção militar dos Estados Unidos em Granada, havia um baixo risco de conseqüências adversas em termos políticos ou militares. Se os Estados Unidos tivessem sido mais sinceros em relação às razões predominantes para essa invasão — sem alegar que a razão *fundamental* para a intervenção era a ameaça ostensiva, feita por um governo de esquerda, aos estudantes de medicina americanos naquela ilha —, uma parte da nossa sombra poderia ter sido assumida e, assim, removida da dinâmica que perpetua o conflito com a União Soviética. (Nos círculos oficiais de Washington, admitia-se abertamente que a intervenção militar teria ocorrido com ou sem a presença dos estudantes de medicina. Contudo, a posição oficial do governo em dezembro de 1984 era a de que a intervenção militar fora ditada basicamente pela iminente ameaça à vida de cidadãos americanos [ou seja, os estudantes de medicina].)

No entanto, se o governo dos Estados Unidos estivesse disposto a adotar uma postura mais aberta e honesta com relação às suas verdadeiras necessidades e ambições de poder, *e se estivesse disposto a enfrentar os argumentos de que alguns aspectos dessa postura de poder seriam incompatíveis com sua ideologia e tradição*, uma parte significativa da sombra do poder inconsciente teria sido resgatada, com o resultado de que os Estados Unidos se sentiriam bem menos inclinados a projetá-la sobre a União Soviética; e vice-versa.

Uma das perigosas conseqüências da projeção da sombra entre as superpotências é que tanto a União Soviética quanto os Estados Unidos têm sido vistos como países mais negativos, perigosos e agressivos do que realmente são. A projeção da sombra distorce a visão que cada país tem de si mesmo e impede que ele examine com discernimento suas tendências destrutivas; essas, em alguns casos, podem ser tão destrutivas quanto aquelas percebidas no adversário, ou até mais. O perigo da aniquilação nuclear assoma nos nossos tempos; e flagrantes distorções na percepção, tais como uma exagerada percepção da ameaça, são extremamente perigosas porque aumentam a possibilidade de erros de cálculo e equívocos. Até o advento da administração Gorbachev na União Soviética, vivemos uma época em que a projeção da sombra, de ambos os lados, estava no seu auge.

Além disso, a dinâmica da projeção mútua da sombra é um processo que reforça a si mesmo. Quanto mais um lado projeta conteúdos negativos sobre o outro, mais ele próprio tenderá a inflar-se, farisaicamente, com o conteúdo "positivo" de sua auto-imagem distorcida. Acrescente-se que cada lado precisa do outro como o "bandido" que irá receber sua projeção negativa; e assim cada um deles espera, inconscientemente, que o outro continue a ser pelo menos tão negativo quanto é percebido. Portanto, qualquer movimento para escapar ao *status quo* cria um desequilíbrio psíquico inconsciente, que oscila para um ou outro lado a fim de tomar a ação agressiva que irá restabelecer o equilíbrio.

A sombra de um lado sempre suspeita dos motivos do outro lado — ela precisa fazê-lo, tanto para atender às suas próprias necessidades quanto pelos "fatos".

*Deadly Gambits* [Gambitos Mortais], livro de Strobe Talbott, oferece uma visão mais detalhada da perspectiva americana sobre o modo como as duas superpotências inconscientemente manipularam a si mesmas e uma à outra para manter o *status quo* em relação às suas projeções mútuas da sombra. Nesse livro, Talbott afirma que um elemento significativo e dominante na administração Reagan acreditava que "... os Estados Unidos teriam mais sucesso na mesa de negociações com gambitos que levassem a um impasse diplomático; desse modo, os Estados Unidos estariam mais livres para capturar e desenvolver novas peças na sua metade do tabuleiro e na sua própria posição, se necessário, para fazer movimentos militares vitoriosos contra a União Soviética".

Um exemplo quase cômico desse fenômeno é a questão dos programas de defesa civil nos dois países. Quando as fontes de inteligência americanas reportaram, no início da administração Reagan, que a União Soviética estava construindo um sólido sistema de defesa civil que seria capaz de evacuar um número imenso de civis, alguns altos oficiais americanos se convenceram de que os soviéticos planejavam alcançar a "capacidade para o primeiro ataque" contra os Estados Unidos e insistiram num planejamento equiparável no sistema de defesa dos Estados Unidos. Ora, haveria outra razão para que os soviéticos precisassem de um sistema de defesa civil tão elaborado senão que planejavam um "primeiro ataque" contra os Estados Unidos e, portanto, se preparavam para um ataque retaliatório dos Estados Unidos?

Ao mesmo tempo, como os Estados Unidos não tinham praticamente nenhum programa de defesa civil e nada estava sendo planejado nessa área, alguns altos oficiais soviéticos se convenceram de que os Estados Unidos planejavam um "primeiro ataque" contra a União Soviética e insistiram que o sistema de defesa soviético tomasse as devidas precauções. Ora, haveria outra razão para que os Estados Unidos deixassem de desenvolver um sistema de defesa civil para proteger sua população senão que planejavam um "primeiro ataque" maciço contra a União Soviética e, portanto, não precisavam de defesa alguma? No outono de 1988 esse assunto ainda circulava entre as equipes de Gorbachev e de Reagan.

Nesse caso, uma "lógica" totalmente oposta e contraditória foi usada por ambos os lados para justificar a projeção da própria sombra sobre o outro. Passaram-se, na verdade, vinte anos de "pingue-pongue" com as negociações sobre redução de armamentos entre as duas superpotências.

Do ponto de vista psicológico, não importa quem está certo e quem está errado. Na maioria dos casos, ambos estão certos e ambos estão errados. As projeções da sombra produzem profundas distorções na realidade percebida e, assim, aumentam as tensões bélicas entre os antagonistas. A menos que essas projeções da sombra sejam trabalhadas e resgatadas, quaisquer negociações racionais entre os dois lados terão apenas um valor marginal e serão de curta duração, uma vez que as questões mais importantes continuam invisíveis no inconsciente, sem serem trabalhadas. A projeção da sombra é um fenômeno inconsciente e, portanto, quase nunca é afetado por negociações sobre assuntos "objetivos" (por exemplo, controle de armamentos); mas pode ter um impacto negativo sobre essas negociações entre as superpotências. Portanto, é preciso que ocorra primeiro uma resolução psicológica dos assuntos da sombra para que, depois, seja possível uma resolução política transformadora de longo prazo. Depois de anos de árduo trabalho, as superpotências finalmente podem negociar um tratado de redução de armamentos (por exemplo, os dois Acordos para Limitação de Armas Estratégicas — SALT I e II — e o Tratado INF de 1988). No entanto, sem uma resolução psicológica dos assuntos da sombra, surgem novos sistemas de armamentos (por exemplo, o míssil MX, os mísseis SS-20, o "Midgetman" e a tecnologia SDI) que invalidam os acordos anteriores e exigem que o processo esteja sempre sendo reiniciado.

Uma outra observação importante é decisiva para o entendimento da natureza da projeção da sombra e da maneira como poderíamos lidar com sua dinâmica: até o advento da administração Gorbachev, a União Soviética foi o "gancho" (receptor) ideal para a projeção da sombra nacional americana — e vice-versa, os Estados Unidos para a sombra soviética — pela razão mesma de que ambos sustentam ideologias e valores opostos. Os americanos valorizam os direitos individuais acima dos coletivos; os soviéticos valorizam os direitos coletivos acima dos direitos do indivíduo. Os americanos insistem no livre exercício das convicções religiosas; os soviéticos são oficialmente ateus, etc. Uma sociedade coletivista fechada está em contraposição à auto-imagem americana e, portanto, é reprimida na sombra americana. Por outro lado, uma sociedade aberta que coloca seus valores mais elevados nos direitos do indivíduo é incompatível com a auto-imagem soviética e é, portanto, parte da sombra soviética. Em parte, a sombra americana é fascista, repressiva e coletivista — como testemunham Watergate e o escândalo Irã-Contras. Em parte, a sombra soviética é capitalista e democrática — o sindicato polonês Solidariedade e a sua pressão em favor da democratização é um aspecto ativo da sombra soviética.

# 46. A duplicação e os médicos nazistas

ROBERT JAY LIFTON

O comportamento dos médicos nazistas sugere os primórdios de uma psicologia do genocídio. Para esclarecer os princípios envolvidos, primeiro enfocarei de modo sistemático o padrão psicológico da duplicação, que era o mecanismo global daqueles médicos para participar do mal. Depois, também será necessário identificar certas tendências no seu comportamento, promulgadas e mesmo exigidas pelo ambiente de Auschwitz, que facilitavam muito a duplicação. Nossa exploração destina-se a servir a dois propósitos: primeiro, ela pode nos oferecer uma nova visão sobre os atos e motivações dos médicos nazistas e dos nazistas em geral; segundo, ela pode suscitar questões mais amplas sobre o comportamento humano, sobre as maneiras pelas quais o ser humano, individual ou coletivamente, segue várias formas de destrutividade e de mal, com ou sem a percepção de fazê-lo. Os dois propósitos, num sentido muito real, são um só. Se existe alguma verdade nos julgamentos psicológicos e morais que fazemos sobre as características específicas e únicas do assassino de massa nazista, poderemos derivar deles alguns *princípios* de aplicação mais ampla — princípios que se referem à extraordinária ameaça e potencial para auto-aniquilação que hoje assombra a humanidade.

A chave para o entendimento da maneira pela qual os médicos nazistas chegaram a fazer o trabalho de Auschwitz é o princípio psicológico a que chamo "duplicação": a divisão do *self* em duas totalidades funcionais, de modo que um meio-*self* passa a atuar como um *self* inteiro. Um médico de Auschwitz poderia, através da duplicação, não apenas matar e colaborar na matança como também organizar silenciosamente, em nome daquele projeto do mal, toda uma auto-estrutura (ou autoprocesso) abrangendo virtualmente todos os aspectos do seu comportamento.

Consideremos, portanto, que a duplicação foi o veículo psicológico para o acordo faustiano do médico nazista com o ambiente diabólico: em troca de sua contribuição para o massacre, foram-lhe oferecidos vários benefícios psicológicos e materiais para que ele alcançasse uma privilegiada adaptação. Além disso, Auschwitz foi a maior tentação faustiana jamais oferecida aos médicos alemães em geral: a tentação de se transformarem nos teóricos e executores de um esquema cósmico de cura racial, por meio do sacrifício e assassinato em massa.

Somos sempre eticamente responsáveis pelos acordos faustianos — responsabilidade que de modo algum é anulada pelo fato de que grande parte da duplicação ocorre fora da nossa percepção consciente. Ao explorar a duplicação, envolvo-me numa sondagem psicológica para lançar luz sobre o mal. Para um médico nazista em Auschwitz, enquanto indivíduo, é provável que a duplicação significasse uma opção pelo mal.

De modo geral, a duplicação envolve cinco características:

1. Existe uma dialética entre os dois *selves* em termos de autonomia e conexão. O médico nazista, enquanto indivíduo, precisava de seu *self*-Auschwitz para se desempenhar psicologicamente naquele ambiente tão oposto a seus padrões éticos anteriores. Ao mesmo tempo, ele precisava do seu *self* anterior para poder continuar a ver a si mesmo como médico humanitário, como marido, como pai. O *self*-Auschwitz precisava ser autônomo, mas também precisava estar ligado ao *self* anterior que lhe deu origem.

2. A duplicação segue um princípio holístico. O *self*-Auschwitz "teve sucesso" porque era abrangente e podia conectar-se com todo o ambiente de Auschwitz; ele trazia coerência e dava forma a vários temas e mecanismos dos quais falarei em breve.

3. A duplicação tem uma dimensão vital/mortal. O *self*-Auschwitz era percebido pelo executor como uma forma de sobrevivência psicológica num ambiente dominado pela morte. Em outras palavras, temos o paradoxo de um "*self* assassino" sendo criado em nome daquilo que as pessoas percebiam como sua própria cura ou sobrevivência.

4. Uma importante função da duplicação, do modo como ela se processou em Auschwitz, é provavelmente a de evitar a culpa: o segundo *self* tende a ser aquele que desempenha o "trabalho sujo".

5. E, finalmente, a duplicação envolve tanto uma dimensão inconsciente — que ocorre, como dissemos, bem fora da percepção consciente — quanto uma mudança significativa na consciência moral.

Essas características emolduram e permeiam tudo o mais que se segue, em nível psicológico, na duplicação.

Por exemplo, o princípio holístico diferencia a duplicação do tradicional conceito psicanalítico de "cisão". O termo cisão tem diversos significados, mas sua tendência é sugerir o seqüestro de uma porção do *self*, de modo que o elemento "cindido" deixa de reagir ao ambiente (como naquilo que chamei "entorpecimento psíquico") ou então se desentende, de algum modo, com o restante do *self*. Nesse sentido, a cisão assemelha-se àquilo que Pierre Janet (contemporâneo de Freud no século XIX) originalmente chamava "dissociação"; o próprio Freud mostrou uma tendência a equiparar os dois termos. Mas em relação às formas sustentadas de adaptação tem havido uma certa confusão sobre como explicar a autonomia dessa "parte" separada do *self* — como perguntou um pensador comentando o assunto, "o que se cinde na cisão?"[1-2]

Portanto, a "cisão" e a "dissociação" podem nos demonstrar algo sobre a supressão dos sentimentos (ou o entorpecimento psíquico) nos médicos nazistas com respeito à parte que lhes cabia nos assassinatos.[3] Mas, para traçar seu envolvimento numa rotina contínua de assassinatos ao longo de um, dois ou mais anos, precisamos de um princípio explicativo que abranja todo o *self*. (O mesmo princípio aplica-se ao distúrbio psiquiátrico sustentado, e minha ênfase na duplicação é coerente com o enfoque contemporâneo, cada vez maior, sobre a função holística do *self*.)[4]

A duplicação é parte do potencial universal para aquilo que William James chamou o "*self* dividido": ou seja, para as tendências em oposição no *self*. James citou o grito desesperado de Alphonse Daudet, escritor francês do século XIX, "*Homo duplex, homo duplex*!", ao perceber sua "horrível dualidade" — diante da morte do irmão Henri, o "primeiro *self*" de Daudet "chorava", enquanto seu "segundo *self*" se recostava e zombeteiramente armava o palco para uma *performance* teatral imaginária.[5] Para James e Daudet, o potencial para a duplicação é parte do ser humano e é provável que o processo ocorra em momentos de perigo extremo e em relação à morte.

Mas esse "*self* em oposição" pode tornar-se perigosamente descontrolado, como ocorreu nos médicos nazistas. E quando isso ocorre, conforme Otto Rank descobriu em seus extensos estudos sobre o "duplo" na literatura e no folclore, esse *self* em oposição pode tornar-se o usurpador que vem de dentro e substituir o *self* original até passar a "falar" pela pessoa toda.[6] O trabalho de Rank também sugere que o potencial para um *self* em oposição — na verdade, o potencial para o mal — é *necessário* à psique humana: a perda da nossa sombra, da alma ou "duplo" significa a morte.

Em termos psicológicos gerais, o potencial adaptativo para a duplicação é parte integrante da psique humana e pode, às vezes, salvar a vida: para um soldado em combate, por exemplo, ou para uma vítima da brutalidade, tal como um interno em Auschwitz, que precisa também submeter-se a uma forma de duplicação para poder sobreviver. O "*self* em oposição" pode, claramente, ampliar a vida. Mas em certas situações ele pode adotar o mal com extrema falta de controle.

A situação dos médicos nazistas assemelha-se à de um dos exemplos de Rank (extraído de um filme alemão de 1913: *O Estudante de Praga*): um estudante, campeão de esgrima, aceita de um bruxo a oferta de grande riqueza e a chance de casar com sua amada em troca de algo que o velho bruxo quer retirar do seu quarto; o que ele retira é o reflexo do estudante no espelho, uma representação freqüente do duplo. Esse duplo acaba se transformando num assassino, usando a habilidade de esgrimista do estudante num duelo com outro pretendente de sua amada, embora o estudante (seu *self* original) houvesse prometido ao pai da moça que não entraria nesse duelo. Essa variação da lenda de Fausto é comparável ao "acordo" do médico nazista com Auschwitz e o regime: para cometer os assassinatos, ele ofereceu um *self* em oposição (o *self*-Auschwitz em evolução) — um *self* que, ao violar seus próprios padrões morais anteriores, encontra-se sem nenhuma resistência efetiva e, na verdade, faz uso de suas habilidades originais (neste caso, médico-científicas).[7]

Rank enfatizou o simbolismo mortal do duplo como "sintomático da desintegração do tipo de personalidade moderna". Essa desintegração leva à necessidade de "autoperturbação na própria imagem"[8] — aquilo que eu chamaria uma literalizada forma de imortalidade — enquanto comparada com a "perpetuação do *self* operando para refletir a personalidade" (ou seja, uma criativa forma simbólica de imortalidade). Rank pensava que a lenda de Narciso mostrava o perigo da via literalizada, e também a necessidade da transição para a via criativa (conforme era representada pelo "artista-herói").[9] Mas o movimento nazista encorajava o seu suposto artista-herói, o médico, a permanecer um Narciso escravizado à própria imagem. Aqui vem-nos imediatamente à mente o dr. Mengele; seu extremo narcisismo a serviço de sua busca por onipotência e sua personificação, até o ponto da caricatura, da situação geral dos médicos nazistas em Auschwitz.[10]

A duplicação permitiu aos médicos nazistas evitar a culpa, não pela eliminação da consciência, mas por aquilo que pode ser chamado *transferência da consciência.* As exigências da consciência foram transferidas para o *self*-Auschwitz, que a incluiu em seus próprios critérios de bem (dever, lealdade ao grupo, "melhora" das condições de Auschwitz, etc.) e assim liberou o *self* original de qualquer responsabilidade pelos atos ali cometidos. Rank também falou da culpa "que força o herói a não aceitar mais a responsabilidade por certas ações do seu ego e a colocá-la sobre um outro ego, um duplo, que é personificado pelo próprio diabo ou é criado quando ele faz um pacto diabólico" — ou seja, o acordo faustiano dos médicos nazistas que mencionamos antes. Rank falou de uma "poderosa consciência de culpa" que iniciava a transferência;[11] mas, para a maioria dos médicos nazistas, a manobra da duplicação parecia destruir esse sentimento de culpa antes que ele se desenvolvesse ou alcançasse o limiar da consciência.

Existe uma outra ligação inevitável entre a morte e a culpa. Rank equipara o "*self* em oposição" a uma "forma de mal que representa a parte perecível e moral da personalidade".[12] O duplo é o mal na medida em que representa a própria morte da pessoa. O *self*-Auschwitz do médico nazista assumia, de modo semelhante, a questão da sua própria morte mas, ao mesmo tempo, utilizava seu projeto do mal como uma maneira de evitar a percepção consciente de sua própria "parte perecível e mortal". Ao transformar esse trabalho em algo "apropriado", ele faz o "trabalho sujo" para todo o *self* e, desse modo, protege todo o *self* da percepção de sua própria culpa e de sua própria morte.

Na duplicação, uma parte do *self* "recusa" uma outra parte. O que é repudiado não é a realidade em si — o médico nazista, enquanto indivíduo, tinha consciência daquilo que estava fazendo através de seu *self*-Auschwitz —, mas sim o sentido dessa realidade. O médico nazista sabia que fazia seleções, mas não interpretava as seleções como assassinato. Um nível da recusa, portanto, era o *self*-Auschwitz alterando o sentido do assassinato; outro nível, era o *self* original repudiando *qualquer coisa* feita pelo *self*-Auschwitz. A partir do momento de sua formação, o *self*-Auschwitz de tal modo violava o autoconceito anterior do médico nazista que exigia uma recusa permanente ou temporária. A recusa era, na verdade, a essência do *self*-Auschwitz.[13]

## Duplicação, cisão e mal

A duplicação é um processo psicológico ativo, um meio de *adaptação às situações de extremo perigo*. É por isso que uso a forma ativa "duplicação", enquanto oposta à forma passiva mais usual, "o duplo". A adaptação exige uma dissolução de "cola psíquica"[14] como alternativa a um colapso radical do *self*. Em Auschwitz, o padrão foi estabelecido sob as dificuldades do período de transição do médico enquanto indivíduo. Nesse momento, o médico nazista experimenta a sua própria ansiedade quanto à morte bem como quanto aos equivalentes à morte, tais como o medo de desintegração, separação e estase.* Ele precisava de um *self*-Auschwitz funcional para aliviar sua ansiedade. E esse *self*-Auschwitz precisava assumir a hegemonia numa base cotidiana, reduzindo as expressões do *self* anterior a momentos ocasionais e a contatos com a família e com os amigos fora do campo. A maioria dos médicos nazistas não ofereceu resistência a essa usurpação enquanto permaneceram no campo. Pelo contrário, eles a acolheram como o único meio de se desempenhar em níveis psicológicos. Se um ambiente é suficientemente extremo e a pessoa opta por permanecer nele, ela talvez *só* seja capaz de fazê-lo por meio da duplicação.

No entanto, a duplicação não inclui a dissociação radical e o estado de separação sustentada que caracterizam a personalidade múltipla, ou "personalidade dupla". Nas condições dessa última, os dois *selves* são mais profundamente distintos e autônomos, e sua tendência é nada saberem um do outro ou, senão, verem um ao outro como estranhos. Além disso, acredita-se que o padrão para a personalidade múltipla ou dupla começa cedo na infância e se solidifica e se mantém mais ou menos indefinidamente. Ainda assim, no desenvolvimento da personalidade múltipla, é provável que existam influências tais como um intenso trauma psíquico ou físico, uma atmosfera de extrema ambivalência e um severo conflito e confusão com respeito a identificações[15] — todos os quais também podem ser instrumentais na duplicação. Também relevante para ambas as condições é o princípio de Janet de que "uma vez batizado" — ou seja, nomeado ou confirmado por alguma autoridade — é provável que um *self* se torne mais claro e definido. Embora nunca tão estável como o *self* na personalidade múltipla, o *self*-Auschwitz mesmo assim submeteu-se a um "batismo" semelhante quando o médico nazista conduziu suas primeiras seleções.

Um escritor recente empregou a metáfora da árvore para delinear a profundidade da "cisão" na esquizofrenia e na personalidade múltipla — uma metáfora que poderia ser expandida para incluir a duplicação. Na esquizofrenia, a rachadura no *self* é "como a desintegração e desmoronamento de uma árvore que se deteriorou de modo geral ou, pelo menos, em alguma parte importante do tronco ou nas raízes". Na personalidade múltipla, a rachadura é específica e limitada, "como numa árvore essencialmente sadia que não se racha de cima a baixo".[16] A duplicação ocorre ainda mais no alto de uma árvore cujas raízes, tronco e galhos maiores ainda não sofreram danos: de um dos dois ramos artificialmente separados brotam as cascas e folhas malcheirosas, e isso permite que o outro mantenha o crescimento normal; esses dois ramos

* Estase (do grego *stásis*, "parada") significa a redução ou estagnação do fluxo normal dos fluidos do corpo, implicando a retenção, no organismo, de matérias de consistência diversa, tais como urina, sangue, fezes, etc. (N.T.)

se entrelaçam o suficiente para se fundirem de novo caso as condições externas favoreçam essa fusão.

Seria a duplicação dos médicos nazistas uma "desordem de caráter" anti-social? Não no sentido clássico, na medida em que o processo tendia a ser mais uma forma de adaptação do que um padrão para toda a vida. Mas a duplicação pode incluir elementos considerados característicos dos danos "sociopáticos" ao caráter; esses incluem uma desordem de sentimentos (alterações entre o entorpecimento e a raiva), a fuga patológica à sensação de culpa e o recurso à violência para superar a "depressão mascarada" (relacionada com a culpa e entorpecimento reprimidos), mantendo uma sensação de vitalidade.[17] Do mesmo modo, em ambas as situações, um comportamento destrutivo e até mesmo assassino pode encobrir a temida desintegração do *self*.

A desordem no tipo de duplicação que descrevi é mais concentrada e temporária, e ocorre como parte de uma estrutura institucional mais ampla, que a encoraja ou até mesmo exige. Nesse sentido, o comportamento dos médicos nazistas assemelha-se ao de certos terroristas e membros da Máfia, de "esquadrões da morte" organizados por ditadores ou até mesmo de *gangs* delinqüentes. Em todas essas situações, profundos laços ideológicos, familiares, étnicos e às vezes etários, ajudam a dar forma ao comportamento criminoso. A duplicação pode transformar-se em importante mecanismo psicológico para os indivíduos que vivem em qualquer subcultura criminosa: o chefe da Máfia ou do "esquadrão da morte" que ordena a sangue-frio (ou ele próprio executa) o assassinato de um rival enquanto permanece um marido e pai amoroso, um freqüentador da igreja. A duplicação adapta-se às condições extremas criadas pela subcultura, mas influências adicionais, algumas das quais podem começar cedo na vida, sempre contribuem para esse processo.[18] Esse foi também o caso com os médicos nazistas.

Em suma, a duplicação é um meio psicológico para invocarmos as potencialidades do *self* para o mal. Esse mal não é inerente ao *self* nem alheio a ele. Viver a duplicação e fazer surgir o mal é uma escolha moral de responsabilidade da própria pessoa, qualquer que seja o nível de consciência envolvido.[19] Por meio da duplicação, os médicos nazistas fizeram uma escolha faustiana pelo mal: na verdade, no processo de duplicação está uma chave completa para o mal humano.

## 47. Por que os psicopatas não governam o mundo?

ADOLF GUGGENBÜHL-CRAIG

Vamos estabelecer uma distinção entre a agressão e o âmago — ou essência — daquele elemento que chamamos a sombra; essa distinção é feita pelos junguianos, mas não fica bem clara na maioria dos textos de psicologia. Agressão é a capacidade de se desfazer do adversário sem se sentir incomodado por um excesso de escrúpulos. A agressão é menos um desejo de derrotar o oponente que um desejo de vencer. Por exemplo, quando um advogado tenta ganhar uma causa num tribunal, seu desejo não é prejudicar o outro lado e, sim, garantir que ele e seu cliente consigam aquilo que desejam.

Conforme a define a psicologia junguiana, a sombra consiste em diversos níveis diferentes. Definimos a sombra como aqueles elementos, sentimentos, emoções, idéias e crenças com os quais não conseguimos nos identificar; que estão reprimidos devido à educação, à cultura ou ao sistema de valores. Em essência, a sombra pode ser individual ou coletiva; individual quando somos nós, pessoalmente, que reprimimos nossos conteúdos psíquicos; coletiva, quando toda uma cultura ou subcultura efetua essa repressão. Certas concepções de sexualidade e instinto, por exemplo, podem ser relegadas à sombra. Numa certa família, a raiva talvez seja vista como algo tão censurável que quando as crianças crescem não conseguem mostrá-la abertamente; sua raiva só poderá existir no domínio da sombra. Um outro exemplo é a cisão entre a tolerância oficial a outras nacionalidades ou raças e o racismo que floresce secretamente como parte da sombra coletiva.

Como podemos notar, a sombra é uma questão complexa, composta de muitos elementos diferentes. Por ser complexa, ela tem como base um âmago arquetípico, um potencial para comportamento com o qual provavelmente nascemos e que poderia ser designado como o elemento homicida ou suicida — aquilo que contém as sementes da destruição. Um ponto amplamente debatido é: isso existe ou não no ser humano? Os psicólogos junguianos afirmam que a natureza humana inclui um arquétipo que é essencialmente destrutivo, o instinto do Thanatos freudiano, o instinto de destruir e ser destruído. Torna-se fácil concluir que a sombra, com seu âmago destrutivo e seu componente agressivo, é de importância vital para o entendimento da psicopatia — especialmente quando encaramos o psicopata como um indivíduo que comete atos chocantes e agressivos.

Como declarei antes, podemos considerar a agressão como um *quantum*, algo de que algumas pessoas possuem uma quantidade maior desde o tempo de sua primeira infância. Todos conhecemos pessoas agressivas que compensam a ausência de Eros por um código moral altamente diferenciado. Explicando de maneira um tanto simplista, a agressão lhes serve para saírem do estado de desejar o bem e ingressarem no estado de viver e afirmar o que *é* o bem. Por outro lado, o psicopata (ou o psicopata-compensado) usa a agressão para concretizar seus próprios objetivos egoístas. Um psicopata-compensado dotado de uma grande quantidade de agressão domina os colegas de escola, a família ou os companheiros de trabalho com sua moralidade rigorosa e inflexível. Mas quando a quantidade de agressão é pequena, a história é bem diferente. Tanto a pessoa com alguma experiência de Eros quanto o psicopata-compensado têm dificuldade para se afirmar e para alcançar seus objetivos, independentemente de quais sejam estes.

Mesmo aquele âmago arquetípico de sombra (aquilo que chamamos elementos destrutivos absolutos de homicídio e suicídio) não tem realmente muito que ver com o problema real da psicopatia, aquele âmago que todos nós possuímos e com o qual nos preocupamos. Choca-nos quando o vemos em ação em nós mesmos e nos outros — essa maneira suicida de dirigir que podemos observar nas estradas de qualquer país, de modo muito evidente em jovens motociclistas a flertar com a morte, tentando a "inexorável ceifadeira". Embora os elementos homicidas geralmente sejam mais profundos que os suicidas, nós os observamos nas ocasiões em que um motorista passa de raspão por uma pessoa na faixa de pedestres ou avança sobre as crianças que descem de um ônibus escolar. De modo geral, é preciso uma guerra para fazer surgir o "homicida" em nós, e então é espantoso como aquele que chamamos de "homem normal", nem psicopata nem psicopata-compensado, consegue matar seus semelhantes e, ao mesmo tempo, sentir repugnância e aversão por si mesmo. Mesmo o prazer substituto que derivamos de um romance policial ou da brutalidade de alguns filmes, parece nos relembrar nossa características homicidas.

Embora os aspectos homicidas e suicidas possam nos parecer misteriosos ou até mesmo inumanos, eles são cruciais para nossas vidas porque estão ligados ao potencial criativo da psique. Em seu livro *Moses* [Moisés], Leopold Szondi demonstra como as pessoas realmente criativas também possuem um lado destrutivo pronunciado. Szondi introduz seu argumento com o caso de Moisés, cuja *case history* começa com o assassinato de um supervisor egípcio e termina com ele se tornando o pai de seu povo, seu líder e o portador da sua lei. Somos tentados a concluir que uma forte sombra arquetípica, aquilo que chamamos os elementos homicidas e suicidas, resulta num alto grau de criatividade quando é combinada com um senso, igualmente poderoso, de Eros. Esse mesmo conflito, o conflito entre o amor — pelos nossos semelhantes, pelo nosso ambiente, pela nossa psique — e uma paixão homicida pela destruição, impulsiona a pessoa para as margens de sua moldura de referência existencial. O homicida teria prazer em destruir. Eros em renovar; da combinação desses dois elementos, destruição e renovação, surgiria algo criativo, surgiria *o* Criativo.

Embora uma sombra arquetípica pronunciada não seja característica nem determinante do psicopata, o mesmo não ocorre com uma sombra sem Eros, que pode causar danos consideráveis. Assim como certos psicopatas têm prazer em abandonar-se a qualquer forma de sexualidade, aqueles que são inequivocamente psicopáticos às vezes não hesitam em viver o âmago da sombra, o elemento homicida/suicida. Os resultados em geral são chocantes e monstruosos: atos que, na verdade, ocorrem com muito menos freqüência do que nos fazem crer mas que são apontados como típicos dos psicopatas. Em primeiro lugar, existem pouquíssimos psicopatas "puros" e é raro que eles tenham sombras particularmente fortes, ou sombras arquetípicas. Além disso, o desejo de se adaptar e de triunfar no mundo, mesmo quando se trata de um mundo estranho, geralmente mantém o psicopata em xeque quanto a viver a própria sombra.

Já que os psicopatas oferecem um campo particularmente fértil para o cultivo das nossas projeções da sombra, quando não nos compadecemos deles nós os odiamos porque vemos neles o nosso próprio potencial destrutivo. Na verdade, transformamos em demônios aqueles psicopatas que atraíram a atenção para si mesmos através de alguma atividade criminosa ou pseudocriminosa. Demonizamos aqueles que cometeram assassinato e nos espantamos ao descobrir como eles parecem inofensivos quando realmente os vemos. Para nós, os infames trapaceiros e caloteiros parecem ser uma encarnação do diabo. Gostamos de ler sobre as pessoas que alcançam notoriedade pela sua abordagem do tipo "tudo ou nada" da vida, que não se detêm sequer diante do homicídio. Nós as vemos como instrumentos do mal e da destruição; mas elas não passam de seres humanos inválidos aos quais falta algo essencialmente humano.

Contrariamente à crença popular, existem certas vantagens em ser um psicopata ou psicopata-compensado. Muitos deles encontram relativa facilidade em se adaptarem à sociedade, despojados que estão de escrúpulos morais ou neuróticos. Eles substituem a falta de amor ou de um verdadeiro relacionamento pelo amor ao poder, algo que podem alcançar sem excessiva dificuldade devido à ausência de restrições morais ou relacionadas com Eros. Mesmo um psicopata-compensado pode encontrar espaço, dentro de sua rígida moralidade, para justificar a irrestrita busca de poder. Não nos causa muita surpresa que os psicopatas ocupem tantas das altas posições na sociedade; assombroso mesmo é que não existam mais deles em tais posições. Deixe-me apresentar essa idéia de um modo ligeiramente diferente. Em geral um dos principais problemas de qualquer sociedade, de qualquer agremiação política ou grande organização, é impedir que psicopatas inescrupulosos e socialmente adaptados vão pouco a pouco tomando conta do leme. Existem muitos países nos quais esse problema está longe de ter sido resolvido. Existem certos países cuja organização política encoraja os psicopatas a alcançar posições de poder e até mesmo países onde *apenas* psicopatas podem alcançar tais posições. Não é difícil imaginar o espírito que governa essas nações. A Alemanha nazista é um bom exemplo disso. Todas as formas ditatoriais de governo — sejam regimes de esquerda ou de direita — certamente são, até certo ponto, dominadas por psicopatas. É provável que Stalin tenha sido um psicopata com uma sombra pronunciada e um decidido impulso de poder. Trotsky, de início seu amigo, era mais um idealista. Mas observemos que Stalin morreu de causas naturais em idade bem avançada enquanto Trotsky foi assassinado. Parece que há alguma verdade na expressão: "Os bons morrem jovens."

Nossa tendência é perguntar como poderemos, num país democrático, impedir que os psicopatas abram caminho até o topo. Na Suíça, por exemplo, o poder disponível nas mais altas posições administrativas é tão reduzido que não chega a atrair os psicopatas. Parece-me mais importante que o povo seja capaz de ver através de um psicopata e também de ver através de seu próprio lado psicopático. Na maioria das democracias, essa capacidade desenvolveu-se o suficiente para que um psicopata perigoso geralmente seja detectado quando surge em cena.

Estou convencido de que qualquer democracia cujos cidadãos sejam incapazes de detectar um psicopata será destruída pelos demagogos famintos de poder. Na Suíça, a resistência aos "grandes homens" e a preferência por figuras políticas medíocres parece resultar de um desejo instintivo de impedir que psicopatas cheguem ao poder. Embora existam com certeza os "grandes homens", talvez muitos deles nada mais sejam que psicopatas não-reconhecidos. Pensamos em personagens como Alexandre, o Grande, como Gengis Khan, como Napoleão, como o Kaiser Guilherme II e muitos outros líderes amados ou odiados do passado e do presente. Esses "grandes" criminosos — e precisamos incluir Hitler e Stalin entre eles — destruíram a vida de milhões de pessoas. "Eroticamente" atrofiados, eles conseguiram alcançar o reconhecimento e o poder sobre sociedades das quais se sentiam excluídos; um poder que lhes era necessário para manter a ilusão de que realmente pertenciam a elas. Afortunado o país que corta as asas desses "grandes" homens (e mulheres).

# 48. Quem são os criminosos?

JERRY FJERKENSTAD

*Gentalha, lixo, imundície. Errados, desviados: é preciso endireitá-los. Patifes, baderneiros, ladrões, velhacos. Corruptos, podres, fedorentos. Gente sem respeito pela lei, pelo caminho reto e estreito, pelo caminho certo, o único caminho. Gente que não teme Deus nem o homem. Animais, pervertidos, cães, mestiços, chacais. Errados, confusos, loucos, insanos, psicopatas. Almas desviadas, almas perdidas, ingratos. Carniceiros, espancadores, assassinos a sangue-frio. Frios como gelo — eles roubariam a própria mãe.*

Acreditamos que os criminosos são tudo aquilo que *nós* não somos nem queremos ser, tudo aquilo que rejeitamos e tentamos eliminar da sociedade. "Como a vida seria maravilhosa se pudéssemos nos livrar de todos eles para todo o sempre. Essa gente que não vale nada, sem esperança de melhorar, que só espera a execução: vamos trancafiá-los e jogar fora a chave. Eles estão na estrada errada." Mas a estrada errada é a *Via Negativa*, o caminho negativo, a rota aparentemente errada — termos alquímicos para a jornada da alma.

## A alquimia em poucas palavras

A alquimia é bastante simples. A pessoa começa com a *massa confusa* — a substância básica, os ingredientes em estado bruto, o chumbo. Coloca-os em um *Vas Hermeticus*, um recipiente hermeticamente fechado. Ao aplicar calor a esse recipiente, uma série de operações se processa sobre a substância, a fim de mudar a sua natureza e transformá-la em "ouro". Essas operações podem incluir condensação, destilação, *repetitio, mortificatio* e "o casamento do rei e da rainha". Esse é um processo bastante metafórico que não é considerado esotérico por Jung e Hillman — pelo contrário, é um processo que revela a verdadeira natureza da substância original. A *massa confusa* é igualada à pedra filosofal imperfeita da tradição bíblica. O ouro, ou criança dourada, criado no fim do processo é igualado ao nascimento da alma.

Diz-se que todo o processo é guiado por Hermes/Mercúrio, que está presente do começo ao fim. A alquimia é uma Arte Hermética e Hermes é o seu deus. Hermes também é o deus dos ladrões, dos criminosos e de outros habitantes do submundo.

Os criminosos são a *massa confusa*, um agregado de confusão. Eles são, na mente da nossa cultura, a pedra filosofal imperfeita, sem valor: nada sólido ou seguro pode ser construído sobre eles. Rilke descreve-os como "os necessitados", as pessoas defeituosas, aquelas que ninguém jamais perceberia se elas "não cantassem", não passassem ao ato. Rilke diz que "é aqui que se ouve o bom canto", e não no oposto, os "*castrati* dos coros de bons meninos" que cansam a paciência até do próprio Deus. É aqui onde tudo começa. A graça divina só pode descer sobre aquilo que é imperfeito e desejoso de reivindicar sua própria destituição, fealdade e inferioridade.

Distanciamo-nos disso tudo, escolhendo o criminoso comum para incorporar todos esses traços feios e indesejados, enquanto permanecemos "retos", bons e respeitadores da lei. Isso ocorre porque somos, por natureza, pessoas boas? Ou será porque temos medo de ser "pegos"?

O criminoso debate-se no desconhecido, fora do mundo da lei e da ordem, além da fronteira, no mundo de Hermes e do inconsciente. O criminoso é rude, violento e indiferente... mas cruza a fronteira. É uma fronteira que todos nós precisamos cruzar, de algum modo. Sebastian Moore, teólogo alquimista, se expressa da seguinte maneira:

"Este é o nosso mistério último: até mesmo o nosso mal, a nossa tendência contra a totalidade, expõe-nos ao amor de Deus. E nos expõe ao amor de Deus de uma maneira e a uma profundidade às quais nem mesmo o nosso desejo de alcançar a totalidade conseguiria nos expor."

Nossos criminosos são aqueles que não conseguem ou não querem criar o ouro da maneira que nos decidimos que é a correta. Eles são aqueles que nos vendem coisas que fingimos não querer — como cocaína e sexo, como aparelhos de som, bicicletas e carros roubados. São aqueles que se desesperam diante de seu fracasso em fazer seu caminho de acordo com o "padrão ouro". Eles fazem sua vida explorando os domínios ocultos da natureza humana que negamos através da cisão e da hipocrisia. Eliminar todos os criminosos não eliminaria esses vícios — os vícios expressam algo essencial sobre a natureza humana, algo que precisa ser alquimicamente trabalhado, captado e incorporado; não apenas aprisionado, abandonado e usado como bode expiatório.

## O sagrado no profano

Jung acreditava que Deus, o Deus vivo, só poderia ser encontrado ali onde menos queremos olhar, naquele local que mais temos resistência para explorar. Esse Deus vivo está entremeado com a nossa própria escuridão e sombra, está entrelaçado com as nossa feridas e complexos, está ligado às nossas patologias. Por outro lado, o Deus da Crença — aquele Deus remoto, retirado da criação e da vida cotidiana — liberta-nos da nossa imperfeição, purifica-nos de toda a contaminação terrena e resolve os aspectos mais difíceis do dilema humano.

A alquimia é um processo para extrair o Deus vivo dos aspectos mais venais, mais corruptos da vida. Mas esse processo não pode ser iniciado até que a venalidade seja reconhecida. Não é que precisemos criar venalidade. Ela já existe — de modo explícito e com a nossa cumplicidade. É mais uma questão de reconhecê-la, de admitir sua existência em nós mesmos: nas nossas pequenas ações, fantasias, negócios secretos, nos nossos momentos ocultos.

Na verdade, estamos falando sobre a diferença entre o espírito e a alma. O caminho do espírito é reto e ascendente. O caminho da alma é sinuoso, descendente e perturbador. A estrada da alma é também o caminho da iniciação à nossa natureza humana. Nosso propósito não é sermos "bons", ingênuos e inocentes — mas sim sermos reais e conhecermos a nossa escuridão, a *via negativa*. Iniciação significa conhecer aquilo de que somos capazes, nossos limites, nossas fomes, nossos desejos. A aquisição desse conhecimento implica, com freqüência, um processo doloroso. Mas somente seremos capazes de responsabilidade e escolha inteligente quando estivermos conscientes desses fatores.

Consideremos a história do Príncipe e do Dragão. Um casal já idoso, que deseja um filho, consulta uma parteira. Ela os instrui a voltar para casa e, antes de dormir, lançar a água da lavagem dos pratos debaixo da cama. Na manhã seguinte surgiria um ramo com dois botões, um preto e um branco. Eles deveriam colher apenas o botão branco... mas colhem ambos.

Os meses passam e um dia a parteira é chamada para ajudar o parto dessa mulher. A primeira coisa que vem ao mundo é um lagarto viscoso; a parteira, com a bênção da mãe semiconsciente, atira-o pela janela para que se vire por si mesmo, esquecido e abandonado. Instantes depois, nasce um menino bonito e saudável. Ele cresce perfeito, tudo o que ele faz dá certo e todos o amam. Torna-se tão admirado que é escolhido para casar com a filha do Rei.

Enquanto isso, o Dragão levou uma vida furtiva, espionando seu irmão e seus pais, roubando para comer e se aquecer e ansiando por tudo que não possuía. O Dragão é amargo, raivoso e vingativo.

No dia do casamento, o Príncipe parte para o castelo. De repente, sua carruagem é detida pelo enorme Dragão que bloqueia a estrada. O Dragão declara que é o irmão do Príncipe e exige que o Príncipe encontre-lhe uma noiva, caso contrário nunca se casará com a filha do Rei. Então começa o difícil processo de encontrar uma mulher disposta a viver com o Dragão num ambiente especial. Depois de muitos e muitos anos, ela é encontrada.

O ponto de mutação dessa história é o momento em que o Dragão declara sua identidade, sai da clandestinidade e exige uma noiva que seja capaz de "amá-lo" como ele é. O Dragão não quer mais viver como um criminoso, um pária. Mas ele não propõe mudar sua natureza de Dragão. Pelo contrário, ele próprio é a *prima materia* que se coloca num ambiente especial — um *Vas Hermeticus* — para ver se ocorre alguma alquimia, para ver se surge a alma. Somente através da revelação de si mesmo e da exigência daquilo que queria é que o Dragão poderia ser amado e ocupar um lugar honroso no mundo. E é isso que nos recusamos a fazer; tanto o criminoso quanto nós (na nossa qualidade de buscadores de bodes expiatórios) nos recusamos a nos revelar a nós mesmos, a sair dos nossos esconderijos e reconhecer a "estranha sensação" (o "desejo insano") que nos domina. Como disse Goethe, enquanto "não experimentarmos esse processo", enquanto não nos revelarmos e sairmos do esconderijo, seremos "apenas um hóspede perturbado sobre a terra escura".

Temos medo de ser pegos, medo de ser queimados (pelo óleo), medo do nosso *self*-Dragão a sair do esconderijo, medo de reivindicar tudo aquilo de que necessita o nosso lado mais feio. Por isso nós, na maioria, fingimos ser totalmente bons. Mas "ser bom" não basta.

Quase todos nós acreditamos em transformação, morte e renascimento; acreditamos na emulsão de Hermes/Mercúrio, mas não queremos nos submeter à morte. Queremos nos transformar sem ser transformados — queremos ser remodelados para um "*new look*" mas sem a agitação nem a descompensação distônica do ego que uma transformação completa acarreta.

A psicologia do desenvolvimento, em especial aquela descrita por Robert Kegan, expõe os estágios através dos quais precisamos evoluir para que nos seja possível amadurecer como seres humanos. De modo geral, permanecemos fixados nos estágios iniciais porque nunca fomos treinados a realizar os sacrifícios necessários para a série de mortes e renascimentos que compõem o processo alquímico representado pela psicologia do desenvolvimento. O resultado é que nunca aprendemos as lições de cada estágio ou operação.

## Encarceramento: como penetrar no *vas hermeticus*

Encarceramento, aprisionamento, pena de morte, sentenças longas — todas essas expressões são, na verdade, bastante alquímicas. O *vas hermeticus* é o recipiente no qual é colocada a *prima materia*, a *massa confusa*. Ele precisa ser mantido hermeticamente fechado até que o processo se complete. Faz-nos lembrar da criminologia: encerramos hermeticamente o criminoso na prisão até que (conforme esperamos) ele passe por uma transformação. Pode-se dizer que punição e terapia representam várias operações alquímicas, tais como a destilação e a putrefação.

Ótimo, vamos fazer os criminosos passar por um processo alquímico que mudará sua natureza; vamos mantê-los encerrados até que o processo se complete! Mas... não reservemos esse processo difícil e doloroso apenas para os criminosos. Todos nós precisamos dele. Na verdade, muitos de nós, não-criminosos, precisamos dele mais do que os criminosos. Mas, uma vez que nunca somos *pegos*, nosso processo jamais se inicia. Ah, se ao menos algo nos pegasse! Deus sabe que não *nos "entregaremos à justiça"*, não nos entregaremos ao processo hermético que negligenciamos. Para sermos pegos, precisamos que alguém se porte de modo baixo conosco. Se não somos pegos, não seremos colocados no *vas hermeticus* — o encarceramento sagrado — e o processo alquímico não poderá ter início.

Como na história do Príncipe e do Dragão ou de Eros e Psiquê, nada acontecerá até que o Dragão, o monstro no leito ensombrecido, seja "pego", surja às claras, seja visto e conhecido; aí começará o trabalho verdadeiro. Até esse instante, tudo é inconsciente, desconhecido, cego.

Em relação à criminalidade, nós — os normais — somos *voyeurs*, fascinados mas distanciados. Poucos dentre nós podemos confessar, como Mick Jagger na canção *Sympathy for the Devil* [Compaixão pelo Diabo], que inadvertidamente participamos das forças escuras. Sentimos relutância em penetrar na região onde começa a verdadeira natureza humana. Preferimos um Deus a quem possamos idolatrar e adorar, em vez de um co-criador que espera que façamos a nossa parte do trabalho. Não queremos celebrar "o sacramento do assassinato" e reconhecer que o nosso coração das trevas, a nossa tendência para o mal e para nos afastarmos da totalidade é tão essencial para alcançar a graça, a alma e "Deus" quanto nossa crenças na totalidade, na bondade e na perfeição e nossos esforços para alcançá-las.

O crime é considerado inatural, inumano, um ato contra a natureza e a cultura. Como, então, usamos o crime como uma metáfora para algo necessário e essencial? Arrombar, roubar, violentar o inocente, violar o sagrado, espancar e mutilar, hostilizar e intimidar: tudo isso assemelha-se àquilo que os sonhos tentam fazer ao nosso ego na consciência cotidiana. Os sonhos tentam nos introduzir à nossa *massa confusa*, tentam "relativizar" o ego. Os sonhos são, junto com as doenças, o principal caminho para que a nossa alma tente falar conosco. Nossa cultura recusa qualquer envolvimento com a *opus* alquímica dos sonhos e, assim, aumenta a probabilidade do crime. Nossas defesas cada vez mais cerradas, nossos "orçamentos para defesa" pessoais, nossa preocupação com os sistemas de segurança e proteção: tudo isso só aumenta a probabilidade do crime. Todas essas medidas ampliam a brecha, aumentam a cisão e asseguram a inevitabilidade da invasão. Quando permitimos que os sonhos entrem e nos afetem — em vez de simplesmente interpretá-los conforme padrões adequados às nossas noções preexistentes —, eles nos oferecem o caminho para entrarmos no nosso lado escuro e criminoso e transformá-lo em "ouro".

O criminoso sentenciado tem uma rota diferente, Parte da sua "cura" (outra operação alquímica — curtir e curar o couro é também uma metáfora para a punição) consiste em aprender o papel da vítima, colocar-se no seu lugar e tomar consciência do caso todo, não simplesmente desempenhar *apenas* o seu papel, o papel do criminoso. Isso é o que parece inatural ao criminoso, sua *opus contra naturum.* Mas isso é o que fecha a brecha para ele, o que se cinde nele.

## Aumentando o calor

A chama e seu calor desempenham um papel essencial em diversas operações alquímicas, tais como a destilação e a *calcinatio* (secagem). A polícia também é chamada "*the heat*" [o calor].* Um criminoso que ainda não foi "pego" está sempre preocupado em evitar "o calor". Um criminoso que foi localizado pela polícia quer escapar ou enganar "o calor".

Estar "no calor" — ou seja, no cio — também é um estado veemente e impulsivo no qual a pessoa precisa possuir a coisa desejada, e de imediato; quando não consegue, ela "enlouquece". Uma pessoa "no calor" é irracional, imprevisível e obstinada. Estar "no calor" também implica excitação, eretilidade e inflexibilidade até que o desejo seja satisfeito. Se o criminoso está "no calor", qual é sua motivação, o que o impulsiona? O criminoso está disposto a se sacrificar por alguma coisa; o que é esse algo? Qual é essa jóia valiosa que ele parece conhecer, mas pela qual nenhum de nós sacrificaria coisa alguma? Será o poder, o controle, a riqueza, coisas belas, mulheres chamativas, drogas? Gregory Bateson sugere que o criminoso busca algo essencial em seu crime. O que é esse algo? O que o criminoso "imagina" que vai conseguir? Com o que ele quer se acasalar, com o que ele quer se envolver, o que ele quer possuir? Seja lá o que for, reze para não se encontrar entre ele e o objeto do seu desejo!

## Putrefação, repetição e outras operações

*Repetitio*: se considerarmos a Terra como um *vas hermeticus*, as coisas que usamos uma vez e jogamos fora não contêm nenhum senso de *repetitio*. Todo nosso lixo, nossos refugos tornam-se a *massa confusa* rejeitada; precisamos dela para aprender a honrar e a transformar, não para continuar a acumular lixo. Devemos também questionar nossa eterna necessidade de ter o "*new look*", de nunca repetir.

Destilação: é a redução daquilo que somos à essência, fervendo até evaporar todo o desnecessário. A maioria de nós tende a acumular objetos, ideais e projetos

* Na gíria da língua inglesa, "*the heat*" significa a pressão ou intensificação do cumprimento da lei, exercida pela polícia contra os marginais, geralmente sob a forma de buscas, batidas, prisões, etc. (N.T.)

sem nunca realizá-los e muito menos organizá-los, sem nunca decidir aquilo que é essencial e, então, segui-lo.

*Putrefactio*: Desbastamos aquilo que está apodrecido a respeito de nós mesmos, descobrindo que os nossos excrementos fedem. Para o criminoso sentenciado, esse estágio significa alcançar o ponto onde ele percebe honestamente como suas ações prejudicam os outros. A maioria dos criminosos é indiferente a isso, do mesmo modo que muitos empresários, políticos e líderes religiosos. Nossas defesas míopes precisam se decompor para que possamos sentir empatia pelo mundo além do nosso próprio ego e suas necessidades imperativas. Para o não-criminoso, a *putrefactio* — perceber o nosso próprio cheiro — pode significar o abandono da viagem perpétua em busca de desenvolvimento e perfeição.

Confinamento: o processo alquímico é arruinado e precisa ser reiniciado se qualquer coisa vazar do *vas hermeticus*. Embora baseadas nesses antigos princípios químicos, a ciência, a indústria e a tecnologia modernas têm uma imensa quantidade de vazamentos — lixo tóxico, emissão de gases radioativos por usinas nucleares, poluição das correntes de água subterrâneas. O vazamento significa uma falta de integridade e um processo sem alma incapaz de qualquer transformação útil.

## A importância do sal

O sal era um material necessário aos alquimistas. O sal está fortemente associado à memória, pois ele preserva as coisas e as mantêm em condições de serem ingeridas e utilizadas. A memória é uma qualidade quase ausente nos criminosos. O tratamento dos criminosos parece funcionar melhor quando se exige que eles refaçam seus passos, seus planos, sua decisão de ofender — colocando sal no recipiente que é a sua psique ou alma. O sal também é importante para capturar "pássaros de cadeia" — afinal de contas, todos nós aprendemos que, para capturar um pássaro, é preciso pôr um grão de sal sobre sua cauda.

Mas examinar o modo como colocamos o criminoso numa encrenca não significa que o criminoso saia dessa encrenca. Isso implica a realização de uma operação diferente, encontrar um novo ângulo para ver o processo como um todo. Isso também seria verdadeiro na perspectiva dos nossos sonhos — se pudermos ver o criminoso como uma outra parte da nossa própria história, como alguém que precisa invadir o nosso espaço particular, alguém que precisa levar embora as coisas de que não precisamos para viver, alguém que precisa criar a dor e a perda em nós. Um caminho para nos levar a cuidar do recipiente maior, o recipiente além da nossa *opus* pessoal e particular — o *Vas Hermeticus* que é a Terra. O criminoso realiza, a um só tempo, duas tarefas: ele passa ao ato o seu drama pessoal e suas mesquinhas necessidades; e, simultaneamente, desempenha um papel no drama da alma na nossa vida, servindo como um *agent provocateur*.

## Os criminosos como escravos espirituais trabalhando nas minas da nossa ignorância

O desejo de eliminar o crime é, na verdade, um anseio por eliminar a alma, a imperfeição e a necessidade da Graça. É um esforço para criar um mundo dominado por consultores, behavioristas, peritos empresariais e agentes de relações públicas.

Teríamos então um fascismo bem administrado, mais gentil e suave, sem mortos (como Noam Chomsky sugere repetidamente em seus escritos sobre o sutil fascismo americano que, num sentido literal, é não-violento).

Precisamos de bandidos para que alguém, que não nós, seja pego. Preferimos que algum desesperado, lá fora nos campos minados, seja o nosso bode expiatório, a cobaia, o voluntário para o sacrifício. Não nos causa surpresa que a nossa cultura abrace a religião cristã de uma maneira tão fundamental, tendo em vista que ela esposa uma teologia que aprova que um outro alguém (Cristo) realize as tarefas mais cruciais por nós, morra pelos nossos pecados. Essa teologia evita a nossa crucificação, abortando o trabalho alquímico antes que ele se complete e impedindo a transformação mais profunda.

Se formos capazes de ver o mundo do crime no nível do imaginário e não só do literal, começaremos a perceber que precisamos de "criminosos" para assaltar, violentar e matar o nosso ego cotidiano, os nossos padrões típicos de pensamento e emoção, que destroem a nossa alma e nos permitem tomar decisões e cometer atos que rompem o tecido da comunidade e os objetos e criaturas do mundo. Esse crime precisa ser cometido. E, além disso, o criminoso precisa ser pego para que possamos enfrentar o nosso atacante face a face e nos entendermos com ele. Precisamos ouvir as razões que o criminoso tem para nos atacar. Se apenas o trancafiamos e jogamos fora a chave, se apenas o executamos ou desterramos, então nada teremos ganho.

Teríamos apenas sacrificado um pouco mais da humanidade. Junto com os seres humanos que matamos, estaríamos matando a nossa oportunidade de nos tornarmos mais humanos; estaríamos desistindo da nossa chance de apreender uma porção mais ampla do espectro total da humanidade, tanto sua escuridão quanto sua luz. E o pior é que teríamos sacrificado a Terra que nos rodeia e a alma humana. Costumamos dizer que os astecas eram primitivos porque faziam sacrifícios humanos para aplacar seus deuses. Nós aplacamos a nossa consciência fechando os olhos às pessoas que atiramos dos penhascos, aos criminosos que destruímos, aos países do Terceiro Mundo que sacrificamos à nossa prosperidade, às gerações futuras que sacrificamos para podermos ter todos os bens de consumo que hoje cobiçamos.

## 49. Demônios na rodovia

JAMES YANDELL

Duas manhãs por semana preciso fazer uma viagem na hora do *rush* durante a qual, ao aproximar-se de um túnel, as quatro pistas convergem para duas. A mudança é anunciada por uma seqüência de sinais — "DUAS PISTAS À ESQUERDA FECHADAS A 1 KM", "DUAS PISTAS À ESQUERDA FECHADAS A 500 METROS" e "DUAS PISTAS À ESQUERDA FECHADAS, PASSE PARA A DIREITA". A fusão final é reforçada pelas barreiras que eliminam as duas pistas à esquerda e pela realidade do túnel de duas pistas que se aproxima.

Quando comecei a fazer essa viagem, eu costumava usar uma das duas pistas à direita, já que elas levavam direto ao túnel. Como a segunda delas tinha o problema da entrada de tráfego lateral, eu geralmente ficava na primeira. Se acaso estivesse numa das pistas à esquerda, logo que via o primeiro sinal de aviso eu passava para a direita para entrar diretamente no túnel.

Nessa época, mesmo que tivesse pensado no assunto, eu não teria visto nada notável na minha pronta obediência aos sinais. Eu não estava experimentando uma escolha; eu simplesmente achava que as pessoas obedecem aos sinais. Refletindo sobre isso mais tarde, vejo minha obediência num contexto psicológico. Eu era o caçula da família, filho de um professor, um bom menino que não causava problemas, orientado para fazer a coisa certa e se dar bem na vida. Fui educado para ser um cidadão responsável e respeitador da lei. Quebrar as regras estabelecidas, em qualquer nível, não seria o meu caminho.

O problema naquela rodovia era que, enquanto eu permanecia à direita esperando (com paciência ou sem ela) minha vez de atravessar o túnel, eu notava que alguns cidadãos menos conscienciosos continuavam pelas pistas da esquerda o mais possível até serem fisicamente forçados a passar para a direita — e então eles se amontoavam na *minha* pista, à *minha frente*. Pior ainda; às vezes eu via pelo retrovisor que algum transgressor psicopata, ao aproximar-se do gargalo, saía da minha pista para as pistas vazias da esquerda, passava por mim acelerado e ganhava uma pequena vantagem antes de precisar voltar para a pista da direita.

Fiquei surpreso com o que essa situação despertou em mim. De início, eu ficava apenas chateado com o espetáculo de outras pessoas que, sem o estorvo de um superego apropriado, tiravam proveito de agir errado enquanto eu agia certo. Mas fui ficando cada vez mais ressentido com isso. Minha sensibilidade de caçula à injustiça foi ativada. Eles estavam levando vantagem ao fazer algo que me era proibido.

Eu sentia raiva, não só dos intrometidos como também dos motociclistas da Polícia Rodoviária; eu achava que eles deveriam impedir esse tipo de comportamento em vez de ficar passando multas por excesso de velocidade lá atrás na rodovia. Descobri que eu era espantosamente competitivo. Com freqüência, os agressores dirigiam Porsches ou BMWs, ou então eram *cowboys* em pequenas *pickups* que, quando sem carga, são muito velozes. Embora meu sedã seja espaçoso e faça 12 quilômetros por litro, ele decididamente não é uma nave espacial. Inferiorizado e invejoso, eu fantasiava sobre potentes motores e turbos. Incapaz de competir diretamente, eu expressava minha raiva de um modo passivo: tentava impedir que os bandidos cortassem na minha frente. Tornei-me um perito na arte de dirigir pára-choque com pára-choque, que não deixava nenhum espaço para intrusos entrarem. Eu sabia que essa arte me custava a minha embreagem, mas a satisfação de frustrar os ambiciosos valia a pena.

Eu ainda não havia questionado a moralidade da situação. Estava claro que aquelas pessoas nas pistas da esquerda, passando por mim e se atropelando à minha frente, eram bandidos. Minha posição era moralmente correta e, se o mundo fosse justo, os outros se comportariam como eu. O problema é que o mundo não é justo e os outros não se comportavam como eu. Ou melhor, a maior parte dos motoristas se comportava como eu — eu fazia parte da maioria que respeita a lei —, mas esse fato não apagava meus sentimentos em relação aos demais. Minha indignação era justa: se o meu contra-ataque acabou se tornando um tanto repulsivo, eles mereciam ainda pior pelas suas transgressões.

Eu poderia ter evitado esse problema todo saindo dez minutos mais cedo, antes que o engarrafamento se formasse, mas geralmente eu saía de casa no último minuto possível, cheio de sensações de culpa por talvez chegar atrasado à minha primeira consulta do dia. Eu queria atravessar o túnel e não via nenhuma razão para que os outros o atravessassem antes de mim por meio de trapaças. Talvez eu também pensasse em trapacear, mas sentia uma gratificante superioridade moral e uma orgulhosa satisfação comigo mesmo por persistir na virtude e resistir à tentação. Mas, naquelas condições, a virtude custava caro; eu estava perdendo — eu era uma vítima virtuosa.

Acho que aquilo que acabou acontecendo surgiu da combinação simultânea de um atraso maior com a raiva e a inveja acumuladas, o colapso moral e uma certa curiosidade sobre a vida nas pistas de alta velocidade. Uma amanhã passei deliberadamente para a última pista da esquerda e lá fiquei tanto quanto possível. Então passei para a outra pista, ainda na esquerda, e lá permaneci o máximo que me foi possível. Finalmente, entrei na minha pista de sempre e atravessei o túnel.

Não posso dizer que "me senti o máximo", ou algo igualmente simples. Eu tinha sobrepujado o inimigo, mas o inimigo ainda era o inimigo. Eu estava desagradavelmente ciente de estar violando meus próprios princípios por um ganho imediato; eu sabia que tinha "me vendido". Na verdade, eu realmente preferia os cidadãos bem comportados, em cuja pista eu agora me insinuava, e que me encaravam com a mesma justa hostilidade que eu próprio sentia ainda na véspera. Por um lado, eu estava em conflito com o meu novo *status* de fora-da-lei. Por outro, a sensação de culpa não era tão má assim. E a verdade é que atravessei o túnel bem mais depressa.

A partir daí, aconteceram muitas coisas interessantes. Fiz experiências deliberadas com as quatro pistas, testando-as psicologicamente e vendo como cada uma delas funcionava, como o mundo parecia quando visto a partir de cada perspectiva. Quando não estou conscientemente fazendo experiências, aproximo-me do engarrafamento pela última pista da esquerda porque ela funciona melhor; ela é mais rápida. Quando ajo assim, torno-me membro de uma minoria relativamente pequena. A maioria dos motoristas nem sequer espera pelos sinais que mandam passar para a direita; já lá atrás, eles se colocam nas duas pistas que levam direto ao túnel. Conhecendo o percurso, é possível que eles nunca usem as pistas da esquerda para não precisarem sair delas ao se aproximarem do túnel. Isso é o que eu costumava fazer. Examinando as coisas a partir da minha nova posição de superioridade, isso me parece uma inacreditável restrição a mim mesmo. Como podem existir tantos cidadãos desnecessariamente bons quando está tão claro que é uma vantagem não ser bom?

Na verdade, o comportamento virtuoso dessa maioria moral libera as pistas da esquerda para que possamos praticar nossas sociopatias. Se aquelas quatro pistas fossem utilizadas de modo uniforme, não faria sentido algum ficar "costurando". Os motoristas que já passaram para a direita criam a oportunidade e a tentação para que avancemos o mais possível pela esquerda antes de obedecermos os sinais. Somos os dois lados de uma mesma moeda: eles, os anjos, nós, os demônios, todos complementares e interdependentes. Precisamos que eles sejam bons e nos ofereçam a nossa oportunidade; eles precisam que nós sejamos maus para que possam nos censurar, se sentirem superiores e nos punirem com a exclusão.

Quando brinco de demônio e olho à direita para os motoristas que estou ultrapassando, tenho a consciência de uma sensação de perda, percebo que sacrifiquei algo quando fugi para a liberdade do meu interesse próprio. Não duvido de que foi por isso que levei tanto tempo para perder minha virtude. Lembro, com uma certa nostalgia, aquela sensação agradável de comunidade, retidão e auto-estima que eu desfrutava quando ainda era uma ovelha — antes de me transformar num lobo; lembro como eu desprezava aqueles anarquistas depravados que passavam voando à minha esquerda. Mas quando tento recuperar minha pureza moral nas pistas de ovelhas, lembro-me de um adesivo que dizia: "A NOSTALGIA NÃO É MAIS O QUE COSTUMAVA SER." A satisfação da virtude não paga o preço de sermos passados para trás.

Contudo, o mais interessante para mim foi que essa situação acabou por deixar de ser um dilema moral; ela foi despojada de todo vício e virtude. Percebo que esse engarrafamento no túnel é apenas um lugar onde quatro pistas se estreitam em duas; sinto que nada existe de certo ou de errado, de bom ou de mau, na fusão dessas quatro pistas. Antes, quando experimentava esse engarrafamento como uma questão ética, eu estava interpretando, eu estava me projetando. Defini a mim mesmo como a vítima virtuosa; defini os motoristas que me ultrapassavam como "bandidos" — agressivos, egoístas, sem sentimentos comunitários, bem-sucedidos e invejáveis. Agora, quando os motoristas da direita me lançam olhares furiosos no momento em que invado a pista *deles*, posso avaliar sua raiva a partir da memória da minha própria experiência e, por isso, não fico com raiva quando eles tentam impedir que eu entre na sua frente. Pelo contrário, fico calmo e acho tudo trivial. Mas *eles* parecem bastante estranhos, transformando num jogo de moralidade uma simples fusão de quatro pistas em duas. O mais divertido é que tento não rir quando eles provam a sua virtude, sua masculinidade e seu patriotismo obrigando-me a entrar atrás deles, porque talvez alguns deles estejam armados.

Parece que não consigo mais projetar aquele filme de guerra sobre essa tela específica. Precisarei encontrar um novo palco onde distinguir os mocinhos dos bandidos; não me sinto nem um mocinho nem um bandido. Preciso de um novo adesivo: FÁCIL NA FUSÃO.

*Senti raiva do meu amigo;*
*expressei-a, e minha ira morreu.*
*Senti raiva do meu inimigo;*
*sufoquei-a, e minha ira cresceu.*
*Alimentei-a com meus medos,*
*com minhas lágrimas a reguei.*
*Envolvi-a em meus segredos,*
*minha vilania lhe cantei.*
*Dia após dia ela floriu*
*e o pomo de ouro brotou.*
*E quando a noite tudo cobriu*
*no meu pomar se esgueirou*
*o meu inimigo que o viu brilhar*
*e sabia que o pomo era meu.*
*Ao sol da manhã, feliz fui olhar*
*meu inimigo que sob a árvore morreu.*

William Blake

# Parte 9

# O "trabalho com a sombra": trazendo luz à escuridão através da terapia, dos mitos e dos sonhos

Os grandes momentos da nossa vida são aqueles em que temos a coragem de rebatizar a nossa maldade como o melhor que em nós existe.

*Friedrich Nietzsche*

Em meio à jornada da minha vida,
tendo perdido o caminho verdadeiro,
encontrei-me em selva tenebrosa...
tão triste que, na própria morte,
não pode haver maior tristeza.

*Dante*

Uma coisa que encontramos nos mitos é que do fundo do abismo eleva-se a voz da salvação. O momento negro é aquele no qual a verdadeira mensagem de transformação está por emergir. No momento mais tenebroso, surge a luz.

*Joseph Campbell*

O mal na psique humana nasce do fracasso em juntar, em reconciliar as peças da nossa experiência. Quando englobamos tudo o que somos, até mesmo o nosso mal, o mal em nós é transformado. Quando as diferentes energias vivas do sistema humano se harmonizarem, a face sangrenta do mundo de hoje se transformará numa imagem da face de Deus.

*Andrew Bard Schmookler*

# Introdução

Assumir a sombra implica confrontá-la e assimilar seus conteúdos dentro de um autoconceito mais amplo. É típico que esses encontros de cura ocorram na meia-idade, no "meio da jornada da vida"; mas os encontros com a sombra podem ocorrer sempre que sentimos nossa vida estagnar-se e perder coloração e significado. O "trabalho com a sombra" pode ter início, de modo especial, quando reconhecemos e sentimos os efeitos constritores da negação; quando começamos a duvidar dos valores pelos quais vivemos até agora e vemos que nossas ilusões sobre nós mesmos e o mundo se estilhaçam; quando somos dominados pela inveja, pelo ciúme, por impulsos sexuais ou pela ambição; ou quando sentimos a superficialidade das nossas convicções.

Shakespeare compreendeu a necessidade do encontro com a sombra. Em suas peças, é freqüente que ele descreva as trágicas conseqüências de ignorarmos o chamado para esse trabalho. Na boca do assassino Macbeth ele colocou palavras pungentes que descrevem o vazio e a miséria infligidos pela escuridão não-redimida:

*A vida é uma sombra andante, nada mais...*
*é uma fábula*
*contada por um idiota, cheia de som e de fúria,*
*que nada significa.*

Figura verdadeiramente trágica, a vida de Macbeth perdeu todo significado. É tarde demais para que se faça algo a respeito de seu lado escuro, pois ele passou ao ato sua sombra no homicídio; seu destino está irrevogavelmente selado. Em linguagem menos poética, poderíamos definir a tragédia como a conscientização da sombra quando já é demasiado tarde para fazermos algo a respeito das nossas dificuldades.

Mas, para a maioria de nós, a percepção da sombra é o que Jung chamou "um problema eminentemente prático". Nesta coletânea, chamamos de "trabalho com a sombra" o processo consciente e intencional de admitirmos aquilo que havíamos optado por ignorar ou reprimir. A terapia exige a recuperação de tudo o que havíamos rejeitado em nome do nosso ideal do ego, e o estabelecimento de uma nova ordem pessoal que explique o nosso lado destrutivo.

No entanto, o estabelecimento dessa nova ordem pode exigir um processo de confronto e liberação das ilusões pelas quais vivemos. O sociólogo Philip Slater assim o descreve no seu livro *Earthwalk:*

> Na psicoterapia, o paciente não volta literalmente à infância para desaprender o padrão autodestrutivo que evoluiu ao crescer, embora possa envolver-se em muita experimen-

tação regressiva para desfazer esse aprendizado negativo. O essencial é que o paciente seja capaz de abandonar seu apego a esse caminho — seja capaz de dizer a si mesmo: "Desperdicei *n* anos da minha vida numa busca dolorosa e inútil. Isso é triste, mas agora tenho a oportunidade de tentar uma nova abordagem." Essa é uma coisa difícil de ser feita. Existe uma forte tentação de racionalizar nossos desvios errados como partes necessárias do nosso desenvolvimento ("Aquele erro me ensinou a ter disciplina") ou, senão, de negar que participamos plenamente desses erros ("Ah, mas isso foi antes de eu me iluminar"). O abandono dessas duas evasões de início leva ao desespero; mas, como mostra Alexander Lowen, o desespero é a única cura para a ilusão. Sem desespero não conseguimos transferir a nossa submissão à realidade — é uma espécie de período de luto para nossas fantasias. Algumas pessoas não sobrevivem a esse desespero, mas nenhuma mudança importante dentro de uma pessoa pode ocorrer sem ele.

A individuação — o processo de uma pessoa tornar-se toda e única — tem como objetivo abraçar simultaneamente a luz e as trevas para criar um relacionamento construtivo entre o ego e o *self* (nosso símbolo pessoal da totalidade individual). No encontro terapêutico, através de um diálogo honesto e interpretação de sonhos, temos o meio para enfrentar nossa elaborada charada de aparências e aceitar quem realmente somos.

Essa tarefa de assumir a nossa personalidade inferior em geral exige a presença — e é acelerada por ela — de uma testemunha, sob a forma de um terapeuta ou guia. Esse processo é um despertar gradual para a sombra, como é descrito nesta passagem de *Shadow and Evil in Fairy Tales* [A Sombra e o Mal nos Contos de Fadas], de Marie-Louise von Franz:

> Se um paciente que nada sabe de psicologia vem para uma sessão analítica e você tenta lhe explicar que existem certos processos por trás da mente dos quais as pessoas não estão conscientes, isso, para ele, é a sombra. Portanto, no primeiro estágio da abordagem ao inconsciente a sombra é simplesmente um nome "mitológico" para tudo aquilo dentro de mim de que não tenho conhecimento direto. Só quando começamos a escavar na esfera da sombra da personalidade, e a investigar os diferentes aspectos, é que aparecerá nos sonhos, depois de algum tempo, uma personificação do inconsciente, do mesmo sexo que o sonhador.

À medida que se avulta a percepção da sombra, as figuras oníricas tornam-se mais evidentes e sua integração mais importante. Em última análise, relacionar a sombra pessoal com a sombra coletiva da própria cultura é um fenômeno natural. O psicanalista israelense Erich Neumann descreveu o estágio seguinte do "trabalho com a sombra" à medida que o processo de individuação prossegue:

> A diferenciação entre o "meu" mal e o mal geral é um ponto essencial do autoconhecimento e dele não é permitido escapar ninguém que se submeta à jornada da individuação. Mas, à medida que o processo de individuação se desdobra, simultaneamente desintegra-se o impulso anterior do ego rumo à perfeição. A exaltação inflacionária do ego precisa ser sacrificada e torna-se necessário que o ego faça uma espécie de "acordo de cavalheiros" com a sombra — um desenvolvimento diametralmente oposto ao tradicional ideal ético do absoluto e da perfeição.

Para a pessoa pronta a ir ao encontro de seus inimigos — internos e externos —, o caminho está sempre desimpedido. O "trabalho com a sombra" baseia-se num ato confessional (e, às vezes, catártico). Para Jung, essa é a atividade quintessencial. "O homem moderno", afirmou ele, "precisa redescobrir uma fonte mais profunda de sua própria vida espiritual. Para fazê-lo, ele é obrigado a lutar contra o mal, a confrontar sua sombra, a integrar o demônio. Não há outra escolha."

Os colaboradores da Parte 9 mostram entusiasmo pelo empreendimento do "trabalho com a sombra". Como um manual múltiplo para o encontro com a sombra, estes ensaios dão testemunho das habilidades do analista, das descobertas da literatura e da mitologia, da sabedoria dos sonhos e da experiência de transformação na meia-idade.

No Capítulo 50, "A cura da sombra", o analista junguiano e psicólogo arquetípico James Hillman lembra-nos que o amor é o ingrediente importante; mas, sugere Hillman, talvez o amor não seja suficiente. Este ensaio foi extraído do seu livro, publicado em 1967, *Insearch: Psychology and Religion* [A Busca Interior: Psicologia e Religião].

"A narrativa da descida ao inferno" de Sheldon B. Kopp leva-nos a uma excursão guiada através do Inferno de Dante, num ônibus dirigido por um terapeuta. O ponto final dessa excursão é o centro do Inferno, na presença do Rei Satã. "Só depois de alcançar o próprio centro do Mal, só depois de enfrentar cada pecado e ver suas conseqüências é que Dante pode ter esperanças de purificar sua alma." Na terapia, o diabo está presente no nosso sofrimento neurótico. A estrada para a alegria passa através dos portões do Inferno. Este ensaio foi extraído de *If You Meet the Buddha on the Road, Kill Him* [Se Encontrares o Buda na Estrada, Mata-o].

Quando cruzamos um portal para o desconhecido — o que envolve auto-aniquilação e renovação simbólicas —, entramos na "barriga da baleia": este é o tema do Capítulo 52, por Joseph Campbell. Ele chama essa passagem sombria um "ato de centrar a vida, de renovar a vida", e segue a pista desse tema nas diversas culturas ao longo do tempo. Este ensaio foi extraído da obra clássica desse famoso mitologista, *The Hero with a Thousand Faces* [O Herói de Mil Faces].*

O Capítulo 53, "A utilidade do inútil", de Gary Toub, foi originalmente publicado no jornal *Psychological Perspectives*. Usando parábolas taoístas e psicologia junguiana para ilustrar sua tese, Toub sugere que nossa opção por envolver qualidades que não valorizamos força-nos a confrontar as qualidades da sombra perdidas dentro de nós. Ele nos exorta, com toda a suavidade, a viver a singularidade da nossa própria vida, a compreender a natureza dos opostos na vida, bem como a tensão e o equilíbrio que eles exigem e, talvez o mais sutil de tudo, a encontrar significado onde menos o esperamos.

A psicóloga junguiana Karen Signell aborda o "trabalho com a sombra" através da nobre estrada dos sonhos. Seu ensaio, "Ttrabalhando com os sonhos femininos", extraído de *Wisdom of the Heart* [A Sabedoria do Coração], demonstra a aplicação das habilidades de interpretação de sonhos para identificar e integrar a personalidade da sombra. Embora enfocando somente mulheres, Signell não se deixa limitar por

---

* Publicado pela Editora Cultrix, São Paulo.

barreiras de gênero. Sua introvisão nos sonhos destina-se a "ajudá-lo(a) a suavizar seu coração em relação a si mesmo(a) e aos outros".

A crise da meia-idade é a famosa "noite escura da alma", quando a sombra se levanta para *nos* encontrar. Janice Brewi e Anne Brennan, conselheiras da meia-idade, escreveram um rigoroso estudo do "trabalho com a sombra" nessa fase da vida: *Celebrate Mid-Life* [Celebre a Meia-Idade], do qual foi extraído o trecho aqui reproduzido. Apoiando-se nas idéias orientadoras de Jung, as autoras estabelecem uma distinção entre os assuntos da sombra na primeira metade da vida e os temas que começam a emergir à medida que ingressamos na sua segunda metade.

O famoso escritor e psicólogo Daniel J. Levinson, no seu ensaio "Para o homem na meia-idade", discute o "movimento das ondas" de um homem à medida que ele atravessa essas "águas brancas". Tomar consciência da própria mortalidade e potencial destrutivo é parte dessa transição; se um homem foge da responsabilidade de enfrentar esses desafios ao seu ego, ele pode estar sacrificando sua futura produtividade. O Capítulo 56 foi extraído do *best-seller* de Levinson, *The Seasons of a Man's Life* [As Estações da Vida de um Homem].

E encerrando, a analista junguiana Liliane Frey-Rohn diz-nos, em "Como lidar com o mal", que o desafio de transformar o mal é um problema moral que exige o mais alto esforço de consciência. Fazer o trabalho de integração da sombra pessoal, diz ela, também é essencial para a estabilidade da cultura. Este excerto foi originalmente publicado no jornal junguiano *Spring*, em 1965.

Estes ensaios mostram o caminho através dessa passagem escura, oferecendo-nos, nesses dias de hoje, uma mão para nos ajudar e uma luz para nos guiar.

## 50. A cura da sombra

JAMES HILLMAN

A cura da sombra é, por um lado, uma questão moral — ou seja, o reconhecimento daquilo que reprimimos, o modo como efetuamos essas repressões, a maneira como racionalizamos e enganamos a nós mesmos, a espécie de objetivos que temos e as coisas que ferimos (ou até mesmo mutilamos) em nome desses objetivos. Por outro lado, a cura da sombra é uma questão de amor. Até onde poderia o nosso amor estender-se às partes quebradas e arruinadas de nós mesmos, às nossas partes repulsivas e perversas? Quanta caridade e compaixão sentimos pelas nossas próprias fraquezas e doenças? Como poderíamos construir uma sociedade interior baseada no princípio do amor, reservando um lugar para todos? E uso a expressão "cura da sombra" para enfatizar a importância do amor. Se nos aproximamos de nós mesmos para nos curar e colocamos o "eu" no centro, isso com muita freqüência degenera no objetivo de curar o ego — ficar mais forte, tornar-se melhor e crescer de acordo com os objetivos do ego, que em geral são cópias mecânicas dos objetivos da sociedade. Mas quando nos aproximamos de nós mesmos para curar essas firmes e intratáveis fraquezas congênitas de obstinação, cegueira, mesquinhez, crueldade, impostura e ostentação, defrontamo-nos com a necessidade de todo um novo modo de ser;

nele, o ego precisa servir, ouvir e cooperar com um exército de desagradáveis figuras da sombra e descobrir a capacidade de amar até mesmo o mais insignificante desses traços.

Amar a si mesmo não é fácil, pois significa amar todas as partes de si mesmo — incluindo a sombra, na qual somos tão inferiores e tão inaceitáveis socialmente. Os cuidados que dedicamos a essa parte humilhante são também a cura. E mais: como a cura depende dos cuidados, às vezes "cuidar" quer dizer apenas "trazer consigo". O primeiro passo essencial para a redenção da sombra é a capacidade de trazê-la conosco (como fizeram os protestantes puritanos, ou os judeus no eterno exílio, dia a dia conscientes de seus pecados, de atalaia contra o Diabo, em guarda para não dar um passo em falso; uma longa jornada existencial com um fardo de pedras às costas, sem ninguém sobre quem descarregá-las e sem destino certo ao final). Mas esse trazer consigo e cuidar não podem ter um desenvolvimento programático que faça aquela qualidade inferior se sujeitar aos objetivos do ego, pois isso não seria amor.

Amar a sombra pode começar com o trazê-la consigo, mas isso ainda não é suficiente. A qualquer momento pode irromper alguma outra coisa qualquer, como aquela introspecção que escarnece do paradoxo da nossa própria loucura — a loucura comum a todos os homens. E então talvez nos chegue a alegre aceitação do rejeitado e do inferior, um acompanhá-lo e até mesmo vivê-lo parcial. Esse amor talvez leve até mesmo a uma identificação com a sombra, a uma passagem ao ato da sombra, caindo no seu fascínio. Portanto, a dimensão moral nunca deve ser abandonada. E assim a cura é um paradoxo que exige dois fatores incomensuráveis: primeiro, o reconhecimento moral de que essas partes de mim são opressivas e intoleráveis, e precisam mudar; e segundo, a risonha aceitação amorosa que as aceita exatamente como elas são, com alegria e para sempre. Lutamos arduamente e desistimos; julgamos com severidade e aceitamos com alegria. O moralismo ocidental e o abandono oriental: cada um contém apenas um lado da verdade.

Acredito que essa atitude paradoxal da consciência em relação à sombra encontra um exemplo arquetípico no misticismo religioso judaíco no misticismo religioso judaico, onde Deus tem duas faces: a face da retidão moral e da justiça, e a face da misericórdia, do perdão e do amor. Os ensinamentos chassídicos contêm esse paradoxo; suas parábolas mostram uma profunda piedade moral combinada com uma espantosa alegria de viver.

A descrição que Freud fez do mundo escuro que encontrou não faz justiça à psique: era uma descrição demasiado racional. Freud não captou suficientemente a paradoxal linguagem simbólica através da qual a psique se manifesta. Ele não chegou a perceber plenamente que cada imagem, cada experiência, tem um aspecto prospectivo bem com um aspecto redutivo; um lado positivo bem como um lado negativo. Ele não viu como suficiente clareza o paradoxo de que o lixo apodrecido também é o fertilizante, que ingenuidade também é inocência, que perversidade polimorfa também é alegria e liberdade física, que o homem mais feio é também o redentor disfarçado.

Em outras palavras, as descrições da sombra feitas por Freud e Jung não são duas posições distintas e conflitantes. Pelo contrário, a posição de Jung deve ser superposta à de Freud, ampliando-a e acrescentando-lhe uma dimensão; e essa dimensão considera os mesmos fatos e as mesmas descobertas, mas mostra que se trata de símbolos paradoxais.

## 51. A narrativa da descida ao inferno

SHELDON B. KOPP

Na época da Páscoa do Ano de Nosso Senhor Jesus Cristo de 1300, o poeta florentino Dante Alighieri desceu ao Inferno.[1]

Alguns sustentam que sua narrativa é apenas um veículo para expor os males sociais e políticos do seu tempo. Outros insistem que Dante representa a Humanidade, que a própria vida humana é a jornada e que "o Inferno é a morte que há de preceder o renascimento".[2] Também é possível considerar que a jornada de Dante ocorre no espaço interior, como uma descida aos abismos da sua própria alma, mostrando que o Inferno é a própria alma pecadora.

Concordo com Eliot quando afirma que "o objetivo do poeta é mostrar uma visão... [e que] Dante, mais que qualquer outro poeta, conseguiu elaborar sua filosofia, não como uma teoria... ou como um comentário ou reflexão, mas em termos de algo *percebido*".[3] Ouse abrir seu coração à narrativa de Dante, e você certamente verá tudo aquilo que ele viu.

A meio caminho de sua vida, Dante, na véspera da Sexta-Feira Santa de 1300, descobre que se desviou do Caminho Certo da vida religiosa e embrenhou-se na Selva Tenebrosa do Erro, onde passa uma noite cheia de horrores. Com o raiar do sol, renascem-lhe as esperanças e ele tenta subir a Colina da Alegria Espiritual, mas é perseguido e tem seu caminho bloqueado pelas Três Bestas da Vida Terrena: a pantera da malícia e da fraude, o leão da violência e da ambição, e a loba da mesquinhez.

Aterrorizado, ele volta a se embrenhar na Selva e cai no mais profundo desespero. Nesse momento, vem em seu auxílio o Vulto de Virgílio, explicando-lhe que representa a Razão Humana e que foi enviado a fim de conduzir Dante para fora da Selva Tenebrosa do Erro por um outro caminho. Ele levará Dante tão longe quanto o permite a Razão Humana, e depois o entregará aos cuidados de outro guia: Beatriz, a Revelação do Amor Divino. Virgílio conduz e Dante o segue.

E assim eles iniciam a descida para os abismos, pois a purificação só poderá ocorrer através do reconhecimento do pecado. Chegando às Portas do Inferno, Dante lê uma inscrição gravada na pedra:

RENUNCIAI A TODA ESPERANÇA, VÓS QUE ENTRAIS.[4]

Cruzando as Portas do Inferno, Virgílio e Dante penetram em uma ante-sala cheia de choros, lamentos e gritos altos e desesperados. Aqui estão as primeiras das almas atormentadas que Dante irá encontrar. São os Oportunistas e os Indiferentes, aqueles que em vida não buscaram nem o bem nem o mal, "que não eram leais a Deus nem a Satã, mas apenas leais a si mesmos".[5]

Aqui, no Inferno, seu castigo é perseguir por toda a Eternidade uma bandeira que não conseguem alcançar; eles não chegam a estar no Inferno, mas tampouco estão fora dele.

*Aqueles desgraçados, jamais nascidos e jamais mortos, corriam, nus,*
*perseguidos por um enxame de vespas e moscardos que nunca deixavam*
*de os ferretear.*
*Traziam o rosto coberto por sangrentas bagas de pus e por lágrimas que*
*lhes escorriam até os pés,*
*Alimentando nauseante vérmina.*[6]

Devido à escuridão do pecado que cometeram, eles corriam às cegas na escuridão. Assim como em vida haviam perseguido cada oportunidade que se apresentara, seu castigo agora é perseguir uma bandeira para todo o sempre fugidia. Ferreteados pelo aguilhão da consciência e na morte alimentando os vermes, assim como em vida produziram imundície moral, eles são punidos de acordo com seus pecados. Essa é a Lei da Retribuição Simbólica, a Lei Imutável do Inferno. A pena já está implícita em cada pecado. Voltando-se contra o pecador, o castigo o faz sofrer da maneira que ele próprio trouxe para si mesmo.

Essa descida aos abismos de sua própria alma é a jornada de todo peregrino. Na psicoterapia, nenhum paciente consegue recobrar sua própria beleza e inocência sem primeiro defrontar-se com a fealdade e o mal dentro de si mesmo. Jung diz-nos que não "ofendemos o diabo... chamando-o de neurose".[7] A maneira como vivemos, a experiência da nossa própria alma pecadora, ainda é o nosso único Inferno.

Um claro exemplo da autotortura inerente ao comportamento neurótico pode ser visto nas atitudes do paciente manipulador. O manipulador luta pelo poder para controlar outras pessoas, para não precisar sentir sua própria impotência e para conseguir escapar do medo de ser manipulado pelos outros. No passado, ele precisou confiar nos outros (como quando era criança) e isso resultou na experiência de ser usado pelos outros, de ser voltado para esse ou aquele caminho sem nenhuma consideração pelo seu bem-estar ou pelos seus sentimentos. Parecia-lhe que ninguém se importava muito com ele e, agora, ele não tem segurança suficiente a ponto de confiar que os outros terão consideração por ele, a menos que ele próprio tome as rédeas e se ponha no controle.

Agora ele quer que os outros o tratem de modo diferente. Mas descobre — como acontece com todos nós — que não podemos *fazer* alguém nos amar. Você simplesmente revela quem é e corre o risco. Ah, sim, você pode causar uma impressão agradável aos outros, pode lisonjeá-los e agradá-los. Ou então intimidá-los, ameaçá-los e aterrorizá-los. Mas você não consegue, seja pela adulação ou pela coerção, obrigar o amor. Talvez você receba uma recompensa por bom comportamento. Mas então estará condenado a viver com aquela dolorosa sensação no fundo do peito: se as pessoas soubessem como realmente sou, ninguém iria se importar realmente comigo. Ou, se você conseguiu abrir o seu caminho tiranizando os outros, precisará viver sob o terror de uma retaliação no momento em que baixar sua guarda ameaçadora.

Talvez a mais poética Retribuição Simbólica para o manipulador seja deixá-lo completamente aberto às manipulações dos outros. Aquela pessoa que parece ter sido dominada pelas nossas lisonjas é apenas um outro manipulador; recompensar-nos por nossas "oferendas" é a sua maneira de controlar o nosso comportamento. E aquele que se intimida diante das nossas ameaças está, com toda certeza, apenas esperando o momento de voltar a se pôr de pé. Sua rendição é temporária e política, sem nenhuma qualidade amorosa de confiança e entrega.

Como exemplo, Bertolt Brecht conta a história do camponês que foi apanhado no torvelinho da invasão nazista. O soldado nazista chega à sua cabana, arranca-o para fora e ordena: "De agora em diante, eu estou no comando. Vou morar na sua casa. Você vai me alimentar e lustrar minhas botas todos os dias. Eu vou ser o mestre e você o escravo. Se não concordar, eu o matarei. Você vai se submeter a mim?" Sem responder, o camponês entrega sua cabana e, dia após dia, alimenta o invasor e lustra-lhe as botas. Alguns meses mais tarde, os exércitos aliados de libertação atravessam a aldeia. Arrastam o soldado nazista para fora da cabana e, quando estão para levá-lo até um campo de prisioneiros, o camponês caminha até ele, posta-se orgulhoso à sua frente e, mirando-o no fundo dos olhos, responde: "Não!"

As maiores vítimas dos escroques são sempre os "ladrões secretos" que esperam obter alguma coisa a troco de nada. O humorista W. C. Fields, profundo conhecedor da natureza humana, costumava dizer: "É impossível lograr um homem honesto." Só o manipulador tortuoso não consegue resistir à tentação de acreditar na ilusão de que é ele quem está no controle, de que ele pode se sair bem.

Quando comecei a clinicar, lembro-me de ter tratado de homens que "usavam" prostitutas. Bastava-lhes dar a elas algum dinheiro e podiam controlá-las, manipulá-las, para que fizessem tudo o que eles queriam. Eles conseguiam que a prostituta não apenas executasse o malabarismo sexual que eles ordenavam como também que fosse gentil com eles. Se esses homens não podiam comprar amor, pelo menos podiam alugá-lo. As mulheres precisavam do dinheiro. Os homens o tinham. As mulheres eram obrigadas a se submeter. Os homens eram arrogantes, superiores, controladores.

Mais tarde, comecei a tratar de algumas prostitutas e dançarinas de *strip-tease*. Elas me deixaram bem claro que os Zés com quem haviam lidado não passavam de otários. Bastava dar-lhes um pingo de excitação sexual e eles pagavam todo o dinheiro que tinham. Os homens eram tão fáceis de ser controlados. Sinto agora a total inutilidade de tentar identificar quem controla e quem é controlado. Quando tento estabelecer uma distinção entre vítima e agente da manipulação, não consigo distinguir entre a faca e o queijo.

Dante descreve o Inferno como um abismo circular, um cone que se estreita de cima para baixo até o centro da Terra. O lado interno é marcado por saliências circulares, os Círculos da Danação. Ao aprofundar-se nesse "reino da noite eterna",[8] Dante e Virgílio vão encontrando, em cada Círculo, as almas condenadas daqueles que cometeram pecados cada vez mais cruéis — e cada grupo de pecadores é atormentado, por toda a Eternidade, com um castigo ironicamente relacionado com seu pecado. Os Pecadores Carnais, os Sensuais, que em vida traíram a razão submetendo-se a todos os apetites e abandonando-se à fúria selvagem de suas paixões, são punidos na mesma moeda: forçados a permanecer num Círculo privado de luz e varrido por toda a Eternidade por uma infernal tormenta de furor intenso. Os Gulosos, que se espojaram em comidas e bebidas e nada mais produziram senão saliva e dejetos, no Inferno se espojam num "lamaçal pútrido"[9] enquanto são lacerados e retalhados por Cérbero, o cruel cão de três cabeças que guarda os portais dos abismos; esses pecadores são, agora, lambuzados pela fétida saliva do cão infernal.

Os Avarentos e os Pródigos foram divididos em dois grupos rivais, cada qual atirando sobre o outro os Valores Ilusórios da Vida Terrena e entrechocando-se no centro; um excesso castigando o outro. Nas águas imundas do Pantanal do Estige, os Coléricos se dilaceram uns aos outros. Arrebentando-se à tona do lodo, bolhas emergem das tumbas submersas onde estão confinados os Raivosos.

Os Hereges, que em vida negaram a imortalidade, aqueles que professaram a doutrina da morte da alma junto com a do corpo, permanecem para todo o sempre em sepulcros abertos por onde serpenteiam as chamas da Ira Divina. No Rio de Sangue Fervente estão os Assassinos e os Tiranos, aqueles que em vida se espojaram no sangue alheio e cometeram atos de violência contra seus semelhantes. Os Aproveitadores e Sedutores, que usaram os outros para seus propósitos, agora são impelidos pelos chicotes de demônios chifrudos que os forçam a seguir em frente, em ritmo acelerado, perpetuamente, para servir aos infames propósitos infernais. Os Aduladores pagam por ter acumulado falsas lisonjas sobre os outros, sendo obrigados a viver para todo o sempre em "um rio de excrementos, em cloaca tamanha que do mundo parecia a única latrina... [para sempre] cobertos de imundícies".[10]

Os Hipócritas marcham numa procissão lenta e interminável. Como justiça poética, eles estão cobertos com mantos de chumbo, dourados por fora e imensamente pesados por dentro. Os Falsários e Moedeiros Falsos, que em vida enganaram os sentidos de seus semelhantes, agora, como adequada punição, têm seus próprios sentidos feridos pela escuridão e pelas imundícies, por terríveis sons e cheiros pestíferos. E aqueles que atraiçoaram as pessoas a quem estavam ligados por laços especiais estão no último abismo da culpa, o abismo das almas que negaram o amor e, portanto, negaram Deus. Bem no centro da Terra, eles são obrigados a suportar o infernal lago de gelo da perda do calor humano.

E no próprio centro desse lago está Satã, o Rei do Inferno. O bater de suas poderosas asas produz o Vento da Depravação, o hálito gélido do mal. Só depois de alcançar o próprio centro do Mal, só depois de enfrentar cada pecado e ver suas conseqüências, é que Dante pode ter esperança de purificar sua alma. Só quando enfrenta a vida como ela é, pode Dante encontrar a salvação.

Na terapia, todos os pacientes começam protestando: "Eu quero ser bom." Se não são bons é porque são "inadequados", porque não conseguem se controlar, porque são demasiado ansiosos ou sofrem impulsos inconscientes. Ser neurótico é ser capaz de agir mal sem se sentir responsável pelo que faz.

O terapeuta deve tentar ajudar o paciente a ver que está errado, ou seja, que está mentindo quando diz que quer ser bom. O que ele realmente quer é ser mau. A moralidade é uma questão empírica. Pior ainda, o paciente quer ser mau, quer ter uma desculpa para a sua irresponsabilidade, quer ser capaz de dizer: "Mas eu não consigo evitar."

Sua única saída é ver que a peregrinação à Cidade Celestial precisa ser feita através da estrada que cruza o Inferno. Quando reivindicamos o mal em nós mesmos, não precisamos mais temer que ele ocorra fora do nosso controle. Por exemplo, um paciente chega para a terapia reclamando que não se dá bem com os outros; alegando que, de algum modo, sempre diz a coisa errada e fere os sentimentos alheios. Alegando que, no fundo, é um sujeito decente, só que tem esse incontrolável problema neurótico. O que ele não quer saber é que sua "hostilidade inconsciente" não é o *problema* e sim a *solução*. Ele, na verdade, não é um sujeito decente que quer ser bom; ele é um bastardo que quer ferir os outros e continuar a pensar que é um sujeito decente. Se o terapeuta puder guiá-lo aos abismos de sua feia alma, talvez ainda haja esperança para ele. Se esse peregrino conseguir perceber como ele próprio é raivoso e vingativo, ele poderá seguir a pista de sua história pessoal e trazê-la à luz — em vez de ser condenado a repisá-la de modo inconsciente. Não podemos mudar coisa alguma a respeito de nós mesmos sem antes aceitá-la. Jung sugere que "o doente não precisa aprender como se livrar de sua neurose, mas sim como suportá-la. Pois a doença não é um fardo supérfluo e insensato: ela é o doente; o próprio doente é o 'outro' que estamos sempre tentando expulsar".[11]

Se fugimos do mal em nós mesmos, corremos um sério risco. Todo o mal é uma vitalidade potencial que necessita de transformação. Viver sem o potencial criativo da nossa própria destrutividade equivale a ser um anjinho de cartolina.

De modo geral, acredito que todos nós somos mais ou menos tão bons e tão maus quanto os outros. Uma maior capacidade para o bem (como aquela que encontramos no terapeuta iluminado) combina-se com uma capacidade ampliada para o mal ainda maior. Quanto ao paciente, "no melhor dos casos... [ele] deve sair da análise como ele realmente é, em harmonia consigo mesmo, nem bom nem mau, mas como um homem verdadeiramente é, um ser natural".[12]

Dante desceu aos Abismos do Mal; precisou passar uma temporada no Inferno antes de poder elevar-se à iluminação da Luz Divina. Não houve pecado que ele não tivesse encontrado dentro de si mesmo. Ele é tão bom e tão mau quanto nós. E se você acredita que alguns homens são melhores que os outros, então eu lhe pergunto, em meu nome e em nome de todos os outros que acham que jamais tivemos um motivo completamente *puro* em toda a nossa vida: "Mesmo que um homem não seja bom, por que deveria ser abandonado?"[13]

## 52. A barriga da baleia

### JOSEPH CAMPBELL

A idéia de que a passagem do portal mágico é uma transição para uma esfera de renascimento está simbolizada na universal imagem uterina da "barriga da baleia". O herói, em vez de conquistar ou conciliar o poder do portal mágico, é engolido pelo desconhecido e, aparentemente, morre.

*Mishe-Nahma, o Rei dos Peixes,*
*projetou-se, em sua ira, à tona d'água,*
*escamas rebrilhando à luz do sol,*
*escancarou a enorme mandíbula*
*e engoliu canoa e Hiawatha.*[1]

Os esquimós do Estreito de Behring contam a lenda do ardiloso herói Raven [o Corvo]: um dia, ao secar suas roupas na praia, ele viu uma baleia nadando calmamente perto da rebentação. Gritou: "Da próxima vez que subir para respirar, minha querida, abra a boca e feche os olhos." Esgueirou-se rápido para dentro de suas roupas negras, colocou sua máscara negra, apanhou algumas achas de lenha sob o braço e voou por sobre as águas. A baleia veio à tona e, como ele havia sugerido, abriu a boca e fechou os olhos. Raven precipitou-se pela mandíbula escancarada e foi-se garganta adentro. A baleia, espantada, fechou depressa a boca e mergulhou. Raven ficou dentro dela e olhou em volta.[2]

Os zulus têm uma lenda sobre duas crianças e sua mãe, que foram engolidas por um elefante. Quando a mãe chegou ao estômago do elefante, "viu grandes florestas, largos rios, planaltos. De um lado, havia muitos rochedos. E muitas pessoas, que ali construíram sua aldeia. E muitos cães, e muitas cabeças de gado. Tudo isso havia dentro do elefante".[3]

Finn MacCool, herói irlandês, foi engolido por um monstro de forma indefinida — conhecido, no mundo celta, como *peist*. Chapeuzinho Vermelho, a garotinha do conto de fadas alemão, foi engolida pelo lobo. O amado herói polinésio, Mauí, foi engolido por sua tataravó, Hine-nui-te-po. E o panteão dos deuses gregos, com a única exceção de Zeus, foi engolido pelo pai, Cronos.

Hércules, o herói grego, ao passar por Tróia na sua jornada de volta à pátria com o cinturão da rainha das Amazonas, foi informado de que a cidade estava sendo assolada pelo monstro que Poseidon, deus do mar, enviara contra ela. A besta vinha à terra e devorava os passantes na planície. O rei acabara de amarrar sua bela filha Hesíone nos rochedos junto ao mar, como um sacrifício propiciatório. O grande herói aceitou um preço para salvá-la. Quando o monstro emergiu à superfície das águas e escancarou sua enorme boca, Hércules mergulhou dentro de sua garganta, abriu caminho a golpes de espada pela sua barriga e o matou.

A popularidade desse tema enfatiza o ensinamento de que a passagem do portal mágico é uma forma de auto-Aniquilação. Fica evidente sua semelhança com a aventura dos Argonautas nos rochedos móveis das Simplegadas. Mas aqui, em vez de sair para o exterior e ultrapassar os confins do mundo visível, o herói vai para o interior de algo a fim de renascer. Seu desaparecimento corresponde à entrada do devoto no templo — onde será estimulado pela lembrança de quem e do que é (ou seja, pó e cinzas), a menos que seja imortal. O interior do templo — a barriga da baleia — e a região celeste além, acima e abaixo dos confins do mundo, são uma única coisa. É por isso que os acessos e entradas dos templos são flanqueados e defendidos por imensas gárgulas: dragões, leões, matadores de demônios com a espada desembainhada, anões rancorosos e touros alados. Eles são os guardiões do portal e sua função é afastar os incapazes de encontrar os silêncios mais profundos do interior do templo. São personificações que nos preparam para o aspecto perigoso da Presença e correspondem aos ogros mitológicos que delimitam o mundo convencional, ou às duas fileiras de dentes da baleia. Eles ilustram o fato de que o devoto, no momento em que entra no templo, passa por uma metamorfose. Seu caráter secular fica no lado de fora; o devoto o despe, assim como a cobra abandona sua pele. Uma vez no interior do templo, pode-se dizer que o devoto morreu para a dimensão temporal e retornou ao Útero do Mundo, ao Umbigo do Mundo, ao Paraíso Terrestre. O significado dos guardiões do templo não é anulado pelo fato de que é possível a qualquer pessoa, em termos físicos, passar por eles; pois, se o intruso for incapaz de "sentir" o santuário, ele, para todos os efeitos, não entrou no templo. Aqueles que são incapazes de compreender um deus, o vêem como um demônio e, assim, se protegem de sua aproximação. Em termos alegóricos, portanto, a entrada no templo e o mergulho do herói através da mandíbula da baleia são aventuras idênticas; ambas denotam, em linguagem figurada, o ato de centrar e renovar a vida.

"Criatura alguma", escreve Ananda Coomaraswamy, "é capaz de alcançar um grau mais elevado da natureza sem cessar de existir."[4] De fato, o corpo físico do herói pode ser massacrado, desmembrado e espalhado pela terra ou pelos mares — como ocorre no mito egípcio de Osíris, o salvador. Osíris foi encerrado num sarcófago e atirado ao Nilo por seu irmão Set;[5] quando retornou dentre os mortos, seu irmão mais uma vez o massacrou, cortou seu corpo em quatorze pedaços e espalhou-os sobre a terra. Os Heróis Gêmeos dos índios navajos foram obrigados a vencer, não só as avalanches de pedras, como também os juncos que lhes retalhavam a pele, os cactos que os cortavam e as areias escaldantes que os sufocavam. O herói que já abandonou o apego ao ego está em condições de viajar pelos horizontes do mundo, de entrar e sair de dragões com tanta facilidade quanto um rei atravessa os salões de seu palácio. E aí reside seu poder de salvar; pois sua passagem e seu retorno demonstram a permanência do Incriado-Imperecível em todos os opostos do mundo dos fenômenos, e que não há nada a temer.

E foi assim que, em todo o mundo, aqueles homens que têm por função tornar visível na Terra o mistério da criação da vida a partir da morte do dragão, representaram o grande ato simbólico sobre seus próprios corpos e espalharam sua carne (como o corpo de Osíris) para renovar o mundo. Na Frígia, por exemplo, em honra de Átis — salvador crucificado e ressuscitado — um pinheiro era derrubado no vigésimo segundo dia de março e levado para o santuário de Cibele, a deusa-mãe. Ali, como se fosse um cadáver, era envolto em faixas de algodão e adornado com grinaldas de violetas. No meio do tronco atava-se a efígie de um rapaz. No dia seguinte tinham lugar as lamentações cerimoniais e soavam as trombetas. O vigésimo quarto dia de março era conhecido como o Dia do Sangue: o sumo sacerdote extraía sangue de seus próprios braços e o apresentava como oferenda; os sacerdotes giravam numa dança de dervixes ao som de tambores, cornetas, flautas e címbalos até que, arrebatados pelo êxtase, feriam o corpo com facas para espargir com seu sangue o altar e o pinheiro; e os noviços, imitando o deus cuja morte e ressurreição celebravam, castravam-se e desfaleciam.[6]

Dentro desse mesmo espírito, o rei da província índica meridional de Quilacare, ao completar-se o décimo segundo ano de seu reinado, dia de solenes festividades, fazia construir um estrado de madeira recoberto por cortinados de seda. Depois do banho ritualístico numa cisterna, com grande cerimonial e ao som de música, o rei seguia para o templo a fim de prestar adoração à divindade. Depois subia ao estrado e, diante de seu povo, tomava várias facas extremamente afiadas e decepava o próprio nariz, as orelhas, os lábios, os membros e o máximo possível de sua carne. Ele ia lançando os pedaços de seu corpo à sua volta até que, de tanto sangue perdido, sentia que estava para perder os sentidos; nesse momento, sumariamente cortava a garganta.[7]

# 53. A utilidade do inútil

## GARY TOUB

Há mais de dois mil anos, o filósofo taoísta Chuang Tsé escreveu várias parábolas exaltando as virtudes dos homens inúteis, feios e deformados — corcundas, aleijados e lunáticos — e das árvores nodosas, retorcidas e sem frutos. Uma dessas parábolas é a seguinte:

> Shih, o carpinteiro, viajava para a província de Chi. Ao chegar a Chu Yuan, viu um carvalho ao lado do altar da vila. A árvore era grande o bastante para dar sombra a muitos milhares de bois e tinha centenas de palmos de circunferência. Elevava-se acima das colinas, com seus galhos mais baixos a mais de dois metros do solo. Uma dúzia de seus galhos eram grandes o suficiente para que deles se construíssem barcos. Debaixo dela, havia uma multidão, como num mercado. O mestre-carpinteiro não voltou a cabeça, continuou em frente sem se deter.
>
> Seu aprendiz lançou um longo olhar ao carvalho, depois correu atrás de Shih, o carpinteiro, e disse: "Mestre, desde o dia em que peguei meu machado e o segui, nunca vi madeira tão bela como essa. Mas o senhor nem sequer parou para olhá-la. Por quê, mestre?"
>
> Shih, o carpinteiro, respondeu: "Silêncio! Nem mais uma palavra! Aquela árvore é inútil. Um barco feito com sua madeira afundaria, um caixão logo apodreceria, uma ferramenta racharia, uma porta empenaria e uma viga teria cupins. É madeira sem valor e para nada serve. Por isso alcançou idade tão avançada."
>
> Depois que Shih, o carpinteiro, voltou para casa, o carvalho sagrado apareceu-lhe num sonho e lhe disse: "Com que me comparas? Comparas-me com árvores úteis? Existem cerejeiras, macieiras, pereiras, laranjeiras, limoeiros, toranjeiras e muitas outras árvores frutíferas. Logo que seus frutos amadurecem, elas são despojadas e maltratadas. Os galhos maiores são cortados, os menores arrancados. Sua vida é mais amarga por causa de sua utilidade. É por isso que elas não vivem seu tempo natural de vida; são cortadas na primavera da vida. Elas atraem a atenção do mundo do comum dos mortais. Assim se passa com todas as coisas. Quanto a mim, há muito tento ser inútil. Quase fui destruída, diversas vezes. Finalmente, sou inútil e isso é muito útil para mim. Se eu tivesse sido útil, teria conseguido crescer tanto assim?
>
> "Além disso, você e eu somos ambos coisas. Como pode uma coisa julgar outra coisa? O que pode um homem mortal e inútil como você saber sobre uma árvore inútil?" Shih, o carpinteiro, despertou e tentou compreender o sonho.
>
> Seu aprendiz lhe perguntou: "Se aquela árvore tinha tão grande desejo de ser inútil, por que iria ela servir como altar?"
>
> Shih, o carpinteiro, disse: "Silêncio! Nem mais uma palavra! Ela está apenas fingindo ser inútil para não ser ferida por aqueles que não sabem que ela é inútil. Se não tivesse se transformado numa árvore sagrada, ela certamente teria sido derrubada. Ela se protege de uma maneira diferente das coisas ordinárias. Não conseguiremos compreendê-la se a julgarmos do modo ordinário."[1]

Existe também a narrativa de Chuang Tsé sobre o corcunda Shu que, apesar de seu corpo estranho, conseguiu cuidar bem de si mesmo e viver muitos e muitos anos até morrer de velhice.

Essas parábolas ilustram a importância que os taoístas atribuíam ao aparentemente inútil — àquelas coisas que as pessoas e a sociedade evitam devido à sua falta de utilidade. Mais ainda, elas são metáforas que ensinam o sábio a honrar e até mesmo a cultivar sua própria inutilidade (ou qualidades inúteis) para poder viver uma vida plena e natural.

Temas equivalentes existem na alquimia, nos contos de fadas e nos nossos sonhos contemporâneos. Por exemplo, os alquimistas atribuíam grande importância à obtenção da *prima materia,* a substância que inicia o processo de transformação; no entanto, a *prima materia* era descrita como veneno, urina e excrementos — ou seja, substâncias materiais inúteis, desprezíveis e perigosas. Nos contos de fadas, o inútil é personificado pelo "abobalhado" — um personagem estúpido, preguiçoso e aparentemente desafortunado, que parece não ter valor nenhum. Mas na maioria dos contos, o abobalhado transforma-se no herói. Esse tema também aparece no simbolismo dos sonhos contemporâneos. Tomemos, por exemplo, o sonho de Carlos:

> Uma moça está correndo freneticamente por uma varanda no alto de um prédio, tentando escapar de alguém. De repente, ela tropeça, bate no parapeito e só não cai porque consegue agarrar-se. Ela está precariamente suspensa, em grande perigo. Então surge um homem deformado, retardado, de aspecto horrível. Sua aparência assusta ainda mais a moça. Mas ele estende a mão e a faz subir em segurança. Logo depois, vejo a mim mesmo num salão imenso onde está ocorrendo uma espécie de cerimônia religiosa. De um lado do salão, vejo uma fileira de rapazes de aspecto idêntico, bonitos e bem vestidos; eles estão de pé, rígidos. Do outro lado, há uma fila de pessoas aleijadas e retardadas, vestindo trapos. Elas se parecem com o homem que salvou a moça. Eu sei que preciso escolher um grupo para fazer parte dele. Decido unir-me ao grupo dos aleijados e, quando tomo essa decisão, eles gritam de alegria e festejam a minha escolha.

Esse sonho é espantosamente semelhante às narrativas taoístas que louvam o inútil, um tema arquetípico essencial para o processo de individuação.

## A relatividade dos opostos

As parábolas reverenciando o inútil expressam duas características básicas do pensamento taoísta: a relatividade dos valores e o princípio da polaridade. O taoísmo retrata o princípio da polaridade pelo tradicional símbolo chinês do yin e do yang, que representa o lado sombrio e o lado ensolarado de uma montanha — e, por extensão, a existência de todos os pares de opostos. Como os dois lados de uma moeda, yin e yang, escuro e luz, inútil e útil, são pólos complementares da natureza que nunca podem ser separados. De acordo com Chuang Tsé:

> Aqueles que querem ter o certo sem o seu recíproco, o errado, ou o bom governo sem o seu recíproco, o desgoverno — esses não compreendem os grandes princípios do universo nem as condições a que toda a criação está sujeita. Desse modo, alguém

poderia falar da existência do céu sem falar da existência da terra, ou falar do princípio negativo sem falar do princípio positivo — e isso, claro, é um absurdo. Essas pessoas, se não se rendem à argumentação, hão de ser tolas ou velhacas.[2]

Os taoístas perceberam que nenhum conceito ou valor singular poderia ser considerado absoluto ou superior. Se é benéfico ser útil, então também é benéfico ser inútil. A facilidade com que os opostos podem trocar de lugar é mostrada na história taoísta do fazendeiro cujo cavalo fugiu.

Seu vizinho veio compadecer-se do fazendeiro, mas ouviu: "Quem sabe o que é bom ou o que é mau?" Era verdade. No dia seguinte o cavalo voltou, trazendo consigo uma manada de cavalos selvagens que conhecera em suas andanças. O vizinho reapareceu, dessa vez para congratular-se com o fazendeiro pelo seu golpe de sorte. E ouviu a mesma observação: "Quem sabe o que é bom ou o que é mau?" Verdade também dessa vez; no dia seguinte o filho do fazendeiro tentou montar um dos cavalos selvagens e caiu, quebrando a perna. De volta vem o vizinho, dessa vez com mais compaixão, apenas para ouvir pela terceira vez a mesma resposta: "Quem sabe o que é bom ou o que é mau?" E mais uma vez estava certo o fazendeiro pois, no dia seguinte, os soldados surgiram em busca de recrutas e, por causa da perna quebrada, o filho não foi convocado.[3]

De acordo com os taoístas, yang e yin, luz e sombra, útil e inútil são aspectos diferentes da totalidade; e, no instante que escolhemos um lado e bloqueamos o outro, perturbamos o equilíbrio da natureza. Se queremos alcançar a totalidade e seguir o caminho da natureza, precisamos buscar o difícil processo de conter os opostos.

## Integrando a sombra

Esta também foi uma descoberta de Jung: a psique humana consiste em luz e trevas, em masculino e feminino e em incontáveis outras sizígias* que coexistem num estado flutuante de tensão psíquica. Como os taoístas, Jung alertou contra a resolução dessa tensão através da identificação com um único pólo (por exemplo, tentar apenas ser produtivo na vida). Jung percebeu que a valorização excessiva ou o superdesenvolvimento de qualquer aspecto singular da psique é perigosamente unilateral e geralmente resultava em doença psíquica, neurose e psicose. A alternativa recomendada por Jung era confrontar os opostos dentro de nós mesmos — a condição *sine qua non* do processo de individuação.

Um dos principais caminhos para integrar nossos opostos interiores é o confronto consciente com a sombra — a parte "escura" da personalidade que contém as qualidades e atributos indesejáveis que nos recusamos a "assumir". Enfrentar e assumir esses atributos é um processo difícil e doloroso; isso porque a sombra, embora possa conter elementos positivos da personalidade, consiste fundamentalmente das nossas inferioridades — os aspectos primitivos, inadaptados e inconvenientes da nossa natureza que reprimimos devido a considerações morais, estéticas e sócio-culturais.

---

* Conjunções ou oposições planetárias. (N.T.)

Já que geralmente é vista como desprezível, vil e inútil, a sombra corresponde às imagens taoístas da árvore retorcida e do feio corcunda. Como a sombra, nem uma nem outro parecem ter nenhum valor. Portanto, poderíamos dizer que existe, dentro de cada um de nós, uma árvore retorcida ou um Shu corcunda.

## O errado é certo

Além de desvalorizar as características da nossa sombra, tendemos a ver nossos problemas físicos e emocionais como inúteis. Detestamos aquilo que está errado conosco, seja uma leve dor de cabeça ou estômago embrulhado, seja um sério caso de câncer ou depressão. Não damos valor às nossas doenças. Elas se interpõem no nosso caminho e tentamos eliminá-las.

Essa atitude em relação à doença é uma atitude redutiva causal que reflete o modelo médico do Ocidente. Esse modelo presume que uma doença é má ou errada e que, uma vez removida sua causa, o paciente se recuperará. Embora essa abordagem facilite a cura, sua ampla aplicação na cultura ocidental cria uma atitude fundamentalmente negativa em relação aos sintomas e às doenças — atitude essa que corresponde aos sentimentos iniciais do carpinteiro de Chuang Tsé em relação à velha árvore retorcida.

As parábolas de Chuang Tsé oferecem-nos um outro caminho para o exame dos nossos problemas. Assim como o corcunda aleijado e a árvore retorcida se beneficiam de sua condição, nós podemos encontrar algum bem nas nossas doenças. Na verdade, aquilo que está errado conosco em geral está absolutamente certo no sentido de nos trazer um significado ou servir a algum propósito invisível.

A existência de algo positivo em nossos sintomas e problemas é fundamental para a psicologia finalística de Jung. A proposta de Jung é a de que não devemos encarar nossas doenças apenas de uma maneira redutiva causal, mas também buscar sua direção e seu significado. De acordo com Jung, nossos sintomas e complexos neuróticos são arranjos elaborados, traçados pelo inconsciente como parte de um anseio por auto-realização. Em *Two Essays on Analytical Psychology* [Dois Ensaios de Psicologia Analítica], Jung escreveu:

> Eu mesmo conheci mais de uma pessoa que devia toda a sua utilidade e razão de ser a uma neurose, a qual... *forçou* essas pessoas a um modo de vida que desenvolveu suas valiosas potencialidades.[4]

O vínculo entre a doença e a auto-realização foi desenvolvido ainda mais no livro de 1970 de Esther Harding, *The Value and Meaning of Depression* [O Valor e o Significado da Depressão], onde ela demonstra que os estados depressivos são, em geral, tentativas criativas do *Self* para impelir-nos a uma comunicação mais profunda com a nossa totalidade. Arnold Mindell acha que isso também se aplica aos sintomas somáticos. Num artigo publicado em *Quadrant*, ele afirmou:

> Quanto mais trabalho com o corpo, mantendo minhas hipóteses num estado de suspensão temporária, mais aprecio e compreendo uma "doença" qualquer. Quando uma filosofia finalística combinada com a clara observação vier a substituir as terapias causais e os medos baseados na ignorância, o corpo deixará de ser visto como um

demônio doente ou irracional — o corpo será visto como um processo, com sua própria lógica e sua sabedoria interior.[5]

Nas nossas neuroses e doenças físicas, estão encaixados valores e padrões inconscientes essenciais para a totalidade. Para podermos descobrir seu significado, precisamos nos aliar às nossas doenças. Isso quer dizer que devemos prestar a mais cuidadosa atenção aos sintomas, sem formular hipóteses *a priori* ou tentar mudá-los. Um aspecto fundamental dessa abordagem é a idéia de que o que está acontecendo é certo, de algum modo, e devemos ajudá-lo.

Mindell compara esse caminho (o trabalho sobre os sintomas e problemas) à *opus* alquímica, que começa com um corpo impuro e incompleto necessitado de transformação. O "corpo impuro", ou *prima materia*, é equivalente às nossas dores, distúrbios e problemas cotidianos que precisam ser alquimicamente cozidos e transformados para que seu significado se revele. Esse processo de cocção envolve o "aquecimento" daquilo que já está acontecendo, através de uma intensa focagem e amplificação. Os exemplos a seguir ilustram como esse processo funciona na prática.

## Inutilidade e individualidade

Além de nos ensinar a valorizar nossas doenças, as parábolas de Chuang Tsé nos dizem que, para desenvolver nosso pleno potencial, precisamos nos tornar inúteis para o mundo. Caso contrário, viveremos vidas amargas e insatisfeitas, maltratados e despojados de partes preciosas da nossa personalidade. A seu modo exagerado, Chuang Tsé está nos dizendo para vivermos como seres individuais.

Jung também enfatizou a importância de vivermos a singularidade da nossa vida. O elemento-chave no processo de individuação é o desenvolvimento da personalidade própria enquanto oposta à vida na coletividade. Jung sentia uma inquietação específica a respeito da situação crítica do indivíduo na sociedade moderna; pois observou que, no instante em que o indivíduo se associa à massa, sua singularidade é diminuída e obscurecida. Como Jolande Jacobi indicou em *The Way of Individuation* [O Caminho da Individuação]:

> É demasiado grande o número de pessoas que não vivem suas próprias vidas e geralmente quase nada conhecem de sua verdadeira natureza. Elas fazem um esforço violento para "se adaptar", para não se diferenciar de nenhum modo, para fazer exatamente aquilo que as opiniões, regras, regulamentos e hábitos do ambiente exigem como sendo "o certo". Elas são escravas "daquilo que os outros pensam", "daquilo que os outros fazem", etc.[6]

E é isso que ocorre, cada vez mais, quanto mais tentamos viver como membros médios da sociedade — casando, tendo filhos, nos estabelecendo em uma profissão estável e assim por diante. Essas normas são fatais, em especial para aqueles cujos padrões interiores se desviam tremendamente da média, como os artistas, os gênios, os padres e as freiras.

Quanto mais nos alinhamos com os nossos próprios caminhos individuais, menos somos capazes de viver estritamente segundo as normas e valores coletivos. Para realizar a nossa totalidade, é preciso que nos libertemos dos sugestionamentos da psique coletiva e do mundo à nossa volta e que estejamos dispostos a parecer inúteis ou estúpidos. Nas palavras de Lao Tsé:

*Quando o sábio superior ouve falar do Caminho,*
*ele O percorre com muita sinceridade.*
*Quando o sábio mediano ouve falar do Caminho,*
*às vezes O segue, às vezes O esquece.*
*Quando o sábio inferior ouve falar do Caminho,*
*ele dá sonoras gargalhadas.*
*E se ele não der sonoras gargalhadas,*
*esse não seria o Caminho.*
*(Logo, se buscas o Caminho,*
*segue o som das gargalhadas!)*[7]

Lieh Tsé levou ainda mais longe a idéia de ser inútil, sugerindo que nos abstenhamos de sacrificar até mesmo um único fio de cabelo em benefício do mundo. Só assim o mundo estaria em ordem. Isso, mais uma vez, é um exagero; Lieh Tsé não quis dizer que devemos abandonar o mundo e nos tornar eremitas. O verdadeiro sábio tem como meta seguir sua própria natureza no mundo. Nas palavras de Chuang Tsé:

> Só o homem perfeito pode transcender os limites do humano e, ainda assim, não se retirar do mundo; viver de acordo com a humanidade e, ainda assim, não prejudicar a si mesmo. Dos ensinamentos do mundo, ele nada aprende. Ele possui aquilo que o torna independente dos outros.[8]

Em outras palavras, devemos ter como meta nos tornarmos nós mesmos e trazermos para o mundo *aquilo que somos*.

# 54. Trabalhando com os sonhos femininos

KAREN SIGNELL

*"Quem conhece o mal que espreita no coração dos homens? O Sombra o conhece."* A frase de abertura do popular programa da rádio norte-americana dos anos 40, "O Sombra", encerra um fundo de verdade. Ocasionalmente vislumbramos, à espreita nos cantos escuros da nossa percepção consciente, alguns mistérios que são parte da condição humana. Vemos e sentimos algumas coisas, socialmente inaceitáveis, que teríamos preferido não reconhecer nem experimentar. Em geral, o termo "sombra" refere-se àquelas qualidades negativas, a todas as coisas ruins que não se ajustam à nossa imagem consciente de nós mesmos e que banimos da luz da consciência do ego.

Na sua vida cotidiana, você pode captar uma fugaz percepção da existência da sua própria sombra quando foge de certos assuntos ou quando sente uma vaga sensação de culpa, dúvidas a respeito de si mesma, descontentamento ou discórdia. Você pode, subitamente, perceber vagas ansiedades e sentimentos naquele rubor de embaraço, naquela inconveniente risadinha nervosa, naquela explosão de lágrimas, naquela labareda de raiva. Quando um sonho põe a nu sua sombra, você precisa ter suficiente firmeza mental para poder vencer suas próprias resistências a fim de compreender a mensagem desse sonho e aceitá-la no seu coração. Essa é uma experiência humilhante — mas também pode curá-la e lhe dar integridade.

O primeiro sonho mostra a utilidade de encontrar sua própria sombra pessoal; pois, ao admitir o seu lado escuro, você pode tomar mais cuidado consigo mesma e com os outros.

> *Um Rato numa Ratoeira.* Sinto um cheiro ruim. É um rato, ou um camundongo, na minha cozinha, preso na ratoeira mas ainda vivo, ainda se debatendo. Eu o mato ou jogo fora. De algum modo, dou um jeito nele.

Peg, a moça que teve esse sonho, perguntou a si mesma: O que é o *meu* rato — a minha sombra? Ratos são gatunos, egoístas e furtivos. A primeira associação de Peg relacionou-se com o seu antigo namorado e com o alívio que ela sentiu quando soube que ele não viria à cidade conforme planejara. De súbito ocorreu a Peg... era a ratoeira na qual ela se deixara prender. Em nível inconsciente, Peg planejara fazer sexo com ele, embora estivesse atualmente envolvida num relacionamento monogâmico com outra pessoa. Com isso, Peg havia revelado a sombra do padrão duplo que muitas pessoas possuem a respeito de seus envolvimentos amorosos: tudo parece tão inocente e compreensível quando eu "traio" o meu parceiro... e tão horrível quando o meu parceiro me "trai"! O sonho de Peg corrigiu esse padrão duplo e disse-lhe que ela seria um "rato sujo" se traísse seu parceiro atual. Assim, a sensação de "rato na ratoeira" geralmente indica a sombra em você mesma ou em uma outra pessoa.

Os sonhos têm inúmeros significados, como as camadas de uma cebola; e todos eles verdadeiros. Você talvez se pergunte por que o rato se debatia na ratoeira, por que precisava ser morto e por que foi encontrado na cozinha — o lugar onde tomamos o nosso alimento. Peg sofria, já há algum tempo, de um resfriado persistente; talvez o sonho pudesse lhe dizer o que estava errado na sua vida atual. Seria esse sonho uma metáfora poética para o atual relacionamento de Peg? Ela percebeu que, na verdade, estava há algum tempo a se debater numa ratoeira; percebeu também que, mais cedo ou mais tarde, precisaria convencer-se a cometer o ato implacável — mas misericordioso — de terminar esse relacionamento. No nível inconsciente, ela sentira o desejo de "trair" por causa da raiva e da insatisfação que o atual parceiro provocava nela. Isso era algo que Peg *sabia* e, ainda assim, *não* sabia. O forte conteúdo imagético do sonho trouxe isso tudo para o foco correto.

Mesmo que a sombra traga percepções indesejáveis — que não somos tão perfeitas como pensamos ser —, o fato de encontrá-la geralmente libera uma imensa quantidade de energia que estava reprimida no inconsciente. Nos sonhos que teve a seguir, Peg dançou nos prados rodeada por belas plantas em plena floração. E, sem dúvida, o trabalho sobre aquele sonho — tornando sua sombra mais consciente — contribuiu para que seu resfriado logo fosse curado.

Quando um sonho faz a nossa sombra emergir ou quando um amigo nos mostra um defeito, nosso impulso natural é negar e nos defender ("Ora, eu não sou tão ruim assim!"), ou apenas dar de ombros ("Bom, é assim que eu sou, e daí?") ou, senão, respirar fundo e tentar ser melhor do que realmente somos. Tudo isso é um erro. A sombra precisa ser reconhecida e ganhar seu lugar. Você precisa convidá-la — esse hóspede dúbio — para a sua mesa de jantar, civilizá-la do melhor modo que puder e examinar tudo aquilo que ela tem a lhe oferecer. Você não pode deixá-la armando escândalos do lado de fora da porta; não pode deixá-la andando furtiva, causando problemas na sua vida.

Nossa intensa e prolongada experiência na família — com todos os seus membros competindo por atenção e poder, com suas alianças, segredos e ressentimentos — tem um efeito profundo sobre nossas expectativas a respeito de nós mesmos e das outras pessoas na sociedade. Trata-se, em geral, de expectativas inconscientes compartilhadas pela família; podemos, portanto, falar de um "inconsciente familiar" e de uma "sombra familiar". Algumas das mais fortes sensações da sombra se revelam nas nossas relações com nossos irmãos e irmãs. Por exemplo, construímos, em nível inconsciente, um certo direito inerente à posição (seja ela benéfica ou desfavorável) que ocupamos na nossa família; e esperamos ocupar uma posição semelhante em outros ambientes sociais. Deixamo-nos governar por essas expectativas, inconscientemente, porque elas são familiares.

Os sonhos podem revelar posições e atitudes inconscientes; em particular, aquelas típicas da ordem que se estabelece entre os filhos de uma família: o primogênito, o do meio, o caçula, o filho único, o irmão gêmeo.

Como exemplo característico, o filho mais velho está em posição de trazer consigo uma forte inveja. O mundo muda para o primogênito; ele passa a sentir-se injustamente deslocado pelos irmãos mais novos, que parecem apoderar-se de uma parte daquilo que ele considerava caber-lhe de pleno direito — o bolo todo. Essa experiência contrasta com a dos irmãos mais novos; eles nasceram num mundo onde os outros já existiam — cada um deles espera apenas uma fatia do bolo. Em geral, os pais ordenam que o primogênito reprima seus sentimentos negativos porque os outros são mais novos que ele. Essa é uma situação clássica para o problema da sombra do ciúme, que ele precisará detectar mais tarde.

Às vezes a sombra está tão distante da consciência e é tão assustadora que a porta não poderá ser aberta até que a pessoa esteja pronta para enfrentá-la. Você pode estar abrindo a porta para todo o pântano do inconsciente e será submergida pela ansiedade arquetípica. Numa maré de entusiasmo (como ocorre nos cursos), você poderá ser arrastada para um "vamos pôr tudo a nu e, quanto mais profundo, melhor"; mas sua verdadeira vulnerabilidade precisa ser levada em conta.

"Mais profundo" nem sempre é melhor. Afinal de contas, as defesas servem a um propósito. Se você, na sua curiosidade, arrancar a casca de uma ferida cedo demais, ficará com uma ferida exposta. O processo natural de cura leva tempo. Quando você tiver desenvolvido uma "bandagem" protetora para uma ferida profunda, então poderá olhá-la com segurança.

Uma mulher, Carolyn, teve este sonho:

*Fantasmas*. É como estar sentada na platéia assistindo a um filme. A cena se passa numa praia, à noite. Tem uma criança má, sangue por toda parte, corpos retalhados.

Estou sentada perto de uma porta aberta — a porta de um armário —, e me apresso a fechá-la e passar a chave. Mas há uma moça, chamada *Verité*, que está sentada ao meu lado e quer que eu abra de novo a porta. Discutimos. Preciso travar uma luta corporal com ela para manter a porta fechada à chave. Depois fazemos as pazes e nos abraçamos.

Uma voz diz, "Você está lutando para conservar um segredo sobre uma mulher". As pessoas chegam à praia. Ali há mortos, zumbis, que nos encaram de um modo ameaçador. Atiro sobre os zumbis um líquido espesso que anestesia alguns deles. Mas os outros, que não consigo atingir com aquele líquido, ou fogem ou continuam a nos ameaçar; para esses, preciso de alguma outra arma.

O primeiro pensamento de Carolyn foi que ela própria era a "criança má". Lembrou-se de outro sonho, um mês antes:

[Sonho anterior] *Mamãe não Lembra de Coisas Desagradáveis.* Minha mãe está assistindo a um filme de terror e desvia o rosto, dizendo "Não lembro de coisas desagradáveis". Mas sua filha, observando-a, sabe que a *mãe lembra!* É como se ambas, mãe e filha, tivessem uma vaga lembrança de coisas terríveis que aconteceram nos primeiros anos de vida da filha.

É assim que uma criança capta a projeção do mal arquetípico. Quando existe um segredo escuro na família, uma criança se sente errada — sente-se como a "criança má". Carolyn disse: "Quando começo a pegar no sono à noite, os fantasmas aparecem."

Qual é o segredo? O sonho dos *Fantasmas* oferece algumas pistas. A luta com Verité (a "Verdade") — para manter fechada a porta que guarda um terrível segredo sobre uma mulher — parecia a Carolyn, na época, representar sua necessidade inconsciente de continuar acreditando que sua mãe era boa, para que ela pudesse guardar na memória uma "boa mãe" e sentir-se segura. Na realidade exterior, ela continuava a obedecer a proibição de sua mãe de não falar sobre certos assuntos, mantendo intacto o "inconsciente familiar" — nesse caso, a capacidade de maltratar uma criança. Verité lutava para fazer Carolyn revelar a verdade, mas Carolyn ainda não estava pronta.

O que seria aquele líquido anestesiante? Carolyn disse que devia ser álcool, pois ela costuma beber cerveja ou vinho para relaxar. Mas, assim como no sonho, o álcool só funciona de vez em quando para dissipar as imagens (os fantasmas) que a aterrorizaram durante toda a sua vida. Como foi narrado no sonho, nem todos os fantasmas podiam ser anestesiados, ou seja, permanecer no inconsciente. A verdade é inquieta, os fantasmas são inquietos; eles querem se revelar para, depois, repousar.

Já que Verité (a "Verdade") não ganhou a luta no sonho, Carolyn não tentou descobrir maiores detalhes naquela época. Ela não estava pronta. Anos mais tarde, quando conseguiu encarar a verdade, Carolyn descobriu que fora fisicamente maltratada pela mãe quando ainda era um bebê; que fora sexualmente molestada pelo pai quando tinha uns quatro anos de idade; e que provavelmente experimentara esses incidentes "como no cinema", num estado de transe ou num estado dissociado, como geralmente ocorre com as crianças menores de cinco anos. Os "zumbis" no sonho eram as imagens que a Carolyn criança retivera dos pais. Sua mãe tomava tranqüilizantes naquela época e parecia estranhamente ausente, como um zumbi; mas, às vezes, mostrava uma súbita intensidade, como se fustigada por uma raiva inconsciente. Seu pai, ao molestá-la, não se parecia ao seu eu habitual; mostrara-se estranhamente desligado e irreal — o mais provável é que estivesse, ele próprio, em algum estado compulsivo inconsciente, talvez até revivendo algum abuso de que havia sido vítima quando pequeno.

E como o sonho se aplicava à vida de Carolyn na época em que o teve? Por que o sonho surgiu naquele momento de sua vida? Carolyn perguntou a si mesma se a sua sombra — que ela tinha medo de deixar sair do "armário", nesse momento da sua vida — seria o seu lesbianismo. Ela sentia grande ansiedade a respeito de sua opção sexual. A luta de Carolyn com Verité (cujo motivo é permitir ou impedir que essa verdade se torne conhecida), na vida real certamente trouxe à tona o profundo espectro interior de uma sombra arquetípica ainda mais assustadora — que fora projetada sobre Carolyn enquanto bebê fisicamente maltratado e criancinha sexualmente molestada — e sua primeira imagem de si mesma como uma "criança má". Não nos causa espanto que Carolyn lutasse com Verité no sonho! E menos ainda nos espanta que Carolyn se aterrorizasse à idéia de "sair do armário" sob a forma de uma lésbica; pois qualquer condenação cultural iria atingir em cheio suas profundas feridas pessoais e arquetípicas.

Carolyn respeitou o que estava implícito no sonho: ela estava, naquele momento, ansiosa demais para poder explorar a natureza exata de suas feridas primitivas e curá-las; estava ansiosa demais para poder assumir abertamente sua opção de vida. Primeiro, seria preciso que ela diferenciasse entre seus medos reais e seus medos arquetípicos. Carolyn disse que sofria muita pressão da parte de si mesma e dos outros para se assumir abertamente, mas comentou: "Aqueles que se sentem invulneráveis não conhecem a crueldade." E, assim, ela precisava continuar a seguir a estrada por mais algum tempo, ao lado de sua "boa mãe" que continuava a não querer ouvir coisas desagradáveis, antes de estar em condições de enfrentar a verdade cruel dos primeiros anos de sua existência e de fazer frente a todas reações ao seu estilo de vida que poderia esperar no mundo de hoje, com sua variedade de rejeição e aceitação.

Em todos esses sonhos, abrir a porta para a sua própria sombra negativa, por mais assustadora e humilhante que ela possa parecer — conhecer seu próprio rato furtivo, o azedume das rivalidades, os fantasmas de família e seus próprios segredos — pode ajudá-la a suavizar seu coração em relação a si mesma e aos outros, espíritos irmanados nos caprichos humanos; e também ajudá-la a manter a sua sombra sob a mais rigorosa vigilância, para proteger a si mesma e aos outros.

# 55. A emergência da sombra na meia-idade

JANICE BREWI E ANNE BRENNAN

O ponto de mutação que se inicia com a transição da primeira para a segunda metade da vida, faz com que venham à superfície aqueles aspectos da psique mais ou menos inconscientes e até então negligenciados. Nesse processo, a Sombra desempenha seu grande papel criativo.

> Na época em que chega à meia-idade, uma pessoa geralmente já se estabeleceu em padrões psicológicos familiares e está confortavelmente instalada no seu trabalho e na sua família. E eis que de súbito: uma crise! Um belo dia você acorda e descobre, inesperadamente, que não é mais o mesmo. A atmosfera de domínio pessoal foi a pique; o doce néctar da realização tornou-se amargo; os antigos padrões de ajustamento e desempenho passam a ser opressivos. Alguém roubou sua capacidade de dar valor aos seus objetos favoritos — trabalho, filhos, posses, posições de poder, realizações — e agora você fica a perguntar a si mesmo: o que aconteceu a noite passada? Para onde levaram minha capacidade de amar? (Murray Stein)

A Sombra é responsável por esse roubo chocante. Foi a Sombra que surgiu, quando a pessoa na meia-idade começa a se ver desse modo tão absolutamente novo. Jung disse que a percepção consciente da Sombra é um "problema eminentemente prático". Não se pode transformar essa crescente percepção da parte inferior da personalidade numa atividade intelectual.

Na meia-idade, esse grande desconhecido — essa Sombra — tem uma "personalidade própria" suficientemente desenvolvida para envolver a totalidade da consciência do ego, sem engoli-la de imediato. Mas, nesse mesmo período da vida, a personalidade do ego está arriscada a fechar-se sobre si mesma e ficar imobilizada exatamente por causa dessa força. E então é a Sombra (as partes inconscientes da personalidade que o ego consciente tendia a rejeitar ou ignorar) que começa a emergir como uma espécie de "personalidade número dois". Será ela uma amiga ou uma inimiga? Essa é a pergunta da meia-idade. Responder a essa pergunta guardando fidelidade ao meu Eu (a imagem singular de Deus que fui chamado a ser) à medida que vou lutando com a Sombra em cada situação real onde a pergunta se apresenta, é a espiritualidade da meia-idade. A espiritualidade da meia-idade é vivida no palco da vida, não na platéia. Nosso papel é desempenhar a integração e a santidade; aqui não podemos ser meros espectadores.

Esses encontros com a Sombra nunca são um assunto fácil ou simples. Contudo, a palavra *Sombra* pode abranger todos os tipo de experiências novas e inexprimíveis do Si-mesmo que são totalmente individuais. Tentar captar numa única palavra essas experiências tão complexas e sutis irá, necessariamente, reduzi-las. Mas a posse de uma palavra para defini-las coloca essas experiências, às vezes assustadoras e sempre perturbadoras, dentro do horizonte da experiência humana; pois, com muita freqüência, é infinitamente confortador para nós saber que tivemos algumas experiências da Sombra e não que estamos apenas "perdendo a razão".

As experiências da Sombra, no entanto, necessariamente vão além da palavra; e, assim, a palavra pode ser uma espécie de "colcha de retalhos" numa psicologia da segunda metade da vida.

A jornada para o inconsciente — encontrar, cativar e integrar a Sombra — não pode ser empreendida com leviandade. E nem pode ser empreendida até que o desenvolvimento do ego esteja suficientemente forte e a consciência realmente valorizada e confiante. Eis o grande paradoxo, a grande ironia. Pois somente quando acreditamos na nossa consciência de tal modo que quase a vemos como tudo o que existe é que poderemos chegar a ver, a respeitar e a valorizar a Sombra pelo perigo e pelo tesouro nela contidos. A cada encontro com a Sombra, a consciência precisa aferrar-se a si mesma e submeter-se apenas quando suficientemente convencida. A dança de suportar as tensões dos opostos é sempre intricada e o objetivo é sempre a ampliação da consciência, integrando aquilo que antes era inconsciente e talvez visto como mau. Esse processo nunca se faz diretamente. Ele acontece através de um intermediário. Os opostos se unem em um terceiro, um filho de ambos, um símbolo de transcendência. O leão e o cordeiro se unem no Reino: o preto e o branco se unem no cinza. A integração da Sombra e o conseqüente crescimento da consciência exigirão tempo. O processo acontecerá em estágios.

E eis, precisamente, a realidade e o significado da Sombra: cada um de nós poderia conceber e cometer qualquer atrocidade ou alcançar a maior grandeza de que a humanidade é capaz; a Sombra é o resto de quem somos. Para cada virtude que adotamos, seu oposto precisou permanecer sem desenvolvimento, inconsciente. Embora tenhamos o direito de considerar o assassino, o ladrão, o adúltero, o terrorista, a prostituta, o blasfemador, o traficante de drogas, o extorsionário ou o racista que existem dentro de nós como sinistros e maus, não temos o direito de considerá-los como absolutamente não-existentes dentro de nós. Não podemos negar essa possibilidade; não podemos "esquecer o nosso rabo". Não podemos ousar esquecer que possuímos, como disse o Cristo, uma "baixeza" interior assim como possuímos nossas baixezas exteriores: foi essa "baixeza" (junto com todas as outras partes primitivas, inferiores e não-desenvolvidas de cada um de nós) que negligenciamos em favor das nossas partes superiores, virtuosas, capazes e habilidosas. Foi a negligência, a supressão e a repressão dessas "baixezas" que tornou possível o cultivo de seus opostos.

> Não é de admirar que muitas neuroses sérias surjam no início do entardecer da vida. É uma espécie de segunda puberdade, um outro período de tempestade e tensão; não é infreqüente que seja acompanhado por tempestades de paixão — a "idade crítica". Mas os problemas que se produzem nessa idade não podem ser resolvidos pelo velho receituário: os ponteiros do relógio não podem ser atrasados. Aquilo que o jovem encontrou — e precisa encontrar — fora de si mesmo, o homem (e a mulher) no entardecer da vida precisa encontrar dentro de si mesmo. (Jung: *Two Essays in Analytical Psychology)*

A primeira metade da vida destina-se ao crescimento e diferenciação da Sombra. Toda a segunda metade da vida destina-se à integração, cada vez maior, da Sombra.

## 56. Para o homem na meia-idade

DANIEL J. LEVINSON

Na Transição da Meia-Idade e à medida que revê sua vida e considera como dar-lhe um significado maior, um homem precisa chegar a um acordo, de uma maneira totalmente nova, com a destruição e a criação enquanto aspectos fundamentais da vida. O crescente reconhecimento de sua própria mortalidade torna-o mais consciente da destruição enquanto processo universal. Sabendo que sua própria morte não está muito distante, ele anseia por afirmar a vida para si mesmo e para as gerações vindouras. Ele quer ser mais criativo. O impulso criativo não significa apenas "fazer" algo. Significa trazer algo à vida, fazer nascer, gerar vida. Uma canção ou um quadro, até mesmo uma colher ou um brinquedo, quando feitos dentro de um espírito de criação assumem uma existência independente. Na mente de seu criador, eles têm um ser próprio e enriquecerão a vida daqueles que lhes estão ligados.

Desse modo, ambos os lados da polaridade Destruição/Criação se intensificam na meia-idade. A aguda sensação de sua própria destruição final intensifica, num homem, o desejo de criar. Seu crescente desejo de ser criativo é acompanhado por uma maior percepção das forças destrutivas que existem na natureza, na vida humana em geral e nele mesmo.

Para o homem disposto a olhar, a morte e a destruição estão por toda parte. Na natureza, uma espécie se alimenta de outras espécies que, por sua vez, servem de alimento para outras. A evolução geológica da Terra envolve um processo de destruição e transformação. Para que algo seja construído, algo precisa ser desestruturado e reestruturado.

Nenhum homem chega aos quarenta anos sem alguma experiência da destrutividade humana. Outras pessoas, incluindo aquelas mais chegadas a ele, de um modo ou de outro prejudicaram sua auto-estima, estorvaram seu desenvolvimento, impediram-no de buscar e encontrar aquilo que ele mais queria. Do mesmo modo, ele próprio ocasionalmente causou grande sofrimento aos outros, até mesmo a seus entes queridos.

Ao reavaliar sua vida durante a Transição da Meia-Idade, um homem precisa chegar a uma nova compreensão de suas queixas contra os outros pelos danos reais ou imaginários que lhe causaram. Durante algum tempo ele talvez fique totalmente imobilizado pela raiva impotente que sente em relação aos pais, à mulher, aos mentores, amigos e entes queridos que, como ele agora percebe, causaram-lhe sérios ferimentos. E, o que é ainda mais difícil, ele precisa chegar a um acordo com suas culpas — suas queixas contra si mesmo —, pelos efeitos destrutivos que teve sobre os outros e sobre si mesmo. Ele precisa perguntar-se: "Como foi que falhei em minhas responsabilidades de homem adulto para com meus entes queridos e para os empreendimentos que afetam muitas pessoas? Como foi que traí a mim mesmo e destruí minhas próprias possibilidades? Como posso viver com a culpa e o remorso?"

Sua tarefa relativa ao desenvolvimento é compreender mais profundamente o lugar da destrutividade, na sua própria vida e nos assuntos humanos em geral. Grande parte do trabalho, nessa tarefa, é inconsciente. Implica, acima de tudo, retrabalhar os sentimentos e experiências dolorosas. Alguns homens articulam sua nova percepção consciente em palavras, outros nos padrões estéticos da música, da pintura ou da poesia. Mas a maioria dos homens simplesmente vive essa percepção em suas vidas cotidianas. De qualquer modo, um homem precisa chegar a um acordo com suas queixas e suas culpas — a visão que ele tem de si mesmo como vítima e como vilão da história contínua da desumanidade do homem para com o homem. Quando está excessivamente oprimido pelas suas queixas ou culpas, ele será incapaz de superá-las.

Quando forçado a manter a ilusão de que a destrutividade não existe, ele será prejudicado na sua capacidade de criar, de amar e de afirmar a vida.

É necessário que um homem reconheça e assuma a responsabilidade pela sua própria capacidade destrutiva. Mesmo sem intenções hostis, ele às vezes age de uma maneira que acarreta conseqüências danosas para os outros. Enquanto pai, ele pode educar os filhos com as melhores intenções e os piores efeitos. Enquanto namorado, ele sente que seu amor esfriou de repente e se afasta; o casamento deixa de ter sentido mas, mesmo assim, a mulher sente-se abandonada e traída. Enquanto chefe, ele tem a obrigação de rebaixar um funcionário digno mas incompetente e, com isso, afeta a auto-estima e as perspectivas futuras dessa pessoa. Nenhum ato pode ser totalmente benigno nas suas conseqüências. Para que tenhamos o poder de fazer grande bem, precisamos suportar o fardo de saber que causaremos algum mal — no fim, talvez, mais mal do que bem.

Já é bastante difícil reconhecer que podemos ser involuntariamente destrutivos. E o mais doloroso de tudo é aceitar que sentimos desejos destrutivos em relação aos outros, até mesmo aos nossos entes queridos. Existem momentos em que um homem sente ódio e aversão pelos seus familiares, momentos em que gostaria de abandoná-los ou agredi-los, momentos em que os acha intoleravelmente cruéis, ofensivos, mesquinhos, controladores. Ele muitas vezes sente uma intensa raiva ou amargura, sem saber o que a provocou ou contra quem ela se dirige. E ele, na verdade, causou sofrimento aos entes queridos de propósito — com a pior das intenções e, em alguns casos, com a pior das conseqüências.

Os homens de quarenta anos diferem, de um modo bem amplo, em sua disposição para reconhecer e assumir responsabilidade pela sua própria destrutividade. Uns não têm a mínima consciência de que causaram sofrimento aos outros ou de que poderiam desejar fazê-lo. Alguns sentem tanta culpa pelo sofrimento real ou imaginário que infligiram, que não estão livres para considerar os problemas da destrutividade de uma maneira menos passional e colocá-la numa perspectiva mais ampla. Outros têm alguma compreensão do fato de que o ser humano pode sentir tanto amor quanto ódio por alguém; e alguma percepção consciente de sua própria ambivalência ao avaliar seus relacionamentos. Em cada um desses casos, a tarefa ligada ao desenvolvimento é dar mais um passo em direção a maior autoconhecimento e responsabilidade por si mesmo.

Na meia-idade, até mesmo o homem mais amadurecido ou instruído tem muito a aprender em relação ao funcionamento da destrutividade em si mesmo e na sociedade. Ele precisa aprender sobre a herança de raiva — contra os outros e contra si mesmo — que traz dentro de si desde a infância. Também precisa aprender sobre as raivas acumuladas ao longo de sua vida adulta, desenvolvendo e ampliando as fontes da infância. E ele precisa colocar essas forças destrutivas interiores dentro do contexto mais amplo da continuidade de sua vida adulta, fazendo com que elas se entrechoquem com as forças que criam e afirmam a vida, e descobrindo novos caminhos para integrá-las em meio à jornada da vida adulta.

O aprendizado a que acabo de me referir não é puramente consciente ou intelectual. Ele não pode ser adquirido simplesmente lendo alguns livros, assistindo a alguns cursos ou fazendo alguma psicoterapia — embora todos esses caminhos possam contribuir para um processo de desenvolvimento a longo prazo. O principal aprendizado ocorre dentro do tecido da nossa vida. Durante a Transição da Meia-Idade, muitas vezes aprendemos através de períodos de intenso sofrimento, confusão, raiva contra os outros e contra nós mesmos, e mágoa pelas oportunidades perdidas e pelas partes perdidas de nós mesmos.

Um possível fruto do trabalho de um homem sobre essa polaridade é o "senso trágico da vida". O senso trágico deriva da percepção de que as grandes desgraças e fracassos não se abateram sobre nós vindos de uma fonte exterior; mas são, em grande parte, o resultado dos nossos próprios e trágicos defeitos. Uma história trágica não é apenas uma história triste. Na história triste, o herói morre, fracassa em seu empreendimento ou é rejeitado pela amada; o desfecho infeliz é provocado por inimigos, condições adversas, azar ou alguma inesperada deficiência do herói.

A história trágica tem um caráter diferente. Seu herói, dotado de extraordinária virtude e habilidade, está envolvido numa nobre busca. Ele é derrotado nessa busca. A derrota deve-se, em parte, às formidáveis dificuldades externas; mas ela deriva principalmente de um defeito interno do herói, de uma qualidade de caráter que é parte intrínseca do empenho heróico. O defeito, em geral, envolve *hybris* (arrogância, inflação do ego, onipotência) e destrutividade. A nobreza e o defeito são os dois lados da mesma moeda heróica. Mas a tragédia genuína não termina simplesmente na derrota. Embora o herói não alcance suas aspirações iniciais, em última análise ele é vitorioso: ele se confronta com suas profundas falhas interiores, aceita-as como parte de si mesmo e da humanidade, e é transformado, até certo ponto, numa pessoa mais nobre. A transformação pessoal tem mais valor que a derrota e o sofrimento terrenos.

# 57. Como lidar com o mal

## LILIANE FREY-ROHN

Embora seja possível que o mal seja transformado em bem, não devemos esquecer que essa transformação é apenas uma possibilidade. As virtudes humanas mais elevadas são invocadas quando o homem se confronta com o mal. O problema mais sutil da psicologia do mal é *como* devemos lidar com esse adversário — esse numinoso e perigoso oponente na nossa psique — para não sermos destruídos por ele.

Poderíamos traçar um amplo círculo em volta do mal e afirmar que ele precisa ser sublimado ou reprimido. Ou senão, como sugeriu Nietzsche, poderíamos nos aliar ao mal — ao lado reverso da moralidade — e ajudar a vontade cega a alcançar sua realização. Essas duas tentativas de solucionar o problema do mal (as primeiras que ocorrem a qualquer pessoa) têm objetivos diametralmente opostos. O psicólogo que segue o primeiro método tem como objetivo anular a eficácia do mal, reconciliando o indivíduo com a moralidade coletiva ou fazendo com que ele limite seus próprios desejos de autodesenvolvimento. Em seus últimos escritos, Freud chamou atenção para o efeito curador da "educação para a realidade" e do treinamento do intelecto.[1] Freud tentou alcançar esses dois fins através do fortalecimento de Logos (a razão) contra os poderes de Ananke (o destino nefasto). Nietzsche adotou a posição oposta, o segundo método. Em contraposição ao pessimismo de Freud, Nietzsche proclamou uma afirmação dionisíaca do mundo e um apaixonado *amor fati.*[2] Glorificou, não apenas o super-homem como também o mal da besta subumana, da "besta loura". Essas duas tentativas de solução são unilaterais e provocam uma dissociação entre o bem consciente e o mal inconsciente. Pois, como tentamos demonstrar, o "excesso de moralidade" fortalece o mal no mundo interior, e a "pouca moralidade" promove uma dissociação entre o bem e o mal.

A respeito desse ponto, eu gostaria de me referir novamente a William James, que — em coerência com suas idéias sobre a função do mal — via saúde espiritual na integridade da personalidade humana que formava um todo harmonioso.[3] A base de uma personalidade religiosamente estável não seria a perfeição moral, mas a promoção da atitude complementar que havia sido rejeitada. James achava que o segredo mais profundo para a conquista do bem e do mal estava na aceitação incondicional dos ditames do *self* inconsciente.[4] Embora não menosprezasse o perigo de nos colocarmos à mercê da voz interior — já que nunca podemos ter certeza se ela é a voz de Deus ou a voz do Diabo —, James sustentava que a rendição do indivíduo ao transpessoal e ao inconsciente seria o único caminho para a salvação.

Como mostram as pesquisas de Jung, lidar com o mal acaba por se tornar um segredo individual que só pode ser descrito em linhas gerais. A experiência tem constantemente demonstrado que não existe nenhuma garantia de que a pessoa possa enfrentar o desafio e que tampouco existem quaisquer critérios objetivos para aquilo que é "certo" em cada situação. A experiência da sombra arquetípica leva ao "desconhecido" absoluto, onde estamos expostos a perigos imprevistos. Ela equivale a uma experiência da própria imagem de Deus, em todo a sua sublimidade e profundeza, em todo o seu bem e o seu mal. Essa experiência transforma o homem como um todo; não apenas a sua ego-personalidade, mas também o seu adversário interior.

Chegar a um acordo com o inconsciente sempre acarreta o risco de que possamos dar demasiado crédito ao Diabo. Na verdade, estamos confiando demais no Diabo quando deixamos de ver que o confronto com o arquétipo pode resultar tanto em erro e corrupção quanto em orientação e verdade. Uma mensagem do inconsciente não deve, *eo ipso*, ser igualada à voz de Deus. Devemos sempre questionar se o autor da mensagem é Deus ou o Diabo. Esse encontro tanto poderá resultar numa dissolução da personalidade quanto numa orientação a respeito do caminho da sabedoria. Portanto, a simples rendição às forças do inconsciente ou a fé cega nessas forças são tão insatisfatórias quanto a obstinada resistência ao "desconhecido". Assim como uma atitude de confiança absoluta talvez seja expressão de infantilidade, uma atitude de resistência crítica pode ser uma medida de autoproteção. Não só na arte da medicina mas também na psicologia, a cautela é um fator importante na "dosagem" do veneno. Tudo depende da maneira "como" lidamos com o adversário. Uma aproximação excessiva do numinoso — não importa se ele surge como bem ou como mal — acarreta, inevitavelmente, o risco de uma inflação do ego e de sermos esmagados pelos poderes da luz ou das trevas.

Podemos ver em *The Devil's Elixir* [O Elixir do Diabo], de E. T. W. Hofmann,[5] os extremos a que o homem pode ser levado pela possessão demoníaca. Hofmann descreve como o monge Medardus foi possuído pelo "mana" de Santo Antônio e, depois, em compensação, caiu vítima do profano Anticristo. Inebriado por sua própria eloqüência e seduzido pelo seu desejo de poder, o monge foi tentado a aumentar suas forças tomando um gole da garrafa do Diabo. Ao beber o Elixir, ele adquiriu o segredo do rejuvenescimento mas, ao mesmo tempo, caiu em poder do Diabo. Foi dominado pela ânsia de amor e pelas coisas deste mundo, que o atraíram para a destruição. Como resultado desse entrelaçamento com o outro lado de sua personalidade, sua alma dividiu-se em dois sistemas autônomos: a alma corpórea e a alma espiritual. Hofmann desenvolve a seguir, de uma maneira impressionante, o problema daquilo que ele chama o "duplo" — ou seja, a parte da alma que, embora dissociada do ego, ainda assim é sua íntima companheira. Igualmente impressionante é o método que ele sugere para reunir as duas partes da alma. Esse processo começa com o retorno de Medardus para a solidão do mosteiro. Ali a penitência, a reflexão e o remorso aclaram seus sentidos enevoados; e ao perceber, pela primeira vez, que a bondade moral na natureza é dependente do mal, ele encontra a paz e a libertação de seus impulsos compulsivos. Essa relativização do bem e do mal, que dependia de uma parcial aceitação do adversário pagão, também significou uma mudança na sua consciência cristã. Mas a alma corpórea é muito vagarosa para compreender aquilo que a alma espiritual já compreendeu; e, por isso, o problema ressurge, e com maior intensidade. Assim como aconteceu com Fausto, assim também com Medardus: é apenas na região crepuscular entre a vida e a morte que ele encontra a tão ansiada reconciliação de espírito e natureza; então ele experimenta a reconciliação como um raio puro de amor eterno.

Eu gostaria, agora, de mencionar o problema mais importante de lidar com a sombra. Como Jung sempre enfatizou, a sombra é "o problema moral *par excellence*". Isso se aplica à sombra pessoal e também à sombra arquetípica: trata-se de uma realidade que desafia os mais altos esforços da consciência. A consciência da sombra é decisiva para a estabilidade, não apenas da vida individual como também, em grande medida, da vida coletiva. Estar conscientes do mal significa estar dolorosamente conscientes daquilo que fazemos e daquilo que nos acontece. "Se realmente sabes o que fazes, és abençoado; mas, se não sabes, és um maldito e um transgressor da lei."[6] Essas são palavras apócrifas de Jesus. Ele as teria dito a um judeu que viu trabalhando no dia do Sábado.

Tornar-se consciente da sombra talvez pareça uma exigência relativamente simples. Mas, na realidade, é um desafio moral extremamente difícil de ser enfrentado. Essa tarefa exige, antes de mais nada, o reconhecimento do mal individual — ou seja, dos valores contraditórios que o ego havia rejeitado — e o simultâneo reconhecimento dos valores conscientes do bem individual. Em outras palavras, tornar consciente o conflito inconsciente. Isso pode significar:

a) que um ponto de vista moral, antes baseado na tradição, agora é suplementado por uma reflexão subjetiva; ou

b) que os direitos do ego estão recebendo a mesma autoridade que os direitos do "vós"; ou

c) que os direitos do instinto são reconhecidos juntamente com os direitos da razão.

Tornar-se consciente do conflito é algo que é vivenciado como uma colisão, quase irreconciliável, de impulsos incompatíveis; como uma guerra civil dentro de nós mesmos. *O conflito consciente entre o bem e o mal toma o lugar de uma dissociação inconsciente. Como resultado, a regulação instintiva inconsciente é suplementada pelo controle consciente.* Ganhamos a capacidade de avaliar com mais exatidão o efeito que causamos sobre os outros, bem como de reconhecer nossas projeções da sombra e talvez mesmo de recolhê-las. E, finalmente, somos forçados a considerar a revisão das nossas opiniões sobre o bem e o mal. Percebemos que o segredo de um melhor ajustamento à realidade depende, com muita freqüência, da nossa capacidade de desistir "de querer ser bons" e de permitir ao mal um certo direito de viver. Como Jung observou corretamente, parece que "as desvantagens do bem menor" são equilibradas pelas "vantagens do mal menor".[7] Contrariando a opinião geral de que a consciência da sombra faz com que o mal se aglutine e desse modo o fortalece, repetidas vezes encontramos que o oposto é a verdade: o conhecimento da sombra pessoal é a exigência necessária para qualquer ação responsável e, conseqüentemente, para a redução das trevas morais no mundo. Isso também se aplica, de maneira ainda mais ampla, à sombra coletiva, à figura arquetípica do adversário, que corresponde ao consenso coletivo de cada época. A consciência da sombra coletiva é essencial, não apenas para a auto-realização individual mas também para a transformação dos impulsos criativos dentro do coletivo, dos quais depende a preservação da vida individual e da vida coletiva. O indivíduo não pode desligar-se das conexões com a sociedade; *responsabilidade por si mesmo sempre inclui responsabilidade pelo todo.* Podemos até arriscar esta afirmação: Qualquer que seja a consciência pela qual o indivíduo luta e que é capaz de transmitir, ela beneficia o coletivo. Ao chegar a um acordo com o adversário arquetípico, o indivíduo torna-se capaz de perceber os problemas morais coletivos e de prever os valores que irão emergir.

Mas a percepção consciente do conflito moral não é o bastante. Lidar com a sombra exige uma escolha entre dois opostos mutuamente exclusivos e também sua percepção na vida consciente. Existem três caminhos pelos quais o indivíduo pode tentar solucionar esse problema. Ele poderá renunciar a um lado em favor do outro; poderá evadir-se por completo ao conflito; ou poderá buscar uma solução que satisfaça a ambos os lados. As duas primeiras alternativas dispensam maiores comentários. A terceira parece, a princípio, impossível. Como poderiam opostos contraditórios — como o bem e o mal — ser reconciliados? De acordo com as regras da lógica, *tertium non datur.* Portanto, a reconciliação dos opostos só poderia ser alcançada pela sua "transcendência"; ou seja, alçar o problema num nível mais elevado, onde as contradições são resolvidas. Quando a pessoa consegue desligar-se da identificação com um ou outro dos opostos, é freqüente que ela descubra, cheia de assombro, que a natureza intervém em seu auxílio. Tudo depende da atitude da pessoa. Quanto mais ela conseguir manter-se livre de princípios rígidos e quanto mais disponível estiver para sacrificar a vontade do seu próprio ego, maiores são as suas chances de ser emocionalmente envolvida por algo maior que ela mesma. Ela então experimentará uma libertação interior, uma condição — para usar a frase de Nietzsche — "além do bem e do mal". Em termos psicológicos, o sacrifício da vontade do ego acrescenta energia ao inconsciente e leva a uma ativação de seus símbolos. Esse processo corresponde à experiência religiosa, na qual a ressurreição segue-se à crucificação e a vontade do ego torna-se una com a vontade de Deus. Tanto do ponto de vista psicológico quanto do religioso, a aceitação do sacrifício é o *sine qua non* da salvação. Os símbolos, tanto do bem quanto do mal, sofrem uma transformação. Deus perde parte da sua bondade; o mal perde parte da sua maldade. À medida que crescem as dúvidas sobre a "luz" da consciência, as "trevas" da alma parecem menos escuras. Um novo símbolo emerge e, nele, os opostos podem ser reconciliados. Tenho em mente, neste instante, os símbolos da Cruz, do *Tai Chi* e da Flor de Ouro. Em nível individual, a emergência desses símbolos geralmente acarreta uma nova compreensão do conflito, uma neutralização dos opostos e uma transformação da imagem de Deus. Esse processo sempre tem um efeito libertador sobre a alma; a personalidade consciente e o adversário interior parecem, ambos, transformados. Quer esse processo nos atinja sob a forma de uma doença, de um distúrbio físico, de um vazio interior ou da dilacerante invasão do nosso íntimo por uma exigência imoral, no fim o mal pode provar que é um meio de cura, reconciliando a pessoa com o âmago do seu ser, com o *self,* a imagem da divindade. A pessoa que alcançar essa reconciliação não apenas se sentirá aberta ao criativo; ela também sentirá mais uma vez a tensão dos opostos — agora, porém, de uma maneira positiva — e, desse modo, finalmente irá recuperar seus poderes de decisão e ação.

*Cobre o teu corpo de ungüentos*
*e põe de público as tuas chagas,*
*pois isso é parte da cura.*
*Ao te mortificares assim, tornas-te*
*mais misericordioso e mais sábio.*
*Mesmo que por ora não haja nada*
*de errado contigo, talvez logo te tornes*
*o homem que fez dessa atitude*
*um comportamento tão comum.*

Rumi

# Parte 10

# Assumindo nosso lado escuro através da introvisão, da arte e do ritual

Se um caminho houver para sermos melhores, ele estará em um olhar mais pleno ao que é pior.

*Thomas Hardy*

E, assim, a pessoa que "comeu" a própria sombra difunde a calma e mostra mais tristeza que raiva. Se os antigos estavam certos ao dizer que as trevas contêm inteligência, e até mesmo informações, a pessoa que "comeu" uma parte de sua sombra tem mais energia e também é mais inteligente.

*Robert Bly*

Essa noite sonhei,
ah, doce ilusão,
que havia abelhas em meu coração
a transformar em mel o que errei.

*Antônio Machado*

Se despertas aquilo que está dentro de ti, o que despertas te salvará. Se não despertas o que está dentro de ti, o que não despertas te destruirá.

*Jesus*

# Introdução

O objetivo do "trabalho com a sombra" — integrar o lado escuro — não pode ser alcançado com algum método simples ou com malabarismos mentais. Pelo contrário, é uma batalha complexa e contínua que exige um grande compromisso, vigilância e o apoio amoroso de outros que viajam por uma rota semelhante.

Assumir a sombra não quer dizer alcançar a iluminação por banir o lado escuro, como ensinam algumas tradições orientais. E nem quer dizer alcançar a escuridão por seguir o lado escuro, como ensinam alguns praticantes da magia negra ou do satanismo.

Na verdade, assumir a sombra implica um aprofundamento e uma ampliação da consciência, uma inclusão progressiva de tudo aquilo que foi rejeitado. A analista Barbara Hannah conta que Jung costumava dizer que a nossa consciência é como um barco a flutuar sobre a superfície do inconsciente.

> Cada porção da sombra que percebemos tem seu peso; e nossa consciência afunda na medida exata em que colocamos cada porção da sombra dentro do nosso barco. Podemos dizer, portanto, que a grande arte no trato com a sombra consiste em carregarmos corretamente o nosso barco; se pegamos pouca carga, flutuamos para longe da realidade e nos tornamos uma macia nuvem branca, sem substância alguma, no céu; se carregamos demais o barco, podemos fazê-lo ir a pique.

Desse modo, o "trabalho com a sombra" está sempre nos forçando a adotar um outro ponto de vista, respondendo à vida com nossos traços não-desenvolvidos e com o nosso lado instintivo, e vivendo aquilo que Jung chamou "a tensão dos opostos" — contendo o bem e o mal, o certo e o errado, a luz e as trevas, em nosso próprio coração.

"Lidar com a sombra" significa espreitar nos cantos escuros da nossa mente, onde vergonhas secretas permanecem ocultas e vozes violentas são silenciadas. "Lidar com a sombra" significa pedir a nós mesmos para examinar, de perto e com honestidade, o que existe numa certa pessoa que nos irrita ou nos repele; o que existe num certo grupo racial ou religioso que nos horroriza ou nos cativa; e o que existe na pessoa amada que nos encanta e nos leva a idealizá-la. "Lidar com a sombra" significa firmar um "acordo de cavalheiros" com o nosso *self* a fim de nos envolvermos num diálogo interior que poderá, em algum ponto ao longo da estrada, resultar numa autêntica auto-aceitação e numa verdadeira compaixão pelos outros.

Em carta pessoal escrita em 1937, Jung diz que lidar com a sombra "consiste unicamente numa atitude. Em primeiro lugar, a pessoa precisa aceitar e levar em conta, com seriedade, a existência da sombra. Em segundo, é necessário que a pessoa se informe sobre suas qualidades e intenções. E, em terceiro lugar, longas e difíceis negociações serão inevitáveis".

O simples fato de dar o primeiro pequeno passo — reconhecer as trevas que existem dentro de cada coração humano — talvez nos torne mais moderados e humildes. Esse passo pode ser iniciado pela traição de uma pessoa que amamos, pela mentira de um amigo em quem confiamos, pela impostura de um mestre que respeitamos, ou por um estupro ou assalto cometidos por um estranho qualquer. Em qualquer desses casos, o encontro com a sombra rouba-nos a inocência.

Se o espelho girar e pudermos observar esses comportamentos em nós mesmos, reconhecendo a verdade mais profunda de que o amante e o mentiroso, o santo e o pecador vivem em cada um de nós, talvez fiquemos chocados e paralisados ao ver a brecha que existe entre aquilo que somos e aquilo que pensávamos ser.

Se permitirmos que essa verdade nos penetre em profundidade, talvez deixemos de agir como o homem da fábula: ele perdeu a chave de casa na escuridão diante da porta mas insiste em procurá-la em volta do poste, porque ali a luz é melhor. Talvez aprendamos, vagarosa e inexoravelmente, que a chave está no escuro; talvez aprendamos que, se pudermos aceitar precisamente aquilo que mais desprezamos em nós mesmos ou nos outros, ela poderá levar-nos à totalidade.

Como a Bela aceitando a Fera, nossa beleza se aprofunda à medida que respeitamos a nossa bestalidade. O poeta Rainer Maria Rilke percebeu-o quando afirmou temer que, se seus demônios o abandonassem, seus anjos fugiriam.

E assim começamos, talvez com timidez, a dar o segundo passo de Jung — descobrir as qualidades da nossa própria sombra, observando atentamente nossas reações às outras pessoas e admitindo que elas não são o "outro" ou o "inimigo" e, sim, que um impulso dentro de nós faz com que as vejamos sob essa forma negativa. Desse modo, podemos aprender a chamar de volta nossas projeções e a recuperar a energia e a força que, como diz Robert Bly, pertencem ao nosso tesouro.

Em *The Spectrum of Consciousness* [O Espectro da Consciência],* o filósofo transpessoal Ken Wilber explora a projeção de qualidades negativas sobre os outros. No Capítulo 58, ele descreve como assumir responsabilidade por elas ao reconhecer que "a sombra não é um assunto entre você e os outros, mas um assunto entre você e você".

No Capítulo 59, extraído de *A Little Book on the Human Shadow* [Um Pequeno Livro sobre a Sombra Humana], o poeta Robert Bly sugere que, para podermos "comer a sombra", precisamos fazer mais do que identificá-la; precisamos pedir aos outros que nos devolvam nossos traços reprimidos, bem como usar a criatividade para integrá-los.

O psicólogo e escritor Nathaniel Branden, que popularizou a expressão *disowned self* [o "eu" reprimido], conta-nos a história de alguns pacientes que retomaram os sentimentos infantis de dor e energia.

Os psicólogos Hal Stone e Sidra Winkelman aplicam o Processo do Diálogo com a Voz para integrar energias reprimidas, tais como a sensualidade e os sentimentos

---

* Publicado pela Editora Cultrix, São Paulo.

demoníacos. Neste excerto de *Embracing Our Selves* [Abraçando Nossos Eus], o casal ilustra o seu método contando algumas histórias de pacientes.

Num excerto de *Healing the Shame That Binds You* [Curando a Vergonha que o Imobiliza], o famoso escritor, conferencista e líder de cursos John Bradshaw explora a voz interior que nos causa vergonha e nos critica. Como disse a analista junguiana Gilda Frantz: "A vergonha é o osso que precisamos roer até o fim para integrarmos todo o complexo da sombra."

Abrindo uma curta série de ensaios sobre a imaginação ativa, a analista Barbara Hannah oferece uma introdução geral à prática, tal como lhe foi ensinada por Jung. Você vai ler alguns conselhos práticos sobre a maneira de usar a energia criativa para assumir a sombra.

Em dois ensaios escritos especialmente para este livro, Linda Jacobson, uma artista de Los Angeles, ensina uma prática que usa a visualização a fim de evocar imagens para desenhar a sombra; e a psicoterapeuta e romancista Deena Metzger explora o ato de escrever sobre o *outro* como uma forma auto-reveladora de "trabalho com a sombra".

Mesmo com todo o grande esforço para assumir a sombra, envolvendo prolongadas negociações interiores, ainda assim o resultado é incerto. Não conhecemos nenhum ser humano completo ou perfeito que tenha tornado conscientes toda a vergonha, a avidez, a inveja, a raiva, o racismo e as tendências de construir o inimigo. Não existe nenhum ser humano que tenha parado de projetar sobre os outros suas escuras inferioridades ou seus luminosos anseios heróicos.

O que sabemos é que, à medida que vamos trazendo à luz cada camada da sombra, à medida que vamos enfrentando cada medo e retomando cada aversão, descobrimos progressivamente outra e mais outra pepita de ouro enterrada no pó. O processo de "mineração" nos escuros recessos da psique humana é infindável. Mas num certo instante, em algum estranho ponto de mutação, as qualidades que antes nos pareciam tão atraentes e tão cheias de luz são lançadas na escuridão — e as qualidades que antes nos pareciam perversas ou fracas passam a ser, de algum modo, atraentes. Quando a sensualidade e a malícia feminina de uma mulher estão na sombra, as mulheres *sexy* parecem-lhe espalhafatosas e manipuladoras; mas quando sua própria sensualidade é despertada, aquelas mesmas mulheres lhe parecem como irmãs.

Do mesmo modo, um homem tem horror das grandes empresas por causa de sua ganância, competitividade e valores orientados para objetivos; mas, quando alcança o sucesso, ele não irá julgar tão apressadamente seus irmãos mais materialistas. Em cada caso, nossa identidade se expande para incluir aquelas características que haviam sido exiladas sobre os outros.

Nessa guerra entre os opostos, existe apenas um único campo de batalha: o coração humano. E, de algum modo, ao aceitar compassivamente o lado escuro da realidade, nos tornamos os portadores da luz. Abrimo-nos para o outro — para o estranho, o fraco, o pecador, o desprezado — e apenas pelo ato de incluí-lo nós o transmutamos. Ao fazê-lo, caminhamos em direção à totalidade.

# 58. Assumindo responsabilidade pela própria sombra

KEN WILBER

Assim como a projeção de *emoções* negativas, também a projeção de *qualidades* negativas é muito comum na nossa sociedade, pois caímos na ilusão de equiparar "negativo" a "indesejável". Desse modo, em vez de aceitar nossos traços negativos e integrá-los, nós os alienamos e projetamos, vendo-os em todas as outras pessoas exceto em nós mesmos. Mas eles, como sempre, continuam a nos pertencer. Por exemplo, num grupo de dez garotas, nove gostam de Jill; mas a décima, Betty, não a suporta pois a considera uma hipócrita. E Betty odeia a hipocrisia. Ela faz de tudo para convencer as outras amiguinhas da suposta hipocrisia de Jill; mas nenhuma delas se deixa convencer, e isso a enfurece ainda mais. Talvez seja evidente que Betty odeia Jill apenas por não ter consciência de suas próprias tendências à hipocrisia; no instante em que projeta essas tendências sobre Jill, o conflito entre Betty e Betty transforma-se num conflito entre Betty e Jill. Está claro que Jill nada tem que ver com esse conflito — ela simplesmente serve como um indesejado espelho para o ódio de Betty por si mesma.

Todos nós temos pontos cegos — tendências e traços que simplesmente recusamos admitir como sendo nossos, que nos recusamos a aceitar e que, portanto, arremessamos sobre o meio ambiente, onde lançamos mão de todo o nosso falso moralismo para, enfurecidos e indignados, lutar contra eles, sem perceber que o nosso próprio idealismo nos cega ante o fato de que a batalha é travada no nosso íntimo e de que o inimigo está muito mais próximo de nós. E a única coisa necessária para que esses aspectos sejam integrados é tratar a nós mesmos com a mesma bondade e compreensão que dispensamos aos nossos amigos. Como Jung, com a maior eloqüência, afirma:

> A aceitação de si mesmo é a essência do problema moral e a epítome de toda uma visão de vida. Alimentar os famintos, perdoar um insulto, amar o inimigo em nome de Cristo — todas essas, sem dúvida alguma, são grandes virtudes. Aquilo que faço ao menor dos meus irmãos, eu o faço a Cristo. Mas o que acontece se eu descobrir que o menor dentre eles, o mais pobre dentre os mendigos, o mais impudente dentre os pecadores, o próprio inimigo, todos eles estão dentro de mim e que eu, eu mesmo, preciso das esmolas da minha própria bondade, que eu mesmo sou o inimigo que precisa ser amado — o que acontece então?[1]

As conseqüências são sempre duplas: primeiro, chegamos a acreditar que somos totalmente isentos da qualidade que estamos projetando e, portanto, que ela não está à nossa disposição — não agimos sobre ela, não a utilizamos e não a satisfazemos de modo algum, o que provoca em nós um estado crônico de frustração e de tensão. Segundo, vemos essas qualidades como existentes no meio ambiente, onde elas assumem proporções impressionantes ou aterradoras, de modo que acabamos por nos fustigar com a nossa própria energia.

No Nível do Ego, a projeção é identificada com extrema facilidade: se uma pessoa ou coisa no ambiente *nos informa*, provavelmente não estamos projetando; por outro lado, se ela *nos afeta*, o mais provável é que sejamos uma vítima das nossas próprias projeções. Por exemplo, talvez Jill fosse realmente uma hipócrita, mas seria essa uma razão válida para Betty odiá-la? Certamente que não. Betty não era apenas *informada* de que Jill era hipócrita, ela era fortemente *afetada* pela hipocrisia de Jill; esse é um sinal certo de que o ódio de Betty por Jill seria apenas a projeção ou o extravasamento do desprezo por si mesma. E, do mesmo modo, quando Jack ainda se perguntava se iria ou não limpar a garagem e sua mulher lhe perguntou como estava indo a limpeza, ele se excedeu na reação. Se Jack realmente não tivesse desejado limpar a garagem, se fosse realmente inocente daquele impulso, teria respondido apenas que havia mudado de idéia. Mas não foi isso que ele fez; ele gritou para ela: "Olha só *ela* me mandando limpar o raio da garagem!" Jack projetou seu próprio desejo e, em seguida, experimentou-o sob a forma de uma pressão; desse modo, a inocente pergunta da esposa não apenas o *informou* como também o *afetou* fortemente: ele se sentiu indevidamente pressionado. E *essa* é a diferença crucial: aquilo que vejo nos outros está mais ou menos correto se apenas me *informa*; mas, se me *afeta* fortemente em termos de emoção, então trata-se, sem dúvida, de uma projeção. Assim, quando nos apegamos de maneira ostensiva a alguém (ou a alguma coisa), estamos abraçando a sombra; e quando evitamos ou odiamos alguém num nível fortemente emocional, estamos travando um combate com a sombra — nesse caso, o Quarto Dualismo-Repressão-Projeção* ocorreu do modo mais definitivo.

O ato de desfazer uma projeção representa um movimento ou transição "descendente" ao longo do espectro da consciência (da Sombra para o Nível do Ego) pois, ao recuperar aspectos de nós mesmos que havíamos alienado, estamos ampliando nossa área de identificação. E o primeiro passo, o passo fundamental, consiste sempre em percebermos que as coisas que julgávamos que o meio ambiente fazia para nós de maneira mecânica são, na verdade, *coisas que estamos fazendo para nós mesmos — coisas pelas quais somos responsáveis.*

Desse modo, quando sinto ansiedade, geralmente alego que sou uma vítima indefesa dessa tensão e que as pessoas ou situações no meio ambiente estão *fazendo* com que eu me sinta ansioso. Meu primeiro passo será tornar-me plenamente consciente dessa ansiedade, ficar em contato com ela, estremecer e sentir calafrios e arquejar — *sentir realmente toda essa ansiedade,* convidá-la a entrar, expressá-la — e assim perceber que eu sou o responsável, que eu estou criando a tensão, que eu estou bloqueando a minha excitação e, por causa disso, estou sentindo ansiedade. Eu

---

* Em capítulo anterior de seu livro, Ken Wilber desenvolve a tese da evolução do espectro da consciência. Em termos extremamente simplificados, haveria um Primeiro Dualismo (o "pecado original", a cisão ilusória entre sujeito e objeto, a separação entre o agente conhecedor e o objeto conhecido); um Segundo Dualismo (por temer a extinção final e não compreender a unidade entre a vida e a morte, o homem desmembra essa unidade); um Terceiro Dualismo (ao fugir da morte, o homem prende-se à permanência da "imagem de si mesmo", o ego); e um Quarto Dualismo (na tentativa de tornar aceitável a imagem de si mesmo, o homem cria a *persona* e a *sombra*). Como cada um desses dualismos é acompanhado de uma repressão e de uma projeção, fica explicado o termo "Quarto Dualismo-Repressão-Projeção". (N.T.)

estou fazendo isso para mim mesmo; logo, essa ansiedade é um assunto entre eu e eu, não entre eu e o meio ambiente. Essa mudança da minha atitude significa que, onde antes eu alienava a minha excitação, separava-me dela e alegava ser *sua vítima*, eu agora estou *assumindo a responsabilidade por aquilo que estou fazendo a mim mesmo*.

Se o primeiro passo para "curar" as projeções da sombra consiste em assumir a responsabilidade pelas nossas projeções, então o segundo passo consistirá simplesmente em *reverter* a direção das nossas projeções e fazer aos outros, com toda a gentileza, aquilo que até agora estivemos fazendo a nós mesmos com toda a crueldade. Por exemplo, "O mundo me rejeita" transforma-se em "Eu rejeito, pelo menos neste instante, todo esse maldito mundo!" A frase "Meus pais querem que eu estude" transforma-se em "Eu quero estudar!" A frase "Minha pobre mãezinha precisa de mim" transforma-se em "Eu quero ficar próximo de minha mãe!" A frase "Tenho medo de ser abandonado por todos" transforma-se em "Danem-se todos, não dou bola para ninguém!" A frase "Todo mundo me olha de maneira crítica" transforma-se em "Eu tenho interesse em dar uma opinião crítica sobre todo mundo".

Logo voltaremos a discutir esses dois passos fundamentais da responsabilidade e da reversão; vamos agora fazer uma pausa para observar que, em todos esses casos de projeção da sombra, tentamos "neuroticamente" tornar aceitável nossa auto-imagem através do processo de torná-la inexata. Todos os aspectos da nossa auto-imagem (do nosso ego) que são incompatíveis com aquilo que à primeira vista acreditamos ser o melhor para nós mesmos, ou todos os aspectos que alienamos nos momentos de tensão, nos impasses ou grandes dilemas — todo esse potencial de autodesenvolvimento é abandonado. O resultado é que estreitamos a nossa identidade até que ela se torna apenas uma fração do nosso ego: a *persona* distorcida e empobrecida. E assim, de um só golpe, somos condenados a ser eternamente assombrados pela nossa própria Sombra — essa Sombra à qual, hoje, nos recusamos a conceder o benefício de um mínimo da nossa atenção consciente. Mas a Sombra sempre tem a última palavra; pois ela força a entrada, na nossa consciência, da ansiedade, da culpa, do medo e da depressão. A Sombra transforma-se num sintoma e agarra-se a nós como o vampiro a sugar o sangue de sua presa.

Em linguagem um tanto figurada, podemos dizer que cindimos a *concordia discors* da psique em numerosas polaridades, contrários e opostos — aos quais, por conveniência, nos referimos coletivamente como o Quarto Dualismo (ou seja, a cisão entre a *persona* e a Sombra). Em cada um desses casos, associamo-nos com apenas "uma metade" da dualidade e lançamos o oposto dessa metade, rejeitado e geralmente desprezado, para o mundo crepuscular da Sombra. Portanto, a Sombra existe precisamente como o *oposto* daquilo que nós, enquanto *persona*, em nível consciente acreditamos e pensamos ser.

Logo, se você quiser saber com exatidão como a sua Sombra vê o mundo, basta que você — a título de experiência pessoal — *assuma exatamente o oposto daquilo que deseja, gosta, sente, quer, pretende ou acredita no nível consciente*. Através dessa experiência você poderá conscientemente fazer contato com os seus opostos, expressá-los, trabalhá-los e, em última análise, retomá-los. Pois, afinal de contas, ou você assume seus opostos ou eles assumirão você — a Sombra sempre tem a última palavra. E esta é a lição que aprendemos (se é que algo aprendemos) com cada exemplo deste capítulo: podemos sabiamente *tomar consciência* dos nossos opostos.. caso contrário, seremos forçados a nos *precaver contra* eles.

Mas, atenção: trabalhar os opostos, estar consciente da Sombra e eventualmente retomá-la, não implica necessariamente *uma ação* sobre eles! Parece que quase todos nós sentimos a maior relutância em confrontar nossos opostos, por medo de sermos subjugados por eles. No entanto, as coisas se passam exatamente do modo inverso: só acabamos por seguir os ditames da Sombra, contra a nossa vontade, quando a nossa Sombra é inconsciente.

Para podermos tomar uma decisão válida ou fazer uma escolha segura, precisamos estar plenamente conscientes das "duas metades", de ambos os lados, dos dois pólos opostos; sempre que um deles é inconsciente, o mais provável é que a nossa decisão não seja sábia. Em todas as áreas da vida psíquica, como demonstram todos os exemplos deste capítulo, precisamos confrontar nossos opostos e retomá-los — e isso não implica, necessariamente, agir sobre eles... só implica *estar consciente* deles.

À medida que vamos progressivamente enfrentando nossos opostos, torna-se cada vez mais evidente — e nunca será demais insistir nessa tecla — que, já que a Sombra é uma faceta real e integrante do ego, todos os "sintomas" e desconfortos que ela parece estar nos infligindo são, na realidade, sintomas e desconfortos que estamos infligindo a nós mesmos; por mais que, no nível consciente, possamos protestar que se trata do contrário. *É quase como se, por exemplo, eu estivesse deliberada e dolorosamente me beliscando, mas fingindo que não estava me beliscando!* Quaisquer que sejam os meus sintomas nesse nível — culpa, medo, ansiedade, depressão — todos eles, a rigor, são o resultado do meu ato de beliscar "mentalmente" a mim mesmo. A implicação direta, por mais incrível que pareça, é que *eu quero que esse sintoma doloroso, qualquer que seja a sua natureza, esteja presente em mim... tanto quanto quero que ele desapareça!*

Assim, o primeiro oposto que você pode tentar confrontar é esse desejo secreto e ensombrecido de manter e conservar seus sintomas; esse desejo inconsciente de beliscar a si mesmo. Você me permitiria a insolência de sugerir que, quanto mais ridícula essa idéia lhe parecer, mais essa reação indicará o quanto você está fora de contato com a sua própria Sombra, com aquele seu lado que *está* beliscando você?

Logo, se pergunto: "Como posso me livrar desse sintoma?", estou cometendo um erro crasso, pois a pergunta implica que não sou *eu* que estou produzindo o sintoma! Seria o equivalente a perguntar: "Como posso parar de me beliscar?" Enquanto estou perguntando como parar de me beliscar ou enquanto estou *tentando* parar de me beliscar, fica mais do que evidente que eu ainda não percebi que sou *eu mesmo* que estou me beliscando! Com isso a dor permanece, ou até mesmo aumenta. Pois, se eu perceber claramente que estou me beliscando, não vou perguntar como parar — eu vou parar de imediato! Falando com toda a franqueza, a razão pela qual o sintoma não desaparece é que você está tentando fazê-lo desaparecer. Foi por esse motivo que Frederick S. Perls afirmou que, enquanto combatermos um sintoma, ele se agravará. A mudança deliberada não funciona, pois exclui a Sombra.

Desse modo, o problema *não* é livrar-se de algum sintoma e, sim, tentar aumentá-lo, de modo deliberado e consciente, para poder senti-lo plenamente, de modo deliberado e consciente! Se você está deprimido, tente ficar mais deprimido. Se você está tenso, fique mais tenso ainda. Se você sente culpa, aumente suas sensações de culpa — e quero dizer, literalmente! Quando agimos dessa maneira estamos reconhecendo pela primeira vez a nossa Sombra e até mesmo nos sintonizando com ela; ou seja, estamos fazendo de modo consciente aquilo que até então fazíamos de modo inconsciente. Quando você, a título de experiência pessoal, invocou conscientemente todas as partes de si mesmo num esforço ativo e deliberado de produzir seus sintomas atuais, na verdade o que você fez foi *juntar sua persona e sua Sombra.* Você fez contato com os seus opostos e se alinhou com eles, conscientemente; em suma, você redescobriu a sua Sombra.

Portanto, você deve ampliar de modo deliberado e consciente qualquer um dos seus sintomas atuais até alcançar o ponto em que percebe, conscientemente, que é *você* quem os está produzindo e quem sempre os produziu; a conseqüência desse processo é que, pela primeira vez e de uma maneira espontânea, você está livre para deixar de produzi-los. Quando você conseguir se sentir *mais* culpado, vai lhe ocorrer que você também consegue se sentir *menos* culpado — mas de uma maneira admiravelmente espontânea. Se você é livre para se sentir deprimido, você também é livre para não se sentir deprimido. Meu pai tinha um método instantâneo para curar soluços: ele oferecia uma nota de vinte dólares em troca de mais um, e um único, soluço. Do mesmo modo, ansiedade consentida deixa de ser ansiedade; o método mais fácil para eliminar a tensão de uma pessoa é desafiá-la a ficar o mais tensa que lhe for possível. Em todos os casos, a adesão consciente a um sintoma livra-nos desse sintoma.

Mas não fique preocupado em ver se o sintoma desaparece ou não — ele desaparecerá, mas não se preocupe com ele. Trabalhar os opostos apenas para tentar apagar um sintoma significa dar a esse trabalho uma razão de ser mesquinha. Em outras palavras, você não pode trabalhar seus opostos só com "metade" do coração e depois averiguar, cheio de ansiedade, se o sintoma desapareceu ou se continua presente. Se você se ouvir dizendo: "Bom, eu tentei fazer esse sintoma se agravar. Só que ele ainda não desapareceu, mas eu quero, quero mesmo, que ele desapareça!", pode estar certo de que você não estabeleceu nenhum contato com a Sombra; você está apenas expressando, da boca para fora, algumas frases de efeito para aplacar os deuses e demônios. Você precisa se transformar nesses demônios até o ponto de poder, com deliberação e propósito, com toda a força da sua atenção consciente, produzir seus sintomas a agarrar-se a eles.

Ao fazer contato com meus sintomas e tentar deliberadamente me identificar com eles, devo manter em mente que qualquer sintoma — se tem um núcleo emocional — é a forma visível de uma Sombra que contém não apenas a qualidade oposta como também a *direção* oposta. Assim, se me sinto terrivelmente magoado e mortalmente ferido "por causa de" algo que Fulano me disse, e esse algo me lançou em profunda agonia — embora, em nível consciente, eu sinta apenas boa vontade em relação a Fulano —, meu primeiro passo será perceber que *eu* estou fazendo isso para mim mesmo, que, literalmente, eu estou ferindo a mim mesmo. Ao assumir a responsabilidade pelas minhas próprias emoções, torno-me capaz de reverter a direção da projeção e de perceber que aquela sensação de estar ferido era, precisamente, o meu próprio desejo de ferir Fulano. A frase "Eu me sinto ferido por Fulano" transforma-se, afinal e muito corretamente, em "Eu quero ferir Fulano". Bom, isso não quer dizer que eu vou até lá espancar Fulano — a percepção consciente da minha raiva é suficiente para integrá-la (embora eu talvez espanque um travesseiro, em lugar do Fulano). A questão é que o meu sintoma de agonia reflete não apenas a qualidade oposta como também a direção oposta. Logo, além de assumir a responsabilidade pela minha raiva (que é a qualidade oposta à minha boa vontade consciente em relação a Fulano), preciso *também* assumir a responsabilidade pelo fato de que essa raiva parte *de mim na direção de* Fulano (ou seja, o oposto da minha direção consciente).

Num certo sentido, portanto, *primeiro* precisamos perceber — no caso das emoções projetadas — que aquilo que pensávamos que o ambiente estava fazendo para nós é, na verdade, algo que estamos fazendo para nós mesmos (estamos, literalmente, nos beliscando); e depois precisamos perceber que se trata, na verdade, do *nosso próprio desejo disfarçado de beliscar os outros!* E então poderemos substituir — de acordo com as nossas próprias projeções — o "desejo de beliscar os outros" pelo desejo de amar os outros, de odiar os outros, de tocar os outros, de deixar os outros tensos, de possuir os outros, de olhar para os outros, de matar os outros, de fazer contato com os outros, de esmagar os outros, de controlar os outros, de rejeitar os outros, de dar aos outros, de tirar dos outros, de brincar com os outros, de dominar os outros, de enganar os outros, de elevar os outros. Preencha você mesmo os espaços vazios, ou melhor, deixe que a sua Sombra se encarregue disso.

Veja bem, esse *segundo* passo — reverter a direção — é absolutamente essencial. Se a emoção não for plenamente descarregada na direção correta, com muita rapidez você irá escorregar de volta ao hábito de virar aquela emoção contra você mesmo. Assim, quando você faz contato com uma emoção (o ódio, por exemplo), ao perceber que está voltando o ódio contra si mesmo, atire-o na direção oposta! Vire-o para o outro lado! A escolha agora lhe pertence: beliscar ou ser beliscado, olhar ou ser olhado, rejeitar ou ser rejeitado.

Recuperar as projeções que lançamos sobre os outros é um processo um pouco mais simples — se bem que não necessariamente mais fácil — quando se trata de qualidades, de traços ou idéias projetadas, pois elas, em si, não envolvem uma direção (pelo menos não uma direção tão pronunciada e tão móvel quanto a das emoções). Na realidade, traços positivos ou negativos (tais como sabedoria, coragem, agressividade, perversidade, mesquinhez e assim por diante) parecem ser, em termos relativos, muito mais estáticos. Só temos de nos preocupar, portanto, com a qualidade em si; não com a sua direção. É evidente que, uma vez projetadas essas qualidades, é possível que reajamos a elas de uma maneira violentamente emocional — podemos até mesmo projetar essas emoções reativas, depois reagir a elas e, assim, entrar no vertiginoso círculo vicioso dos embates com a sombra. E também é possível que nenhuma qualidade ou idéia seja projetada a menos que contenha uma carga emocional. De qualquer maneira, sempre poderemos alcançar uma considerável reintegração se simplesmente levarmos em conta, por si mesmas, as qualidades projetadas.

Como sempre, os traços projetados — assim como as emoções projetadas — serão todos os aspectos "vistos" nos outros que não só nos informam como também nos afetam com certa violência. Em geral, trata-se das qualidades, detestáveis para nós, que imaginamos que outras pessoas possuem; das qualidades que estamos sempre dispostos a denunciar e condenar com a maior violência. Não importa se estamos apenas lançando nossas condenações contra a mesquinhez do nosso próprio coração escuro e esperamos com isso exorcizá-lo. Às vezes, as qualidades projetadas são algumas das nossas próprias virtudes e, nesse caso, aferramo-nos à pessoa sobre quem depositamos as nossas "coisas boas" e, em geral, tentamos febrilmente conservar e monopolizar essa pessoa. Essa "febre" é provocada, naturalmente, pelo imperioso desejo de nos aferrarmos a esses aspectos de nós mesmos.

Em última análise, as projeções surgem em todos os sabores. De qualquer modo, as qualidades projetadas — assim como as emoções projetadas — serão sempre o oposto daquilo que, em nível consciente, imaginamos possuir. Mas (ao contrário das emoções) os traços, qualidades e idéias não possuem, em si, uma direção; logo, sua integração é direta. No primeiro passo do trabalho com seus opostos, você chegará a perceber que as coisas que ama ou despreza nos outros são apenas as qualidades da sua própria Sombra. Não se trata de um assunto entre você e os outros, mas de um assunto entre você e você. Ao trabalhar seus opostos, você irá tocar a sua Sombra; e ao compreender que está beliscando a si mesmo, você irá "parar de se beliscar". Como os traços projetados não envolvem nenhuma direção, sua integração não exigirá o segundo passo — a reversão.

E assim é que, ao lidar com os nossos opostos e ao conceder direitos iguais à Sombra, finalmente estendemos nossa identidade (e, portanto, nossa responsabilidade) a todos os aspectos da psique; deixamos de ser apenas a *persona* distorcida e empobrecida. E, dessa maneira, a cisão entre a *persona* e a Sombra é "integrada e curada".

# 59. "Comer" a sombra

ROBERT BLY

Seria apropriado perguntar: "Na prática, como se faz para comer a sombra, para tomar de volta uma projeção?"

No nível do cotidiano, podemos fazer algumas sugestões: torne os sentidos do olfato, do paladar, do tato e da audição mais aguçados; quebre seus hábitos; visite tribos primitivas; toque música; crie assustadoras imagens de argila; toque os tambores; isole-se por um mês; veja a si mesmo como um gênio do crime. Uma mulher poderia tentar transformar-se num patriarca de vez em quando, só para ver se gosta desse papel... mas mantendo o espírito esportivo. Um homem poderia tentar transformar-se numa feiticeira de vez em quando, só para ver como se sente nesse papel... mas mantendo o espírito esportivo. Esse homem iria gargalhar como uma feiticeira e contar histórias de fadas e aquela mulher iria gargalhar como um gigante e contar histórias de fadas.

Quando um homem descobre qual a mulher (ou quais as mulheres) que está de posse da "sua" feiticeira, ele vai até ela, cumprimenta-a cordialmente e diz: "Quero a minha feiticeira de volta. Entregue-a para mim." Um estranho sorriso surgirá no rosto dessa mulher; talvez ela devolva a feiticeira desse homem, talvez não. Se ela a devolver, o homem pedirá licença, se voltará para a esquerda, de cara para a parede, e comerá a feiticeira. Uma mulher poderia ir até sua mãe com um pedido semelhante, pois é muito freqüente que as mães guardem a feiticeira das filhas como uma forma de poder. Uma mulher poderia ir até seu pai e dizer: "O senhor está com o meu gigante. Eu o quero de volta." Ou talvez essa mulher procure um antigo professor ou um ex-marido (ou o atual) e lhe diga: "Você está com o meu patriarca negativo.

Eu o quero de volta." Esses encontros geralmente são muito úteis, mesmo quando a pessoa que está com a feiticeira (ou com o gigante ou o anão) já morreu.

Existem muitas outras maneiras de "comer" a sombra — ou de recuperar nossas projeções, ou de reduzir o tamanho da sacola que arrastamos atrás de nós — e nós, todos nós, conhecemos dezenas e dezenas delas. Quero mencionar o uso da linguagem cuidadosa; por linguagem cuidadosa entendo aquela linguagem que é acurada e tem uma base física. O uso consciente da linguagem parece ser o método mais proveitoso para recuperarmos a substância da sombra espalhada pelo mundo. A energia que irradiamos fica flutuando à nossa volta, além da psique; e uma das maneiras de trazê-la para dentro da psique é puxá-la pela corda da linguagem. Certos tipos de linguagem são como uma rede de pescar; precisamos usar essa rede de um modo ativo; precisamos lançar a rede no oceano do mundo. Se quero de volta a minha feiticeira, escrevo sobre ela; se quero de volta o meu guia espiritual, escrevo sobre ele, em vez de senti-lo de um modo passivo numa outra pessoa. A linguagem contém a substância reconstituída da sombra de todos os nossos ancestrais, como deixam bem claro perceber Isaac Bashevis Singer ou Shakespeare. Se num determinado momento a linguagem não parecer o ideal, talvez a pintura ou a escultura possam ser o ideal, ou senão criar imagens com aquarela. Quando pintamos a feiticeira com uma intenção consciente, logo descobrimos em que casa ela está morando. Desse modo, o quinto estágio envolve atividade e imaginação, envolve caçar e perguntar. "Sempre grite por aquilo que você quer."

As pessoas passivas em relação ao material que projetam contribuem para o perigo da guerra nuclear, porque cada parcela de energia que deixamos de envolver ativamente com a linguagem ou a arte fica flutuando na atmosfera que encobre os Estados Unidos... e Ronald Reagan pode usá-la. Ele possui um gigantesco "aspirador" de energia. Ninguém tem o direito de fazer com que você se sinta culpado por não ser dono de um jornal ou por não criar arte, mas a verdade é que essas atividades ajudam o mundo todo. O que disse Blake? — "Nenhum homem que não seja um artista pode ser um cristão." Com isso, ele quer dizer que um homem que se recusa a tratar a sua própria vida de um modo ativo — usando a linguagem, a música, a escultura, a pintura ou o desenho — é uma lagarta vestida em roupagens cristãs, não um ser humano. O próprio Blake envolveu a substância da sua sombra com três disciplinas: pintura, música e linguagem. Ele próprio ilustrou e musicou seus poemas. Em volta dele, não havia nenhuma energia que os políticos pudessem usar em suas projeções sobre os outros países. Uma das coisas que precisamos fazer, como cidadãos americanos, é realizar um bom trabalho de comer a nossa sombra, em termos individuais; desse modo, teremos a certeza de que não estamos liberando uma energia que poderia ser sugada pelos políticos para uso contra a Rússia, contra a China ou contra os países sul-americanos.

## 60. Retomando o eu reprimido

NATHANIEL BRANDEN

Como uma pessoa chega ao estágio de desconectar-se da sua própria experiência emocional, de ser incapaz de sentir o que as coisas significam para ela?

Para começar, muitos pais *ensinam* os filhos a reprimir seus sentimentos. Se o garotinho cai e se machuca, o pai lhe diz com severidade: "Homem não chora." Se a garotinha expressa raiva pelo irmão ou demonstra antipatia por algum parente mais velho, a mãe lhe diz: "Mas que coisa mais feia! Não acredito que a minha menininha esteja sentindo isso." Se a criança entra em casa aos pulos, cheia de alegria e excitação, o pai, irritado a repreende: "Que raios está acontecendo com você? Para que todo esse barulhão?" Pais emocionalmente distantes e inibidos têm a tendência de produzir filhos emocionalmente distantes e inibidos — não apenas pela comunicação aberta entre o casal mas também pelo exemplo que oferecem aos filhos; o comportamento dos pais informa para a criança as coisas que são "adequadas", "apropriadas", "socialmente aceitáveis". Quando os pais aceitam os ensinamentos da religião, é muito mais provável que contaminem seus filhos com a noção desastrosa de que existem coisas tais como "maus pensamentos" ou "emoções más" — e assim fazem com que a criança sinta um terror moral de enfrentar a sua própria vida interior.

E assim uma criança pode ser levada a concluir que seus sentimentos são potencialmente perigosos, que às vezes é aconselhável negá-los, que eles precisam ser "controlados".

O resultado final desse esforço em "controlar" é que a criança aprende a *reprimir* seus sentimentos; ou seja, ela deixa de experimentá-los. Como as emoções são uma experiência psicossomática (um estado mental e físico), a agressão às emoções também ocorre em dois níveis. No nível psicológico, a criança deixa de admitir ou de reconhecer os sentimentos indesejados; ela, com muita rapidez, desvia deles sua percepção consciente. No nível físico, ela cria tensão em seu corpo, induz tensões musculares que têm o efeito de parcialmente anestesiá-la e entorpecê-la para que não sinta com tanta intensidade o seu próprio estado interior — como no caso da criança que enrijece os músculos da face e do peito e corta a respiração para poder apagar o conhecimento de que está ferida. É desnecessário dizer que esse processo não ocorre por uma decisão consciente e calculada; até certo ponto, ele é subconsciente. Mas o processo de auto-alienação se iniciou; ao negar seus sentimentos, ao invalidar seus próprios julgamentos e avaliações, ao repudiar sua própria experiência, a criança aprendeu a reprimir partes da sua personalidade. (Fique entendido que o processo de aprendizado para regular o comportamento de uma maneira racional é, de todo, uma outra questão. Estamos falando, aqui, da *censura e negação da experiência interior.*) Mas ainda há o que dizer sobre o modo como a repressão emocional se desenvolve.

Para a maioria das crianças, os primeiros anos de vida contêm muitas experiências assustadoras e dolorosas. Talvez uma criança tenha pais que nunca respondem à sua necessidade de ser tocada, abraçada e acariciada; pais que constantemente gritam com ela ou um com o outro; pais que, de modo deliberado, despertam nela o medo e a culpa como forma de exercer o controle; pais que oscilam entre uma excessiva solicitude e um distanciamento insensível; pais que a sujeitam a mentiras e zombarias; pais negligentes e indiferentes; pais que continuamente a criticam e censuram; pais que a esmagam com imposições desconcertantes e contraditórias; pais que apresentam expectativas e exigências que não levam em conta os conhecimentos, as necessidades ou os interesses da criança; pais que a sujeitam à violência física; ou pais que consistentemente desencorajam os esforços do filho para a espontaneidade e a auto-afirmação.

A criança não tem um conhecimento conceitual de suas necessidades nem conhecimentos suficientes para compreender o comportamento dos pais. Mas, às vezes, o medo e a dor da criança podem ser experimentados como algo opressivo que a torna incapacitada. Para proteger a si mesma e ser capaz de manter suas funções — para sobreviver, é o que ela pode pensar —, a criança geralmente sente (de uma maneira não-verbalizada e desamparada) que precisa escapar de seu estado interior pois o contato com suas emoções tornou-se intolerável. E assim ela nega seus sentimentos. Ela não permite que o medo e a dor sejam experimentados e expressados e, desse modo, descarregados. O medo e a dor se congelam dentro de seu corpo, entrincheirados atrás de uma parede de tensão muscular e fisiológica; inaugura-se um padrão de reações cuja tendência é aparecer sempre que a criança for ameaçada por um sentimento que não quer experimentar.

Não são apenas os sentimentos negativos da criança que ficam bloqueados. A repressão estende-se a porções cada vez maiores de sua capacidade emocional. Por exemplo, quando uma pessoa recebe um anestésico em preparação para uma cirurgia, não é apenas a sua capacidade de sentir a dor que é suspensa; sua capacidade de sentir o prazer também desaparece — pois o que fica bloqueado é a sua capacidade de sentir a *sensação*. O mesmo princípio aplica-se à repressão das emoções.

Precisamos reconhecer, é claro, que existem graduações na repressão emocional; em algumas pessoas, ela é muito mais profunda e penetrante que em outras. Mas a verdade que se aplica a todos nós é que a redução da capacidade de sentir dor corresponde à redução da capacidade de sentir prazer.

Não é difícil estabelecer que o homem médio carrega consigo o fardo de uma enorme quantidade de dor não-reconhecida e não-descarregada — não apenas dor que aparece no presente, mas dor que surge nos primeiros anos de sua vida.

Um dia, quando discutia esse fenômeno com alguns colegas, fui desafiado por um jovem psiquiatra: ele achava que eu estava exagerando a magnitude desse problema nas pessoas em geral. Perguntei-lhe se estaria disposto a participar de uma demonstração. Era um rapaz inteligente embora bastante tímido; falava devagar, de uma maneira reticente, como se duvidasse que os presentes estivessem realmente interessados na sua opinião. Ele declarou que teria o maior prazer em participar da experiência, mas avisou-me que, se minha idéia era explorar sua infância, eu ficaria desapontado e não alcançaria meu objetivo, mesmo que minha tese fosse válida no geral, porque ele teve uma infância excepcionalmente feliz. Seus pais, explicou-nos, sempre foram extraordinariamente sensíveis às suas necessidades e, talvez por isso, ele não fosse uma boa cobaia para a minha demonstração; não seria melhor arranjar outro voluntário? Respondi que gostaria de fazer a experiência com ele; ele riu e me convidou a ir em frente.

Expliquei que queria que ele fizesse uma prática que eu havia desenvolvido para uso com meus pacientes na terapia. Pedi-lhe para se recostar na cadeira, relaxar o corpo, deixar os braços em repouso e fechar os olhos.

— Agora — disse-lhe — quero quer você aceite esta situação: Você está deitado num leito de hospital e está morrendo. Você tem a idade que você tem hoje. Você não sente dor física, mas sabe que em poucas horas sua vida chegará ao fim. Agora, na sua imaginação, levante os olhos e veja sua mãe parada ao lado da cama. Olhe para o rosto dela. Existe muita coisa que não foi dita entre você e ela. Sinta a presença de todas as coisas que não foram ditas entre vocês — todas as coisas que você nunca disse a ela, todos os pensamentos e sentimentos que você nunca lhe expressou. Se existe um momento para fazer contato com sua mãe, é agora. Se existe um momento para que ela ouça você, é agora. Fale com ela. Conte-lhe o que quer lhe contar.

À medida que eu falava, os punhos do rapaz se cerraram, o sangue afluiu-lhe ao rosto e podia-se ver a tensão muscular em volta de seus olhos e da testa numa tentativa de conter as lágrimas. Quando ele falou, foi numa voz bem mais jovem e muito mais intensa, e suas palavras foram crescendo, num lamento:

— Quando eu falava com você, *por que você nunca me ouvia?... Por que você nunca prestava atenção em mim?*

Nesse ponto impedi-o de continuar, embora estivesse evidente que ele tinha muito mais a dizer. Eu não desejava levar a demonstração mais longe porque isso significaria invadir sua privacidade. Aquela não era a ocasião para fazer psicoterapia e eu não tinha sido solicitado a fazê-la; mas teria sido interessante sugerir a esse rapaz a possível relação entre a frustração de sua necessidade de ser ouvido enquanto criança e a personalidade extremamente reservada enquanto adulto. Depois de alguns instantes, ele abriu os olhos, sacudiu a cabeça, parecendo espantado e um pouco embaraçado, e lançou-me um olhar cuja expressão admitia a derrota.

Eu gostaria de mencionar que o uso pleno dessa técnica requer que o paciente seja confrontado com *ambos* os pais, um após o outro. Às vezes, também lhe pedimos para imaginar a presença de uma mãe (ou pai) ideal — em contraste com seus verdadeiros pais — e pedir-lhe qualquer coisa que deseje. Isso pode ser muito útil para colocar o paciente em contato com necessidades frustradas da infância, necessidades que tenham sido negadas e reprimidas. (Além disso, geralmente usamos esse processo fazendo o paciente deitar-se no chão com as pernas estendidas e os braços abertos, porque descobriu-se que a impossibilidade de defesa física leva ao enfraquecimento das defesas psicológicas.)

Voltando ao jovem psiquiatra, quero chamar a atenção para o fato de que, em nível consciente, ele não havia de modo algum mentido a respeito de sua infância. Estava evidente que ele fora sincero ao dizer que sua infância havia sido feliz; mas, ao reprimir a dor da infância, ele reprimira algumas de suas necessidades legítimas e alguns sentimentos importantes e, assim, reprimira uma parte de si mesmo. A conseqüência para ele, como adulto, era não apenas o dano emocional, mas também um dano mental — já que qualquer tentativa que ele pudesse fazer para relacionar seu passado com o seu presente, ou para entender sua personalidade reticente, seria prejudicada por julgamentos distorcidos; e, mais ainda, seus julgamentos distorcidos iriam necessariamente bloquear sua eficiência atual nos relacionamentos humanos.

Ao reprimir lembranças, avaliações, sentimentos, frustrações, anseios e necessidades significativas, uma pessoa está negando a si mesma acesso a dados da maior importância; quando tenta pensar sobre sua vida e sobre seus problemas, ela está condenada a lutar na escuridão — porque faltam-lhe algumas informações básicas. Além disso, a necessidade de *proteger* sua repressão e *manter* suas defesas opera no nível subconsciente para conservar sua mente longe das rotas "perigosas" de pensamento — rotas de pensamento que poderiam levar ao "despertar" ou à reativação do temido material submerso. É quase inevitável que a distorção e a racionalização venham a ocorrer.

Às vezes um paciente mostra uma considerável resistência em trabalhar com essa técnica; ele receia mergulhar nela por completo. Mas a simples observação da maneira como o paciente resiste pode ser, em si mesma, reveladora.

Lembro de uma vez em que fui convidado a demonstrar essa técnica numa sessão de terapia de grupo conduzida por um colega. De início, a mulher com quem eu estava trabalhando dirigiu-se ao seu pai com uma voz desinteressada e impessoal; ela estava bastante dissociada do significado emocional de suas próprias palavras. Suas defesas começaram a se dissolver gradualmente, à medida que eu a pressionava com perguntas do tipo: "Mas como se *sente* uma menina de cinco anos quando o papai a trata desse jeito?" À medida que eu me aprofundava em suas emoções, ela começou a chorar; podia-se ver o sofrimento e a raiva em seu rosto. Mas no instante em que parecia pronta para se soltar por completo, ela de súbito voltou à forma de tratamento mais impessoal, evidentemente assustada com aquilo que estava sentindo, e disse em tom de autocensura: "No fundo, é bobagem minha ficar censurando você. Você não podia evitar... tinha seus próprios problemas e só não sabia como lidar com uma criança." Quando lhe expliquei que não se tratava, de modo algum, de qualquer "censura"; que tudo o que importava era sabermos o que havia acontecido e o que ela sentira a respeito, ela ficou mais tranqüila e voltou a se aprofundar em suas emoções. Falou com mais vigor sobre o que lhe acontecera e sobre o que fora levada a sentir; mas sempre que ela parecia prestes a explodir num acesso de raiva, era como se algum mecanismo de "desligamento" fosse ativado — sua voz impessoal retornava e ela voltava a apresentar "desculpas" para justificar o tratamento que havia recebido. Ela ainda não estava pronta para abandonar suas defesas.

Para essa mulher, teria sido insuportavelmente ameaçador dar-se ao luxo de experimentar a plenitude da sua raiva. Isso faria com que ela se sentisse culpada por abrigar tanta raiva contra os pais. Faria com que ela sentisse que, se os pais viessem a saber de seus sentimentos, ela os perderia para sempre. E, mais ainda, caso se permitisse seguir sua raiva até o fundo de suas emoções, ela precisaria enfrentar a enormidade da dor e das frustração que lá existiam — e essa mulher ainda não estava preparada para esse confronto, não só porque a dor era tão torturante mas também porque ela seria obrigada a enfrentar a plena realidade de sua *solidão*, a plena realidade de que nunca teve os pais que queria ou de que precisava, nem enquanto criança e nem agora, e nunca os teria.

Lembro de um outro caso em que, num certo momento dessa prática, o bloqueio do paciente foi mais eloqüente do que quaisquer palavras. Esse bloqueio ocorreu um mês depois que o paciente — um homem de vinte e poucos anos — começou a fazer terapia de grupo. Em termos físicos, ele foi uma das pessoas mais tensas e rígidas com quem jamais trabalhei. Queixava-se principalmente de uma absoluta incapacidade de sentimentos e de não saber o que queria da vida ou qual carreira seguir. Disse-me que era incapaz de chorar. Quando começamos a prática, ele falou do pai com uma voz suave e tímida, descrevendo o medo que sempre sentira diante do distanciamento e da severidade inflexível do pai. Sugeri que às vezes era possível que um rapaz sentisse raiva de um pai tão cruel. Seu corpo todo tremeu e ele gritou:

— Não posso falar disso!

— O que aconteceria — perguntei-lhe — se você dissesse ao seu pai que sente raiva dele?

Com o rosto subitamente coberto de lágrimas, ele gritou:

— Tenho medo dele! Tenho medo do que ele vai fazer comigo! Ele vai me matar!

Seu pai morrera há cerca de vinte anos, quando meu paciente tinha seis anos de idade!

Nas semanas que se seguiram, não voltei a lhe pedir para executar essa prática. Em geral, eu apenas deixava que ele observasse enquanto eu trabalhava com os outros membros do grupo. Mas agora ele chorava em quase todas as sessões, à medida que observava os outros pacientes a enfrentar, um a um, as experiências traumáticas de seus tempos de infância. Cada vez mais, ele tornou-se capaz de lembrar e de falar sobre os acontecimentos de sua infância — e de fazê-lo com envolvimento emocional. Com o passar das semanas, podia-se observar o crescente relaxamento do seu corpo, a gradual dissolução das tensões e o despertar de sua capacidade de sentir. À medida que se permitia experimentar as necessidades e as frustrações que havia reprimido, ele descobria dentro de si desejos, reações e aspirações que até então lhe eram desconhecidos. Poucos meses depois renasceu sua paixão, há muito reprimida, por uma determinada carreira.

# 61. Diálogo com o eu demoníaco

HAL STONE e SIDRA WINKELMAN

Quando estamos aprendendo a lidar com as energias demoníacas, um princípio básico deve ser seguido: a maneira de trabalhar com as energias instintivas reprimidas que se tornaram demoníacas é *esperar um pouco antes de começar o trabalho com elas.* Primeiro, é essencial que trabalhemos durante um considerável período de tempo com os "eus" primários que temem as energias demoníacas e se opõem a elas. Os "eus" primários têm estado nos protegendo contra as energias demoníacas desde a primeira infância, porque eles percebem como elas são perigosas. As energias demoníacas continuarão a ser perigosas até o momento em que o ego consciente for capaz de lidar com elas tão bem quanto lida com os "eus" mais controlados e racionais. Também é fundamental que o terapeuta evite deixar-se seduzir pelo paciente que pede: "Quero trabalhar com o meu lado demoníaco." Não podemos nos intrometer com essas energias!

Trata-se de um paradoxo, bem o percebemos, afirmar que a chave para explorar as energias demoníacas é não explorá-las; mas essa abordagem mantém o trabalho seguro e enraizado. Depois do trabalho inicial de preparação com os "eus" primários, no momento adequado o mediador e o paciente começam a explorar algumas dessas energias instintivas reprimidas. O papel da criança vulnerável não deve ser menosprezado; esse "eu" geralmente teme a expressão das energias demoníacas, ou por ter medo de ser abandonado ou por imaginar alguma retaliação catastrófica.

Além dos "eus" primários e da criança vulnerável, muitas outras partes da personalidade foram condicionadas pela sociedade a negar as energias demoníacas, incluindo a voz racional, a voz obediente e a voz espiritual. Com tão sólida e bem-desenvolvida barricada de "eus" a enfrentar, não causa surpresa que as energias demoníacas constituam um dos sistemas psíquicos mais profundamente negados que encontraremos na evolução da consciência!

Quanto mais energia investimos em manter aprisionadas essas energias, tanto mais nos drenamos, em termos físicos e psíquicos. Os bosquímanos africanos têm um provérbio: nunca adormeça no *self*, pois isso quer dizer que há um animal de grande porte nas proximidades. A primeira vez que ouvimos esse provérbio, contado por Laurens van der Post, ficamos espantados com suas implicações psicológicas. Com a maior freqüência, a exaustão e a fadiga são o resultado de fortes instintos (animais) que estão sendo reprimidos.

Trabalhamos com uma mulher para quem o provérbio dos bosquímanos provou ser literalmente verdadeiro. Ela descobriu que havia reprimido sua raiva de um modo tão completo que, quando se irritava profundamente com o marido, não sentia raiva mas um sono irresistível. Quando viu que a sonolência era um substitutivo para a agressão natural, ela começou a buscar a raiva escondida por aquela imensa sensação de fadiga. Tão logo essa mulher se tornou consciente da voz de sua raiva e descobriu o que ela queria, a sonolência desapareceu.

Quando o leão dentro de nós quer rugir mas, em vez disso, a cabra solta um balido, precisamos pagar por essa substituição de um modo ou de outro. O pagamento sempre varia: para alguns, será experimentado como depressão, perda de energia e de entusiasmo ou uma inconsciência cada vez maior. Para outros, pode ser um comportamento incontrolável e aparentemente irracional, que talvez coloque em risco a vida, a fortuna, a profissão ou o casamento. Na sua forma mais extrema, o preço seria um colapso físico que pode levar à doença ou mesmo à morte.

Num nível mais amplo, mais planetário, a repressão das energias demoníacas contribui para a dor e para as trevas no mundo. Mas a escuridão do nosso mundo não será iluminada pelo amor, a menos que o amor seja expressão de um ego consciente, capaz de também englobar essas energias demoníacas.

Quando um animal é mantido trancado numa jaula por muitos anos, ele se tornará selvagem. Se a porta da jaula for aberta de um modo descuidado, o animal sairá numa explosão de fúria. Esse comportamento fará seu tratador concluir, com muita razão, que o animal é perigoso por natureza. Mas não é necessariamente assim. O perigo que o animal representa é, pelo menos em parte, resultado do longo aprisionamento.

O mesmo ocorre com a nossa vida instintiva — aqueles "eus" que temem o instinto ajudam a encerrar nossas energias instintivas numa jaula, onde elas finalmente se tornarão demoníacas. De tempos em tempos essas energias irrompem de uma maneira brutal. O "tratador dos instintos" dentro de nós nos informa que essa brutalidade é uma prova de que os animais dentro de nós são maus. Se dermos ouvidos ao tratador, forçaremos os nossos animais — a nossa natureza instintiva — a voltar para dentro da jaula.

É preciso uma grande coragem para permitir que a voz do demoníaco se expresse, pois muito daquilo que ela tem a dizer é inaceitável para os nossos valores tradicionais. Somos desafiados a permitir que essa energia se expresse, ao mesmo tempo em que respeitamos aquela parte de nós que tem medo. O medo que o protetor/controlador sente pelo demoníaco é legítimo, pois este possui um enorme potencial para a destruição. A capacidade de destruir do demoníaco é diretamente proporcional ao tempo e à força com que foi negado.

Participar de uma sessão de Diálogo com a Voz, envolvendo as energias demoníacas, é um verdadeiro ato de escolha. Estas são algumas sugestões para abrir um Diálogo com a Voz com as energias demoníacas:

- Posso falar com aquela parte de Sue que gostaria de ser capaz de fazer o que quer, sempre que quer?
- Posso falar com a Ruth não-boazinha?
- Posso falar com a parte de Ralph que gostaria de dominar o mundo?
- Posso falar com a parte de Lorna que gostaria de ser uma prostituta?
- Será que eu poderia falar com a parte de você que gostaria de ser todo-poderosa?
- Eu poderia falar com a parte de você que sente vontade de matar as pessoas insensíveis?

Essas são sugestões para ter acesso aos padrões de energia reprimida que, em geral, estão relacionados com energias instintivas reprimidas. São vozes difíceis, para a grande maioria das pessoas. Os mediadores precisam ser flexíveis e atentos o suficiente para chamar pelo "eu" que cada paciente possa deixar emergir com um certo conforto. O modo como a voz é convidada a se expressar precisa ser forte o suficiente para evocar as energias reprimidas, mas não tão forte que ameace o protetor/controlador do paciente.

## Sensualidade

Durante anos, Sandra foi atormentada pelo pesadelo recorrente de ser caçada por animais selvagens, especialmente felinos. Ela começou a fazer terapia e, numa sessão inicial de diálogo, o mediador pediu para falar com sua natureza felina.

VOZ FELINA:

Ela não me conhece ou, então, não gosta de mim.

MEDIADOR:

Por que não?

VOZ FELINA:

Ela tem medo do que pode acontecer se eu estiver por perto.

MEDIADOR:

Bom, vamos imaginar que você está por perto o tempo todo. O que você faz? O que acontece?

VOZ FELINA:

Ah, eu vou me embelezar toda. Vou tomar banhos bem quentes, o tempo todo — banhos quentes com muita espuma, com bolinhas cheirosas na água. Vou comer quando quiser, não quando os outros quiserem. E nunca, nunca vou cozinhar para ninguém. A não ser que eu tenha vontade. E, nesse caso, o homem que estiver comigo vai ficar ao meu lado enquanto eu estiver cozinhando. E eu vou querer que ele faça amor comigo o tempo todo. É, isso também. Eu vou fazer amor o tempo todo. Sem parar. Vou usar muitos óleos exóticos e massagear todo o meu corpo.

A educação de Sandra a havia condicionado a identificar-se com a imagem da "dama". No seu casamento, ela se identificava com o papel da boa mãe e da filha obediente. Sua natureza sensual de Afrodite há muito havia sido erradicada de sua percepção consciente. Ela não se dava o luxo de ser egoísta, sensual ou auto-indulgente. Felizmente para Sandra, seu inconsciente manteve a pressão. Sua natureza felina aparecia-lhe repetidamente nos pesadelos, caçando-a sob a forma do demônio agressivo em que havia se tornado. Algumas noites depois da sessão de diálogo, ela teve este sonho:

> Mais uma vez, estou caminhando pela rua. Tudo parece muito familiar. Tenho consciência, mais uma vez, da reação de medo e da sensação de estar sendo seguida. Sei que o felino está atrás de mim. Começo a correr. E então paro. Estou cansada de correr. Volto-me para enfrentar o meu perseguidor. É um leão. Ele avança para cima de mim, mas de repente estaca e começa a lamber o meu rosto. Por que eu sentia tanto medo antes...?

Já que Sandra passara toda a sua vida se identificando com uma psicologia de "dama", de "moça obediente", não é de admirar que seus instintos naturais houvessem sido negados. Tendo sido rejeitados, estavam agora enfurecidos; como ela se recusava a dar-lhes atenção, eles adquiriram mais poder e autoridade. Isso fazia com que fosse ainda mais difícil e assustador para Sandra enfrentá-los e ouvir suas exigências.

O mais admirável em relação a todo esse processo é que, quando temos a coragem de olhar para as nossas partes reprimidas, elas mudam. O leão enfurecido lambe o nosso rosto. Ele não precisa dominar a nossa personalidade; ele só precisa ser respeitado, ouvido, ter permissão para se expressar.

## A voz demoníaca

John pensava seriamente em mudar de profissão depois de praticar advocacia durante doze anos. Logo depois do rompimento (bastante desagradável) de seu casamento, ele envolveu-se num processo espiritual que o fez sentir que deveria desistir da advocacia. Seu "eu" espiritual, com o apoio de um mestre espiritual com quem John se envolvera, disse-lhe que ele precisava de mais tempo livre para desenvolver o espírito. Suas meditações inspiraram diversas experiências profundas, mas ele sentia uma dúvida interior sobre uma mudança de vida tão radical. Alguns de seus amigos comentaram que ele se tornara demasiado unilateral e, por isso, ele procurou ajuda para encontrar mais equilíbrio na vida.

Depois de um período inicial de discussão, o terapeuta de John pediu para falar com sua voz espiritual. Essa voz falou longamente sobre o processo espiritual de John, o quanto ele havia mudado e sua necessidade de tempo livre para se devotar a buscas interiores. A voz era bastante positiva, estimulava John e apontava uma clara direção para a sua vida. O terapeuta perguntou a John se haveria a possibilidade de falar com alguma outra voz, que fosse o oposto do "eu" espiritual. A voz que emergiu foi a do poder, uma energia a que John se referia como o seu lado demoníaco.

TERAPEUTA (PARA A VOZ DEMONÍACA):

O que você acha da decisão de John de desistir da advocacia?

VOZ DEMONÍACA:

Sinto-me ofendido, não aceito essa decisão. Aquele filho da mãe me rejeitou durante toda a sua vida. E agora ele parte para a sua viagenzinha espiritual e eu desço para o fundo da Terra.

TERAPEUTA:

Por que você está tão furioso com o lado espiritual do John? Esse lado tem algumas idéias boas e está ajudando bastante o John.

VOZ DEMONÍACA:

Estou furioso porque fui deixado de fora. As coisas onde eu não entro são uma droga. O casamento do John não deu em nada porque eu não fazia parte dele. Estou feliz da vida que a mulher dele tenha feito aquela cena. Ele bem que merecia. Ele sempre foi o anjo e ela era a cadela. Isso acontecia porque eu estava enterrado lá no fundo. Só digo uma coisa: o sangue de John é pura sacarina.

TERAPEUTA:

Você sempre sentiu tanta raiva assim do John?

VOZ DEMONÍACA:

Você está por fora, hein? Eu estou furioso porque o John me ignora. Ele é o Mister Perfeição. Enquanto ele continuar tentando bancar o Jesus Cristo, eu vou fazer de tudo para derrotá-lo. Tudo o que eu quero é ser reconhecido.

TERAPEUTA:

O que significaria para o John reconhecer você? Quero dizer, de uma maneira bem prática. O que significa esse reconhecimento?

VOZ DEMONÍACA:

Neste exato momento, ele acha que eu não existo — que eu não sou real. Antes de partir para esse negócio espiritual, ele só me rejeitava e pronto. Mas agora ensinaram para ele que eu preciso ser transmutado. Como é que você iria se sentir, se cada vez que você se expressasse, alguém tentasse transmutar você em algo melhor ou mais elevado? É insultante!

TERAPEUTA:
Bem, eu ainda não tenho certeza do que isto iria significar num nível bem prático.

VOZ DEMONÍACA:
Eu não gosto da passividade de John com a mulher dele. Ela controla tudo o que se refere aos filhos. Ele acha que, se for gentil, tudo vai melhorar. Bem, não está melhorando. Está piorando. E antes que ele assine o acordo de partilha dos bens, eu sugiro que ele me ouça. O Mister Perfeição está dando para ela dez vezes mais do que devia. Eu também não gosto de algumas das pessoas deste grupo. Eu gostaria que o John me ouvisse, me levasse a sério, respeitasse aquilo que eu tenho para dizer.

A voz demoníaca de John era como um animal enjaulado — cheia da força e energia resultantes de toda uma vida de rejeição. O casamento de John acabou em desastre, em parte porque ele forçou a esposa a carregar o lado demoníaco dele. Já que John era incapaz de mostrar sua raiva, negatividade ou egoísmo, tornou-se necessário que ela expressasse essas qualidades. E quanto mais a esposa se identificava com esses padrões, mais profundamente o próprio John se deslocava para uma identificação com seus "eus" pacíficos e amorosos. Logo tornou-se evidente para todos que a esposa era o demônio e John o "bom rapaz". Como é freqüente que nossos companheiros e parceiros vivam os nossos "eus" reprimidos dessa mesma maneira!

John havia se deslocado com demasiada facilidade para a via espiritual. Esse era um caminho natural para que ele expressasse sua natureza amorosa e positiva. Infelizmente, sua percepção consciente estava identificada com essas energias espirituais. E, além disso, as vozes espirituais estavam identificadas com o seu tipo de "bom rapaz" anterior, que excluía todas as expressões de poder, de raiva, de negatividade e de egoísmo. Não é de espantar que essa voz estivesse enfurecida!

É preciso muita coragem para enfrentar nossos padrões demoníacos reprimidos. As energias desses "eus" viveram em isolamento por anos, como leprosos escorraçados pela sociedade normal. Quando encontramos pessoas que incorporam essas qualidades, nós, se possível, as evitamos. Aos nossos olhos, elas são condenáveis. Como é fácil — e, no entanto, como é difícil — dar o próximo passo e reconhecer que as pessoas que não conseguimos suportar são claros reflexos daquelas partes rejeitadas de nós mesmos.

## 62. Como domar a vergonhosa voz interior

JOHN BRADSHAW

Na minha qualidade de pessoa que antes era "envergonhada" (baseada nos sentimentos de vergonha), preciso trabalhar muito para alcançar uma auto-aceitação total. Parte do trabalho de auto-aceitação envolve a integração dos sentimentos, necessidades e desejos ligados à vergonha. A maioria das pessoas "envergonhadas" sentem vergonha quando precisam de ajuda, quando estão furiosas, tristes, medrosas ou alegres, e quando são sexuais ou afirmativas. Essas partes essenciais de nós foram arrancadas.

Tentamos agir como se não fôssemos carentes. Fingimos não sentir aquilo que sentimos. Lembro de todas as vezes que disse "eu estou bem" quando estava triste ou sofrendo. O que fazemos é, ou entorpecer nossa sexualidade e agir de modo muito puritano, ou usar a sexualidade para evitar todos os outros sentimentos e necessidades. Em todos os casos, perdemos partes vitais de nós mesmos. É muito comum que essas partes reprimidas apareçam nos nossos sonhos e nas nossas projeções. Isso é verdade, em especial com respeito à nossa sexualidade e instintos naturais.

Jung chamou esses aspectos reprimidos de nós mesmos o "lado da sombra". Sem integrarmos a nossa sombra, não conseguimos alcançar a totalidade.

## A voz interior

A conversa interior negativa é aquele diálogo interior que Robert Firestone chama a "voz interior". Outros estudiosos têm descrito a voz interior de maneiras diferentes. Eric Berne refere-se a ela como um conjunto de registros parentais semelhantes a fitas cassete; a estimativa de alguns é que existem 25.000 horas de fitas gravadas na cabeça de uma pessoa normal. Fritz Perls e a escola da Gestalt chamam-nas de "vozes parentais introjetadas". Aaron Beck chama-as de "pensamentos automáticos". Como quer que as chamemos, todos nós temos algumas vozes na nossa cabeça. As pessoas "envergonhadas", em especial, têm um predomínio de vozes negativas, vergonhosas e autodepreciativas.

A coisa fundamental que a voz diz a uma pessoa "envergonhada" é que ela não é digna de ser amada, não tem valor e é má. A voz sustenta a imagem da criança má. A voz pode ser experimentada, conscientemente, como um pensamento. Na maioria dos casos, ela é parcialmente consciente ou totalmente inconsciente. A maioria das pessoas não percebe a atividade habitual da voz. Nós a percebemos em certas situações estressantes, quando nos expomos e a nossa vergonha é ativada. Depois de cometer um erro, a pessoa chama a si mesma de "tola, de estúpida" ou diz: "Lá vou eu de novo. Mas eu sou mesmo um palhaço desajeitado." Antes de uma importante entrevista de emprego, a voz atormenta você com pensamentos do tipo: "O que faz você pensar que pode assumir a responsabilidade de um cargo como esse? Além disso, olha como você está nervoso. Eles vão perceber a pilha de nervos que você é."

Livrar-se realmente das vozes é uma tarefa da maior dificuldade, devido à ruptura original da ponte interpessoal e do elo de fantasia dali resultante. Quanto mais uma criança é abandonada e quanto mais severamente ela é abandonada (negligenciada, abusada, confundida), tanto mais ela cria uma ilusão de conexão com os pais. Essa ilusão é o que Robert Firestone chama o "Elo de Fantasia".

Para poder criar o elo de fantasia, a criança precisa idealizar seus pais e tornar-se "má". O propósito desses laços de fantasia é a sobrevivência. A criança depende desesperadamente de seus pais. Eles não podem ser maus. Se eles forem maus ou se estiverem fartos dela, ela não conseguirá sobreviver. Assim, o elo de fantasia (que os torna bons e a torna má) é como uma miragem no deserto. Ele dá à criança a ilusão de que existe carinho e apoio na sua vida. Anos mais tarde, quando a criança deixa os pais, o elo de fantasia está estabelecido no seu íntimo. Ele é mantido por meio da voz. Aquilo que um dia foi exterior à criança — os gritos dos pais, a voz que censurava e punia — agora foi interiorizado nela. Por essa razão, o processo de confrontar e de mudar a voz interior gera muita ansiedade. Mas, como sugere Firestone: "Não há mudança terapêutica profunda sem o acompanhamento dessa ansiedade."

A voz é constituída, na sua maior parte, pelas "envergonhadas" defesas cerradas dos primeiros responsáveis pela criança. Do mesmo modo que não conseguem aceitar suas próprias fraquezas, desejos, sentimentos, vulnerabilidade e dependência, os pais "envergonhados" não conseguem aceitar as carências, sentimentos, fraquezas, vulnerabilidade e dependência de seus filhos. Firestone escreve que a voz é o resultado do "desejo profundamente reprimido dos pais de destruir toda a vivacidade e espontaneidade da criança sempre que ela invade suas defesas".

Robert Firestone realizou um trabalho pioneiro na identificação das origens e da destrutividade da voz. Ele desenvolveu alguns meios poderosos para que esses pensamentos hostis fossem trazidos à percepção consciente do paciente. Ele escreve que o "processo de formular e verbalizar pensamentos negativos age no sentido de reduzir o efeito destrutivo da voz sobre o comportamento do paciente".

Na terapia da voz, os pacientes aprendem a *externalizar* seus pensamentos críticos interiores. Ao agir assim, eles expõem os ataques que cometem contra si mesmos e, em última análise, desenvolvem caminhos para transformar sua atitude negativa numa visão mais objetiva e isenta de julgamento. À medida que a voz é externalizada através da verbalização, sentimentos intensos são liberados e isso resulta numa poderosa catarse emocional, com a introvisão que a acompanha.

## O diário das reações emocionais

O primeiro método que eu gostaria de sugerir deriva diretamente do trabalho inicial de Firestone, quando ele testou o acionamento do processo da voz crítica obsessiva. Esse método envolve a manutenção de um diário das nossas reações emocionais defensivas. Seus efeitos são melhores quando você está envolvido em algum grupo de compartilhamento de resultados; mas também pode ser feito simplesmente no contexto da sua vida interpessoal cotidiana.

Toda noite, antes de se recolher, reflita sobre os acontecimentos do dia. Em quais ocasiões você ficou perturbado? Em quais ocasiões você reagiu emocionalmente? Qual foi o contexto? Quem estava lá? O que lhe foi dito? Como aquilo que lhe foi dito se compara com o que você diz para si mesmo?

Por exemplo, no dia 16 de dezembro, minha mulher e eu conversávamos sobre a redecoração da nossa casa. Num certo momento da conversa, senti que o tom da minha voz ficava mais alto e intenso. Logo eu estava fazendo um comício sobre todas as tensões que o meu trabalho me provoca. Ouvi a mim mesmo berrando: "E não espere que eu vá supervisionar a reforma da casa! Mal tenho tempo para cuidar das minhas obrigações principais." Mais tarde, registrei essa explosão no meu diário. Usei a seguinte forma:

*Data:* Quarta-feira, 16 de dezembro, 20:45 hs.

*Conteúdo:* Discussão da redecoração de um quarto da nossa casa.

*Reação emocional:* Quando ela disse, "Vou precisar que você me dê uma mãozinha", respondi num tom de agitação crescente, "E não espere que eu vá supervisionar, etc."

*Voz interior:* Você é um péssimo marido. Você não sabe consertar coisa alguma. Você é patético. Sua casa está caindo aos pedaços. Que hipócrita! Um homem de verdade sabe construir, sabe consertar as coisas. Um bom pai toma conta da sua casa.

É da maior importância que dediquemos tempo às vozes. Recomendo que você fique numa posição relaxada, quando tudo estiver quieto à sua volta. Dê um tempo para realmente ouvir aquilo que você está dizendo para si mesmo. Anote e depois leia-o em voz alta. Seja espontâneo com respeito à expressão das vozes. No momento em que começa a ler em voz alta, talvez você se surpreenda com a veemência automática que o dominará.

No seu grupo de trabalho, Firestone encorajava cada um a expressar seus sentimentos em voz alta e com emoção. Ele dizia, "Fale mais alto" ou "Solte, solte de verdade". Pois eu encorajo você a fazer o mesmo. Solte espontaneamente tudo aquilo que lhe vier à mente. Diga-o na terceira pessoa: você... Deixe-se entrar na voltagem emocional acionada pela voz.

## Respondendo à voz

Uma vez tendo expressado a voz, você pode começar a responder à voz. Você irá desafiar, tanto o conteúdo quanto os ditames da voz. No registro do meu diário, respondi que sou um bom marido e que dei à minha família um lar maravilhoso. Minha masculinidade não depende do que quer que eu faça. Eu trabalho duro e posso me dar o luxo de pagar alguém para consertar minha casa. Mesmo que soubesse reformar portas e janelas, ainda assim eu contrataria alguém. Tenho coisas melhores em que ocupar meu tempo. Muitos homens fantásticos são carpinteiros e construtores. Outros, não.

Repito esse diálogo no dia seguinte. Eu sempre dou uma resposta, tanto em nível emocional quanto em nível lógico. *Firestone recomenda que a pessoa aja, ou conscientemente não obedecendo à voz, ou opondo-se diretamente a ela.* Nesse caso que citei como exemplo, chamei um carpinteiro conhecido, disse-lhe exatamente o que queria e deixei-o sozinho. Fui jogar golfe, sentindo-me muito contente por estar em condições de poder contratar alguém para consertar minha casa.

## Seguindo a pista do crítico interior

Um segundo modo de expor as vozes vergonhosas vem da psicoterapia da Gestalt. Dei-lhe um nome simples: *Seguir a Pista do Crítico Interior.* Um diálogo interior, autocrítico, está sempre em andamento nas pessoas "envergonhadas". Esse jogo tem sido chamado de "o jogo da autotortura". Na maioria dos casos, ele é tão habitual que se torna *inconsciente.* A prática que sugiro a seguir o ajudará a tornar-se mais consciente e lhe dará ferramentas para uma maior integração e auto-aceitação. Aprendi essa prática no livro *Awareness* [Percepção Consciente], de John O. Stevens.

Sente-se confortavelmente e feche os olhos... agora imagine que você está olhando para si mesmo, sentado à sua frente. Forme algum tipo de imagem visual de si mesmo sentado ali à sua frente, talvez como se estivesse refletido num espelho. Como se senta essa imagem? O que essa imagem de você mesmo está vestindo? Que tipo de expressão facial você vê?

Agora, em silêncio, critique essa imagem de si mesmo como se estivesse falando com uma outra pessoa. (Se está fazendo essa experiência sozinho, fale em voz alta.) Diga a si mesmo aquilo que deveria fazer e aquilo que não deveria. Comece cada frase com as palavras: "Você deveria...", "Você não deveria..." ou uma expressão equivalente. Faça uma longa lista de críticas. Ouça a sua voz à medida que vai se criticando.

Agora imagine que você troca de lugar com essa imagem. Torne-se essa imagem de si mesmo e, em silêncio, responda a essas críticas. O que você diz em resposta àqueles comentários críticos? E o que o tom de sua voz expressa? Como você se sente ao responder a essas críticas?

Agora troque os papéis e torne-se novamente o crítico. Ao dar continuidade a esse diálogo interior, esteja consciente daquilo que diz e também do modo como o diz, suas palavras, seu tom de voz e assim por diante. Faça uma pausa de vez em quando para simplesmente ouvir e sentir as suas próprias palavras.

Troque de papéis sempre que quiser, mas mantenha o diálogo em andamento. Observe todos os detalhes daquilo que está acontecendo dentro de você à medida que faz isso. Observe como você se sente, fisicamente, em cada papel. Você identifica alguma pessoa conhecida naquela voz que o critica dizendo, "Você não deveria..."? O que mais você percebe nessa interação? Continue esse diálogo silencioso durante mais alguns minutos. Você observa alguma mudança no decorrer do diálogo?

Agora, sente-se calmamente e reveja esse diálogo. É provável que você experimente algum tipo de cisão ou conflito, alguma divisão entre uma parte poderosa, crítica e autoritária que exige uma mudança, e uma outra parte menos poderosa que se desculpa, se evade e apresenta justificativas. É como se você estivesse dividido em pai e filho. O pai (ou "chefão") sempre tentando obter o controle para transformar você em algo "melhor" — e a criança (ou "vítima") sempre fugindo dessas tentativas de mudança. Ao ouvir a voz que o criticava e lhe fazia exigências, talvez você a tenha reconhecido como a voz de um de seus pais. Ou talvez ela tenha soado como a voz de alguma outra pessoa que lhe faz exigências; por exemplo, o marido ou a esposa, seu chefe ou alguma outra figura de autoridade que o controla.

Essa voz crítica pode ser ativada em qualquer situação onde você esteja vulnerável ou exposto. Uma vez ativada essa voz, uma espiral de vergonha é posta em movimento. E, uma vez em movimento, essa espiral tem força própria. Ela é imperativa para a externalização do diálogo interior, já que é um dos principais caminhos em que você mantém a não-aceitação e a divisão de si mesmo. Esta prática ajuda a trazer à consciência o diálogo crítico. Esse é o primeiro passo para a externalização da voz.

O segundo passo é tomar cada uma das mensagens críticas e traduzi-las para um comportamento concreto específico. Em vez de "Você é egoísta", diga: "Não quero lavar a louça." Em vez de "Você é burro", diga: "Eu não entendo álgebra." Cada afirmação crítica é uma generalização. Como tal, é inexata. Existem alguns momentos em que todos nós temos vontade de fazer as coisas ao nosso modo. Existem áreas na vida nas quais todos nós nos sentimos confusos. Mas, ao traduzir essas generalizações (julgamentos, condições ou valores) em comportamentos concretos específicos, você poderá ver uma imagem real de si mesmo e aceitar-se de uma maneira mais equilibrada e integrada.

O terceiro passo é tomar essas generalizações (julgamentos, condições ou valores) e fazer afirmações positivas que as contradigam. Por exemplo, em vez de dizer, "Eu sou egoísta", afirme: "Eu sou altruísta." É importante verbalizar essas afirmações e ouvir a si mesmo pronunciando-as. Recomendo que você procure alguém — um membro do seu grupo de apoio, seu melhor amigo, seu marido ou mulher — e verbalize para essa pessoa a auto-afirmação positiva. Tome cuidado para não procurar uma pessoa "envergonhada".

# 63. Aprendendo a imaginação ativa

BARBARA HANNAH

Lembro-me da história que uma sábia senhora me contou: durante uma longa excursão por países que sempre sonhou visitar, ela foi obrigada a compartilhar o quarto com uma mulher que lhe era completamente incompatível. De início, ela sentiu que isso iria inevitavelmente estragar a viagem. Mas logo percebeu que iria desperdiçar um dos momentos mais interessantes e agradáveis de sua vida se permitisse que sua aversão por aquela mulher estragasse sua viagem. Portanto, ela se decidiu a aceitar a sua companheira incompatível e se desligou dos sentimentos negativos e da própria mulher, ao mesmo tempo que continuava sendo amistosa e gentil para com ela. Essa técnica funcionou às mil maravilhas e a sábia senhora conseguiu desfrutar imensamente a excursão.

Ocorre exatamente o mesmo com os elementos do inconsciente que nos causam aversão e que sentimos que nos são incompatíveis. Se nos damos o luxo de sentir raiva desses elementos, estragamos a nossa viagem através da vida. Se formos capazes de aceitá-los pelo que são e tratá-los bem, descobriremos com muita freqüência que eles, afinal de contas, não são assim tão maus; e pelo menos livramo-nos de sofrer sua hostilidade.

No confronto com o inconsciente, a primeira figura que encontramos geralmente é a sombra pessoal. Já que na sua maior parte ela consiste naquilo que rejeitamos em nós mesmos; geralmente ela nos é tão incompatível quanto a companheira de viagem daquela senhora. Se hostilizarmos o inconsciente, ele se tornará cada vez mais insuportável; mas, se formos amistosos — reconhecendo o seu direito de ser como é —, o inconsciente passará por uma admirável transformação.

Uma vez, quando sonhei com uma sombra que me era especialmente odiosa mas que, por experiência anterior, eu era capaz de aceitar, Jung me disse: "Agora o seu inconsciente está menos brilhante, mas muito amplo. Você sabe que, embora sendo uma mulher inegavelmente honesta, você também pode ser desonesta. Talvez seja desagradável mas, na verdade, é um ganho imenso." Quanto mais avançamos, mais percebemos que cada alargamento da consciência é, na verdade, o ganho maior que podemos alcançar. Quase todas as nossas dificuldades na vida devem-se ao fato de que a nossa consciência é por demais estreita para encontrá-las e compreendê-las; e nada nos ajuda mais no processo de compreendermos essas dificuldades do que aprendermos a entrar em contato com elas na imaginação ativa.

Dentre os usos da imaginação ativa, o maior deles é colocar-nos em harmonia com o Tao — e assim as coisas certas, não as erradas, acontecem à nossa volta. Talvez falar do Tao chinês possa trazer um toque de exotismo a uma coisa que, na verdade, nada mais é que a simples experiência cotidiana; mas, ainda assim, encontramos o mesmo significado na nossa linguagem mais coloquial: "Esta manhã ele levantou da cama pelo lado errado" (ou, como dizem os suíços, "com o pé esquerdo"). Essa expressão descreve muito bem uma condição psicológica na qual não levantamos em harmonia com o nosso inconsciente. Somos mal-humorados e desagradáveis e — assim como a noite segue-se ao dia — segue-se que temos um efeito desintegrador sobre o nosso ambiente.

Todos nós já experimentamos o fato de que as nossas intenções conscientes estão sempre sendo frustradas por oponentes desconhecidos — ou relativamente desconhecidos — no nosso inconsciente. Talvez a definição mais simples da imaginação ativa seja dizer que ela nos dá a oportunidade de iniciar negociações com essas forças (ou figuras) no nosso inconsciente e, com o tempo, chegar a um acordo com elas. Nesse aspecto, a imaginação ativa difere dos sonhos, pois neles não exercemos nenhum controle sobre o nosso comportamento. Na maioria dos casos na análise prática, é claro, os sonhos são suficientes para restabelecer um equilíbrio entre o consciente e o inconsciente. Somente em alguns casos algo mais é exigido. Mas, antes de prosseguirmos, eu gostaria de apresentar uma breve descrição das técnicas que podem ser utilizadas na imaginação ativa.

A primeira coisa é estar só e, na medida do possível, livre de qualquer interrupção. A pessoa deve sentar-se e concentrar-se em ver ou ouvir qualquer coisa que emerja do inconsciente. Quando essa "imagem" for alcançada — e em geral isso está longe de ser fácil —, deve-se evitar que ela volte a afundar no inconsciente desenhando, pintando ou escrevendo aquilo que foi visto ou ouvido. Às vezes é possível expressá-la melhor através do movimento ou da dança. Algumas pessoas não conseguem entrar em contato com o inconsciente de modo direto. Uma abordagem indireta que muitas vezes revela muito bem o inconsciente, consiste em escrever histórias sobre, aparentemente, outras pessoas. Essas histórias sempre revelam aquelas porções da psique do próprio escritor das quais ele(a) está completamente inconsciente.

Em qualquer dos casos, o objetivo é entrar em contato com o inconsciente; esse contato dá ao inconsciente a *oportunidade de se expressar*, de um modo ou de outro. (As pessoas que estão convencidas de que o inconsciente não tem vida própria, não devem sequer tentar esta prática.) Para dar essa oportunidade ao inconsciente é necessário, quase sempre, superar um grau variável de "limitação consciente" e permitir que as fantasias, que estão sempre mais ou menos presentes no inconsciente, venham à consciência. (Jung certa vez me disse que acreditava que o sonho prossegue continuamente no inconsciente, mas em geral precisa do sono e da completa suspensão da atenção às coisas de fora para poder registrar-se na consciência.) De modo geral, o primeiro passo na imaginação ativa é aprender a, digamos assim, ver ou ouvir o sonho em estado de vigília.

Em outros trabalhos seus, Jung inclui o movimento e a música entre os caminhos através dos quais é possível alcançarmos essas fantasias. Ele sugere que o movimento — embora possa ser da maior ajuda para dissolver a limitação da consciência — traz consigo a dificuldade do próprio registro dos movimentos em si; e que, se não houver nenhum registro exterior, é impressionante a rapidez com que as coisas que surgem do inconsciente desaparecem da mente consciente.

Jung sugere que os movimentos liberadores sejam repetidos até se fixarem realmente na memória; mas, mesmo assim, minha experiência demonstra que também é aconselhável desenhar o padrão criado pela dança (ou movimento) ou escrever algumas palavras descritivas para evitar que esse padrão desapareça por completo no prazo de alguns dias.

Existe ainda uma outra técnica para lidar com o inconsciente através da imaginação ativa, a qual sempre considerei de extrema ajuda: a conversação com os conteúdos do inconsciente *que parecem personificados.*

É claro que é da maior importância saber *com quem* estamos falando, em vez de imaginar que qualquer voz está proferindo palavras inspiradas pelo Espírito Santo! Com a visualização, isso se torna relativamente fácil. Mas isso também é possível, quando não existe visualização, pois a pessoa pode aprender a identificar as vozes ou o modo de falar e assim evita cometer erros. Além disso, essas figuras são paradoxais: elas têm lados positivos e lados negativos, e um geralmente interrompe o outro. Nesse caso, você pode julgar melhor através do que é dito.

Existe uma regra muito importante que sempre deveria ser observada em qualquer técnica de imaginação ativa. Quando a praticamos, precisamos dar toda a nossa atenção consciente às coisas que dizemos ou fazemos — tanta atenção (ou ainda mais) do que daríamos a alguma situação importante da vida exterior. Isso impedirá que ela continue sendo uma fantasia passiva. Mas depois de termos feito (ou dito) tudo o que queríamos, precisamos ser capazes de deixar a nossa mente "em branco" para podermos ouvir (ou ver) as coisas que o inconsciente quer nos dizer (ou fazer).

A técnica — tanto para o método visual quanto para o auditivo — consiste, primeiro de tudo, em sermos capazes de deixar que as coisas aconteçam. Mas não devemos permitir que as imagens se transformem como um caleidoscópio. Vamos supor que a primeira imagem seja um pássaro; deixada a si mesma, com a rapidez do relâmpago ela pode se transformar num leão, num navio em alto-mar, na cena de uma batalha ou em qualquer outra coisa. A técnica consiste em fixar nossa atenção sobre a primeira imagem e não deixar o pássaro escapar até que ele tenha explicado por que apareceu, qual a mensagem que ele nos traz do inconsciente e o que ele quer saber de nós. Eis aí a necessidade de entrarmos, nós mesmos, na cena ou na conversação. Se omitirmos esse estágio depois de aprender a deixar que as coisas aconteçam, a fantasia poderá mudar (como descrevi acima) ou então, mesmo que a primeira imagem se mantenha, ela terá a passividade visual do cinema ou a passividade auditiva do rádio. Ser capaz de deixar que as coisas aconteçam é um passo extremamente necessário mas, se nos entregamos a ele por um tempo excessivo, logo se torna prejudicial. Todo o propósito da imaginação ativa é fazer com que cheguemos a um acordo com o nosso inconsciente; para isso, precisamos nos entender com o inconsciente e só o conseguiremos se estivermos firmemente enraizados em nós mesmos.

## 64. Como desenhar a sombra

LINDA JACOBSON

Uma imensa figura escura surge no meu idílico jardim. Ela me aterroriza. Percebo, trêmula, que estou à sua mercê. Estou em seu poder. É meu pai, o homem que me estuprou repetidas vezes quando eu era menina. Desenho uma imagem desse homem libidinoso na soleira da porta, prestes a me devorar, a menos que eu cumpra suas ordens. Depois desenho a sombra dessa figura — daquele que assombrou minha existência e lançou um sudário sobre a minha vida.

Uma das minhas alunas, N. R., passou por essa experiência durante uma visualização guiada para desenhar a sombra. As visualizações são projetadas de modo a que as imagens irrompam espontaneamente do inconsciente — fonte de muita obra de arte.

Ao explorar as técnicas de imaginação ativa de Jung, você pode usar as imagens que "vê" durante a visualização guiada para ter acesso às partes de si mesmo que estavam fechadas à percepção consciente. Essas imagens incluem personagens imaginárias, personalidades oníricas ou pessoas da vida cotidiana que simbolizam aquelas partes de você mesmo que o fazem sentir-se constrangido ou que parecem repulsivas. Elas têm como característica parecer o oposto da sua auto-imagem. Elas representam *todas* as qualidades — não apenas as negativas — que fomos condicionados a acreditar que devam permanecer sem ser expressadas.

Ao tornar essas imagens conscientes através do desenho, você pode visualizar melhor suas partes reprimidas; primeiro você as vê dentro de uma outra pessoa, na segurança e objetividade de uma imagem sobre uma folha de papel. Quando conseguir reconhecer essas qualidades da sombra, você também conseguirá incorporar qualidades ocultas mais positivas — tais como a força, a sexualidade, a afirmação de si mesmo, a gentileza — e, assim, expandir o seu senso do "eu".

Antes de fazer essa visualização, crie um ambiente de apoio através de um simples ritual com velas, flores ou música. Depois feche os olhos, acompanhe o ritmo de sua respiração e diga a si mesmo:

> Você está num belo jardim, ou num local onde já esteve antes, ou num lugar completamente imaginário. Ao caminhar, você sente a textura das pedras na trilha sob seus pés. Você observa as cores luminosas das flores e da folhagem, o límpido céu azul, as suaves nuvens brancas e o leve toque da brisa. A temperatura está fria ou quente? Observe outros detalhes sensoriais.
>
> Agora, deixe-se sentir o sagrado desse lugar, sua segurança e sua energia. Uma luz radiante o preenche; você é um ser humano pleno.
>
> A seguir, você vê uma pessoa que é exatamente aquela que você não quer ver. (Pausa) Ela se aproxima de você, atrai toda a sua atenção e o deixa terrivelmente perturbado. Você nem mesmo sabe por quê. Essa pessoa é, de todas as maneiras, o seu oposto. É ela uma figura onírica, alguém que você conhece, ou uma combinação

de diversos personagens? Qual é o seu aspecto? Quais as cores e os humores que a cercam? Você sente raiva, medo, espanto? Ódio ou respeito? Amor ou repugnância?

O que existe nela que lhe desagrada? Quando ela fala, qual o som da sua voz? O que ela diz? Ela é crítica? Egoísta? Cruel? Tímida? Sensual? Arrogante?

Dedique algum tempo para sentir plenamente essa figura de sombra. Deixe suas sensações penetrarem cada célula de seu corpo, para que esse ser fique bem claro na sua mente. (Pausa)

Então, com os olhos fechados, comece a desenhar essa sensação. Quando estiver pronto, abra lentamente os olhos e continue a desenhar por uns quinze minutos.

Depois da visualização guiada, você pode criar os desenhos da sua experiência com materiais de uso rápido e fácil (como óleo ou giz). Seja espontâneo. Deixe que as imagens venham à superfície sem "censurar" sua visão interior. Tente conservar a sensação da visualização enquanto desenha — não se interessando pelas preocupações formais da arte nem julgando a qualidade da obra, mas apenas buscando a expressão emocional.

Você pode desenhar à moda abstrata ou figurativa, deixando que as imagens mudem à medida que você desenha. Não é necessário que você compreenda o significado da imagem. O simples ato de desenhar já é uma terapia, porque você agora tem uma imagem consciente da sua sombra com a qual trabalhar.

Se surgir alguma imagem assustadora, tal como uma vítima de abuso sexual ou um tirano enfurecido, tente continuar desenhando. A dor pode oferecer uma das maiores oportunidades de renovação e pode ser utilizada como energia criativa em estado bruto.

A partir desse desenho inicial, você poderá desenvolver uma série de imagens da sua sombra. A imagem e as cores talvez mudem e assumam muitas formas, refletindo o processo de cura.

Como muitos dos meus alunos, N. R. descobriu que a confrontação com o lado da sombra de seu pai e de sua criança interior brutalizada levou-a a uma crescente percepção de seu próprio vigor e autoconfiança. Aqui estão algumas outras práticas para trabalhar com a sombra:

- Faça um desenho que integre sua sombra ao restante da sua *persona.*
- Elabore um diálogo escrito com o desenho de sua sombra, para descobrir o que ela precisa.
- Faça um desenho de si mesmo a partir do ponto de vista da sombra.

Você também poderá descobrir que desenhar a sombra é uma experiência criativa de riqueza infinita.

## 65. Escrevendo sobre o outro

DEENA METZGER

A sombra — aquela escuridão que nos pertence e da qual não conseguimos escapar, mas que temos tanta dificuldade em encontrar devido à sua natureza fugidia

— é o reflexo de nós mesmos que ocorre quando não há luz. Portanto, para encontrar a sombra, precisamos estar dispostos a caminhar para dentro das trevas, pois ali ela vive, a fim de fazermos uma parceria com o desconhecido. Se não nos deslocamos na sua direção, corremos o risco de que a sombra venha até nós num encontro que será furtivo e violento; mas, se caminhamos na sua direção, domina-nos o medo de ser engolidos por ela. Nas trevas, sentimo-nos como se nós mesmos *fôssemos* as trevas.

Como, então, encontrar a sombra? Reconhecendo que existem partes de nós mesmos que consideramos absolutamente estranhas e alheias, das quais temos horror, que desdenhamos ou negamos; e admitindo que essas partes, por mais horríveis que sejam, ainda são nós mesmos. Admitir que existe uma parte do *self* que, a um só tempo, nos é estranha e familiar, significa penetrar num dos grandes mistérios da psique. Esse ato, em si, torna-se uma oferta de paz que encoraja a sombra a emergir.

Todos sabemos que a sombra se alonga à medida que o dia cai, que ao crepúsculo a sombra está no auge da sua extensão. Existe um momento, no ato de escrever, que se assemelha a esse crepúsculo; aquele momento em que já diminuiu a luz do meio-dia do sol da razão. Num momento desses, é provável que a sombra atenda a um chamado para se manifestar, pois agora ela está na situação de enfrentar aquela luz que, de outro modo, a aniquilaria, aquela luz que ela evita, recusando-se a aparecer e talvez se retraindo ainda mais.

Com essas idéias em mente, formulei uma série de perguntas, um exercício de imaginação, para envolver a sombra através do ato de escrever e desenvolver personagens e histórias. Como essas perguntas expõem o *self* e a sombra a igual risco, descobri que elas persuadem a sombra a se revelar.

A primeira pergunta começa a definir o território onde vive a sombra, onde reconhecemos que a sombra é uma continuidade de nós mesmos, é aquilo em que nos transformamos quando cruzamos o portal. A sombra é a nossa outra face.

Quais são as qualidades ou atributos nos outros que você considera menos semelhantes aos seus? Tente lembrar-se de alguma ocasião em que sentiu ódio. Existe alguém que talvez odeie você? Dentre os preconceitos que você tem, quais os mais obstinados? Qual o grupo com quem você sente menos afinidade? Quais as pessoas cuja companhia lhe é mais dolorosa, porque elas o deixam revoltado, o ofendem, o aterrorizam ou o enraivecem, ou estão abaixo de você, ou são grotescas? Em que circunstâncias você se sentiria humilhado demais para continuar a viver? Qual horror dentro de si mesmo você acharia insuportável?

Quando examinamos nossas respostas, vemos que algumas aversões baseiam-se em princípios morais ou éticos; mas outras contêm uma carga de repugnância, de desprezo, de ódio, de repulsa, de náusea — estas vivem no domínio da sombra. A partir dessas qualidades, permita que um personagem se apresente, alguém com um nome, uma personalidade e uma história. Inicie um diálogo com esse personagem, permitindo a intimidade, a confiança e a revelação até que você saiba tudo sobre ele — onde vive, como é a sua casa, o que ele come no almoço, o que ele pensa, o que ele teme, o que ele quer, o que ele sonha. Procure ser tão verdadeiro e comunicativo como você quer que a sombra seja.

E eis um outro ponto de entrada para encontrar esse personagem interior: imagine que sua vida está ameaçada e que para poder escapar dessa ameaça, você precisa criar uma outra identidade, um disfarce.

Esse disfarce precisa ser perfeito, uma identidade tão semelhante a você mesmo mas, ainda assim, tão diferente que você consegue estar perfeitamente disfarçado enquanto vive a vida desse outro. À medida que vai adotando essa vida, ela mostrará qualidades totalmente alheias a você mas, ainda assim, adequadas e familiares. Quem é esse personagem em quem você se transformou para poder se disfarçar e, assim, salvar a sua vida? Imagine que você é invisível e siga todos os momentos do dia ou da semana desse personagem, observando-o a sós e com os outros. O que esse outro pensa quando está com insônia às três da madrugada? Quais os segredos, as mágoas e os detalhes que você ficou conhecendo? Qual a parte essencial do seu *self* que é coberta por essa máscara?

Fique certo de uma coisa: se você for escrupuloso e gentil, a sombra irá emergir. Portanto, questione e observe tudo, tenha curiosidade por tudo e aceite tudo aquilo que vê e que vem a conhecer. Tenha o máximo cuidado para não emitir julgamentos ou deixar que seus preconceitos e medos contaminem ou destruam as revelações que vierem a ocorrer.

Quando imaginar que já conhece tudo, que já sabe tanto — ou até mais — sobre a sombra quanto sabe sobre você mesmo, imagine que esse personagem é o seu irmão/irmã, nascido do mesmo pai e da mesma mãe. Descreva seu relacionamento com esse irmão. "Lembre" seus primeiros anos juntos; descreva um momento em que vocês sentiram grande afinidade um pelo outro. Quando foi que vocês começaram a se afastar, a seguir vidas tão diferentes? Conte uma história que revele o momento da diferenciação. Imagine sua mãe e seu pai olhando para esses dois filhos e lembrando de cada um deles, falando de suas semelhanças e diferenças.

E, finalmente, permita que esse irmão/outro/inimigo/disfarce olhe para você. Deixe que esse personagem se expresse com a voz dele próprio, para criar um retrato de você. Em que você se torna quando visto a partir dessa perspectiva? Já que o outro desenvolveu uma voz, conversem um com ou outro. O que cada um de vocês quer saber?

À medida que você traz esse irmão, esse outro, essa sombra, para dentro da sua vida — para a família, por assim dizer —, deixe que sua imaginação e sua história real de vida se fundam. Fique atento à necessidade de ser literal, pois é muito freqüente que a literalidade esteja encobrindo um conhecimento mais profundo. Por outro lado, não permita que a imaginação desvie a sua atenção ou afaste você dos caminhos onde a sombra é, de fato, a sua família, o seu outro, o seu "eu".

Esse "eu" da sombra não é separado de você; ele é menos separado de você que um irmão. Essa é a sombra que você lança, a sombra que está sempre com você. Examine o retrato dessa "pessoa" e observe a vida que ela está vivendo, tanto exterior como interiormente. Embarque nessa ironia: aquele com quem você criou uma ilha de vida em comum e compreensão mútua, é o outro absoluto — e o outro absoluto é aquele com quem você se entende à perfeição. Imagine a si mesmo vivendo a vida do outro.

E, para encerrar, imagine a morte do "eu" da sombra. Considerando a vida que ele levou, como morre o "eu" da sombra?

A sombra, é claro, nunca morre; sempre lançamos uma sombra. Mas o modo como nos relacionamos com ela, e ela conosco, depende do conhecimento que temos dela. Uma vez que a conhecemos, inevitavelmente perdemos uma inocência que jamais será recuperada. Essa inocência é substituída pelo conhecimento da complexidade da nossa natureza. Às vezes temos sorte, e esse conhecimento provoca em nós uma gentileza e tolerância pelos outros — e talvez até por nós mesmos.

No fim, o que permanece é aquilo que só podemos chegar a conhecer quando estamos a sós, nus e com a luz às nossas costas.

*Entro no bosque e me aquieto.*
*Minha agitação se desvanece,*
*como os círculos de uma pedra n'água.*
*Meus fardos estão onde os deixei,*
*adormecidos como o gado no curral.*
*Aquilo que me teme surge então*
*e vive, por um instante, no meu olhar.*
*O que ele teme em mim me abandona*
*e o medo de mim o abandona.*
*Ele canta, e eu ouço o seu cantar.*

*Aquilo que temo surge então,*
*e vivo, por um instante, em seu olhar.*
*O que temo nele o abandona*
*e o medo dele me abandona.*
*Ele canta, e ouço o seu cantar.*

Wendell Berry

# Epílogo

JEREMIAH ABRAMS

> Se o louco persistisse na sua loucura,
> ele se tornaria sábio.
>
> *William Blake*

Sou um autodidata por natureza. Valorizo o aprendizado pela experiência. Muitas vezes, quando fixo meu pensamento e minha atenção num assunto, as sincronicidades ocorrem. Algum evento significativo — mas não causalmente relacionado — acontece na minha experiência exterior ou às pessoas que conheço. Sinto-me, sempre, renovado e confortado por essa resposta tão imediata. Esses eventos me trazem a confirmação daquilo que é real e verdadeiro.

Na época em que fazia meu treinamento como terapeuta, percebi que as coisas que prendiam a minha atenção apareciam, inevitavelmente, no meu consultório — sempre naquele mesmo dia! Quando comecei a praticar, isso era tão desconcertante que eu costumava descartar essas coincidências como simples produtos da minha percepção seletiva (como o batedor de carteiras que anda pelas ruas olhando apenas para os bolsos). Mas a persistência desses eventos ao longo do tempo fez com que eu passasse a confiar neles.

Hoje, por exemplo, enquanto redigia este Epílogo, telefonou-me uma moça, bastante perturbada com um sonho que teve ontem. Ela queria a minha ajuda. Como eu analiso sonhos, ficamos algum tempo ao telefone trabalhando com esse sonho. Este é o fragmento que mais se destaca:

No sonho, ela está debruçada sobre o trabalho quando sente dores agudas no meio das costas. Ela se levanta e se volta... e vê uma mulher de cabelos negros atirando-lhe dardos!

Ali estava a sua sombra, simbolizada por uma pessoa do mesmo sexo e da cor oposta (a sonhadora é loura), que se aproxima da sonhadora pelas costas — pelo inconsciente (em termos simbólicos, aquilo que está atrás de nós, que está fora do alcance da nossa visão consciente) — e a transforma no alvo dos dolorosos dardos da percepção consciente.

Acertei na mosca! A focalização pode trazer a sombra para dentro do nosso horizonte imediato. Quando prestamos atenção à parte reprimida de nós mesmos, ela vem à vida, ela responde.

Durante a preparação de *Ao Encontro da Sombra*, esse processo transformou-se, para mim, num diálogo vivo e consciente. Esse processo confirmou, de maneira bem mais ampla, muitas das minhas observações pessoais e experiências com a sombra. E, o que é mais importante para mim, forçou-me a realizar o "trabalho com a sombra" em mim mesmo. Passei mais de um ano espreitando a face escura das coisas e revolvendo essas idéias, até que elas se tornaram reais para mim. Meu sono tem sido pontilhado por sonhos com a sombra, por encontros estranhos com homens misteriosos, por embates noturnos e por descobertas feitas ao lado dos mais improváveis companheiros. Hoje, conheço pessoalmente esses efeitos e reconheço com mais facilidade as imperfeições da minha alma. Hoje, dedico cada vez menos energia às minhas atitudes e aparências de antes.

Cada um de nós contém o potencial para ser destrutivo e criativo. O reconhecimento dos inimigos sombrios dentro de nós é, na verdade, um ato confessional, o início da transformação psicológica. Nenhum dos nossos aspectos poderá ser transformado a menos que, primeiro, o aceitemos e o dotemos de realidade. O "trabalho com a sombra" é a fase de iniciação para fazermos de nós mesmos uma totalidade.

Mas, embora muito se fale sobre a totalidade, o fato é que nenhum de nós poderá realmente conter o todo, pelo menos de um modo consciente. Não conseguimos estar conscientes de todas as coisas durante todo o tempo. A fragmentação é parte inerente do nosso conhecimento.

Tentar conhecer a sombra equivale a querer conhecer os mistérios da criação: nosso conhecimento será, sempre, incompleto. Podemos, quando muito, servir a um princípio da realidade, aspirar a uma vida sem hipocrisia e continuar na busca conscienciosa dos níveis mais profundos da verdade. Com freqüência, isso irá exigir de nós uma dose de loucura — o louco em nós —, para sermos capazes de recuperar as coisas que foram reprimidas ou negadas e, depois, encontrar nelas um significado pessoal. Na disposição para nos tornarmos loucos, encontramos a sabedoria.

Acredito que o humorismo realiza milagres quando se trata de ajudar os outros a ver suas sombras. Qualquer comediante de respeito sabe, de maneira intuitiva, que o humorismo libera aqueles desconcertantes e potencialmente perigosos conteúdos da sombra, sem causar danos. O humorismo pode desatar nossos medos e emoções reprimidas; pode dissolver o embaraço e a vergonha que talvez sintamos pelas nossas fraquezas. Através do humorismo, podemos chegar ao baixo-ventre das coisas e enxergar aquilo que estamos nos recusando a admitir. Quando não temos senso de humor é provável que tenhamos pouca ligação com a nossa sombra, que tenhamos uma forte necessidade de servir ao jogo das aparências. Na gargalhada, soltamos e libertamos a energia daqueles pontos interiores em cuja armadilha estamos presos, onde nos escondemos cheios de medo. "Se a gente não pode dar uma boa gargalhada", como diz aquela música *country*, "a loucura toma conta do lugar."

Meu trabalho torna-se mais agradável e eficaz quando consigo rir junto com os outros, mesmo sobre os assuntos mais sérios. Eu procuro aquele "toque" de inadequação. Esse é o território que mais vale os riscos que corremos para encontrar. Pois é nele, às margens da percepção consciente, que podemos descobrir o "Grande Caminho" do zen, o caminho onde o significado profundo das coisas não é perturbado pela tendência da mente consciente de estabelecer distinções. "Contrapor aquilo de que gostas àquilo de que não gostas", diz Sengstam, terceiro patriarca zen, "é a doença da mente."

Meu desejo, caro leitor e leitora, é que esta seleção de ensaios e idéias possa trazer ao seu horizonte uma percepção cada vez maior da sombra onipresente na sua vida. Ela virá com muita facilidade. Sugiro que você leia algumas páginas, saia para a vida e olhe à sua volta. As bênçãos do "trabalho com a sombra" irão beneficiar você e o mundo.

O "trabalho com a sombra" é um bom remédio! Ele nos leva a uma prática que eu chamo *a busca de uma vida sem hipocrisia* e outros talvez chamem *viver com integridade*. Para trazer à tona e desafiar o meu próprio "eu" hipócrita (a minha sombra), avalio meus atos questionáveis com esta pergunta: "Quando no meu leito de morte, e prestes a ir ao encontro do meu Criador, será que ainda serei capaz de dizer que fiz o melhor que pude?" Como disse Gandhi: "Os únicos demônios do mundo são aqueles que vivem em nossos corações. É ali que a batalha deve ser travada."

Podemos *escolher* ser uma pessoa a quem possamos respeitar, podemos escolher um comportamento significativo e do qual não precisaremos nos arrepender. Isso é possível, mas somente as escolhas são claras se as fazemos com toda a consciência. Uma percepção consciente da sombra pode dissolver o poder inconsciente da sombra sobre nossas escolhas.

Esta é uma oportunidade de ouro para percebermos a sombra: o ouro está na percepção consciente da escolha, que se torna possível pela mediação da tensão entre a nossa sombra e o nosso ego. Se temos escolha sobre quem somos neste mundo, segue-se que podemos assumir responsabilidade pelo tipo de mundo que criamos.

*Ir às trevas com uma luz,*
*significa conhecer a luz.*
*Para conhecer as trevas, caminhe na escuridão.*
*Caminhe sem ver, e descubra que também as trevas*
*florescem e cantam,*
*e são trilhadas por escuros pés e por escuras asas.*

Wendell Berry

# Notas

**Capítulo 12 — Downing**

1. C. G. Jung: "Symbols of the Mother and Rebirth", *Collected Works*, vol. 5, pág. 259 (Nova York: Pantheon, 1959); e *Two Essays on Analytical Psychology*, em *Collected Works* vol. 7, págs. 38 e 75.

2. C. G. Jung: "Concerning Rebirth", *Collected Works*, vol. 9. I, pág. 131.

3. Otto Rank: *The Double* (Chapel Hill: University of North Carolina Press, 1971) e *Beyond Psychology* (Nova York: Dover, 1941).

**Capítulo 16 — Conger**

1. C. G. Jung: *Symbols of Transformation: An Analysis of the Prelude to a Case of Schizophrenia*, segunda edição, trad. R.F.C. Hull, Bollingen Series XX, vol. 5 (Princeton, N.J.: Princeton University Press, 1956), pág. 71.

2. C. G. Jung: *Analytical Psychology: Its Theory and Practice* (Nova York: Vintage, 1968), pág. 23. (Itálico nosso ).

3. W. Reich: *The Function of the Orgasm* , trad. Theodore P. Wolfe (Nova York: Meridian, 1970), pág. 241.

4. W. Reich: *Ether, God, and Devil,* trad. Mary Boyd Higgins e Therese Pol (Nova York: Farrar, Straus & Giroux, 1973), pág. 91.

5. C. G. Jung: *The Structure and Dynamics of the Psyche,* 2ª ed., trad. R.F.C. Hull, Bollingen Series XX, vol. 8 (Princeton, N.J.: Princeton University Press, 1969), pág. 215.

6. C. G. Jung: *The Archetypes and the Collective Unconscious,* trad. R.F.C. Hull, org. Sir Herbert Read, Michael Fordham e Gerard Adler, Bollingen Series XX, vol. 9 (Princeton, N.J.: Princeton University Press, 1980), pág. 284.

7. W. Reich: *The Mass Psychology of Fascism,* trad. Vincent R. Carfagno (Nova York: Farrar, Straus & Giroux, 1970), pág. xi.

8. Hans Christian Andersen: "The Shadow", em *Hans Christian Andersen: Eighty Fairy-Tales* (Nova York: Pantheon Press, 1982), pág. 193. Ver também Otto Rank: *The Double: A Psychoanalytic Study,* trad. e org. Harry Tucker Jr. (Nova York: Meridian, 1971), págs. 10/11.

9. W. Reich: *The Mass Psychology of Fascism,* pág. xi.

10. C. G. Jung: *Two Essays on Analytical Psychology,* 2ª ed. trad. R.F.C. Hull, Bollingen Series XX, vol. 7 (Princeton, N.J.: Princeton University Press, 1972), pág. 192.

11. W. Reich: *The Mass Psychology of Fascism,* pág. xi.

**Capítulo 25 — Glendinning**

1. Lewis Mumford: *My Works and Days: A Personal Chronicle* (Nova York: Harcourt Brace Jovanovich, 1979), pág. 14.

2. Paul Brodeur: *Outrageous Misconduct: The Asbestos Industry on Trial* (Nova York: Pantheon, 1985), pág. 14.

**Capítulo 26 — Bishop**

1. R. Metzner: *Maps of Consciousness* (Nova York: Collier Macmillan, 1979), pág. 2.

2. Ver B. E. Fernow: "Applied Ecology", em *Science* 17 (1903) e V. M. Spalding: "The Rise and Progress of Ecology", em *Science* 17 (1903).

3. Por exemplo, A. Chisholm: *Philosophers of the Earth: Conversations with Ecologists* (Londres: Sidgwick and Jackson, 1972).

4. Citado em A. Chisholm: *Philosophers of the Earth.* Ver também G. Sessions: "Ecophilosophy, Utopias, Education", em *The Journal of Environmental Education* 15, nº 1 (outono de 1983).

5. As citações são de Robinson Jeffers e Buckminster Fuller, em R. Buckminster Fuller: *Earth Inc.* (Nova York: Anchor Press, 1973), pág. 69.

6. Citado em M. Douglas e A. Wildavsky: *Risk and Culture: An Essay on the Selection of Technical and Environmental Dangers* (Berkeley: University of California Press, 1982), pág. 64. Eles sugerem que há pouca diferença entre a maneira como a sociedade industrial vê as questões ambientais e a cosmovisão "mágica" das sociedades primitivas. Sobre a unidade profana, ver também B. Weisberg: *Beyond Repair: The Ecology of Capitalism* (Boston: Beacon Press, 1971).

7. J. Schell: *The Fate of The Earth* (Londres: Picador, 1982), págs. 62/65.

8. J. Hillman, em "Going Bugs" (uma de suas palestras sobre "Os Animais nos Sonhos", no Instituto de Humanidades e Cultura de Dallas em 1982), também faz referência ao *O Senhor das Moscas,* ao coro dos insetos no *Fausto* e à *Metamorfose* de Kafka.

9. Ver R. Sardello: "The Suffering Body of The City", em *Spring,* 1983, págs. 145/164.

10. Conf. o ecologista Dr. N. Moore em Chisholm: *Philosophers.* Ver também I. Barbour: *Earth Might Be Fair: Reflections on Ethics, Religion, and Ecology* (Nova York: Prentice-Hall, 1972), Págs. 56 e 153. Douglas (em *Risk and Culture,* pág. 131) relaciona diretamente a forma de organização dos grupos ativistas ambientais com suas imagens de desastre.

11. L. Gallonedec: "Man's Dependence on the Earth", em *Popular Science Monthly* 53 (maio de 1898); lido no Congresso das Sociedades Científicas, França.

12. L. Eiseley: *The Star Thrower* (Londres: Wildwood House, 1978), pág. 179.

13. C. G. Jung: *Collected Works,* trad. R.F.C. Hull, Bollingen Series XX, vol. 10 (Princeton, N.J.: Princeton University Press, 1970), seção 615.

14. H. B. Hough, em *D. Day, The Doomsday Book of Animals* (Londres: Ebury Press, 1981), pág. 10.

15. J. e P. Philips: *Victorians at Home and Away* (Londres: Croom Helm, 1978), pág. 18. O nacionalismo do século XIX oferecia imagens idealizadas de unificação, coerência e identidade que contradiziam a intensa fragmentação e conflito internos. Através de imagens imperiais (por exemplo, do Oriente) tentou-se categorizar e controlar o planeta.

16. J. Hillman: "Anima Mundi", em *Spring 1982*, págs. 71/93. ver também R. Sardello: "Taking the Side of Things", em *Spring 1984*, págs. 127/135.

17. Ver o abrangente *Wilderness and the American Mind* de R. Nash (New Haven, Conn.: Yale University Press, 1973).

18. Ver as reflexões de A. Portmann sobre a beleza na natureza, em "What Living Form Means to Us". em *Spring 1982*, págs. 27/38. Também J. Hillman: "Natural Beauty without Nature", em *Spring 1985*, págs. 50/55.

19. Ver A. Ziegler: "Rousseauian Optimism, Natural Distress, and Dream Research", em *Spring 1976*, págs. 54/65; Eiseley: *Star Thrower,* pág. 231; Nash: *Wilderness,* pág. 165; F. Younghusband: *Wonders of the Himalayas,* 1924 (Chandigarh: Abhishek Publications, 1977).

20. S. Larsen: *The Shaman's Doorway* (Nova York: Harper & Row, 1977), pág. 169.

21. A celebração de uma interpretação generalizada, estética e realística da paisagem natural pelos ocidentais amantes das regiões selvagens é quase única. Embora o Extremo Oriente também tenha uma longa tradição de apreciação estética da paisagem, ela foi altamente idealizada e formalizada. A maioria das culturas tradicionais sempre reverenciou locais geográficos *específicos* (e não *vistas*) através de histórias sagradas a eles associadas — ver M. Eliade: *Sacred and Profane* (Nova York: Harcourt, Brace and World, 1959). As culturas tradicionais geralmente vêem os locais sagrados com um misto de reverência, assombro, cautela e medo. Do mesmo modo, as terras desconhecidas além de seu próprio território são tratadas com bastante circunspecção. Num ensaio anterior ("Geography of Imagination: Tibet", em *Spring 1984*, págs. 195/209), discuti as conseqüências da tentativa ocidental de remover o paradoxo imaginativo de suas fantasias sobre o Tibete.

22. Ver o importante ensaio de L. White Jr.: "The Historical Roots of Our Ecological Crisis", em *The Environmental Handbook*, org. G. de Bell (Nova York: Ballantine Books, 1970). Para uma análise menos unilateral que mostra uma complexidade bem maior na postura ocidental en relação à natureza, ver K. Thomas: *Man and the Natural World: Changing Attitudes in England, 1500-1800* (Londres: Allen Lane, 1983). Ver também S. Fox: *John Muir And His Legacy* (Boston: Little Brown & Co., 1981), cap. 11. Ver também Yi Fu-tuan: "Discrepancies Between Environmental Attitudes and Behaviour: Examples from Europe and China", para uma tentativa de ir além dos textos clássicos e corrigir a reificação ingênua das práticas ecológicas orientais — citado em P. English e R. Mayfield: *Man, Space and Environment* (Nova York: Oxford University Press, 1972).

23. Ver Nash: *Wilderness*. Também K. Thomas: *Natural World*.

24. Por exemplo, R. Kaplan: "Some Psychological Benefits of an Outdoor Challenge Program", em *Environment and Behaviour*, nº 6 (1974): J. Swan: "Sacred Places In Nature", em *The Journal of Environmental Education* 15, nº 4 (1983); e W. Hammit: "Cognitive Dimensions of Wilderness Solitude", em *Environment and Behaviour*, nº 14 (1982).

25. Douglas: *Risk and Culture*, pág. 151.

26. Ibid., págs. 131/140, para uma discussão dessa relação entre os medos globais e as estratégias globais. Um exemplo ponderado dessa abordagem é R. Higgins: *The Seventh Enemy: The Human Factor in the Global Crisis* (Londres: Hodder and Stoughton, 1978). Kern, por exemplo, relaciona a emergência do conceito de "espaço aberto" com a ascensão do imperialismo, a exploração e o domínio do planeta pelo Ocidente no século XIX (*Culture of Time and Space*, pág. 164).

27. Eiseley: *The Star Thrower*, pág. 262.

28. G. Bachelard: *The Poetics of Reverie* (Boston: Beacon Press, 1971), pág. 127.

29. Eiseley: *The Star Thrower*; pág. 262. Esses escuros murmúrios do ambiente e da natureza também estão sujeitos à manipulação política; devemos nos indagar por que existem flutuações nos focos de interesse — um ano é a poluição, no outro a crise energética, a superpopulação, a guerra nuclear e assim por diante.

**Capítulo 33 — Nichols**

1. A. MacGlashan: *The Savage and Beautiful Country* (Londres: Chatto and Windus Ltd., 1967).

2. C. G. Jung: *Psychological Reflections*; org. Jolande Jacobi (Princeton, N.J.: Princeton University Press, 1970).

3. Ibid.

**Capítulo 35 — Jung**

1. C. G. Jung: *Aion*, em *Collected Works*, trad. R.F.C. Hull, Bollingen Series XX, vol. 9, ii (Princeton, N.J.: Princeton University Press, 1980), pág. 82 e segs.

**Capítulo 37 — Peck**

1. Talvez a maior beleza (embora tão usada e abusada) da doutrina cristã seja a sua compreensiva abordagem do pecado. Trata-se de uma abordagem de duas facetas. Por um lado, ela afirma a nossa natureza humana pecadora. Portanto, qualquer cristão genuíno considerará a si mesmo como um pecador. O fato de que muitos "cristãos" só de nome e abertamente devotos não se considerem, no fundo do coração, como pecadores, não deve ser visto como um fracasso da doutrina mas apenas como um fracasso do indivíduo de começar a viver à altura dela. Adiante falaremos mais sobre a pessoa má sob um disfarce cristão. Por outro lado, a doutrina cristã também afirma que nossos pecados são perdoados — pelo menos na medida em que sentirmos arrependimento por eles. Percebendo plenamente a extensão da nossa natureza pecadora, é provável que nos sentíssemos quase esmagados pelo desamparo se ao mesmo tempo não acreditássemos na mercê e na natureza misericordiosa do Deus cristão. Portanto, a Igreja também afirma que ficar insistindo incessantemente sobre cada um dos menores pecados que possamos ter cometido (um processo conhecido como "excesso de escrúpulos") é, em si, um pecado. Já que Deus nos perdoa, deixar de perdoar a nós mesmos equivale a colocarmo-nos acima de Deus — logo, cometer o pecado do orgulho numa forma pervertida.

2. Gerald Vann: *The Pain of Christ and the Sorrow of God* (Springfield, Ill.: Temple Gate Publishers, *copyright* Aquin Press, 1947), págs. 54-55.

3. Ernest Becker, em sua última obra, *Escape from Evil* (Macmillan, 1965), indicou o papel essencial da busca do bode expiatório na gênese da maldade humana. Acredito que ele se equivocou ao focar exclusivamente o medo da morte como o único motivo para essa busca do bode expiatório. Na verdade, acredito que o medo da autocrítica é o motivo mais forte. Embora Becker não o tenha mencionado, ele poderia ter equiparado o medo da autocrítica ao medo da morte. A autocrítica é um chamado para uma mudança de personalidade. Tão logo eu critico uma parte de mim mesmo, incorro na obrigação de transformar essa parte. Mas o processo de mudança de personalidade é doloroso. É como uma morte. O antigo padrão de personalidade precisa morrer para que um novo padrão tome o seu lugar. As pessoas más estão patologicamente apegadas ao *status quo* de suas personalidades, as quais, em seu narcisismo, vêem como sendo perfeitas. Acho bastante possível que a pessoa má considere qualquer mudança, por menor que seja, no seu amado "eu" como uma aniquilação total. Nesse sentido, a ameaça da autocrítica pode parecer à pessoa má um sinônimo de ameaça de extinção.

4. Buber: *Good and Evil*, pág. 111. Já que o motivo primário do mal é o disfarce, um dos locais em que é mais provável encontrarmos pessoas más é dentro da igreja. Na nossa cultura, existiria modo melhor para esconder de si mesmo — e também dos outros — o próprio mal do que ser um diácono ou alguma outra forma altamente visível de cristão? Na Índia, suponho que os maus demonstrariam uma tendência semelhante a ser "bons" hindus ou "bons" muçulmanos. Não pretendo com isso implicar que os maus são mais do que uma pequena minoria entre as pessoas religiosas, nem que os motivos religiosos da maioria das pessoas sejam espúrios. Quero dizer apenas que as pessoas más tendem a gravitar para as atividades piedosas, em busca do disfarce e da ocultação que ali podem obter.

**Capítulo 38 — Diamond**

1. Liliane Frey-Rohn: "Evil from the Psychological Point of View", em *Evil* (Evanston, Ill.: Northwestern University Press, 1967), pág. 167.

2. Ibid., pág. 160.

3. Carl Jung: *Memories, Dreams, Reflections* (Nova York: Pantheon Books, 1961), pág. 153.

4. Rollo May: "Reflections and Commentary", em Clement Reeves: *The Psychology of Rollo May: A Study in Existential Theory and Psychoterapy* (São Francisco: Jossey-Bass, 1977), pág. 304.

5. M. Scott Peck: *People of the Lie: The Hope for Healing Human Evil* (Nova York: Simon and Schuster, 1983), págs. 67, 78 e 183. (Para uma crítica do livro de Peck, ver Stephen Diamond: "The Psychology of Evil", em *The San Francisco Jung Institute Library Journal* 9, nº 1, 1990, págs. 5/26.

6. Sigmund Freud: "Totem and Taboo", em *The Basic Writings of Sigmund Freud* (Nova York: Random House, 1938), pág. 848.

7. Ibid.

8. Carl Jung: "Psychological Types", em *The Collected Works of C. G. Jung*, vol. 6 (Princeton, N.J.: Princeton University Press, 1971), pág. 109.

9. Rollo May: *Man's Search for Himself* (Nova York: W. W. Norton, 1953), págs. 72/73.

10. Carl Jung: *Memories, Dreams, Reflections*, pág. 347.

11. Rollo May: *Love and Will* (Nova York: W. W. Norton, 1969), pág. 121.

12. Marie-Louise von Franz: "Daimons and the Inner Companions", em *Parabola* 6, nº 4, 1981, pág. 36.

13. Rollo May: *Love and Will*, págs. 136/137.

14. Ibid., pág. 129.

15. Ibid., pág. 137.

16. Carl Jung: *Memories, Dreams, Reflections*, pág. 387.

17. Rollo May: "Reflections and Commentary", pág. 305.

18. James Hillman: *Healing Fiction* (Nova York: Station Hill Press, 1983), pág. 68.

19. Marie-Louise von Franz: "Daimons and the Inner Companions", pág. 39.

**Capítulo 39 — Becker**

1. Wilhelm Reich: *The Mass Psychology of Fascism*; 1933 (Nova York: Farrar, Straus, 1970), págs. 334 e segs.

2. Ibid., pág. 339.

3. Erich Neumann: *Depth Psychology and a New Ethic* (Londres: Hodder & Stoughton, 1969), pág. 40.

4. Carl Jung: "After the Catastrophe", em *Collected Works*, vol. 10 (Princeton, N.J.: Bollingen, 1970), pág. 203.

5. Ibid.

6. Erich Neumann: *Depth Psychology and a New Ethic*, pág. 50.

7. Carl Jung: "After the Catastrophe", pág. 216.

**Capítulo 40 — Schmookler**

1. M. Scott Peck: *People of the Lie: The Hope for Healing Human Evil* (Nova York: Simon and Schuster, 1983), pág. 69.

2. M. Esther Harding: *The "I" and the "Not-I": A Study in the Development of Consciousness* (Princeton, N.J.: Princeton University Press, 1965), pág. 91.

3. Citado em *Tarrytown Letter*, abril de 1983, pág. 16.

4. Citado em Robert G. C. Waite: *The Psychopathic God: Adolf Hitler* (Nova York: Basic Books, 1977), pág. xvii.

5. Ibid.

6. Ver Erick Erikson: *Gandhi's Truth: On the Origins of Militant Non-violence* (Nova York: W. W. Norton, 1969). É interessante notar que algo semelhante pode ser encontrado na vida de Leo Tolstoy. Nos últimos anos de sua vida, quando exortava o mundo a buscar a perfeição do amor e da paz cristãos, parece que Tolstoy tiranizava cruelmente a esposa e seu pessoal doméstico.

7. Erik Erikson: *Ghandhi's Truth*, pág. 251.

8. George Orwell: *Collected Essays* (Londres: Heinemann, 1966), Pág. 456.

9. Erik Erikson: *Ghandhi's Truth*, pág. 234.

10. Erich Neumann: *Depth Psychology and a New Ethic* (Londres: Hodder & Sthoughton, 1969), pág. 111.

11. Erik Erikson: *Gandhi's Truth*, pág. 433.

12. Citado em M. Scott Peck: *People of the Lie*, pág. 11.

**Capítulo 46 — Lifton**

1. Paul W. Pruyser: "What Splits in Splitting?", em *Bulletin of the Menninger Clinic* 39, 1975, págs. 1/46.

2. Melanie Klein: "Notes on Some Schizoid Mechanisms", em *International Journal of Psychoanalysis* 27, 1946, págs. 99/110: e Otto F. Kernberg: "The Syndrome", em *Borderline Conditions and Pathological Narcissism* (Nova York: Jason Aronson, 1973), págs. 3/47.

3. Henry V. Dicks: *Licensed Mass Murder: A Socio-Psychological Study of Some SS Killers* (Nova York: Basic Books, 1972).

4. Ver, por exemplo, Erik H. Erikson: *Identity: Youth And Crisis* (Nova York: W. W. Norton, 1968); Heinz Kohut: *The Restoration of the Self* (Nova York: International Universities Press, 1977); Henry Guntrip: *Psychoanalytic Theory, Therapy and the Self* (Nova York: Basic Books, 1971); e Robert Jay Lifton: *The Broken Connection: On Death and the Continuity of Life*, 1979 (Nova York: Basic Books, 1983).

5. William James: *The Varieties of Religious Experience: A Study in Human Nature*, 1902 (Nova York: Collier, 1961), pág. 144.

6. Os dois principais estudos de Rank sobre esse fenômeno são *The Double: A Psychoanalytic Study*, 1925 (Chapel Hill: University of North Carolina Press, 1971), e "The Double as Immortal Self", em *Beyond Psychology*, 1941 (Nova York: Dover, 1958), págs. 62/101.

7. Rank: *The Double*, págs. 3/9 e Rank: *Beyond Psychology*, págs. 67/79. Sobre "Der Student von Prag", ver Siegfried Kracauer: *From Caligari to Hitler: A Psychological History of the German Film* (Princeton, N.J.: Princeton University Press, 1947), págs. 28/30. Rank assistiu "O Estudante de Praga" durante uma retrospectiva em meados dos anos 20 e esse foi o primeiro estímulo para sua preocupação de toda a vida com o tema do duplo. Rank observou que o autor do roteiro, Hanns Heinz Ewers, baseara-se na "História do Reflexo Perdido" de Hoffmann. (Ver E. T. A. Hoffmann: "Story of the Lost Reflection", em J. M. Cohen (org.): *Eight Tales of Hoffmann* (Londres, 1952).

8. Rank: *Beyond Psychology*, pág. 98.

9. Em seu trabalho inicial, Rank seguia Freud ligando a lenda de Narciso ao conceito de "narcisismo", ou seja, a libido dirigida para o próprio *self* da pessoa. Mas Rank dava a impressão de fazê-lo com relutância, sempre enfatizando que a morte e a imortalidade espreitam por trás do narcisismo. Em sua adaptação posterior, ele defendeu vigorosamente o tema da morte como o primeiro e mais fundamental na lenda de Narciso e falou com certo desdém de "alguns psicólogos modernos que alegam ter encontrado nele um símbolo do princípio do amor a si mesmo". (Ver Rank: *Beyond Psychology*, págs. 97/101.) Nessa época ele já havia rompido com Freud e estabelecido sua própria posição intelectual.

10. Rank: *The Double*, pág. 76.

11. Ibid.

12. Rank: *Beyond Psychology*, pág. 82.

13. Michael Franz Basch fala de uma interferência na "união do afeto com a percepção sensorial sem, contudo, criar um bloqueio entre a percepção sensorial e a consciência". Ver M. F. Basch: "The Perception of Reality and the Disavowal of Meaning", em *Annual of Psychoanalysis*, vol. 11 (Nova York: International Universities Press, 1982), pág. 147. Nesse sentido,

a rejeição assemelha-se ao entorpecimento psíquico, na medida em que altera a *valência* ou carga emocional do processo simbólico.

14. Ralph D. Allison: "When the Psychic Glue Dissolves", em *Hypnos-Nytt,* dezembro de 1977.

15. As duas primeiras influências são descritas em George B. Greaves: "Multiple Personality: 165 Years After Mary Reynolds", em *Journal of Nervous and Mental Disease* 168, 1977, págs. 577/596. Freud enfatizou a terceira em *The Ego and the Id*, em *Standard Edition of the Works of Sigmund Freud*; James Strachey (org.), 1923 (Londres: Hogarth Press, 1955), vol. XIX, págs. 30/31.

16. Margaretta K. Bowers e outros: "Theory of Multiple Personality", em *International Journal of Clinical and Experimental Hypnosis* 19, 1971, pág. 60.

17. Ver Lifton: *Broken Connection*, págs. 407/409; e Charles H. King: "The Ego and the Integration of Violence in Homicidal Youth", em *American Journal of Orthopsychiatry* 45, 1975, pág. 142.

18. Robert W. Rieber usa o termo "pseudopsicopatia" para aquilo que descreve como "comportamento criminoso conjunto seletivo" dentro dos tipos de subcultura aqui mencionados. Ver R. W. Rieber: *The Psychopathy of Everyday Life* (manuscrito inédito).

19. James S. Grotstein fala do desenvolvimento de "um ser separado que vive dentro de uma pessoa, o qual foi pré-conscientemente dividido e tem uma existência com motivação independente, programa separado, etc." e a partir do qual podem emanar "o mal, o sadismo e a destrutividade" ou até mesmo "a possessão demoníaca". A esse aspecto do *self* ele chama "parasita da mente" ("*mind parasite*", expressão de Colin Wilson) e atribui seu desenvolvimento àqueles elementos do *self* que foram artificialmente suprimidos e rejeitados no início da vida. (Ver J. S. Grotstein: "The Soul in Torment: An Older and Newer View of Psychopathology", em *Bulletin of the National Council of Catholic Psychologists* 25, 1979), págs. 36/52.

**Capítulo 51 — Kopp**

1. Dante Alighieri: *The Inferno*, trad. John Ciardi (Nova York e Toronto: The New American Library, A Mentor Classic, 1954).

2. Francis Fergusson: *Dantes's Dream of the Mind: A Modern Reading of the Purgatorio* (Princeton, N.J.: Princeton University Press, 1953), pág. 5.

3. T. S. Eliot: "Dante", em *The Sacred Wood: Essays on Poetry and Criticism* (Nova York: Barnes and Noble, 1960; e Londres: Methuen & Co., Ltd., University Paperbacks), pág. 170 e segs.

4. Dante Alighieri: *The Inferno*, pág. 42.

5. Ibid., pág. 43.

6. Ibid., pág. 43 e segs.

7. C. G. Jung: *Wirklichkeit der Seele* (Zurique: Ascher, 1934), pág. 52. Citado em *Psychological Reflections: An Anthology of the Writings of C. G. Jung*; Jolande Jacobi, org. (Nova York: Harper and Row, Harper Torch-books, The Bollingen Library, 1961), pág. 75.

8. Dante Alighieri: *The Inferno*, pág. 54.

9. Ibid., pág. 66.

10. Ibid., pág. 161.

11. C. G. Jung: "Versuch einer Darstellung der psycho-analytischen Theorie", em *Jahrbuch für psychoanalytische und psychopathologische Forschungen* (Leipzig e Viena: Deuticke V, 1913), pág. 106. Citado em *Psychological Reflections*, pág. 75.

12. C. G. Jung: "Zur gegenwartigen Lage der Psychotherapie", em *Zentralblatt für Psychotherapie und ihre Grenzgebiete*, VII (1934) 2, pág. 12 e segs. Citado em *Psychological Reflections.*

13. Lao Tsé: *Tao Te King* (Harmondsworth, Middlesex, Inglaterra: Penguin Books, Ltd., Penguin Classics, 1963), pág. 123.

**Capítulo 52 — Campbell**

1. A. W. Longfellow: *The Song of Hiawatha*, VIII. As aventuras atribuídas por Longfellow ao chefe iroquês Hiawatha na verdade pertencem a Manabozho, herói da cultura algonquim. Hiawatha foi um personagem histórico real do século XVI.

2. Leo Frobenius: *Das Zeitalter des Sonnengottes* (Berlim, 1904), pág. 85.

3. Henry Callaway: *Nurse Tales and Traditions of the Zulus* (Londres, 1868), pág. 331.

4. Ananda K. Coomaraswamy: "Akimcanna: Self-Naughting", em *New Indian Antiquary*, vol. 3 (Bombaim, 1940), pág. 6, nota 14; citando e discutindo São Tomás de Aquino e a *Summa Theologica*, I, 63, 3.

5. O sarcófago e o esquife são alternativas para a barriga da baleia. Compare-se Moisés no cestinho de junco.

6. Sir James G. Frazer: *The Golden Bough* (edição em um volume); págs. 347/349. *Copyright* 1922 de The Macmillan Company, aqui reproduzido com sua permissão.

7. Duarte Barbosa: *A Description of the Coasts of East Africa and Malabar in the Beginning of the Sixteenth Century* (Londres: Hakluyt Society, 1866), pág. 172; citado por Frazer, op. cit. págs. 274-275. Reproduzido com permissão dos editores The Macmillan Company. Esse é o sacrifício que o Rei Minos se recusou a fazer quando ocultou de Posêidon o touro. Conforme foi mostrado por Frazer, o regicídio ritual era uma tradição generalizada no mundo antigo. "Na Índia Meridional", escreve ele, "o reinado e a vida do rei terminavam com a revolução do planeta Júpiter em torno do Sol. Na Grécia, por outro lado, o destino do rei parecia ficar pendente de uma avaliação ao fim de cada ciclo de oito anos... Talvez não fosse precipitado supormos que o tributo de sete rapazes e sete donzelas, que os atenienses eram obrigados a fazer a Minos a cada oito anos, estava relacionado com a renovação do poder do rei por mais um ciclo octonal" (ibid., pág. 280). O sacrifício do touro, exigido do Rei Minos, implicava que o próprio Minos seria sacrificado ao final de seu reinado de oito anos, de acordo com o padrão da tradição herdada. Mas parece que Minos ofereceu, como substitutos de si mesmo, os rapazes e donzelas atenienses. Talvez tenha sido por essa razão que o divino Minos transformou-se no monstro Minotauro: o rei do auto-sacrifício, o tirano parasitário; e o estado hierático (o estado sacerdotal, onde cada homem desempenha seu papel) no império mercantil (onde cada homem cuida apenas de si mesmo). Tais práticas de substituição parecem ter-se generalizado por todo o mundo antigo ao final do grande período dos primeiros estados hieráticos, durante o III e o II milênios antes de Cristo.

**Capítulo 53 — Toub**

1. Chuang Tsé: *Chuang Tse*, org. G. F. Feng e J. English (Nova York: Vintage Books, 1974), págs. 80/82.

2. Chuang Tsé: *Chuang Tzu*, trad. H. Giles (Londres: Unwin Paperbacks, 1980), pág. 164.

3. H. Smith: *The Religions of Man* (Nova York: Harper & Row, 1958), pág. 212.

4. C. G. Jung: *Two Essays on Analytical Psychology* (Princeton, N.J.: Princeton University Press, 1966), pág. 68.

5. A. Mindell: "Somatic Consciousness", em *Quadrant* 14 (1/1981), págs. 71/73.

6. J. Jacobi: *The Way of Individuation* (Nova York: Harcourt, Brace & World, 1967), pág. 82.

7. Lao Tsé: *Tao Te King*, org. G. F. Feng e J. English (Nova York: Vintage Books, 1972), cap. 41.

8. Chuang Tsé: *Chuang Tzu*. trad. H. Giles (Londres: Unwin Paperbacks, 1980), págs. 263/264.

**Capítulo 57 — Frey-Rohn**

1. Sigmund Freud: *The Future of an Illusion*, trad. W. D. Robson-Scott, em *International Psycho-Analytical Library*, vol. 15 (Londres: The Hogarth Press, Ltd., 1949), pág. 86.

2. Friedrich Nietzsche: *The Case of Wagner*, em *Selected Aphorisms in Works*, vol VIII, pág. 59.

3. William James, pág. 176.

4. William James, pág. 488, nota: "As pessoas [nascidas e renascidas] não se evadem ao mal; elas o exaltam na alegria religiosa mais elevada."

5. Hoffman: *The Devil's Elixir*, trad. anônimo (Edinburgo, 1824).

6. Code Bezae, com relação a Lucas 6:4.

7. C. G. Jung: *Mysterium Coniunctionis*, em *Collected Works*, trad. R. F. C. Hull, Bollingen Series XX, vol. 14 (Princeton, N.J.: Princeton University Press, 1963), pág. 428.

**Capítulo 58 — Wilber**

1. C. G. Jung: *Modern Man in Seach of a Soul* (Londres: Harcourt Brace Jovanovich, 1955), págs. 271-272.

# Bibliografia

Esta bibliografia inclui as fontes utilizadas nesta coletânea bem como outros títulos de interesse:


ANDERSEN, Hans Christian: "The Shadow", *Eighty Fairy Tales*. Nova York: Pantheon Books, 1976.

BABBS, John: "New Age Fundamentalism", *Critique*, edição da primavera de 1990.

_______: "You Are So Wonderful:, *Critique*, edição da primavera de 1990.

BACH, George R. e Herb Goldberg: *Creative Aggression*. Nova York: Doubleday, 1974.

BAUER, Jan: *Alcoholism and Women*. Toronto: Inner City Books, 1982.

BECKER, Ernest: *The Denial of Death*. Nova York: Free Press, 1973.

_______: *Escape from Evil*. Nova York: Free Press, 1975.

BERNSTEIN, Jerome S.: *Power and Politics: The Psychology of Soviet-American Partnership*. Boston: Shambhala (para a C. G. Jung Foundation, Nova York), 1989.

BERRY, Patricia: *Echo's Subtle Body*. Dallas: Spring Publications, 1982.

BERRY, Wendell: *Sabbaths*. San Francisco: North Point Press, 1987.

BERZIN, Alexander (trad.): *The Mahamudra of the Ninth Karmapa, Wang-Ch'ug dor-je: Eliminating the Darkness of Ignorance*. Dharamsala, India: Library of Tibetan Works and Archives, 1978.

BIRKHAUSER-OERI, Sibylle: *The Mother: Archetypal Image in Fairy Tales*. Toronto: Inner City Books, 1988.

BISHOP, Peter: "The Shadows of the Wholistic Earth", *Spring*, 1986.

BLEAKLEY, Alan: *Fruits of the Moon Tree*. Londres: Gateway Books, 1984.

_______: *Earth's Embrace: Facing the Shadow of the New Age*. Bath, Inglaterra: Gateway Books, 1989.

BLY, Robert: *A Little Book on the Human Shadow*. Nova York: Harper & Row, 1988.

BOER, Charles: "In The Shadow of the Gods: Greek Tragedy". *Spring*, 1982.

BOLEN, Jean Shinoda: *Gods in Everyman*. Nova York: Harper & Row, 1989.

BORYSENKO, Joan: *Guilt is the Teacher, Love is the Lesson*. Nova York: Warner Books, 1990.

BRADSHAW, John: *Healing the Shame That Binds You*. Deerfield Beach, Flórida: Health Communications, 1988.

BRANDEN, Nathaniel: *The Disowned Self*. Nova York: Bantam Books, 1978.

BREWI, Janice e Anne Brennan: *Celebrate Mid-Life: Jungian Archetypes and Mid-Life Spirituality*. Nova York: Crossroad, 1989.

BUBER, Martin: *The Writings of Martin Buber*. Nova York: Meridian Books, 1956.

_______: *Good And Evil*. Magnolia, Massachussets: Peter Smith, 1984.

BULFINCH, Thomas: *Myths of Greece and Rome*. Nova York: Penguin, 1981.

BUTLER, Katy: "Encountering the Shadow in Buddhist America". *Common Boundary*, maio/junho de 1990.

CAMPBELL, Joseph: *The Hero with a Thousand Faces*. [*O Herói de Mil Faces*. Editora Pensamento, São Paulo.] Princeton, New Jersey: Princeton University Press, Série Bollinger, 1973.

CASTELLANOS, Rosario: *The Selected Poems of Rosario Castellanos*. St. Paul, Minnesotta: Graywolf Press, 1988.

CHUANG TSU: *Chuang Tse* (G.-F. Feng e J. English, org.). Nova York: Vintage Books, 1974.

_______: *Chuang Tzu* (H. Giles, trad.). Londres: Unwin Paperbaks, 1980.

CHERNIN, Kim: *The Hungry Self*. Nova York: Random House, 1985.

CONGER, John P.: *Jung And Reich: The Body as Shadow*. Berkeley, Califórnia: North Atlantic Books, 1985.

D'AULAIRE, Ingrid e Edgar: *Book of Greek Myths*. Garden City, Nova York: Doubleday, 1962.

DIAMOND, Stephen A.: "The Psychology of Evil". *The San Francisco Jung Institute Library Journal* 9, nº 1, 1990.

DODDS, E. R.: *The Greeks And The Irrational*. Berkeley, Califórnia: University of California Press, 1951.

DOSSEY, Larry: *Beyond Illness*. Boston: Shambhala, 1984.

DOWNING, Christine: *Psyche's Sisters*, Nova York: Harper & Row, 1988.

_______ (org.): *Archetypes of the Self*. Los Angeles: Jeremy P. Tarcher, 1991.

EDINGER, Edward F.: *The Anatomy of the Psyche*. La Salle, Illinois: Open Court, 1986. [*Anatomia da Psique*. Editora Cultrix, São Paulo.]

EICHMAN, William Carl: "Meeting Darkness on the Path", *Gnosis*, nº 14, edição do inverno de 1990.

EKMAN, Paul: *Why Kids Lie*. Nova York: Charles Scribners, 1988.

ELIOT, T. S.: *Four Quartets*. Londres: Faber and Faber, 1949.

FEINSTEIN, David e Stanley Krippner: *Personal Mythology: The Psychology of Your Evolving Self*. Los Angeles: Jeremy P. Tarcher, 1988. [*Mitologia Pessoal*. Editora Pensamento, São Paulo.]

FERRUCCI, Piero: *What We May Be*. Los Angeles: Jeremy P. Tarcher, 1982.

FJERKENSTAD, Jerry: "Alchemy and Criminality", *Inroads*, edição da primavera de 1990.

FRAZER, James G.: *The Golden Bough*. Nova York: St. Martin's Press, 1977.

FREY-ROHN, Liliane: "Evil from the Psychological Point of View", *Spring*, 1965.

_______: "The Shadow Revealed in the Works of Friedrich Nietzsche". *The Well Tended Tree* (Hilde Kirsch, org.). Nova York: G. P. Putnam's Sons (para a Fundação C. G. Jung de Nova York), 1971.

_______: *From Freud to Jung: A Comparative Study of the Psychology of the Unconscious*. Boston: Shambhala, 1990.

FROMM, Erich: *Anatomy of Human Destructiveness*. Nova York: Henry Holt & Co., 1973.

GALLARD, Martine Drahon: "Black Shadow/White Shadow". *The Archetype of the Shadow in a Split World* (Mary Ann Mattoon, org.) Zurique: Daimon, 1987, págs. 199-213.

GERZON, Mark: *Act II: How to Turn Your Midlife Crisis Into a Quest* (no prelo: Delacorte).

GIBRAN, Kahlil: *The Prophet*. Nova York: Alfred A. Knopf, 1923.

GLENDINNING, Chellis: *When Technology Wounds: The Human Consequences of Progress*. Nova York: William Morrow, 1990.

GOLDBERG, Jane: *The Dark Side of Love*. Los Angeles: Jeremy P. Tarcher, 1991.

GOLEMAN, Daniel: *Vital Lies, Simple Truths*. Nova York: Simon & Schuster, 1986.

_______: "The Dark Side of Charisma". *New York Times*, primeiro de abril de 1990.

GREENE, Liz e Stephen Arroyo: *The Jupiter/Saturn Conference Lectures*. Sebastapool, Califórnia: CRCS Publications, 1984. [*Júpiter e Saturno: Uma Nova Visão da Astrologia Moderna*. Editora Pensamento, São Paulo.]

GRIFFIN, Susan: *Pornography and Silence: Culture's Revenge Against Nature*. Nova York: Harper & Row, 1981.

GROF, Christina e Stanislov: *The Stormy Search for the Self*. Los Angeles: Jeremy P. Tarcher, 1990.

GUGGENBÜHL-CRAIG, Adolf: "Quacks, Charlatans and False Prophets". *The Reality of the Psyche* (Joseph Wheelright, org.). Nova York: G. P. Putnam's Sons, 1972.

_______: *Marriage Dead or Alive*. Dallas: Spring Publications, 1977.

_______: *Power in the Helping Professions*. Dallas: Spring Publications, 1978.

_______: *Eros on Crutches*. Dallas: Spring Publications, 1980.

HANNAH, Barbara: "Ego and Shadow". Guild of Pastoral Psychology, palestra nº 85, março de 1955.

_______: *Encounters with the Soul: Active Imagination*. Boston: Sigo Press, 1981.

HARDING, Esther M.: "The Shadow". *Spring*, 1945.

_______: *The I And the Not-I*. Princeton, Nova Jersey: Princeton University Press, Bollingen Series, 1965.

HENDERSON, Joseph L.: *Shadow and Self: Selected Papers in Analytical Psychology*. Wilmette, Illinois: Chiron Publications, 1989.

HENDRIX, Harville: *Getting the Love You Want*. Nova York: Harper & Row, 1988.

HILL, Michael Ortiz: "Healing the Dream of Apocalypse" e "Out of My Father's House: A Fairy Tale". Inéditos.

HILLMAN, James: "Friends and Enemies: The Dark Side of Relationship". *Harvest*, nº 8, 1962, págs. 1/22.

_______: *Insearch: Psychology and Religion*. Nova York: Charles Scribners, 1967.

_______: *The Dream and the Underworld*. Nova York: Harper & Row, 1979.

_______: "Notes on White Supremacy". *Spring*, 1968, págs. 29/59.

_______: (Org.) *Puer Papers*. Dallas: Spring Publications, 1979.

_______: (Org.) *Soul and Money*. Dallas: Spring Publications, 1982.

HOPCKE, Robert H.: *A Guided Tour of the Collected Works of C. G. Jung*. Boston: Shambhala, 1989.

IRWIN, Jolen T.: *Doubting and Incest — Repetition and Revenge: A Speculative Reading of Faulkner*. Baltimore e Londres: Johns Hopkins, 1975.

JACOBI, Jolande: *The Psychology of C. G. Jung*. New Haven: Yale University Press, 1951.

_______: *Masks of the Soul*. Grand Rapids, Michigan: William B. Eerdmans, 1967.

_______: *The Way of Individuation*. Nova York: Harcourt, Brace & World, 1967.

JAFFÉ, Aniela (org.): *C. G. Jung: World and Image*. Princeton, Nova Jersey: Princeton University Press, Bollingen Series XCVII:2, 1979.

JOHNSON, Robert A.: *Inner Work*. Nova York: Harper & Row, 1986.

_______: *Ecstasy: Understanding the Psychology of Joy*. Nova York: Harper & Row, 1987.

_______: *Owning Your Shadow*. Nova York: Harper & Row, no prelo.

JOY, W. Brugh: *Avalanche: Heretical Reflections on the Dark and the Light*. Nova York: Ballantine Books, 1990.

JUNG, Carl Gustav: "The Fight with The Shadow". *Listener*, 7 de novembro de 1946.

_______: *Answer to Job*. Londres: Routledge & Kegan Paul, 1952.

_______: *Collected Works*, volumes 1/20, (R. F. C. Hill, tradutor; H. Read, M. Fordham, G. Adler e William McGuire, organizadores). Princeton, Nova Jersey: Princeton University Press, Bollingen Series XX, 1953-1990.

_______: *Memories, Dreams, Reflections*. Nova York: Pantheon Books, 1973.

_______e Marie-Louise von Franz, Joseph L. Henderon, Jolande Jacobi e Aniela Jaffé: *Man and His Symbols*. Garden City, Nova York: Doubleday, 1964.

_______: *Two Essays on Analytical Psychology*. Princeton, Nova Jersey: Princeton University Press, 1966.

KEEN, Sam: *Faces of the Enemy*. Nova York: Harper & Row, 1986; e com Anne Valley-Fox: *Your Mythic Journey*. Los Angeles: Jeremy P. Tarcher, 1989. [*A Jornada Mítica de Cada Um*. Editora Cultrix, São Paulo.]

KELSEY, Morton: *Discernment: A Study in Ecstasy and Evil*. Nova York: Paulist Press, 1978.

KEPPLER, Carl F.: *The Literature of the Second Self*. Tucson, Arizona: Books Demand UMI, 1972.

KOESTLER, Arthur: *Janus: A Summing Up*. Nova York: Vintage Books, 1978.

KOPP, Sheldon B.: *If You Meet The Buddha on the Road, Kill Him*. Palo Alto, Califórnia: Science and Behavior Books, 1976.

KUNKEL, Fritz: *Selected Writings*. Nova York: Paulist Press, 1984.

LAO TSÉ: *Tao Te Ching* (G.-F. Feng e J. English, orgs.) Nova York: Vintage Books, 1972. [*Tao-Te King*. Editora Pensamento, São Paulo.]

LE GUIN, Ursula K.: *The Wizard of Earthsea*. Nova York: Parnassus Press, 1975.

LEONARD, Linda Schierse: *Witness to the Fire*. Boston: Shambhala, 1989.

LESSING, Doris: *The Marriages Between Zones Three, Four and Five*. Nova York: Vintage Books, 1981.

LEVINSON, Daniel J.: *The Seasons of a Man's Life*. Nova York: Random House, 1979.

LIFTON, Robert Jay: *The Nazi Doctors: Medical Killing and the Psychology of Genocide*. Nova York: Basic Books, 1986.

LORDE, Audre: *Sister Outsider*. Nova York: Crossing Press, 1984.

LOWEN, Alexander: *The Betrayal of the Body*. Nova York: Macmillan, 1967.

LOWINSKY, Naomi: *Stories from the Motherline*. Los Angeles: Jeremy P. Tarcher, no prelo.

MARTIN, P. W.: *Experiment in Depth*. Londres: Routledge & Kegan Paul, 1955.

MAY, Rollo: *Power and Innocence*. Nova York: W. W. Norton, 1972.

McWHINNEY, Will: "Evil in the Organizational Life: Faustians, Professionals, Bureaucrats & Humanists". Inédito.

METZGER, Deena: "Personal Disarmament: Negotiating with Inner Government". *Re-Vision* 12, nº 4, edição da primavera de 1990.

METZNER, Ralph: *Opening to Inner Light*. Los Angeles: Jeremy P. Tarcher, 1986.

MILLER, Alice: *For Your Own Good: Hidden Cruelty in Child-Rearing and the Roots of Violence*. Nova York: Farrar, Straus, Giroux, 1983.

_______: *Banished Knowledge: Facing Childhood Injuries*. Nova York: Doubleday, 1990.

MILLER, Patrick D.: "What the Shadow Knows: An Interview with John A. Sanford", *The Sun*, nº 137, 1990.

MILLER, William A.: *Your Golden Shadow*. Nova York: Harper & Row, 1989.

MINDELL, Arnold: "The Golem", *Quadrant* 8, nº 2, edição do inverno de 1975.

_______: "Somatic Consciousness", *Quadrant* 14:1 (1972)), págs. 66/67.

_______: *City Shadows: Psychological Intervention in Psychiatry*. Londres: Routledge, 1989.

MOFFITT, Phillip: "The Dark Side of Excellence":, *Esquire*, dezembro de 1985.

MONICK, Eugene: *Phallos: Sacred Image of the Masculine*. Toronto: Inner City Books, 1987.

MORENO, Antonio: *Jung, Gods and Modern Man*. South Bend, Indiana: University of Notre Dame Press, 1970.

MORRISH, Ivor: *The Dark Twin: A Study of Evil & Good*. Essex, Inglaterra: L. N. Fowler, 1980.

MURDOCK, Maureen: *The Heroine's Journey*. Boston: Shambhala, 1990.

NEBEL, Cecile: *The Dark Side of Creativity*. Troy, Nova York: Whitston Publishing, 1988.

NEUMANN, Erich: *Depth Psychology and a New Ethic*. Nova York: Putnam, 1969.

NICHOLS, Sallie: *Jung and Tarot*. York Beach, Maine: Samuel Weiser, 1980. [*Jung e o Tarô: Uma Jornada Arquetípica*. Editora Pensamento, São Paulo.]

O'FLAHERTY, Wendy Doniger: *Dreams, Illusions, and Other Realities*. Chicago: University of Chicago, 1984.

O'NEILL, John: *The Dark Side of Success*. Los Angeles: Jeremy P. Tarcher, no prelo.

PEAVEY, Fran: "Us and Them", *Whole Earth Review*, nº 49, edição do inverno de 1985.

PECK, M. Scott: *People of the Lie*. Nova York: Simon & Schuster, 1983.

PERERA, Sylvia Brinton: *The Scapegoat Complex: Toward a Mythology of Shadow and Guilt.* Toronto: Inner City Books, 1986. [*O Complexo de Bode Expiatório: Rumo a uma Mitologia da Sombra e da Culpa.* Editora Cultrix, São Paulo.]

PIERRAKOS, John C.: *Anatomy of Evil.* Nova York: Institute for the New Age of Man, 1974.

_______: *Core Energetics: Developing the Capacity to Love and Heal.* Mendocino, Califórnia: Life Rhythm, 1988.

RAINE, Kathleen: "The Inner Journey of the Poet". *In the Wake of Jung* (Molly Tuby, org.). Londres: Coventure, 1986.

RANK, Otto: *Beyond Psychology.* Nova York: Dover, 1958 [1941].

_______: *The Double* (Harry Tucker, Jr., trad. e org.). Nova York: New American Library, 1977.

RILKE, Rainer Maria: *The Sonnets to Orpheus* (Stephen Mitchell, trad.). Nova York: Simon & Schuster, 1985.

ROBB, Christina: "Shadows Loom in the Stuart Case". *Boston Globe*, 16 de janeiro de 1990.

ROSEN, David: *Depression, Ego, and Shadow.* Los Angeles: Jeremy P. Tarcher, no prelo.

SAMUELS, Andrew e outros: *A Critical Dictionary of Jungian Analysis.* Londres: Routledge & Kegan Paul, 1986.

SANDNER, Donald F.: "The Split Shadow and the Father-Son Relationship". *Betwixt & Between* (Louise Mahdi e outros, orgs.). La Salle, Illinois: Open Court, 1988.

SANFORD, John A.: *Evil: The Shadow Side of Reality.* Nova York: Crossroad, 1984.

_______: *The Strange Trial of Mr. Hyde.* Nova York: Harper & Row, 1987.

SCARF, Maggie: *Intimate Partners: Patterns in Love and Marriage.* Nova York: Random House, 1982.

SCHMOOKLER, Andrew Bard: *Out of Weakness: Healing the Wounds that Drive Us to War.* Nova York: Bantam, 1988.

SHARP, Daryl: *The Survival Papers: Anatomy of a Mid-Life Crisis.* Toronto: Inner City Books, 1988. [*Ensaios de Sobreviventes.* Editora Pensamento, São Paulo.]

SIDOLI, Mara: "The Shadow Between Parents and Children". *The Archetype of the Shadow in a Split World* (Mary Ann Mattoon, org.). Zurique: Daimon, 1987.

_______: "Shame and Shadow". *The Journal of Analytical Psychology*, nº 33.

SIGNELL, Karen A.: *Wisdom of the Heart: Working with Women's Dreams.* Nova York: Bantam, 1990.

SINETAR, Marsha: *Do What You Love, The Money Will Follow.* Nova York: Dell Books, 1987.

SINGER, June: *Boundaries of the Soul.* Nova York: Doubleday, 1972.

SLATER, Philip: *Earthwalk.* Garden City, Nova York: Anchor Press/Doubleday, 1974.

SMITH, Huston: *The Religions of Man.* Nova York: Harper & Row, 1958.

SOLZHENITSYN, Alexander: *The Gulag Archipelago.* Nova York: Harper & Row, 1978.

STEIN, Robert M.: *Incest and Human Love: The Betrayal of the Soul in Psychotherapy.* Dallas: Spring Publications, 1973.

STEVENS, Anthony: *Archetypes: A Natural History of the Self.* Nova York: Quill, 1983.

_______: *The Roots of War: A Jungian Perspective.* Nova York: Paragon House, 1989.

STILLINGS, Dennis: "Invasions of the Archetypes". *Gnosis,* nº 10, edição do inverno de 1989.

STONE, Hal e Sidra Winkelman: *Embracing Our Selves.* San Rafael, Califórnia: New World Library, 1989.

TE PASKE, Bradley A.: *Rape and Ritual: A Psychological Study.* Toronto: Inner City Books, 1982.

TOUB, Gary: "The Usefulness of the Useless". *Psychological Perspectives* 18, nº 2, edição de outono de 1987.

TUBY, Molly: "The Shadow". The Guild of Pastoral Psychology, palestra número 216, Londres, 1963.

TUCHER, Harry, Jr.: "The Importance of Otto Rank's Theory of the Double". *Journal of the Otto Rank Association.* Edição do inverno de 1977/78.

TYMES, Ralph: *Doubles in Literary Psychology*. Cambridge, Inglaterra: University of Oxford Press, 1949.

VAN OVER, R. (org.): *Taoist Tales*. Nova York: New American Library, 1973.

VENTURA, Michael: *Shadow Dancing in the USA*. Los Angeles: Jeremy P. Tarcher, 1985.

von FRANZ, Marie-Louise: *Shadow and Evil in Fairytales*. Dallas: Spring Publications, 1974.

_______: *C. G. Jung: His Myth in Our Time*. Nova York: G. P. Putnam's Sons (para a Fundação C. G. Jung de Nova York), 1975.

_______: *Projection and Re-collection in Jungian Psychology*. La Salle, Illinois: Open Court Publishing, 1980, e com James Hillman: *Jung's Typology*. Dallas: Spring Publications, 1971.

WAKEFIELD, Joseph: "Analysis in Revolution: Shadow and Projection in El Salvador". *Spring*, 1987.

WASHBURN, Michael: *The Ego and the Dynamic Ground*. Nova York: State University of New York Press, 1988.

WHITMONT, Edward C.: *The Symbolic Quest*. Princeton, New Jersey: Princeton University Press, 1978. [*A Busca do Símbolo*. Editora Cultrix, São Paulo.]

_______: "Individual Transformation and Personal Responsibility". *Quadrant* 18, nº 2, edição do outono de 1985, págs. 45/46.

WILBER, Ken: *The Spectrum of Consciousness*. Wheaton, Illinois: Thesophical Publishing House, 1982. [*O Espectro da Consciência*. Editora Cultrix, São Paulo.]

WILMER, Harry A.: *Practical Jung: Nuts And Bolts of Jungian Psychoterapy*. Wilmette, Illinois.: Chiron Publications, 1987.

WOODMAN, Marion: *The Pregnant Virgin*. Toronto: Inner City Books, 1985.

WOODRUFF, Paul e Harry Wilmer (orgs.): *Facing Evil at the Core of Darkness*. La Salle, Illinois: Open Court, 1986.

YANDELL, James: "Devils on the Freeway". "This World", *San Francisco Chronicle*, 26 de julho de 1987.

ZIEGLER, Alfred J.: *Archetypal Medicine*. Dallas, Spring Publications, 1983.

# Autorizações e direitos autorais

O *Capítulo 1* consiste num excerto, "The Long Bag We Drag Behing Us", de *A Little Book on the Human Shadow,* de Robert Bly. Copyright © 1988 de Robert Bly. Reproduzido com permissão de HarperCollins Publishers, Inc.

O *Capítulo 2* é composto por excertos do livro *The Symbolic Quest,* de Edward C. Whitmont. Copyright © 1969 da C. G. Jung Foundation of Analytical Psychology. Reproduzido com permissão da Princeton University Press.

O *Capítulo 3* é composto por excertos de *What the Shadow Knows: An Interview with John A. Sanford,* feita por D. Patrick Miller. Copyright © 1990 de D. Patrick Miller. Reproduzido com permissão do autor.

O *Capítulo 4* é composto por excertos de *Archetype: A Natural History of the Self,* de Anthony Stevens. Copyright © 1982 do Dr. Anthony Stevens. Reproduzido com permissão de William Morrow & Company.

O *Capítulo 5* é um excerto de *Evil: the Shadow Side of Reality,* de John A. Sanford. Copyright © 1981 de John A. Sanford. Reproduzido com permissão da The Crossroad Publishing Company.

O *Capítulo 6* consiste em excertos de *Man and His Symbols,* Carl G. Jung (org.). Copyright © 1964 de Aldus Books, Ltd. Permissão cedida por J. G. Ferguson Publishind Co.

O *Capítulo 7* consiste num excerto de *Your Golden Shadow: Discovering and Fulfilling Your Undeveloped Self,* de William A. Miller. Copyright © 1989 de William A. Miller. Reproduzido com permissão de HarperCollins Publishers, Inc.

O *Capítulo 8* consiste num excerto de *Getting the Love You Want,* de Harville Hendrix. Copyright © 1988 de Harville Hendrix. Reproduzido com permissão de Henry Holt & Company.

O *Capítulo 9* consiste de um excerto de *Incest and Human Love: The Betrayal of the Soul in Psychotherapy,* de Robert M. Stein. Copyright © 1973 de Robert M. Stein. Reproduzido com permissão do autor e da Spring Publications, Inc.

O *Capítulo 10* consiste de um excerto de *The Hungry Self: Women, Eating, and Identity,* de Kim Chernin. Copyright © 1985 de Kim Chernin. Reproduzido com permissão da Times Books, divisão da Random House, Inc.

O *Capítulo 11* consiste num excerto de *Evil: The Shadow Side of Reality,* de John A. Sanford. Copyright © 1981 de John A. Sanford. Reproduzido com permissão da The Crossroad Publishing Company.

O *Capítulo 12* consiste em excertos de *Psyche's Sisters: Re-Imagining the Meaning of Sisterhood,* de Christine Downing. Copyright © 1988 de Christine Downing. Reproduzido com permissão de HarperCollins Publishers, Inc.

O *Capítulo 13* consiste num excerto de *The Survival Papers: Anatomy of A Mid-life Crisis (Studies in Jungian Psychology by Jungian Analysts,* número 35), de Daryl Sharp. Copyright © 1988 de Daryl Sharp. Reproduzido com permissão do autor e da Inner City Books, Toronto.

O *Capítulo 14* consiste em excertos de *Intimate Partners: Patterns in Love and Marriage,* de Maggie Scarf. Copyright © 1987 de Maggie Scarf. Reproduzido com permissão da Random House, Inc.

O *Capítulo 15* consiste num exceto de *Shadow Dancing in the USA,* de Michael Ventura. Copyright © 1985 de Michael Ventura. Reproduzido com permissão de Jeremy P. Tarcher, Inc.

O *Capítulo 16* é um excerto de *Jung & Reich: The Body as Shadow,* de John P. Conger. Copyright © 1988 de John P. Conger. Reproduzido com permissão do autor.

O *Capítulo 17* consiste num excerto de *Anatomy of Evil,* de John C. Pierrakos. Copyright © 1974 de John C. Pierrakos. Reproduzido com permissão do autor.

O *Capítulo 18* consiste num excerto de *Beyond Illness: Discovering the Experience of Health,* de Larry Dossey. Copyright © 1984 de Larry Dossey, M.D. Reproduzido com permissão de Shambhala Publications, Inc., 300 Massachusetts Avenue, Boston, MA 02115.

O *Capítulo 19* é composto por excertos de *Archetypal Medicine,* de Alfred J. Ziegler, M.D., traduzido do alemão para o inglês por Gary V. Hartman. Copyright © 1983 de Spring Publications, Inc. Reproduzido com permissão de Spring Publications, Inc.

O *Capítulo 20* é um excerto de *Marriage Dead or Alive,* de Adolf Guggenbühl-Craig. Copyright © 1977 de Adolf Guggenbühl-Craig. Traduzido para o inglês por Murray Stein. Reproduzido com permissão de Spring Publications, Inc.

O *Capítulo 21* é um ensaio original, criado especialmente para este livro por Bruce Shackleton, Ed. D. Copyright © 1990 de Bruce Shackleton. Reproduzido com permissão do autor.

O *Capítulo 22* é um ensaio original baseado em *The Dark Side of Success,* de John R. O'Neill (no prelo, Jeremy P. Tarcher, Inc.). Copyright © 1990 de John R. O'Neill. Reproduzido com permissão do autor.

O *Capítulo 23* é um ensaio de Adolf Guggenbühl-Craig, extraído de *The Reality of the Psyche,* organizado por Joseph B. Wheelright. Copyright © 1972 da C. G. Jung Foundation. Reproduzido com permissão da C. G. Jung Foudation.

O *Capítulo 24* consiste em excertos de *Do What You Love: The Money Will Follow,* de Marsha Sinetar. Copyright © 1987 da dra. Marsha Sinetar. Utilizado com permissão da Dell Books, divisão de Bantam, Doubleday, Dell Publishing Group, Inc.

O *Capítulo 25* consiste em excertos de *When Technology Wounds,* de Chellis Glendinning. Copyright © 1990 de Chellis Glendinning. Reproduzido com permissão de William Morrow & Co., Inc.

O *Capítulo 26* é composto de excertos de um ensaio, "The Shadows of the Holistic Earth", de Peter Bishop. Copyright © 1986 de *Spring,* anuário de psicologia arquetípica e pensamento junguiano. Reproduzido com permissão de Spring Publications, Inc.

O *Capítulo 27* consiste em excertos de um ensaio, "The Shadow", do Irmão David Steindl-Rast. Copyright © 1989 de David Steindl-Rast. Reproduzido com permissão do autor e do *The Heart & Wings Journal,* publicação bimensal da ordem sufi no Ocidente (P.O.Box 574, Lebanon Springs, N.Y. 12114).

O *Capítulo 28* é um ensaio, "Meeting Darkness on the Path", de William Carl Eichman. Publicado originalmente na revista *Gnosis — A Journal of Western Inner Traditions* número

14, edição do inverno de 1990. Copyright © em poder da Lumen Foundation. Reproduzido com permissão da revista *Gnosis*.

O *Capítulo 29* é composto de excertos de um artigo, "Encountering the Shadow in Buddhist America", de Katy Butler, originalmente publicado na edição de maio/junho de 1990 da revista *Common Boundary* (7005 Florida Street, Chevy Chase, Md. 20815). Copyright © 1990 de Katy Butler. Reproduzido com permissão da autora.

O *Capítulo 30* é um ensaio original, criado para este livro por Georg Feuerstein. Copyright © 1990 de Georg Feuerstein. Utilizado com autorização do autor.

O *Capítulo 31* consiste de um excerto de *Avalanche*, de W. Brugh Joy, M.D. Copyright © 1989 de W. Brugh Joy, M.D. Reproduzido com permissão de Ballentine Books, divisão de Random House, Inc.

O *Capítulo 32* consiste num excerto de *The Jupiter/Saturn Conference Lectures*, de Liz Greene e Stephen Arroyo. Copyright © 1984 de Liz Greene e Stephen Arroyo. Reproduzido com permissão da CRCS Publications, Sebastapool, Califórnia 95473.

O *Capítulo 33* é um exceto de *Jung and Tarot: An Archetypal Journey*, de Sallie Nichols. Copyright © 1980 de Sallie Nichols. Reproduzido com permissão de Samuel Weiser, Inc., York Beach, ME.

O *Capítulo 34* é um artigo, "New Age Fundamentalism", de John Babbs. Copyright © 1990 de John Babbs. Reproduzido de *Sacred Fire: Getting to the Heart of the Matter* com permissão da Xanthyros Foundation, P.O. Box 91980, West Vancouver, B.C., Canadá V7V4S4.

O *Capítulo 35* consiste num excerto de *Memories, Dreams, Reflections*, de C. G. Jung, gravado e editado por Aniela Jaffé, traduzido para o inglês por Richard e Clara Winston. Copyright da tradução © 1961, 1962, 1963 da Random House, Inc. Reproduzido com permissão da Pantheon Books, divisão da Random House, Inc.

O *Capítulo 36* foi reproduzido de *Power and Innocence: A Search for the Sources of Violence*, de Rollo May. Copyright © 1972 de Rollo May. Reproduzido com permissão do autor e da W.W. Norton Company, Inc.

O *Capítulo 37* consiste em excertos de *People of the Lie*, de M. Scott Peck, M.D. Copyright © 1983 de M. Scott Peck, M.D. Reproduzido com permissão de Simon & Schuster, Inc.

O *Capítulo 38* é um ensaio, "Redeeming Our Devils and Demons", de Stephen A. Diamond, baseado num ensaio (revisado) publicado no *Journal* 9, número 1, 1990, da Biblioteca do Instituto Jung de San Francisco sob o título "The Psychology of Evil". Copyright © 1990 do dr. Stephen A. Diamond. Utilizado com permissão do autor e do *Journal* da Biblioteca do Instituto Jung de San Francisco.

O *Capítulo 39* é um capítulo extraído de *Escape from Evil*, de Ernest Becker. Copyright © 1975 de Marie Becker. Reproduzido com permissão da The Free Press, divisão da Macmillan Publishing Company, Inc.

O Capítulo 40 é composto de excertos de *Out of Weakness*, de Andrew Bard Schmookler. Copyright © 1988 de Andrew Bard Schmookler. Reproduzido com permissão da Bantam Books, divisão de Bantam, Doubleday, Dell Publishing Group, Inc.

O *Capítulo 41* consiste em excertos de *Faces of the Enemy*, de Sam Keen. Copyright © 1986 de Sam Keen. Reproduzido com permissão de HarperCollins Publishers Inc.

O *Capítulo 42* consiste num excerto de *Heart Politics*, de Fran Peavey. Copyright © 1984 de Fran Peavey. Reproduzido com permissão da New Society Publishers, Filadélfia, PA, Santa Cruz, CA, e Gabriola Island, BC, Canadá (800-333-9093).

O *Capítulo 43* consiste em excertos de *Pornography and Silence,* de Susan Griffin. Copyright © 1981 de Susan Griffin. Reproduzido com permissão da HarperCollins Publishers Inc.

O *Capítulo 44* é um excerto de *Sister Outsider,* de Audre Lorde. Copyright © 1984 de Audre Lorde. Reproduzido com permissão da The Crossing Press, Califórnia, e da Charlotte Sheedy Agency, Inc.

O *Capítulo 45* consiste num excerto de *Power and Politics: The Psychology of Soviet-American Partnership,* de Jerome S. Bernstein. Copyright © 1989 de Jerome S. Bernstein. Reproduzido mediante acordo com Shambhala Publications. Inc., 300 Massachusetts Avenue, Boston, MA 02115.

O *Capítulo 46* consiste num excerto de *The Nazi Doctors: Medical Killing and the Psychology of Genocide,* de Robert Jay Lifton. Copyright © 1986 de Robert Jay Lifton. Reproduzido com permissão de Basic Books, Inc., Publishers, Nova Iorque.

O *Capítulo 47* consiste num excerto de *Eros on Crutches: Reflections on Amorality and Psychopathy,* de Adolf Guggenbühl-Craig. Copyright © 1980 de Adolf Guggenbühl-Craig. Reproduzido com permissão da Spring Publications, Inc.

O *Capítulo 48* é composto por excertos de um ensaio, "Alchemy and Criminality", de Jerry Fjerkenstad, publicado originalmente em *Inroadas: Men, Creativity, Soul, Spring,* 1990. Copyright © 1990 de Jerry Fjerkenstad. Reproduzido com permissão de *Inroads,* Minneapolis, MN 19901.

O *Capítulo 49* é um artigo de James Yandell, originalmente intitulado *Devils and Angels Play the Merging Game,* publicado no *San Francisco Chronicle* de 26 de julho de 1987. Copyright © 1987 de James Yandell. Utilizado com permissão do autor.

O *Capítulo 50* é um excerto de *Insearch: Psychology and Religion,* de James Hillman. Copyright © 1967 de James Hillman. Reproduzido com permissão do autor.

O *Capítulo 51* consiste num excerto de *If You Meet the Buddha on The Road, Kill Him,* de Sheldon B. Kopp. Copyright © 1972 de Science & Behavior Books, Inc. Reproduzido com permissão de Science & Behavior Books, Inc.

O *Capítulo 52* consiste num excerto de *The Hero with a Thousand Faces,* de Joseph Campbell. Copyright © 1949 da Bollingen Foudation, Inc, Bollingen Series 17; © 1967, renovado pela Princeton University Press. Reproduzido com permissão da Princeton University Press.

O *Capítulo 53* é composto por excertos de um ensaio, "The Usefulness of the Useless", de Gary Toub. Copyright © 1987 do Instituto C. G. Jung de Los Angeles, 10349 W. Pico Blvd., Los Angeles, CA 90004. Reproduzido com permissão de *Psychological Perspectives,* edição do outono de 1987, volume 18, número 2.

O *Capítulo 54* consiste em excertos de *Wisdom of the Heart: Working with Women's Dreams,* de Karen A. Signell. Copyright © 1990 de Karen A. Signell, PhD. Utilizado com permissão de Bantam Books, divisão do Bantam, Doubleday, Dell Publishing Group, Inc.

O *Capítulo 55* consiste em excertos de *Celebrate Mid-Life: Jungian Archetypes and Mid-Life Spirituality,* de Janice Brewi e Anne Brennan. Copyright © 1988 de Janice Brewi e Anne Brennan. Reproduzido com permissão da The Crossroad Publishing Company.

O *Capítulo 56* é um excerto de *The Seasons of a Man's Life,* de Daniel J. Levinson. Copyright © 1978 de Daniel J. Levinson. Reproduzido com permissão de Alfred A. Knopf, Inc.

O *Capítulo 57* é composto por excertos de um ensaio, "Evil from the Psychological Point of View", de Liliane Frey-Rohn. Copyright © 1965 de Spring Publications, Inc. Reproduzido com permissão dos editores de *Spring*, 1965.

O *Capítulo 58* consiste em excertos de *The Spectrum of Consciousness*, de Ken Wilber. Copyright © 1977 de Ken Wilber. Reproduzido com permissão da The Theosophical Publishing House, Wheaton, Illinois.

O *Capítulo 59* consiste num excerto de *A Little Book on the Human Shadow*, de Robert Bly. Copyright © 1988 de Robert Bly. Reproduzido com permissão de Harper Collins Publishers Inc.

O *Capítulo 60* é um excerto de *The Disowned Self*, de Nathaniel Branden. Copyright © 1971 de Nathaniel Branden. Reproduzido com permissão da Nash Publishing Corporation.

O *Capítulo 61* consiste em excertos de *Embracing Our Selves*, de Hal Stone, PhD, e Sidra Winkelman, PhD. Copyright © 1989 de Hal Stone e Sidra Winkelman. Reproduzido com permissão da New World Library, San Rafael, CA.

O *Capítulo 62* é composto por excertos de *Healing the Shame That Binds You*, de John Bradshaw. Copyright © 1988 de John Bradshaw. Reproduzido com permissão do autor.

O *Capítulo 63* consiste de excertos de *Encounters with the Soul*, de Barbara Hannah. Copyright © 1981 de Barbara Hannah. Reproduzido com permissão da Sigo Press.

O *Capítulo 64* é um ensaio original criado especialmente para este livro por Linda Jacobson. Copyright © 1990 de Linda Jacobson. Utilizado com permissão da autora.

O *Capítulo 65* é um ensaio original de Deena Metzger. Copyright © 1990 de Deena Metzger. Utilizado com permissão da autora.

"The Other" e "Destiny" foram reproduzidos de *The Selected Poems of Rosario Castellanos* (Graywolf Press, 1988). Copyright © 1988 do Espólio de Rosario Castellanos. Copyright © 1988 das traduções de Magda Bogin. Reproduzido com permissão da Graywolf Press, St. Paul. Minn.

O poema de Wendell Berry (na Parte 10) foi extraído de *Sabbaths*. Copyright © 1987 de Wendell Berry. Publicado por North Point Press, San Francisco, e reproduzido com sua permissão.

O poema "To Know the Dark" de Wendell Berry (no Epílogo) foi extraído de *Collected Poems 1957-1982*. Publicado pela North Point Press e reproduzido com sua permissão.

# Colaboradores

JOHN BABBS leciona e escreve em Boulder, Colorado.

ERNEST BECKER (1924-1974) leciona na Universidade Estadual de San Francisco e na Universidade Simon & Fraser (Canadá). Em 1974 ganhou o Prêmio Pulitzer de não-ficção, por seu livro *The Denial of Death*. Seus outros trabalhos incluem *Birth and Death of Meaning; Revolution in Psychiatry; Angel in Armor; The Structure of Evil* e *Escape from Evil*.

JEROME S. BERNSTEIN é analista junguiano e psicólogo clínico com consultório particular em Washington, D.C. Ex-membro da junta diretora do Instituto C. G. Jung de Nova York, também foi funcionário da Agência de Oportunidades Econômicas do Governo dos Estados Unidos e consultor da prefeitura da cidade de Nova York e do estado de Nova Jersey. Autor de *Power and Politics: The Psychology of Soviet-American Partnership*.

PETER BISHOP faz palestras sobre sociologia no Colégio Sul-Australiano de Ensino Superior. Autor de *The Myth of Shangri-La (Tibet, Travel Writing and the Western Creation of Sacred Landscape)* e *The Greening of Psychology: The Vegetable World in Myth, Dream, and Healing*.

ROBERT BLY, notável poeta e tradutor, é autor de muitos livros e vencedor do National Book Award de poesia por *The Light Around the Body*. Suas obras incluem *Loving a Woman in Two Worlds; News of the Universe; Poems of Twofold Consciousness; A Little Book on the Human Shadow* e *Iron John: A Book About Men*. Residente em Minnesota, Bly está atualmente escrevendo sobre a mitologia masculina e organizando cursos para homens por todo o país.

JOHN BRADSHAW, residente em Houston, trabalha como conselheiro familiar, faz palestras e dirige cursos. Sua popular série na rede PBS de televisão resultou nos sucessos editoriais *Bradshaw: on the Family; Healing the Shame that Binds You* e *Homecoming: Reclaiming and Championing Your Inner Child*.

NATHANIEL BRANDEN é psicólogo, professor e popular escritor de Los Angeles. Seus livros incluem *The Disowned Self; Honoring the Self; How to Raise your Self-Esteem* e *The Psychology of Romantic Love*.

JANICE BREWI e ANNE BRENNAN são as fundadoras da Mid-Life Directions, em Vailsburg, Nova Jersey, e co-autoras de *Celebrate Mid-Life: Jungian Archetypes and Midlife Spirituality* e *Midlife: Psychological and Spiritual Perspectives*.

KATY BUTLER é escritora *freelance* da Califórnia, autora de artigos sobre o budismo para *The New Yorker, Mother Jones, Yoga Journal* e *Common Boundary*.

JOSEPH CAMPBELL (1904-1987) lecionou mitologia comparada no Colégio Sarah Lawrence durante quarenta anos. Foi o entrevistado e o narrador da popular série da televisão PBS, com Bill Moyers, "O Poder do Mito". Autor prolífico, suas obras incluem *The Hero with a*

*Thousand Faces; The Masks of God* (4 volumes); *The Mythic Image; Myths to Live By; The Atlas of World Mythology; The Power of Myth* e a transcrição póstuma de sua entrevista a Michael Toms, *An Open Life*.

ROSARIO CASTELLANOS (1925-1974), nascida na Cidade do México, escreveu peças, novelas, romances e poesia. Publicou oito volume de poesia, reunidos em 1972 na antologia *Poesia No Eres Tu [Poetry Is Not You]. The selected Poems of Rosario Castellanos* foram extraídos dessa antologia.

KIM CHERNIN é a autora de *The Obsession; In My Mother's House* e *The Hungry Self*, bem como da coleção de poemas *The Hunger Song* e do romance *The Flame Bearers*. Mora em Berkeley, Califórnia, onde aconselha mulheres com distúrbios alimentares e crises de desenvolvimento.

JOHN P. CONGER é psicólogo clínico com consultório particular, orientador da Sociedade Bioenergética do Norte da Califórnia e professor de psicologia na Universidade John F. Kennedy, em Orinda, Califórnia.

STEPHEN A. DIAMOND é psicólogo licenciado que clinica em Los Altos, Califórnia. Seus trabalhos escritos incluem os artigos "The Psychology of Evil", "Rediscovering Rank" e "Finding Beauty", uma releitura da obra de Rollo May.

LARRY DOSSEY é médico de Santa Fé, Novo México, e autor de *Space, Time and Medicine; Beyond Illness: Discovering the Experience of Health* e *Recovering the Soul: A Scientific and Spiritual Search.*

CHRISTINE DOWNING é professora e membro da junta diretora de Estudos Religiosos na Universidade Estadual de San Diego e autora de *The Goddess; Psyche's Sisters; Journey through Menopause* e *Myths and Mysteries of Same-Sex Love.*

WILLIAM CARL EICHMAN é professor do Colégio Estadual da Pensilvânia, onde também estuda o conhecimento esotérico.

GEORG FEUERSTEIN publicou uma dezena de livros sobre filosofia hindu, incluindo *Yoga: The Technology of Ecstasy* e *Holy Madness: The Outer Limits of Religion and Morality.*

JERRY FJERKENSTAD é psicólogo com consultório particular em Mineápolis. Também trabalha com o tratamento de criminosos sexuais e é diretor artístico do Dream Guild Theatre.

LILIANE FREY-ROHN, uma das mais próximas colaboradoras de C. G Jung, é analista em Zurique, Suíça, e escreveu diversas obras sobre o Mal. Autora de *Friedrich Nietzsche: A Psychological Interpretation of His Life and Work* e *From Freud to Jung: A Comparative Study of the Psychology of the Unconscious.*

CHELLIS GLENDENNING mora em Tesque, Novo México, onde exerce a psicologia. Escreveu *Waking Up in the Nuclear Age* e *When Technology Wounds.*

LIZ GREENE é analista junguiana, astróloga e escritora. Vive em Londres. Suas publicações incluem romances e livros infantis, bem como *The Astrology of Fate; Relating: An Astrological Guide to Living with Others on a Small Planet; Saturn: A New Look at an Old Devil* e *The Jupiter/Saturn Conference Lectures* (com Stephen Arroyo).

SUSAN GRIFFIN é a autora feminista de *Voices; Rape: The Power of Consciousness; Woman and Nature: The Roaring Inside Her; Pornography and Silence: Culture's Revenge Against Nature* e, a ser lançado em breve, *A Course of Stones: The Private Life of War.* Vive e escreve em Berkeley, Califórnia.

ADOLF GUGGENBÜHL-CRAIG é psiquiatra e analista junguiano em Zurique, Suíça. Já foi presidente da curadoria do Instituto C. G. Jung de Zurique e da Associação Internacional de Psicologia Analítica. Autor de *Power in the Helping Professions; Marriage Dead or Alive* e *Eros on Crutches.*

BARBARA HANNAH nasceu na Inglaterra e morou na Suíça, como psicoterapeuta praticante, analista e professora do Instituto C. G. Jung. Autora de *Striving Towards Wholeness; Jung: His Life and Work, a Biographical Memoir* e *Encounters with the Soul.*

HARVILLE HENDRIX mora na cidade de Nova York, onde é diretor do Institute for Relationship Therapy, por ele fundado em 1984. É diplomado pela Associação Americana de Conselheiros Pastorais, orientador de terapeutas de casais e autor do best-seller *Getting the Love You Want: A Guide for Couples.*

JAMES HILLMAN, analista junguiano, faz palestras com freqüência e é um escritor prolífico. Hillman é fundador da Psicologia Arquetípica, terceira geração do pensamento baseado no trabalho de C. G. Jung. Já foi editor do jornal *Spring* e da respeitada editora Spring Publications. Seus trabalhos incluem *The Myth of Analysis; Suicide and the Soul; Insearch: Psychology and Religion; Re-Visioning Psychology; The Dream and the Underworld; Loose Ends; Anima: An Anatomy of a Personified Notion; Healing Fiction; Blue Fire;* do livro de entrevistas *Inter Views* e organizador de *Puer Papers.*

LINDA JACOBSON é uma artista de Los Angeles e leciona no curso de extensão da Universidade da Califórnia.

W. BRUGH JOY, médico que se tornou curador, organiza cursos residenciais no norte do Arizona e é o autor de *Joy's Way* e *Avalanche: Heretical Reflections on the Dark and the Light.*

CARL GUSTAV JUNG (1875-1961) talvez seja mais conhecido como um dos fundadores da psicanálise. O interesse dominante de Jung era o mistério da consciência e da personalidade e o dilema espiritual do homem moderno. Seus inúmeros livros incluem *The Collected Works* (20 volumes); *Modern Man in Search of his Soul; Man and His Symbols* e sua popular autobiografia *Memories, Dreams, Reflections.*

SAM KEEN, filósofo e ex-editor do *Psychology Today,* é o autor de *To a Dancing God; The Passionate Life: Stages of Loving; Your Mythic Journey* (com Anne Valley-Fox); *Faces of the Enemy: Reflections of the Hostile Imagination* e *Fire in the Belly: On Being a Man.*

SHELDON B. KOOP é psicoterapeuta em Washington, D.C. e autor de *Even a Stone Can Be a Teacher* e *If You Meet the Buddha on the Road, Kill Him.*

DANIEL J. LEVINSON é professor de psicologia no Departamento de Psiquiatria da Escola de Medicina da Universidade de Yale, New Haven, Connecticut, e autor de *The Seasons of a Man's Life* e co-autor de *The Authoritarian Personality.*

ROBERT JAY LIFTON é um famoso professor de psiquiatria e psicologia na Universidade da Cidade de Nova York. Suas obras, mundialmente aclamadas, incluem *Death in Life; Home from the War; The Future of Immortality* e *The Nazi Doctors.*

AUDRE LORDE é poeta e ensaísta, feminista, negra, lésbica e mãe de dois filhos. Sua obra literária inclui *Sister Outsider; The Black Unicorn; A Burst of Light; Cancer Journals* e muitos volumes de poesia.

ROLLO MAY, famoso psicoterapeuta e conferencista, é autor de muitos livros, incluindo *The Meaning of Anxiety; Man's Seach for Himself; Love and Will; The Search for Beauty* e *Power and Innocence.*

DEENA METZGER é psicoterapeuta de Los Angeles, poeta, professora e romancista. Seus livros incluem *Tree; The Woman Who Slept with Men to Take the War Out of Them; What Deena Thought* e *Looking for the Faces of God.*

D. PATRICK MILLER é um escritor *freelance* de Encinitas, Califórnia, que investiga assuntos psicológicos e espirituais. Colabora com o *Yoga Journal* na qualidade de editor e escreve para os periódicos *Sun, New Age Journal, Free Spirit of New York City* e *The Columbia Journalism Review.*

WILLIAM A. MILLER, analista junguiano de Plymouth, Minnesota, é autor de *The Joy of Feeling Good; Make Friends with Your Shadow; When Going to Pieces Holds You Together* e *Your Golden Shadow.*

SALLIE NICHOLS, autora de *Jung and Tarot: An Archetypal Journey,* estudou no Instituto C. G. Jung de Zurique, lecionou o simbolismo do tarô para os treinandos do Instituto C. G. Jung de Los Angeles e faz freqüentes palestras sobre esse assunto.

JOHN R. O'NEILL é presidente da Escola de Psicologia Profissional da Califónia e presidente da Fundação Nexus da Califórnia. Teve uma longa carreira no mundo dos negócios, da educação, de consultoria e atividades de capital de risco, antes de deixar a American Telephone and Telegraph Company, em 1970. Foi vice-presidente do Mills College de Oakland, Califórnia.

FRAN PEAVEY tem um currículo que abrange desde dirigir um táxi e projetar móveis até o ativismo político e o doutoramento em teoria da inovação e previsão tecnológica. Ela é autora do livro *Heart Politics.*

M. SCOTT PECK é um afamado escritor e psiquiatra de Connecticut. É autor de *The Road Less Traveled; People of the Lie; The Different Drum* e do romance *A Bed by the Window.*

JOHN C. PIERRAKOS estudou com Wilhelm Reich nos anos 40. É o co-criador, com Alexander Lowen, da Terapia Bioenergética, criador da Core Energetics Therapy e diretor do Institute for the New Age of Man na cidade de Nova York. Faz conferências e leciona pelo mundo todo, e é o autor de *Core Energetics.*

JOHN A. SANFORD é ministro episcopal e analista junguiano em San Diego, Califórnia. Seus livros incluem *Dreams: God's Forgotten Language; The Kingdom Within; Dreams and Healing; Healing and Wholeness; Invisible Partners* e *Evil: The Shadow Side of Reality.*

MAGGIE SCARF é a autora de *Intimate Partners: Patterns in Love and Marriage* e *Unfinished Business: Pressure Points in the Lives of Women.*

ANDREW BARD SCHMOOKLER é conselheiro graduado da Search for Common Ground, de Washington, D.C., e autor de *The Parable of the Tribes* e *Out of Weakness: Healing the Wounds That Drive Us to War.*

BRUCE SHACKLETON é psicólogo com consultório particular em Boston, consultor organizacional e membro da Clínica de Saúde Ocupacional do Hospital Geral de Massachusetts e da Escola de Medicina de Harvard.

DARYL SHARP é analista junguiano em Toronto, Canadá, e editor da Inner City Books. É o autor de *The Secret Raven; Personality Types* e *The Survival Papers.*

KAREN SIGNELL é analista junguiana em San Francisco, Califórnia, e autora de *Wisdom of the Heart: Working with Women's Dreams.*

MARSHA SINETAR é psicóloga organizacional e autora de *Do What You Love, The Money Will Follow* e *Ordinary People as Monks and Mystics.*

ROBERT M. STEIN é analista de treinamento no Instituto C. G. Jung de Los Angeles e tem consultório particular em Beverly Hills. É autor de inúmeros artigos e do livro *Incest and Human Love: The Betrayal of the Soul in Psychotherapy.*

IRMÃO DAVID STEINDL-RAST é um monge beneditino que foi inspirado a estudar as tradições orientais pelo seu mentor Thomas Merton. Passa a maior parte do ano em reclusão, mas viaja regularmente para fazer conferências.

ANTHONY STEVENS nasceu e foi criado no oeste da Inglaterra, e estudou psicologia e medicina na Universidade de Oxford. Trabalha como psicoterapeuta e psiquiatra em Londres e Devon, Inglaterra, e combina seu trabalho clínico com a atividade de escritor e de conferencista. É o autor de *Archetypes: A Natural History of the Self* e *The Roots of War: A Jungian Perspective.*

HAL STONE é psicólogo clínico, professor e diretor da Academia de Delos no norte da Califórnia, onde ele e a esposa, Sidra Winkelman, oferecem grupos de treinamento no Processo de Diálogo com a Voz. É o autor de *Embracing Heaven and Earth,* e co-autor de *Embracing Our Selves* e *Embracing Each Other.*

GARY TOUB é um psicólogo e analista junguiano com consultório particular em Denver, Colorado, especializado em trabalhos com os sonhos e com o corpo.

MICHAEL VENTURA é colunista do jornal *L.A. Weekly,* roteirista de cinema, romancista e autor de *Shadow Dancing in the USA* e do romance *Night Time, Losing Time.*

MARIE-LOUISE VON FRANZ, eminente psicanalista suíça, talvez seja a mais importante discípula viva de Carl Jung, tendo trabalhado diretamente com ele por trinta e um anos. Seu trabalho incorpora a essência do pensamento de Jung, embora ela seja uma pensadora original e investigante por direito próprio. Seus livros incluem *Number and Time; The Grail Legend* (com Emma Jung); *Puer Aeternus; Projection and Re-collections in Jungian Psychology; The Feminine in Fairytales; Interpretation of Fairytales; Shadow and Evil in Fairytales; On Dreams and Death* e a transcrição em livro da entrevista filmada, *The Way of the Dream.*

EDWARD C. WHITMONT é psiquiatra e membro-fundador do Instituto C. G. Jung de Nova York, e autor de *The Symbolic Quest; Psyche and Substance* e *Return of the Goddess.*

KEN WILBER é um filósofo transpessoal e o prolífico autor de *No Boundary; The Spectrum of Consciousness; Atman Project; Up from Eden; Eye to Eye; Quantum Questions* e *Grace and Grit: Spirituality and Healing in the Story of Treya Killam-Wilber* (no prelo).

SIDRA WINKELMAN é psicoterapeuta, mãe, e co-criadora do Processo de Diálogo com a Voz, que ela e seu marido, Hal Stone, ensinam nos Estados Unidos e no exterior. É co-autora de *Embracing Our Selves* e *Embracing Each Other.*

JAMES YANDELL é psiquiatra e analista junguiano em Berkeley, Califórnia.

ALFRED A. ZIEGLER é médico, analista junguiano e consultor psicossomático. É o autor de *Archetypal Medicine.*

# Os organizadores

CONNIE ZWEIG é escritora *freelance* e editora; vive no alto de uma montanha em Topanga Canyon, Califórnia. Foi editora executiva do *Brain/Mind Bulletin* e colunista da revista *Esquire*, e atualmente é editora-chefe da Jeremy P. Tarcher, Inc. Seu interesse pela psicologia vem de longa data e, como aluna e professora de meditação, tem-se devotado à jornada espiritual. É autora da coletânea *To Be A Woman: The Birth of the Conscious Feminine.*

JEREMIAH ABRAMS trabalhou durante os últimos vinte anos como terapeuta junguiano, analista de sonhos, escritor, conselheiro e consultor. Atualmente é diretor do Mount Vision Institute — um Centro para a Individuação — em Sausalito, Califórnia. Vive com a mulher e os dois filhos no norte da Califórnia. É autor da coletânea *Reclaiming the Inner Child.*

# O HERÓI DE MIL FACES

*Joseph Campbell*

Embora apresentem amplas variações em termos de incidentes, de ambientes e de costumes, os mitos de todas as civilizações oferecem um número de respostas aos mistérios da vida.

Em *O Herói de Mil Faces*, Joseph Campbell — reconhecidamente, um dos maiores estudiosos e mais profundos intérpretes da mitologia universal — apresenta o herói compósito: Apolo, Wotan, Buda e numerosos outros protagonistas da religião, dos contos de fada e do folclore representam simultaneamente as várias fases de uma mesma história. O relacionamento entre seus símbolos intemporais e os símbolos detectados nos sonhos pela moderna psicologia profunda é o ponto de partida da interpretação oferecida por Campbell. O ponto de vista psicológico é, então, comparado com as palavras proferidas por grandes líderes espirituais, como Moisés, Jesus, Maomé, Lao-Tzu e os Anciãos das tribos australianas. Oculto por trás de um milhar de faces, emerge o herói por excelência, arquétipo de todos os mitos.

*Sem dúvida* — afirma o autor na introdução a este volume —, *há diferenças entre as diversas mitologias e religiões da humanidade, mas este é um livro a respeito das semelhanças. Uma vez compreendidas as diferenças, descobriremos que são bem menores do que popularmente (e politicamente) se supõe. Minha esperança é a de que essa comparação possa contribuir para a causa das forças que atualmente trabalham pela unificação, não em nome de algum império político ou eclesiástico, mas no sentido de um entendimento mútuo entre os homens. Pois, como dizem os Vedas: "A Verdade é uma só; os sábios se referem a ela por muitos nomes."*

EDITORA PENSAMENTO

# PSICOLOGIA DA EVOLUÇÃO POSSÍVEL AO HOMEM

*Ouspensky*

PSICOLOGIA DA EVOLUÇÃO POSSÍVEL AO HOMEM abrange o texto das conferências psicológicas de Ouspensky, lidas a partir de 1934 para todos os grupos novos, de cerca de quarenta pessoas, formados para estudar o "sistema". "Porque o 'sistema' não pode ser aprendido pelos livros", Ouspensky não as escreveu para publicação, mas para dar às pessoas recém-chegadas idéia da direção do seu trabalho, iniciado com a publicação, em 1912, de *TERTIUM ORGANUM* e prosseguindo, de 1915 a 1918, com Gurdjieff em Moscou, São Petersburgo e Essentuki. Gurdjieff expressou a substância do seu trabalho em três livros sob o título geral de *ALL AND EVERYTHING* (DO TODO E DE TODAS AS COISAS). O relato de Ouspensky se encontra sob o título de *FRAGMENTS OF AN UNKNOWN TEACHING* (FRAGMENTOS DE UM ENSINAMENTO DESCONHECIDO), que só foi publicado depois da sua morte com o nome de *IN SEARCH OF THE MIRACULOUS* (EM BUSCA DO MILAGROSO). Com o dom de redigir com clareza, Ouspensky torna acessíveis numa forma moderna, a qualquer leitor sério, os sistemas tradicionais de psicologia e cosmologia. Nas derradeiras poucas páginas (375-389) dessa obra descreve o seu afastamento, em 1918, de Gurdjieff e como se sentiu capaz de continuar o "trabalho", fazendo conferências sobre o "sistema" para pequenos grupos em Ekaterinodar e Rostov em 1919; em Constantinopla em 1920, em Londres de 1921 a 1941 e em Nova Iorque de 1941 a 1946. Para estes últimos grupos escreveu, em 1945, uma introdução à PSICOLOGIA DA EVOLUÇÃO POSSÍVEL AO HOMEM a fim de alertá-los para o fato de que estamos realmente ouvindo coisas novas.

EDITORA PENSAMENTO

# ESPELHOS DO SELF

## *Christine Downing*

O que é a sombra? O que é a *anima,* o *puer,* a velha, o embusteiro? Como essas figuras internas — ou arquétipos — moldam a nossa personalidade e determinam nossas escolhas? Essas são algumas das principais questões que este livro se propõe a resolver.

Cada um de nós contém um vasto elenco de personagens que moldam nossas percepções e influem em nossas decisões. Baseando-se nas propostas de Jung, esta coletânea analisa quarenta e cinco imagens diferentes de nosso mundo interior e mostra como as mesmas interagem e, assim, apóiam, desafiam, traem ou complementam umas às outras, criando o drama da vida.

Alguns desses arquétipos já são bem conhecidos dos leitores de textos de psicologia: a criança interior, a Deusa, o curador, o *Self.* E também são investigadas outras esclarecedoras figuras simbólicas: o órfão, o duplo, a heroína, a vítima, a lésbica, o amigo.

O conjunto destes ensaios, penetrantes e perspicazes, escritos pelos psicólogos mais importantes do momento, mostra ao leitor como:

- identificar os arquétipos que estão atuando na sua vida interior;
- decidir quais incentivar e quais modificar;
- descobrir a aparência que eles têm nos sonhos;
- mostrar como aproveitar seu poder para enriquecer sua vida diária.

Tomar consciência dos arquétipos que moldam sua vida favorece o aprofundamento das próprias sensações, a descoberta de outras modalidades de percepção, o acesso a recordações já esquecidas e a revitalização dos relacionamentos. Os arquétipos podem servir de guia até para aspectos ocultos da natureza da própria pessoa. Se você aprender a vê-los e a ouvi-los poderá libertar-se de seus receios e mobilizar todo um manancial de criatividade.

EDITORA CULTRIX